ADAC Reiseführer

Deutschland

Die schönsten Autotouren

☐ Intro

27 Touren durch das Land der Dichter und Denker

Die den Besichtigungspunkten zugeordneten Koordinaten, z. B. Hamburg J4, beziehen sich auf die Planquadrate der LänderKarte.

☐ Unterwegs

TOUR 21

Südschwarzwald – Kuckucksuhren und Wanderfreuden 210

TOUR 22

Nordschwarzwald – mondäne Heilbäder, große Kunst, schnelle Autos 220

TOUR 23

Saar – Barock und Wein in Saarland und Rheinland-Pfalz 230

Leserforum

Die Meinung unserer Leserinnen und Leser ist wichtig, daher freuen wir uns von Ihnen zu hören. Wenn Ihnen dieser Reiseführer gefällt, wenn Sie Hinweise zu den Inhalten haben – Ergänzungs- und Verbesserungsvorschläge, Tipps und Korrekturen – dann kontaktieren Sie uns bitte:

Redaktion ADAC Reiseführer
ADAC Verlag GmbH
Am Westpark 8, 81365 München
Tel. 089/76 76 41 59
verlag@adac.de
www.adac.de/reisefuehrer

Deutschland Impressionen

27 Touren durch das Land der Dichter und Denker

Deutschland liegt als Reiseziel voll im Trend. Dabei erkunden ausländische Besucher die Kulturstätten und Naturregionen ebenso gern wie die Deutschen selbst: Im Jahr 2006 zählte die *Deutsche Zentrale für Tourismus* 52 Mio. Übernachtungen ausländischer Gästen und sogar stolze 300 Mio. Übernachtungen von Urlaubern im eigenen Land – Tendenz steigend. Das ist kein Wunder, bietet das Land der Dichter und Denker im Herzen Europas doch eine geradezu unglaubliche Vielfalt und Fülle von Attraktionen.

Weltberühmt und unterhaltsam

Hier locken aufregende Städte und beschauliche Landschaften, eine lebendige Kulturszene und kunsthistorische Kostbarkeiten ersten Ranges, unzählige zum Teil weltbekannte Sehenswürdigkeiten sowie – nicht zu vergessen – reichlich Freizeitangebote für Groß und Klein.

Faszinierende Städte

Von **Kiel** im hohen Norden bis **Garmisch-Partenkirchen** und den anderen Wintersportorten der Alpen im Süden, von einstigen Kaiserpfalzen wie **Aachen** im Westen bis zu ›Geburtsstätten deutscher Kultur‹ wie **Weimar** im Osten des Landes, von der schillernden Hauptstadt **Berlin** bis zu den ruhigen Wassern der **Altmühl** – Deutschlands Facettenreichtum sucht seinesgleichen. Allenthalben laden Städte und Dörfer, Burgen und Schlösser, gewachsene Kulturlandschaften und interessante Museen zur Erkundung ein. Nicht nur Amerikaner geraten angesichts des studentischen Charmes von **Heidelberg** ins Schwärmen, und wer einmal durch die Altstadt von **Rothenburg ob der Tauber** geschlendert ist, versteht den Begriff ›lebendige Geschichte‹ ganz neu. Zu den einzigartigen Erlebnissen gehört ein Besuch in den frühzeitlichen Pfahlbausied-

Oben: *Stadtkulissen – Fachwerk in Freudenberg und Kaiser vor der Pfalz in Goslar*
Rechts: *Hannover – Blick vom Neuen Rathaus auf Maschpark und Maschsee*
Rechts oben: *Die Residenz Würzburg – eines der schönsten Barockschlösser Europas*

lungen von **Unteruhldingen** am Bodensee oder ein Streifzug durch **Trier** auf den Spuren alter römischer Legionen. 32 Denkmäler des deutschen Kultur- und Naturerbes wurde sogar internationale Anerkennung zuteil, sie stehen heute auf der Welterbeliste der UNESCO. Unter diesen Sehenswürdigkeiten befinden sich historisch bedeutende Städte wie das Fachwerkjuwel **Goslar** oder die barocke fürstbischöfliche Residenz in **Würzburg** am Main, einzigartige Landschaften wie

das imposante **Rheintal** mit seinen sagenumwobenen Burgen und Felsbastionen und die weltberühmte **Sächsische Schweiz** (Elbsandsteingebirge) mit ihrer wie von Riesenhand geformten Urlandschaft, gebettet in liebliches Grün. Hinzu kommen Ehrfurcht gebietende Kirchen wie die berühmten Dome von **Köln** und **Speyer** als atemberaubende Zeugnisse der Religiosität und künstlerischen Schaffenskraft. Das alles und noch viel mehr bietet Deutschland, das mit 80 Mio. Einwohnern bevölkerungsreichste Land Europas, in seinen 16 Bundesländern und auf knapp 360 000 km^2.

Freizeitspaß und Wohlbehagen

Zu diesem ›mehr‹ gehört auch ein überwältigendes Freizeitangebot, das für jeden Geschmack das Richtige bietet. Selbst jenseits eines dicht geknüpften Netzes gut ausgeschilderter Rad- und Wanderwege und abgesehen von zahlreichen spannenden Vergnügungsparks und modernen Erlebnisbädern haben **Aktivurlauber** in Deutschland die Qual der Wahl. Sei es Surfen vor Sylt, Walken im Westerwald oder Skilanglaufen auf der Schwäbischen Alb, es ist für jeden etwas dabei. Wer es ausgefallener liebt, kann regionale ›Spezialitäten‹ ausprobieren, etwa Boseln, eine Art *Straßenkegeln*, in Ostfriesland oder *Boofen*, gewissermaßen Campen, im Elbsandsteingebirge – hier sind Abenteuerlust und Experimentierfreude gefragt.

Zudem finden Gäste in jedem Teil des Landes gute **Hotels, Pensionen und Restaurants** für jeden Anspruch und jeden Geldbeutel. Letztlich kann der Gast je nach Erlebniswert entscheiden, ob er über Nacht luxuriöses Schlossambiente bevorzugt oder die eher bodenständige Herzlichkeit eines Gasthauses erleben möchte. Auch hinsichtlich der kulinarischen Genüsse lohnt es sich, Deutschlands Vielfalt kennenzulernen, sei es mit Weißwurst, Brez'n und Weißbier in München, einem guten Glas Grauburgunder

in der Pfalz oder Birnen, Bohnen und Speck als deftigem Einstieg in die norddeutsche Küche. Erholung und Abwechslung vom Alltag sind in jedem Fall garantiert.

Auf Touren kommen

Um all das entdecken und genießen zu können, muss man nur eines tun: losfahren! Dabei möchte der ADAC Reiseführer *Deutschland – Die schönsten Autotouren* ein informativer Begleiter sein. Die ausgewählten Routen sollen dazu anregen, Deutschland in all seiner Schönheit und Faszination neu zu entdecken. Das ist leicht, denn Deutschland eignet sich besonders als **Feriendestination für Autoreisende:** Die Entfernungen sind überschaubar – von München bis Hamburg sind es gerade mal 777 km – und die Straßen sind gut ausgebaut, sodass auch Kurzurlauber und Familien mit Kindern ihr Reiseziel ganz unbeschwert wählen und erreichen können.

Deutschland allerdings bei einer einzigen Autofahrt entspannt kennenzulernen, ist nahezu unmöglich. Vielmehr empfiehlt es sich, die vielfältigen deutschen Regionen im Rahmen von gut geplanten Strecken zu erkunden und individuelle Stopps einzulegen. Dabei hilft der vorliegende Band. Er enthält **27 Touren**, sorgfältig recherchierte und in der Praxis

Oben: *Utopia à la Berlin – exzentrische Skyline am Potsdamer Platz*
Mitte: *Jugend lebt Geschichte – Kunsthandwerkerinnen in der Porzellanmanufaktur Meissen und Tanztruppe am Tegernsee*
Links unten: *Panorama für Romantiker – Schloss Rheinsberg, ein Brandenburger Juwel*

bis zum ›Schwäbisches Meer‹ genannten **Bodensee**. Drei Rundfahrten erschließen Baden-Württemberg, neben der Besichtigung faszinierender Städte wie **Baden-Baden**, **Freiburg** und **Tübingen** lockt die badische Weinstraße zur Einkehr. Außerdem können Deutschlandkenner und solche, die es werden wollen, zwischen fünf Routen wählen, welche die malerischen Flusstäler des **Rheins**, der **Mosel**, des **Neckars** und der **Saar** samt ihrer eindrucksvollen Burgen und Schlösser, Kathedralen und Weinberge vorstellen.

Der Reiseführer

Eine detaillierte Übersicht zu Beginn jeder Tour nennt den Weg von Etappenziel zu Etappenziel, ergänzt durch eine entsprechende **Übersichtskarte**. Die darauf folgenden bebilderten Routenbeschreibungen stellen knapp, informativ und aktuell die wichtigsten touristischen Highlights an jedem Haltepunkt vor. So ist der

erprobte Rundfahrten durch die landschaftlich, kulturell und historisch interessantesten Gegenden Deutschlands.

Sechs Touren stellen den Norden und Osten vor, zum einen beschreiben sie das Tiefland im Bereich der Nord- und Ostseeküste mit den schmucken **Hansestädten** und Inseln wie Rügen. Zum anderen kommen die großen Kulturlandschaften Sachsens und Thüringens zu ihrem Recht, Luthergedenkstätten wie die Eisenacher **Wartburg**, die wie Phoenix aus der Asche neu erstandenen Metropolen **Leipzig** und **Dresden** sowie das alte, junge, sich selbst immer wieder neu erfindende **Berlin**, Städtegigant, Trendsetter und pulsierendes Herz der Republik in einem.

Fünf Touren führen durch einzigartige Landschaften wie die **Lüneburger Heide** sowie durch die Mittelgebirge **Harz**, **Weserbergland** und **Sauerland**. Acht weitere Routen stellen schöne Reiseziele in Bayern vor. Die Palette reicht vom urtümlichen **Bayerischen Wald** über die lebenslustige Landeshauptstadt **München**

Oben: *Gesamtkunstwerk – das Treppenhaus der Würzburger Residenz mit Tiepolos Fresko*
Mitte: *Farbenrausch in der Lüneburger Heide*
Rechts: *Giganten und Zwerge – Karwendelgebirge und Scheunenidylle bei Mittenwald*
Rechts oben: *Das Alte Rathaus von Celle – ein graziles Werk der Renaissance-Architektur*
Rechts Mitte: *Nordseedorf Friedrichskoog*

Leser nicht an Rundgänge gebunden, sondern entscheidet selbst vor Ort, welche Sehenswürdigkeiten ihm wichtig sind. Die mit roten Pfeilen gekennzeichneten **Top Tipps** weisen auf besondere Highlights hin, die man nicht versäumen sollte. Wer ohne Eile reist, sollte die in den Routenverlauf eingefügten **Info-Tippboxen** beachten, die weitere Attraktionen erwähnen. Das können National- und Naturparks sein, faszinierende Baudenkmäler und Museen, unterhaltsame Attraktionen für Kinder, erlebnisreiche Ausflüge für Erwachsene, große Feste und Kuturevents und vieles mehr. Weiterführende Informationen bieten die **Praktischen Hinweise** mit Adressen von Tourismusbüros sowie ausgewählten Hotels und Restaurants.

In der dem Band beigefügten **Länder-Karte Deutschland** (1:750 000) sind die 27 Routenverläufe gekennzeichnet. Jede der Touren kann selbstverständlich an einem beliebigen Ort der Strecke begonnen und mit beliebig vielen anderen Routen verknüpft werden. Die den Touren vorangestellten **Zeitangaben** sind als Durchschnittwerte zu verstehen, je nach Interesse und persönlichem Zeitkonto können die Touren individuell verkürzt oder – besser noch – verlängert werden. Denn Deutschland ist schön und hat so vieles zu bieten, dass es immer wieder aufs Neue eine Reise wert ist.

Von Weinranken umschmeichelt – Blick auf Cochem, die Mosel und die Reichsburg

Unterwegs

TOUR 1

Von Hamburg über Lübeck nach Kiel – norddeutsche Hafen- und Hansestädte

4–5 Tage • 540 km

Reiseroute

Hamburg	**Ahrensburg (24 km)**
Ahrensburg	**Ratzeburg (50 km)**
Ratzeburg	**Schwerin (67 km)**
Schwerin	**Wismar (31 km)**
Wismar	**Lübeck (57 km)**
Lübeck	**Kiel (91 km)**
Kiel	**Rendsburg (37 km)**
Rendsburg	**Hamburg (183 km)**

1 Hamburg *F11*

Charmante Metropole, Bundesland und ›Tor zur Welt‹ an der Elbe.

Deutschlands zweitgrößte Stadt (1,7 Mio. Einw.) liegt an Elbe und Alster, gut 109 km von der Nordsee entfernt. Dennoch gibt sich diese ›Stadt der Brücken‹ mit ihrem großen Hafen ungemein maritim. Eine erste Siedlung gab es hier schon im 8. Jh. und 830 wurde zu ihrem Schutz die **Hammaburg** errichtet. Ab dem 12. Jh. war Hamburg *Freie Reichsstadt* und im Verbund der *Hanse* avancierte es bald zum wichtigsten Nordseehafen. Von da an spielte die Stadt im *Welthandel* stets eine führende Rolle. Um 1900 zählte die Metropole bereits 1 Mio. Einwohner. Von den Bombardements 1943 wurde Hamburg schwer getroffen, doch ihre Rolle als ›Tor zur Welt‹ hat die Stadt, heute auch bedeutendes Zentrum der **Kultur und Medien**, niemals eingebüßt.

Eine der wichtigsten Attraktionen ist der seit dem 12. Jh. bestehende **Hamburger Hafen**, heute der größte Seehafen Deutschlands. Von den berühmten **Landungsbrücken** starten die Barkassen und Fahrgastschiffe zu *Hafenrundfahrten* (April–Okt. alle 30 Min., Nov.–März stdl., nicht jedoch am 24. Dez.), bei denen man den Duft der weiten Welt schnuppern kann. Die Museumsschiffe, der Stückgutfrachter ›*Cap San Diego*‹ und die Dreimastbarke ›*Rickmer Rickmers*‹ (Landungsbrücke 1, Tel. 040/3195959, www.rickmer-rickmers.de, tgl. 10–18 Uhr) aus dem Jahr 1896, gewähren interessante Einblicke in die Welt der Schifffahrt.

TOP TIPP

Die Landungsbrücken gehören zu **St. Pauli**, einem Viertel, das vor allem durch die ›sündige Meile‹ *Reeperbahn* Weltruhm erlangte. Wo sich einst Seeleute amüsierten, genießt man heute stilvolleres Flair, dank schicker Clubs und Bars, Restaurants und Designerläden sowie jeder Menge Kleinkunst.

Eines der Wahrzeichen Hamburgs ist die Mitte des 18. Jh. errichtete Kirche **St. Michaelis** (Englische Planke 1 a, Tel. 040/37 67 80, www.st-michaelis.de, Kirche und Turm Mai–Okt. tgl. 9–20, Nov.–April tgl. 10–18, Kirche So ab 12.30 Uhr). Der schöne Barockbau wird vom 132 m hohen Kirchturm überragt, dem berühmten *Michel*. Seine Aussichtsplattform (82 m) bietet herrliche Ausblicke auf Stadt und Hafen.

Eine weitere Attraktion mit hamburgerischem Flair sind die **Krameramtsstuben** (Krayenkamp 10, Tel. 040/37 50 19 88, Di–So 10–17 Uhr) unweit des Michels. Die kleine Hofanlage mit den 1676 errichteten Krameramtswohnungen besteht aus fünf Fachwerkhäuschen. Sie sind die letzten ihrer Art in der Stadt und verkörpern ein Stück althamburgischer Geschichte. Hier wohnten einst die Witwen von Krämern. Im *Museum Krameramtsstuben* ist eine Witwenwohnung mit Möbeln aus der Zeit um 1850 zu sehen.

Elbabwärts führt die von großbürgerlichen Prachtvillen gesäumte *Elbchaussee* nach **Blankenese**, dem am Elbsteilufer gelegenen einstigen Quartier der Kapitäne und Fischer. Heutzutage ist es das Nobelwohnviertel der Hansestadt.

Im Zentrum Hamburgs liegen die **Binnenalster** (Alster- und Fleetfahrten ab Jungfernstieg, Tel. 040/357 42 40, www.alstertouristik.de), der piekfeine Boulevard **Jungfernstieg**, die Alsterarkaden und die Passagen zwischen Jungfernstieg und Gänsemarkt, die Einkaufsmeile Mönckebergstraße und der *Rathausmarkt*. Dominiert wird der Platz vom **Rathaus** (Ende 19. Jh.), Sitz des Senats der Freien und Hansestadt, der Bürgerschaft und des Bürgermeisters. Weiter südlich befindet sich der neoklassizistische Bau der ehem. **Börse** (1859 und 1884). Sie wurde 1558 gegründet und ist damit die älteste Handelsbörse Deutschlands. Der hiesige Standort wurde allerdings 2006 aufgegeben, die Räumlichkeiten können im Rahmen von *Führungen* (Tel. 040/36 13 83 60) besichtigt werden.

Gen Nordosten geht es zum *Hauptbahnhof* (1903–06) und weiter zur TOP TIPP **Hamburger Kunsthalle mit Galerie der Gegenwart** (Glockengießerwall, Tel. 040/428 13 12 00, www.hamburger-kunsthalle.de, Di/Mi, Fr–So 10–18, Do 10–21 Uhr). Sie wurde 1817 gegründet und ist in einem Altbau von 1869 und zwei Ergänzungsbauten (1919 und 1997) untergebracht. Seit der Eröffnung des Hubert-Wald-Forums (2004) für Wechselausstellungen ist die Kunsthalle das größte Museum Deutschlands. Gezeigt wird Kunst des 13.–21. Jh. von Alten Meistern wie Tiepolo und Goya über das 19. Jh. mit Monet, Manet und C. D. Friedrich bis zur Moderne mit Warhol, Beuys, Baselitz u.v.m.

Hamburg in der Morgendämmerung – der Fischmarkt mit der Altonaer Fischauktionshalle

Auch die **Deichtorhallen** (Deichtorstr. 1/2, Tel. 040/32 10 30, www.deichtorhallen.de, Di–So 11–18 Uhr) weiter südlich sind heutzutage wichtige Kulturzentren. Wo früher Großmärkte ansässig waren, finden heute internationale Ausstellungen zu Kunst, Fotografie und Architektur der Gegenwart statt.

Auf der Vorschlagsliste zum UNESCO Weltkulturerbe stehen das in Form eines gigantischen Schiffsbugs gestylte **Chilehaus** (1922–24, Burchardplatz) und die von Kanälen durchzogene **Speicherstadt** weiter südlich. Das Viertel mit seinen neogotischen Lagerhäusern kann man auch bei Hafenrundfahrten bewundern. Heute hat sich hier eine Museumsmeile etabliert, die Besuchermagneten wie das **Miniatur Wunderland** (Kultur- & Gewerbespeicher, Kehrwieder 2, Block D, Tel. 040/300 68 00, www.miniatur-wunderland.de, Mo, Mi–Fr 9.30–18, Di 9.30–21, Sa 8–21, So/Fei 8.30–20 Uhr) mit der größten Modelleisenbahn der Welt aufweist.

Ein ›Muss‹ im touristischen Besuchsprogramm ist das westlich gelegene **Museum für Hamburgische Geschichte** (Tel. 040/42 81 32 23 80, www.hamburgmuseum.de, Di–Sa 10–17, So 10–18 Uhr) mit seiner vielseitigen Schau zur Entwicklung der Stadt und der Schifffahrt von den Anfängen bis in die Gegenwart. Auch eine barocke Original-Diele eines Kaufmannshauses mit gediegener Innenausstattung kann besichtigt werden.

Nordwestlich des Zentrums lädt **Hagenbecks Tierpark** (Lokstedter Grenzstr. 2, Tel. 040/53 00 33-0, www.hagenbeck.de, März–Juni, Sept.–Okt. 9–18, Juli/Aug. 9–19, Nov.–Febr. 9–16.30 Uhr) zum Besuch ein. Er wurde 1907 als erster gitterloser Zoo der Welt eingerichtet. Heute leben hier 2500 Tiere in einer attraktiven Parklandschaft mit großen Freigehegen.

i Praktische Hinweise

Information

Hamburg Tourismus GmbH, Steinstr. 7, Hamburg, Tel. 040/30 05 13 00, www.hamburg.de

Hotels

Hotel Hafen Hamburg, Seewartenstr. 9, Hamburg, Tel. 040/31 11 30, www.hotel-hamburg.de. Oberhalb der Landungsbrücken mit tollem Blick auf den Hafen und mit Turmbar.

Hotel Atlantic Kempinski Hamburg, An der Alster 72–79, Hamburg, Tel. 040/288 80, www.kempinski.atlantic.de. Traditionshaus an der Alster.

Wedina, Gurlittstr. 23, Hamburg, Tel. 040/280 89 00, www.wedina.de. Freundliches Haus mit 59 Zimmern.

Restaurants

Deichgraf, Deichstr. 23, Hamburg, Tel. 040/36 42 08. Hanseatische Küche in historischem Ambiente.

Schloss Ahrensburg – Renaissancebau voller Eleganz und beschwingter Raffinesse

Der Ratzeburger Dom (12./13. Jh.) ist eine der größten und ältesten Kirchen Norddeutschlands

Die Fischküche, Kajen 12, Hamburg, Tel. 040/36 56 31, www.die-fischkueche.de. Fischspezialitäten (So/Fei geschl.).

Ratsweinkeller, Rathaus, Hamburg, Tel. 040/36 41 53. Regionale Küche.

Route

Von Hamburg auf der B75 nach Nordosten bis Ahrensburg (24 km).

2 Ahrensburg F12

Zauberhaftes Schloss mit Museum vor den Toren Hamburgs.

Die bedeutendste Attraktion von Ahrensburg (30 000 Einw.) ist das von einem Wassergraben umgebene **Schloss Ahrensburg** (1585). Der elegante Renaissancekomplex besteht aus drei giebelbekrönten Baukörpern, die von vier achteckigen Türmen eingefasst sind. Bis 1930 war das Anwesen im Besitz der Familie Schimmelmann, seit 1955 präsentiert hier das *Museum der schleswig-holsteinischen Adelskultur* (Lübecker Str. 1, Tel. 041 02/425 10, www.schloss-ahrensburg.de, Di–Do, Sa/So 11–17, Nov.–Febr. Mi, Sa/So 11–17 Uhr) Wohndesign des 18./19. Jh. Die Räume sind mit edlen Möbeln, Gemälden und Porzellan ausgestattet. Durch den Schlosspark gelangt man zur *Schlosskirche* (16. Jh.). Sie wurde 1713 von schwedischen Truppen verwüstet und beim Wiederaufbau barockisiert.

Praktische Hinweise

Information

Stadtverwaltung, Manfred-Samusch-Str. 5, Ahrensburg, Tel. 041 02/770, www.ahrensburg.de

Route

Auf der B75 nordwärts Richtung Bad Oldesloe, dann auf der B208 rechts abbiegen, südöstlich nach Ratzeburg (50 km).

3 Ratzeburg F13

Schöne Domstadt am Ratzeburger See und Küchensee.

Drei Dämme und Brücken verbinden die bezaubernde Inselstadt Ratzeburg (14 000 Einw.) mit dem Festland. Glanzpunkt ist der imposante **Ratzeburger Dom** (Führungen, Tel. 045 41/34 06, www.ratzeburgerdom.de), eine der größten und ältesten Kirchen Norddeutschlands. Die Backsteinbasilika wurde im Jahr 1154 von *Heinrich dem Löwen* gestiftet und 1220 vollendet. Der Bronzelöwe vor dem Eingang erinnert an den Bauherren. Im *Inneren* fällt die reich geschmückte Kanzel von 1576 ins Auge, im Chor faszinieren die Kreuzigungsgruppe (1260) und das prachtvolle Chorgestühl. Der *Kreuzgang* ist mit Fresken des 14. Jh. geschmückt, im Klosterhof steht Barlachs Plastik ›Bettler an Krücken‹.

Das opulente Schweriner Schloss (19. Jh.) gilt als Meisterwerk des Historismus

Das benachbarte einstige *Herrenhaus der Lauenburger Herzöge* mit schöner Rokoko-Ausstattung beherbergt heute das **Kreismuseum** (Tel. 045 41/860 70, Di–So 10–13 und 14–17 Uhr) mit Exponaten zu Geschichte und Volkskunde der Region.

Den Platz **Am Markt** in der Altstadt säumen elegante klassizistische Bauten. In der Nähe steht das *Alte Vaterhaus* mit dem 1956 gegründeten **Ernst-Barlach-Museum** (Barlachplatz 3, Tel. 045 41/37 89, Di–So 11–17 Uhr). Wo Ernst Barlach (1870–1938) sechs Jahre seiner Kindheit verbrachte, kann man heute Plastiken und Grafiken des Künstlers bewundern.

Wer abschließend die schöne Seenlandschaft genießen möchte, kann eine Rundfahrt per *Schiff* unternehmen.

i Praktische Hinweise

Information

Ratzeburg-Information,
Unter den Linden 1, Ratzeburg,
Tel. 045 41/85 85 65, www.ratzeburg.de

Route

L203, K78 und L4 nach Südosten über Zarrentin und Wittenburg zur A24, dann auf der A24 ostwärts bis zur Ausfahrt Hagenow und anschließend nach Norden Richtung Schwerin (67 km).

4 Schwerin F14

Landeshauptstadt von Mecklenburg-Vorpommern und schöne ›Stadt der sieben Seen‹.

Der sächsische Herzog Heinrich der Löwe besiegte 1160 die Slawen und vertrieb den Slawenfürsten von der Burg Zuarin auf der heutigen *Schlossinsel*. Dann gründete er Schwerin (97 000 Einw.), das aufgrund seiner wasserreichen Umgebung die ›Stadt der sieben Seen‹ genannt wird. 1167 wurde die Grafschaft von Schwerin etabliert und die Stadt war 1358–1918, allerdings mit zwei Unterbrechungen, Residenz der Herzöge von Mecklenburg.

Ein Meisterwerk des deutschen Historismus, elegant und verspielt zugleich, ist das **Schweriner Schloss** (Lennéstr. 1, Tel. 03 85/525 29 20, www.landtag-mv.de, 15. April–14. Okt. Mo–So 10–18, sonst Di–So 10–17 Uhr) auf der runden Schlossinsel im Schweriner See. In einem Teil des Palastes tagt seit 1990 der *Landtag* von Mecklenburg-Vorpommern. Der vieltürmige Bau geht in seiner heutigen Form auf einen Umbau im 19. Jh. zurück, an dem *Gottfried Semper* und *Georg Adolph Demmler* beteiligt waren. Vier Vorgängerbauten aus dem 15.–17. Jh. wurden in das an französische Schlösser erinnernde Ensemble integriert. Zu den Glanzpunkten im prachtvoll geschmückten Inneren, heute als **Schlossmuseum** zugänglich, zählen der *Thronsaal* und die *Ahnengalerie* mit Porträts der Schweriner Herzöge vom 14.–19. Jh. Die im Renaissancestil errichtete protestantische **Schlosskapelle** (1563) birgt Alabasterreliefs des Niederländers *Willem van den Broecke*. Lustwandeln kann man im **Burggarten**, einem englischen Landschaftsgarten mit Orangerie und Felsengrotte, und im barocken **Schlossgarten** mit seinem von Skulpturen flankierten Kreuzkanal.

Die **Altstadt** liegt zwischen vier Seen und wird vom gotischen **Dom** (1270–1416) beherrscht. Der 117 m hohe Kirchturm von 1892 bietet ein fantastisches Panorama. Im Inneren der dreischiffigen Basilika ziehen der spätgotische *Flügelaltar* mit einem älteren Relief der Kreuzigung (1495, 1440), das *Triumphkreuz* von 1420 und die *Orgel* (1871) die Blicke auf sich.

Den nahen **Markt** säumen hübsche Bürgerhäuser und das **Altstädtische Rathaus**, ein im Kern barocker Bau, der 1835 von Hofarchitekt Demmler neogotisch umgestaltet wurde. Etwas weiter südlich prangt ein spätklassizistisches Palais mit Säulenportikus. In seinen Sälen präsentiert das **Staatliche Museum** (Alter Garten 3, Tel. 03 85/595 80, www.museum-schwerin.de, 15. April–14. Okt. So 10–18, 15. Okt.–14. April Di–So 10–17 Uhr) eine exzellente Sammlung Alter und Neuer Meister. Schwerpunkte liegen bei der flämischen und niederländischen Malerei des 17. Jh. mit Werken von Rembrandt, Rubens und Frans Hals. Ihnen schließen sich Arbeiten deutscher und französischer Künstler an. Viel beachtet sind auch die Wechselausstellungen zur Kunst der Gegenwart.

Praktische Hinweise

Information

Schwerin Touristinformation, Am Markt 14, Schwerin, Tel. 03 85/592 52 12, www.schwerin.com

Hotels

Crowne Plaza Schwerin, Bleicher Ufer 23, Schwerin, Tel. 03 85/575 50, www.crowne-plaza.m-vp.de. Modernes komfortables Hotel mit Restaurant.

InterCity Hotel, Grunthalplatz 5–7, Schwerin, Tel. 03 85/595 00, www.intercityhotel.de. Freundliches Hotel mit guter Ausstattung.

Restaurants

Das kleine Mecklenburger Gasthaus, Puschkinstr. 37, Schwerin, Tel. 03 85/555 96 66. Regionale Gerichte.

Friedrich's, Friedrichstr. 2, Schwerin, Tel. 03 85/55 54 73. Am Pfaffenteich mit schöner Terrasse.

Route

Weiter auf der B106 Richtung Norden bis Wismar (31 km).

5 Wismar E14

Hansestadt mit modernem Überseehafen und romantischer Altstadt.

Der Ostseehafen Wismar (45 000 Einw.) in der Mecklenburger Bucht wurde erstmals 1229 als *Aqua Wissemara* urkundlich erwähnt und ist vermutlich eine Lübecker Gründung. Zum Schutz gegen Seeräuberei schlossen sich Wismar, Lübeck und Rostock 1259 zum *Wendischen Städtebund* zusammen, aus dem später die mächtige **Hanse** hervorging. 1648–1803 war Wismar Eigentum der schwedischen Krone. Diese verpfändete die Stadt auf 100 Jahre an den Herzog von Mecklenburg. 1903 wurde Wismar dann an Mecklenburg zurückgegeben.

Die **Altstadt** mit ihrem schönen historischen Baubestand ist seit 2002 UNESCO Weltkulturerbe. Den großen **Marktplatz** ziert die *Wasserkunst*, ein eleganter Pavillon im holländischen Renaissancestil. Er

Giebelhäuser am Marktplatz von Wismar

Baumhaus

Vom Baumhaus genannten Backsteinbau am Wismarer Hafen wurden im 18. Jh. die Schiffsbewegungen kontrolliert. Nachts oder bei Gefahr wurde von hier aus die Hafeneinfahrt abgesperrt. Heute finden im Baumhaus interessante Ausstellungen statt.

wurde über dem Brunnen errichtet, der die Stadt bis 1897 mit Quellwasser versorgte. Zur hübschen Marktkulisse gehören auch das Rathaus und vornehme Giebelhäuser, darunter das älteste Bürgerhaus Wismars, der Backsteinbau *›Alter Schwede‹* (1380) mit seinem kunstvollen Treppengiebel.

Beim Spaziergang durch die Stadt gibt es weitere Sehenswürdigkeiten zu entdecken. Die gotischen Bauten **Marien-** und **Georgenkirche**, im Zweiten Weltkrieg zerstört, sind heute wieder einen Blick wert, ebenso der prächtige im Stil der italienischen Renaissance gestaltete **Fürstenhof**. Auf dem Weg gen Norden zum Wismarer *Hafen* passiert man die **Nikolaikirche** (14./15. Jh.), die kostbare Altäre birgt, und das spätgotische **Wassertor** (1450), einziges Relikt der alten Stadtbefestigung.

Praktische Hinweise

Information

Tourismuszentrale Wismar, Am Markt 11, Wismar, Tel. 038 41/251 30 25, www.wismar.de

Route

Weiter auf der B105 gen Westen nach Lübeck (57 km).

6 Lübeck *F13*

Prächtige alte Hansestadt und Deutschlands größter Ostseehafen.

Lübeck (212 000 Einw.), die zweitgrößte Stadt Schleswig-Holsteins, ist ein Kleinod norddeutscher Backsteingotik und zugleich ein wichtiger *Ostseehafen*. Er liegt am Nordende des **Elbe-Lübeck-Kanals**, der in die Ostsee führt.

Die Stadt wurde 1143 von Graf Adolf II. von Schauenburg gegründet und 1226 von Friedrich II. zur *Freien Reichsstadt* erklärt. Sie nahm als **Königin der Hanse** die führende Stellung in diesem mächtigen Städtebund ein. Jener sicherte die Schifffahrtswege und stellte eine mächtige Handelsmacht dar. Mit dem *Niedergang* der Hanse ab der Mitte des 16. Jh. verlor Lübeck an Bedeutung, doch seine Kaufleute blieben bis ins 19. Jh. erfolgreich und mehrten ihren Wohlstand. Der im Jahr 1900 eröffnete Elbe-Lübeck-Kanal brachte neue wirtschaftliche Impulse, ebenso wie später die Öffnung nach Osteuropa infolge der Wiedervereinigung.

Die vorbildlich restaurierte **Altstadt** ist seit 1987 UNESCO Weltkulturerbe. Kulinarisches Wahrzeichen Lübecks ist das *Marzipan*. Kaufleute der Hanse brachten es einst aus dem Orient mit. Als Marzipan-Insignium fungiert Lübecks berühmtestes Bauwerk, das monumentale **Holstentor** (1464–78, Tel. 04 51/122 41 29, Jan.–März Di–So 11–17, April–Dez. Mo–So 10–18 Uhr). Zwei mächtige Rundtürme mit hohen Kegeldächern flankieren den von einem Stufengiebel bekrönten Torbogen. Heute birgt das alte Stadttor das *Stadtgeschichtliche Museum*. Über dem Tordurchgang steht die Inschrift ›Innen Eintracht, außen Frieden‹.

Hinter dem Holstentor öffnet sich die Altstadt mit ihrer schönen Backsteinarchitektur, alten Salzspeichern, edlen Bürgerhäusern und Kirchen mit schlanken Türmen. Am Marktplatz fasziniert das berühmte **Rathaus** (Tel. 04 51/122 10 05, Führungen Mo–Fr 11, 12, 15 Uhr) mit seinen elaborierten Schaufassaden. Die gotische Südfassade (1230) wurde 1571 durch eine Renaissanceloggia ergänzt. Rechts schließen sich das Lange Haus (13./14. Jh.) und der Kriegsstubenbau (15. Jh.) an. Das *Innere* mit Audienzsaal, Bürgerschaftssaal und Rotem Saal weist Gemälde und Fresken zur Stadtgeschichte auf.

Beim Stadtbummel trifft man gen Norden auf die hoch aufragende Kirche **St. Marien** (1230–1350) mit ihren Doppeltür-

TOP TIPP **Buddenbrookhaus**

Das berühmte Buddenbrookhaus (Mengstr. 4, www.buddenbrookhaus.de, April–Dez. tgl. 10–18, Jan.–März tgl. 11–17 Uhr) in Lübeck wurde 1758 erbaut und befand sich 1842–91 im Besitz der Großeltern von Heinrich (1871–1950) und Thomas Mann (1875–1955). Später wurde es nach Thomas Manns berühmtem Roman ›Die Buddenbrooks‹ (1901) benannt, der den Niedergang einer reichen Lübecker Familie beschreibt. 1929 erhielt Thomas Mann für dieses Werk den Literaturnobelpreis.

Wahrzeichen Lübecks – das Holstentor (1464–78) mit seinen bombastischen Rundtürmen und dem von einem Stufengiebel bekrönten Torhaus

men. Sie war der Prototyp für die gotischen Backsteinkirchen der Region und steht im Kontrast zum wuchtigen romanischen **Dom** (ab 1173, www.domzuluebeck.de, April–Okt. tgl. 10–18, Nov.–März tgl. 10–16 Uhr) weiter südlich. Glanzpunkt im Inneren ist der Lettner mit einer imposanten von Bernt Notke geschnitzten *Triumphkreuzgruppe* (1477). Das in einem Kloster von 1502 ansässige **St.-Annen-Museum** (Jan.–März Di–So 11–17, April–Dez. Di–So 10–16 Uhr) zeigt Meisterwerke der Kirchenkunst, darunter viele kostbare Schnitzaltäre.

Im **Schabbelhaus** aus dem 16. Jh. ist eines der besten Restaurants Lübecks (s. u.) untergebracht. Das *Museum* im ersten Stock präsentiert Exponate zur Wohnkultur des 19. Jh.

Praktische Hinweise

Information

Welcome Center Lübeck- und Travemünde-Marketing, Breite Str. 62, Lübeck, Tel. 018 05/88 22 33, www.luebeck-tourismus.de

Hotel

Jensen, An der Obertrave 4–5, Lübeck, Tel. 04 51/70 24 90, www.hotel-jensen.de. Traditionshotel in altem Patrizierhaus.

Restaurants

Schabbelhaus, Mengstr. 48–52, Lübeck, Tel. 04 51/720 11. Norddeutsche und italienische Küche.

Schiffergesellschaft, Breite Str. 2, Lübeck, Tel. 04 51/767 76. Restaurant mit Flair im alten Zunfthaus der Kapitäne.

Hansa-Park

Nördlich von Lübeck, in Sierksdorf, liegt der Hansa-Park (Am Fahrenkrog 1, Tel. 045 63/ 47 40, www.hansapark.de, April–Okt. 9–18 Uhr). Der traditionsreiche Erlebnispark am Meer bietet Unterhaltung für die ganze Familie und viele aufregende Attraktionen, z. B. eine Varieté-Show und eine Lasershow, ein Dschungel-Kindertheater mit Papageienshow und Seelöwenvorführungen. Außerdem gibt es atemberaubende Achterbahnen, Riesenräder, Riesenrutschen, den Power-Tower und ein turmhohes Karussell.

Die Kieler Woche – berühmte Segelregatta mit buntem Rahmenprogramm

Route

Auf der B75 Richtung Travemünde nach Scharbeutz und dann weiter auf der B76 über Eutin nach Kiel (91 km).

7 Kiel *D12*

Kieler Woche, Hafen und Werften prägen die Landeshauptstadt.

Kiel (234 000 Einw.) wurde 1242 gegründet und gewann ab 1867 als preußischer Kriegshafen an Bedeutung. 1895 wurde der Kaiser-Wilhelm-Kanal, heute **Nord-Ostsee-Kanal** genannt, eröffnet. Der meistbefahrene Kanal der Welt verbindet die Elbemündung an der Nordsee mit der Kieler Förde an der Ostsee. Im Zweiten Weltkrieg war Kiel Standort der Kriegsmarine und wurde durch Bombenangriffe fast völlig zerstört. Der Wiederaufbau der Stadt geriet relativ nüchtern.

Heute ist Kiel, die Landeshauptstadt Schleswig-Holsteins, der wichtigste **Hafen** für den Fährverkehr nach Skandinavien und ein beliebtes Ziel für Kreuzfahrtschiffe. Vom Kai aus kann man alle Hafenaktivitäten gut beobachten. Ein Besuch des **Schifffahrtsmuseums** (Wall 65, Mitte April–Mitte Okt. tgl. 10–18, sonst 10–17 Uhr) lohnt genauso wie ein Blick in den benachbarten *Museumshafen* mit drei Oldtimerschiffen.

Segelexperten aus aller Welt besuchen die jährlich im Juni stattfindende Segelregatta namens **Kieler Woche** (www.kieler-woche.de). Neben den Regatten gibt es auch ein umfangreiches kulturelles Rahmenprogramm und als Höhepunkt die Windjammer-Parade auf der Kieler Förde.

Unweit des Schifffahrtsmuseums steht die **Nikolaikirche** (Mitte 13. Jh.). Sie wurde im 19. Jh. neogotisch erneuert und birgt Sehenswürdigkeiten wie Hochaltar (1460), Triumphkreuz (1490) und Kanzel (1705).

Eutiner Festspiele

Ein kulturelles Highlight sind die Eutiner Festspiele (www.eutiner-festspiele.de). Die zwischen Lübeck und Kiel gelegene Stadt Eutin lädt alljährlich im Juli und Aug. zu Freilichtopern in den Schlossgarten über dem Großen Eutiner See ein. Die Oper ›Der Freischütz‹ von Carl Maria von Weber (1786–1826), des berühmtesten Sohns der Stadt, steht häufig auf dem Programm.

Am Eingang steht Ernst Barlachs Plastik ›Der Geisteskämpfer‹ von 1928. Das weiter westlich gelegene **Rathaus** prunkt mit einem Turm, der den Campanile von Venedig zum Vorbild nimmt. Aus 67 m Höhe bietet er einen herrlichen Blick über Stadt, Hafen und Förde. Unweit vom Rathausplatz steht das **Geburtshaus Max Plancks** (Küterstr. 27). Max Planck (1858–1947), der berühmte Begründer der Quantentheorie, lehrte 1885–89 an der Kieler Universität. 1918 erhielt er den Nobelpreis für Physik.

Praktische Hinweise

Information

Tourist Information, Andreas-Gayk-Str. 31, Kiel, Tel. 018 05/65 67 00, www.kiel-tourist.de

Hotels

Hotel Wiking Kiel, Schützenwall 1–3, Kiel, Tel. 04 31/66 10 90, www.hotel-wiking.com. Modernes Haus im Zentrum, nur mit Frühstück.

Parkhotel Kieler Kaufmann, Niemannsweg 102, Kiel, Tel. 04 31/881 10, www.kieler-kaufmann.de. Hotel in schönem Herrenhaus mit gutem Restaurant.

Route

Weiter auf der A210 Richtung Westen nach Rendsburg (37 km).

Die Eisenbahnhochbrücke von Rendsburg ermöglicht freie Fahrt auch für große Schiffe

8 Rendsburg D11

Kreisstadt an der Eider und am verkehrsreichen Nord-Ostsee-Kanal.

Die **Altstadt** von Rendsburg (28 000 Einw.) liegt auf einer Insel zwischen der Eider und dem Nord-Ostsee-Kanal. Das **Alte Rathaus** (1566) ist ein hübscher Backsteinbau mit Stufengiebeln. Die nahe Kirche **St. Marien** aus dem 13. Jh. zählt zu ihren Schätzen Wandmalereien aus dem 14. Jh. und einen barocken Hochaltar von 1649.

Interesse erregen aber vor allem die technischen Errungenschaften der Stadt, z. B. die **Eisenbahnhochbrücke**, die den Nord-Ostsee-Kanal in 42 m Höhe überspannt und auch große Schiffe ungehindert passieren lässt. Unter der Brücke verläuft eine **Schwebefähre**, die Autos und Passagiere über den Kanal transportiert. Der 1280 m lange **Kanaltunnel** führt den motorisierten Verkehr 20 m unter dem Kanal hindurch. Und parallel dazu verläuft der über die längste Rolltreppe Europas zu erreichende Fußgängertunnel.

Praktische Hinweise

Information

Tourist-Information Nord-Ostsee-Kanal, Schiffbrücken Galerie, Rendsburg, Tel. 043 31/211 20, www.tinok.de

Route

Auf der B203 nach Heide, dann auf der B5 nach Brunsbüttel und weiter auf der B431 zurück nach Hamburg (183 km).

Mecklenburg-Vorpommern – von der Boddenküste bis zur Seenplatte

2–3 Tage • 365 km

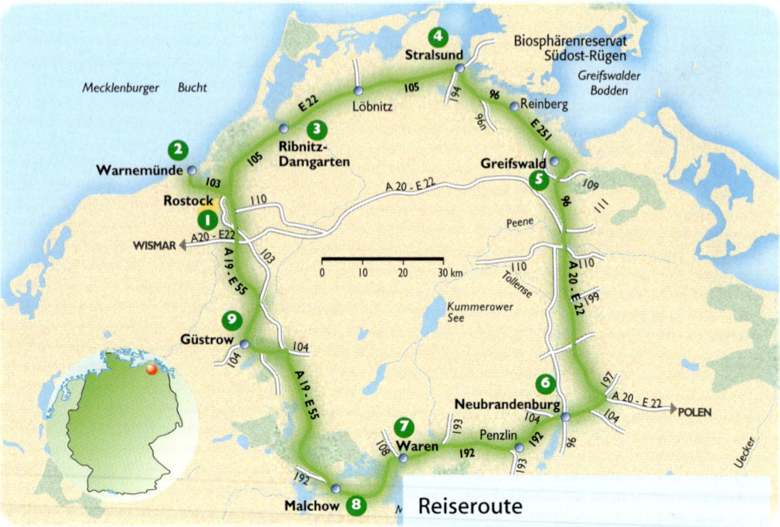

Reiseroute	
Rostock	Warnemünde (14 km)
Warnemünde	Ribnitz-Damgarten (39 km)
Ribnitz-Damgarten	Stralsund (46 km)
Stralsund	Greifswald (36 km)
Greifswald	Neubrandenburg (69 km)
Neubrandenburg	Waren (43 km)
Waren	Malchow (23 km)
Malchow	Güstrow (53 km)
Güstrow	Rostock (42 km)

1 Rostock *E15*

Maritime Groß- und Hansestadt mit gotischer Pracht.

Rostock (199 000 Einw.), die größte Stadt Mecklenburg-Vorpommerns, strahlt bis heute den maritimen Charme einer bedeutenden Hansestadt aus. Vom Seehafen legen noch immer täglich Fährschiffe nach Skandinavien ab.

In der **Altstadt** gibt es viele prächtige Giebelhäuser zu bewundern, in Backstein oder bunt bemalt. Am *Neuen Markt* setzt der bedeutendste Sakralbau Rostocks, die **Marienkirche**, kraftvolle Akzente. Die 1398–1450 erbaute Backsteinbasilika birgt viele Kostbarkeiten, z.B. eine 3 m hohe Bronzetaufe (13. Jh.) und die 11 m hohe astronomische Uhr (15. Jh.). Des Weiteren sieht man am Neuen Markt einige hübsche Giebelhäuser und das **Rathaus**. Es besteht im Kern aus Gebäuden des 13. Jh., vorgeblendet sind eine elegante Türmchenfassade und der barocke Vorbau (1727). In den angrenzenden Straßen stehen schöne Bürgerhäuser wie das **Walldienerhaus** (Ende 15. Jh.) und das **Kerkhoff-Haus** von 1470. Einen interessanten Kontrast – eine Mischung aus Backsteingotik und stalinistischer Protzarchitektur – bieten die **Lange Straße** und das Viertel am alten **Stadthafen**, das heute mit allerlei Geschäften, Cafés und Museumsschiffen zum Bummeln einlädt. Weiter südlich verläuft die beliebte Einkaufsmeile **Kröpeliner Straße** mit repräsentativen Bauten von der Gotik bis zur Neuzeit. Sie quert den Universitätsplatz mit der renommierten, 1419 gegründeten **Universität Rostock**.

Im nahen *Kloster zum Heiligen Kreuz* zeigt heute das **Kulturhistorische Museum** (Klosterhof, Tel. 03 81/20 35 90, Di–So 10–18 Uhr) mittelalterliche Kunst und dokumentiert die Geschichte der Abtei.

Die alte Hansestadt Rostock, eine Silhouette aus Giebelhäusern und Monumentalbauten

Praktische Hinweise

Information

Tourismuszentrale Rostock & Warnemünde, Neuer Markt 3, Rostock, Tel. 03 81/381 22 22, www.rostock.de

Restaurant

Zur Kogge, Wokrenterstr. 27, Rostock, Tel. 03 81/493 44 93, www.zur-kogge.de. Gaumenfreuden in Schiffsambiente.

Route

Nordwärts auf der B103 der Beschilderung folgend nach Warnemünde (14 km).

2 Warnemünde *E15*

Lebendiger Erholungs- und verträumter Hafenort zugleich.

Warnemünde, das einstige Fischerdorf, gehört seit 1323 zu Rostock. Ab dem 19. Jh. avancierte das Hafenstädtchen zum beliebten Seebad. Fontane, Tucholsky, Ringelnatz und andere Prominente verbrachten hier ihre Sommerferien.

Warnemünde verfügt über einen breiten, feinen **Sandstrand** von 7 km Länge, die **Seepromenade** mit Pensionen im Stil der Bäderarchitektur und ein **Kurhaus** mit Bauhaus-Akzenten, das auch eine Spielbank beherbergt. Allenthalben sieht man elegante Kapitänshäuser mit markanten Glasveranden. Am **Alten Strom** stehen noch einige pittoreske Fischerkaten, heute ausgestattet mit Cafés und Geschäften. Elegant gibt sich der moderne **Jachthafen** jenseits des Seekanals. Einen schönen Blick über den Ort und die Ostsee bietet der **Leuchtturm** (Mai–Sept. tgl. 10–19 Uhr). Warnemündes Weg vom Fischernest zum Badeort wird im **Heimatmuseum** (Alexandrinenstr. 30/31, Tel. 03 81/526 67, www.heimatmuseum-warnemuende.de, April–Okt. Di–So 10–18, Nov.–März Mi–So 10–18 Uhr) dokumentiert. Von der **Hafenmole** kann man im Sommer Schiffsausflüge unternehmen.

Der Sandstrand von Warnemünde – ein Idyll mit Dünen und bunten Strandkörben

Stralsund, einst zweitmächtigste Hansestadt, gehört heute zum UNESCO Weltkulturerbe

Praktische Hinweise

Information

Tourist-Information, Am Strom 59, Warnemünde, Tel. 03 81/54 80 00, www.warnemuende.de

Hotels

Fischerhus, Alexandrinenstr. 124, Warnemünde, Tel. 03 81/54 83 10, www.hotel-fischerhus.de. Zimmer in Villa und Fischerhaus.

Seekiste zur Krim, Am Strom 47, Tel. 03 81/ 521 14, www.seekiste-warnemuende.de. Kost und Logis in maritimem Ambiente.

Route

Über die B105/E55 nach Nordosten bis Ribnitz-Damgarten (39 km).

3 Ribnitz-Damgarten *D16*

Zwischen Moor, Heide und Bodden gelegene Bernsteinstadt.

Die beiden 1950 zusammengeschlossenen Orte Ribnitz und Damgarten (17 000 Einw.) liegen an den Ufern der *Recknitz*. Damgarten, im Pommerschen gelegen, besitzt hübsche Fachwerkhäuser und die gotische Backsteinkirche **St. Bartholomäus**. Sehenswert im mecklenburgischen Ribnitz sind die Kirche **St. Marien** (13. Jh.), das imposante **Rostocker Tor** (15. Jh.), das **Rathaus** (19. Jh.) am Marktplatz und das einstige *Klarissenkloster*, eine Stiftung von 1323. Heute beherbergt es das **Deutsche Bernsteinmuseum** (Tel. 038 21/46 22, www.deutsches-bernsteinmuseum.de, März–Okt. tgl. 9.30–18, sonst Di–So 9.30–17 Uhr) mit einer imponierenden Sammlung. In der **Klosterkirche** (Führungen auf Voranmeldung, Tel. 038 21/ 22 01) sind die Holzskulpturen der ›Ribnitzer Madonnen‹ (14./15. Jh.) sehenswert.

Praktische Hinweise

Information

Stadtinformation, Am Markt 1, Ribnitz-Damgarten, Tel. 038 21/22 01, www.ribnitz-damgarten.de

Restaurant

Hafenschenke, Am See 1 a, Ribnitz-Damgarten, Tel. 038 21/89 48 30, www.hafenschenke.de. Köstliche Spezialitäten von der Waterkant.

Route

Auf der B105/E22 weiter nach Stralsund (46 km).

4 Stralsund *D17*

Einst zweitmächtigste Hansestadt an der Ostsee.

Die im 13. Jh. gegründete Stadt Stralsund (59 000 Einw.) liegt idyllisch auf einer Insel am *Strelasund*. Über Dämme und Brücken ist sie mit dem Festland und der Insel Rügen verbunden. Zur **Hansezeit** war Stralsund nach Lübeck die zweitmächtigste Hafenstadt. Noch heute ist viel vom mittelalterlichen Charme erhalten, und seit 2002 ist Stralsund UNESCO Weltkulturerbe. Ein Highlight norddeutscher Backsteingotik ist das **Rathaus**, das später mehrfach erweitert wurde. Seine stilreine Zierfassade stammt aus dem 14. Jh. und diente vielen Rathäusern an der Ostsee als Vorbild. Gleich nebenan erhebt sich die **Nikolaikirche** (13./14. Jh.), die unbestritten zu den schönsten Sakralbauten Nordeuropas zählt. Ihr Südturm ragt 103 m auf. Im Kircheninneren befindet sich eine sehenswerte *Weltzeituhr* (Ende 14. Jh.). Weiter südlich steht die ebenfalls gewaltige **Marienkirche**. Durch den Zusammenbruch ihres Turms wurde die Kirche stark beschädigt, doch im 14./15. Jh. weitgehend erneuert. Der ›neue‹ Turm, von dem sich ein schöner Blick auf die Stadt und zur Insel Rügen bietet, ist 1 m höher als jener der Nikolaikirche. 366 Stufen führen hinauf.

Das 1254 gegründete **Johanniskloster** (Mai–Sept. Mi–So 10–18 Uhr) ist einer der ältesten Bauten Stralsunds und birgt eine schöne *Barockbibliothek*. Teile der Anlage sind stimmungsvolle Ruinen.

Bestens erhalten präsentiert sich das mächtige einstige **Katharinenkloster** (13. Jh.). In dessen gotischen Gewölbehallen ist das größte Naturkundemuseum Norddeutschlands, das **Deutsche Meeresmuseum** (Katharinenberg 14–20, Tel. 038 31/265 02 10, www.meeresmuseum.de, Juni–Sept. tgl. 10–18, Okt.–Mai tgl. 10–17, 31. Dez. 10–15 Uhr) ansässig. Es verfügt über 37 Aquarien voller Fische, Haie, Schildkröten und Korallen. Glanzlicht des ebenfalls hier untergebrachten **Kulturhistorischen Museums** (Mönchstr. 25–27, Tel. 038 31/287 90, Di–So 10–17 Uhr) ist der berühmte *Hiddenseer Goldschmuck* (9. Jh.). Er stammt aus der Wikingerzeit und wurde 1874 an der Küste Hiddensees entdeckt.

TOP TIPP

Praktische Hinweise

Information

Tourismuszentrale der Hansestadt Stralsund, Alter Markt 9, Stralsund, Tel. 038 31/246 90, www.stralsundtourismus.de

Hotels

Altstadthotel zur Post, Am Neuen Markt, Tribseer Str. 22, Stralsund, Tel. 038 31/20 05 00, www.hotel-zur-post-stralsund.de. Komfortables Hotel mit Restaurant.

Royal Hotel, Tribseer Damm 4, Stralsund, Tel. 038 31/282 10, www.royal-hotel.de. Historisches Haus mit moderner Ausstattung.

Route

Vom Zentrum Stralsunds in Richtung Süden, über die B96N auf die B96A. Der B96A folgend oder auf die E251 wechselnd nach Greifswald (36 km).

5 Greifswald *E17*

Alte Hansestadt am Flüsschen Ryck mit Universität und schöner Altstadt.

Die Universitätsstadt Greifswald (60 000 Einw.) verbindet mittelalterlichen Charme mit dem Esprit von Moderne und Studentenleben. Glanzpunkt der Altstadt ist der **Dom St. Nikolai** (13./14. Jh., www.dom-greifswald.de, Mai–Okt. Mo–Sa 10–16 Uhr, So 15–17.30, Nov.–April Mo–Sa 10–16, So 11.30–15 Uhr). Den fast 100 m hohen achteckigen *Turm* (Ausblick) ziert eine grazile barocke Haube. Im Kircheninne-

Greifswald – die Marienkirche mit bombastischem Turm am schönen Marktplatz

Rügen

Seit 1936 ist Rügen durch einen Damm mit dem Festland verbunden. Die größte Insel Deutschlands besitzt entlang ihrer fast 600 km langen Küste bildschöne Strände und imposante Kreidefelsen, viele attraktive Seebäder und malerische Fischerorte. Im Inland ist Rügen reich an Wäldern, Seen und Mooren. Ob Kur- oder Badeurlaub, Segel- oder Surfkurse, Wander- oder Fahrradtouren, Urlaub auf Rügen ist erholsam und erlebnisreich zugleich.

Tourismusverband Rügen, Bahnhofstr. 15, Bergen, Tel. 038 38/80 77 80, www.ruegen.de

ren sieht man gotische Fresken und die *Rubenowtafel* (1460), ein Gruppenporträt von sieben Universitätsprofessoren. Am nahen *Rubenowplatz* befinden sich die historischen Gebäude der **Ernst-Moritz-Arndt-Universität**. Sie wurde 1456 gegründet und ist damit die zweitälteste in Norddeutschland. Lohnend ist ein Blick in die Barockaula und den Karzer.

Zurück Richtung Osten geht es über die *Lange Straße* zum schönen **Marktplatz** im Herzen der Altstadt mit dem *Rathaus* (um 1400 und Mitte 18. Jh.). In der Nähe finden sich erlesene Beispiele norddeutscher Backsteingotik mit Prachtgiebeln aus glasierten Ziegeln sowie Bauten des 18./19. Jh. Interessant ist auch die **Marienkirche** (1280) mit mächtigem Turm und imposantem Innenraum. In einem attraktiven Komplex aus Franziskanerkloster, Klosterbibliothek und gläserner Museumsstraße ist das **Pommersche Landesmuseum** (Rakower Str. 9, Tel. 038 34/831 20, Mai–Okt. tgl. 10–18, Nov.–April tgl. 10–17 Uhr, www.pommersches-landesmuseum.de) untergebracht. Gezeigt werden Meisterwerke des Greifswalder Malers *Caspar David Friedrich* (1774–1840), aber auch schöne Gemälde von Frans Hals, Philipp Otto Runge, Vincent van Gogh und Max Liebermann.

Top Tipp

Besuchenswert ist auch die **Klosterruine Eldena** (1199) am Stadtrand. Die Abtei war 1637 von den Schweden zerstört worden. Caspar David Friedrich machte die wahrhaft romantische Kulisse durch seine Gemälde und Zeichnungen berühmt.

Die Stadtmauer von Neubrandenburg entzückt mit ihren malerischen Wiekhäusern

Praktische Hinweise

Information

Greifswald-Information, Rathausarkaden, Am Markt, Greifswald, Tel. 038 34/ 52 13 80, www.greifswald.de

Hotels

Ryck-Hotel, Rosenstr. 17 b, Greifswald, Tel. 038 34/833 00, www.ryck-hotel.de. Kleines modernes Haus mit Wellnessbereich. Wohlschmeckende Fischgerichte.

Zur Fähre, Fährweg 2, Greifswald, Tel. 038 34/84 00 49, www.zurfaehre.net. Pension mit netten Zimmern und mecklenburgischen Spezialitäten.

Route

In Richtung Süden zur B96. Nach etwa 13 km bei Gützkow auf die E251, die spätere A20. Der Beschilderung bis Neubrandenburg Stadtmitte folgen (69 km).

6 Neubrandenburg *G17*

Gut erhaltene Stadtmauer – eine der beeindruckendsten Ostdeutschlands.

Neubrandenburg (68 000 Einw.) ist eine Gründung des Markgrafen Johann von Brandenburg aus dem Jahre 1248. Im Zweiten Weltkrieg wurde die Stadt am Nordufer des *Tollensees* stark zerstört. Dennoch lohnt ein Halt in der ›Stadt der vier Tore‹. Neubrandenburg prunkt mit reich verzierten **Stadttoren** (14./15. Jh.) im

Traumlandschaft – die Müritz liegt im Herzen der Mecklenburgischen Seenplatte

Stil der Backsteingotik. Sie sind Teil der kreisrunden, 2,3 km langen **Stadtmauer** und der **Wallanlagen**, auf denen man heute lustwandeln kann. Kenner sprechen von der besterhaltenen Stadtwehranlage in Europa. Im Abstand von etwa 30 m sind **Wiekhäuser** (Wehrhäuser) in die Stadtmauer integriert. Mit ihrem frisch herausgeputzten Fachwerk erfreuen sie das Auge. Zwei baute man einst zu Wehrtürmen um. Einer, der **Fangelturm** (Gefangenenturm), ist noch erhalten.

Praktische Hinweise

Information

Stadtinfo, Stargarder Str. 17, Neubrandenburg, Tel. 018 05/17 03 30, www.neubrandenburg-touristinfo.de

Route

In Richtung Westen auf die B192 über Penzlin bis nach Waren (43 km).

7 Waren (Müritz) *G16*

Heimeliger Luftkurort und Herz der Mecklenburgischen Seenplatte.

Der Luftkurort Waren (21 000 Einw.) erhebt sich terrassenartig am Nordufer der **Müritz** (slawisch: kleines Meer), des mit 117 km² zweitgrößten Sees Deutschlands nach dem Bodensee. Die durchschnittlichen Tiefe beträgt 6,5 m.

Doch nicht nur der See, auch Warens schöne **Altstadt** lockt zum Besuch. Sehenswert sind vor allem die Kirchen **St. Marien** und **St. Georgen** (beide 13. Jh.). Am Hafen befinden sich der Schiffsanleger für Rundfahrten und das **Müritzeum** (Zur Steinmole 1, Tel. 039 91/63 36 80, www.mueritzeum.de, April–Okt. tgl. 10–19, Nov.–März tgl. 10–18 Uhr). Das älteste Naturkundemuseum in Mecklenburg bietet auch ein interessantes Süßwasseraquarium für heimische Arten.

Praktische Hinweise

Information

Waren (Müritz)-Information, Haus des Gastes, Am Neuen Markt 21, Waren, Tel. 039 91/66 61 83, www.waren-tourismus.de

Müritz-Nationalpark

Nahe Waren, am Ostufer der Müritz, beginnt der Müritz-Nationalpark (318 km²; Nationalparkamt Müritz, Schlossplatz 3, Hohenzieritz, Tel. 03 98 24/25 20, www.nationalpark-mueritz.de), ein idyllisches wald- und seenreiches Refugium, in dem z. B. noch Adler, Kraniche und Eisvögel leben. Das umfangreiche Schutzgebiet gilt als eine der letzten fast unberührten Naturlandschaften in Deutschland.

Ein Wahrzeichen der Inselstadt Malchow ist die Klosterkirche, heute ein Orgelmuseum

Hotels

Hotel Kleines Meer, Alter Markt 7, Waren, Tel. 039 91/64 80, www.kleinesmeer.de. Kleines Haus mit individuellen Zimmern und preisgekrönter Küche.

Schlosshotel Klink, Schlossstr. 6, Klink (Müritz), Tel. 039 91/74 70, www.schlosshotel-klink.de. Wohnen und Speisen in einer ›Loireschloss-Kopie‹ 7 km außerhalb von Waren.

Route

Zwischen der Müritz und dem Kölpinsee führt die B192 in das südlich des Fleesensees gelegene Malchow (23 km).

8 Malchow G16

Zwischen Seen gebettete hübsche Tuchmacher- und Klosterstadt.

Im 19. Jh. war Malchow (7000 Einw.) eine Hochburg der Textilindustrie, heute ist es dank der Seen, darunter auch Fleesen- und Plauer See, ein beliebter Ferienort. Malchows **Altstadt** liegt auf einer Insel im *Malchower See* und ist über eine Drehbrücke von 1911 mit den Stadtvierteln auf dem Festland verbunden. Sehenswert ist das Gebäudeensemble am *Markt*, bestehend aus dem **Fachwerk-Rathaus** (18. Jh.), dem **Standesamt** und dem **Amtsgericht** aus Backstein. Über einen Damm erreicht man die neogotische **Klosterkirche** (19. Jh.). Hier stand ab 1298 ein Büßerinnenkloster, das im 18. Jh. durch einen Wohnstift für adlige Damen ersetzt wurde. In Kirche und Pfarrhaus residiert nun das **Mecklenburgische Orgelmuseum** (Tel. 03 99 32/125 37, www.orgelmuseum-malchow.de, April–Sept. tgl. 10–17, Okt. bis 16, Nov.–März Di–Fr 10–15, Sa/So 11–15 Uhr). Anhand kostbarer alter Orgeln werden Geschichte und Technik des Instruments dokumentiert und man kann selbst das Orgelspiel erproben.

Praktische Hinweise

Information

Fleesensee-Touristik, An der Drehbrücke, Malchow, Tel. 03 99 32/831 86, www.malchow.m-vp.de

Hotels

Am Fleesensee, Strandstr. 4 a, Malchow, Tel. 03 99 32/16 30. Familiäres Haus mit Restaurant und Seeterrasse.

Sporthotel, Schulstr. 6, Malchow, Tel. 03 99 32/890, www.sporthotel-malchow.m-vp.de. Aktiv- und Kurhotel.

Route

Von Malchow in nordwestliche Richtung und weiter auf die nahe A19/E55 (Richtung Rostock) bis nach Güstrow (53 km).

9 Güstrow F15

TOP TIPP *Die Barlach-Stadt liegt reizvoll in Mecklenburg-Vorpommerns Mitte.*

Die ehemalige Residenzstadt Güstrow (31 000 Einw.) am Flüsschen *Nebel* bildet den geografischen Mittelpunkt Mecklenburg-Vorpommerns. Die **Altstadt** prunkt mit schönen Giebelhäusern aus Renaissance, Barock und Klassizismus. Unbedingt sehenswert ist der *Markt* mit **Rathaus** (1798) und **Marienkirche** (13. Jh.). Diese besitzt einen flämischen **Hochaltar** (16. Jh.), den prachtvolle Schnitzereien und Tafelbilder auszeichnen. Ein weiterer Besuchermagnet ist der **Dom** (13. Jh.). In einem Seitenschiff der Backsteinkirche sieht man die berühmte Figur ›Der Schwebende‹ (1927, Nachguss) von *Ernst Barlach* (1870–1938). Der expressionistische Bildhauer, Grafiker und Dichter Barlach lebte ab 1910 in Güstrow. Während der Nazizeit war seine Kunst als ›entartet‹ verfemt. In der nahen **Gertrudenkapelle** (Gertrudenplatz 1, Tel. 038 43/84 40 00, www.ernst-barlach-stiftung.de, April–Okt. Di–So 10–17, Nov.–März Di–So 11–16 Uhr) und in Barlachs **Atelierhaus** (Heidberg 15, Öffnungszeiten s. o.) am *Inselsee* sind weitere Hauptwerke aus seinem Nachlass zu besichtigen.

Unweit des Doms erhebt sich das dreiflügelige **Schloss Güstrow** (Franz-Parr-Platz 1, Tel. 038 43/75 20, www.schloss-guestrow.de, 15. April–14. Okt. tgl. 9–17, 15. Okt.–14. April Di–So/Fei 9–17 Uhr) aus dem 16. Jh. Der vornehme Renaissancebau mit schönem Barockgarten präsentiert heute im *Schlossmuseum* neben den historischen Festsälen Glasobjekte und Kunst von der Antike bis ins 21. Jh., darunter Werke von Jacopo Tintoretto und Günther Uecker.

Praktische Hinweise

Information

Güstrow-Information, Domstr. 9, Güstrow, Tel. 018 05/68 10 68, www.guestrow-tourismus.de

Hotel

Kurhaus am Inselsee, Heidberg 1, Güstrow, Tel. 038 43/85 00, www.kurhaus-guestrow.de. Nobles und behagliches Haus mit Seeblick.

Restaurant

Schnick Schnack, Baustr. 35 b, Güstrow, Tel. 038 43/773 78 87, www.schnickschnack-guestrow.de. Erlebnisgastronomie.

Route

Über die B104 und B103 nordwärts auf die A19/E55 und weiter auf der B110 zurück nach Rostock (42 km).

Ergreifendes Menschenbild – Skulpturen Ernst Barlachs in der Gertrudenkapelle von Güstrow

Von Bremen durch Niedersachsen – Handelsstädte und Heidelandschaft

2–3 Tage • 488 km

Reiseroute

Bremen	▶	**Hannover (150 km)**
Hannover	▶	**Braunschweig (66 km)**
Braunschweig	▶	**Wolfsburg (29 km)**
Wolfsburg	▶	**Wienhausen (59 km)**
Wienhausen	▶	**Celle (12 km)**
Celle	▶	**Lüneburger Heide (72 km)**
Lüneburger Heide	▶	**Bremen (100 km)**

1 Bremen *H9*

Stolze Hansestadt an der Weser und UNESCO Weltkulturerbestätte.

Schon im 1. Jh. n. Chr. bestand hier an der Weser eine Siedlung und bereits 787 erhob Karl der Große Bremen (547 000 Einw.) zum *Bischofssitz*. Mit dem Beitritt zur *Hanse* 1260 setzte die erste wirtschaftliche Blüte ein. Als sich die Bürgerschaft Bremens Anfang des 15. Jh. von der weltlichen Herrschaft der Bischöfe lossagte, wurde die Stadt mit Symbolen der Freiheit, mit Roland und Rathaus, geschmückt. Im 18./19. Jh. nahm Bremen dank seiner Seehäfen eine führende Rolle im *Welthandel* ein. Nach den Zerstörungen des Zweiten Weltkriegs konnte die historische Bausubstanz der **Freien Hansestadt Bremen** nur in Teilen wiederhergestellt werden.

TOP TIPP Im Zentrum liegt der belebte **Marktplatz** mit seinen prächtigen alten Bauten. Das Rathausensemble ist seit 2004 UNESCO-Weltkulturerbe. Die Statue des ›**Roland**‹ steht seit 1404 auf dem Platz, in ihrem Rücken das gotische **Rathaus** (1405–10) mit der markanten Renaissancefassade. Sehenswert im Inneren sind der *Ratssaal ›Güldenkammer‹* und der *Ratskeller*, der für seinen guten Wein gelobt wird. An der Ostflanke erhebt sich das **Neue Rathaus** mit gediegenem Festsaal. An der Westseite sieht man das bekannteste Denkmal der Stadt, die von Gerhard Marcks geschaffenen ›**Bremer Stadtmusikanten**‹ (1953).

Neben dem Rathaus steht die aus dem 13. Jh. stammende Hallenkirche **Unser Lieben Frauen**. Sie fällt durch ihre ungleichen Türme auf und beeindruckt mit wunderbaren Glasfenstern und der freskengeschmückten Krypta (14. Jh.).

Im Süden dominiert die gewaltige Doppelturmfassade des **Doms St. Petri**, der im 11.–12. Jh. im Stil der Romanik errichtet und später gotisiert wurde. Das **Dom-Museum** (Tel. 04 21/36 50 40, www.stpetri dom.de, April–Okt. Mo–Fr 10–16.45, Nov.–März 11–16, Sa 10–13.30, So 14–16.45 Uhr) präsentiert Sakaralkunst und Preziosen.

Nebenan steht das **Haus der Bürgerschaft**, in dem der Landtag des Stadtstaates Bremen tagt. Einige Schritte weiter erreicht man das **Haus Schütting**, das älteste Gildehaus der Bremischen Kaufmannschaft. Es wurde 1536/37 im Renaissancestil errichtete und ist seit 1849 Sitz der Handelskammer. Weiter geht es zur **Böttcherstraße**. Sie präsentiert ein Ensemble traditioneller und expressionistischer Backsteinarchitektur, das 1904–34 im Auftrag des Kaffee-HAG-Produzenten und Kunstsammlers *Ludwig Roselius* gestaltet wurde. Durch eigenwillige Architektur und schönes Design (Treppenhaus, Himmelssaal) begeistert das **Haus Atlantis** (1931). Das im Stil des Expressionismus ausgestaltete **Paula-Modersohn-Becker-Haus** zeigt die umfangreichste Sammlung mit Werken der Worpsweder Malerin (1876–1907). Im **Roselius-Haus** wird Kunst des 15.–19. Jh. präsentiert, darunter Werke von Lucas Cranach d. Ä. und Tilman Riemenschneider. Sehenswert ist auch das **Glockenspiel** (tgl. 12, 15, 18 Uhr) aus Meissener Porzellan.

Vom **Martini-Anleger** am Weserufer kann man zu einer Schiffstour starten oder zum **Neuen Museum Weserburg** (Teerhof 20, Tel. 04 21/59 83 90, www.nmwb.de, Di, Mi, Fr 10–18, Do 10–21, Sa/So 11–18 Uhr) mit Sammlungen zeitgenössischer Kunst gehen. Nach einem Streifzug durch das **Schnoorviertel**, Bremens ältesten Stadtteil (15./16. Jh.), geht es in die **Kunsthalle** (Am Wall 207, Tel. 04 21/32 90 80, www.kunsthalle-bremen.de, Di 10–21, Mi–So 10–17 Uhr) mit Gemälden, Skulpturen und Installationen von Dürer bis Paik.

i Praktische Hinweise

Information

Tourist Information, im Hauptbahnhof und Obernstr./Liebfrauenkirchhof, Bremen, Tel. 018 05/10 10 30, www.bremen-tourismus.de

Hotels

Hotel Hanseat, Bahnhofsplatz 8, Bremen, Tel. 04 21/146 88, www.hotel-hanseat.com. Haus im Herzen der Stadt mit netten Zimmern.

Von der UNESCO geadelt – Bremens Marktplatz mit Rathaus und Dom St. Petri

Best Western Zur Post, Bahnhofsplatz 11, Bremen, Tel. 04 21/305 90, www.zurpost.bestwestern.de. Komfortables Haus im Zentrum mit Wellnessangebot.

Restaurants

Bremer Ratskeller, Am Markt 1, Bremen, Tel. 04 21/32 16 76, www.ratskeller-bremen.de. Hier werden seit über 500 Jahren köstliche Weine ausgeschenkt.

Meierei im Bürgerpark, Bürgerpark, Bremen, Tel. 04 21/340 86 19, www.meierei-bremen.de. Gehoben speisen in traumhafter Umgebung und im Ambiente eines denkmalgeschützten Holzhauses.

Route

Von Bremen über die A27/E234 in südöstlicher Richtung nach Verden. Von dort auf der B215 nach Leese im Süden, dann auf der B441 bis Hannover (150 km).

2 Hannover *K11*

Niedersachsens Landeshauptstadt und Internationale Messestadt.

Hannover (516 000 Einw.) ist die Landeshauptstadt von Niedersachsen und ein wichtiges Industrie- und Handelszentrum mit Anschluss an den Mittellandkanal. Die Stadt an der **Leine** trägt dank ihrer Parks und Seen, darunter der beliebte **Maschsee,** auch den Titel ›Großstadt im Grünen‹.

Im Jahr 1150 wurde ein *Vicus Hanovere* genannter Marktplatz erstmals urkundlich erwähnt. *Heinrich der Löwe* verlieh der Siedlung später das Stadtrecht. 1495 erwarben die Calenberger die Herrschaft über die Stadt, und *Herzog Georg von Calenberg* verlegte seine Residenz hierher. Eine Blütezeit erlebte Hannover unter **Kurfürst Ernst August**. 1658 heiratete er Prinzessin Palatine Sophia, eine Enkelin des englischen Königs James I. Ihr gemeinsamer Sohn Georg Ludwig bestieg später als George I. den britischen Thron. Von da an bis ins 19. Jh. war Hannover mit **England** in Personalunion verbunden. Das 19. Jh. war überhaupt eine Art ›Goldenes Zeitalter‹ für Hannover. Der Hofarchitekt *Georg Ludwig Laves* errichtete Prachtbauten wie das klassizistische **Opernhaus** (1852) und entwickelte Pläne für die künftige Gestalt der Stadt.

Die Stadterkundung beginnt am besten beim **Beginenturm** (1357) am Ufer der Leine, einem mächtigen Rundturm an der Stelle des alten Siedlungskerns. Dann geht es zum Marktplatz mit der **Marktkirche** aus dem 14. Jh. im Stil der Backsteingotik und mit dem spätgotischen **Alten Rathaus** (ab 1410, www.altes-rathaus-hannover.de), das durch seine prächtige giebelbekrönte Fassade beeindruckt. Das schön restaurierte Gebäude ist heute als Restaurant ›Atrium‹ mit Foyer und Festsaal zugänglich. In der westlich abzweigenden **Kramerstraße** erinnern alte *Fachwerkhäuser* an das Hannover von einst. Der größte Teil der Altstadt fiel jedoch

Anfang des 20. Jh. wurde am Trammplatz Hannovers imposantes Neues Rathaus errrichtet

Der Große Garten in Hannover ist ein Meisterwerk barocker Gartenbaukunst

den Bombardements des Zweiten Weltkriegs zum Opfer.

Das **Neue Rathaus** (Trammplatz 2, Tel. 05 11/168 40, April–Nov. tgl. 10–18 Uhr), südlich des Friedrichswalls, stammt aus wilhelminischer Zeit (1901–03). Der imposante neogotische Bau trägt einen gewaltigen überkuppelten Uhrturm. Ein Aufzug bringt Besucher hinauf bis in die Laterne der Kuppel – von hier genießt man herrliche Ausblicke auf die Stadt.

Das nahe **Kestner-Museum** (Trammplatz 3, Tel. 05 11/16 84 21 20, Di–So 11–18, Mi 10–20 Uhr) präsentiert altägyptische Kunst, Werke der griechischen und römischen Antike und europäisches Kunsthandwerk der Neuzeit, z. B. Keramik und Silber. Das **Niedersächsische Landesmuseum** (Willy-Brandt-Allee 5, Tel. 05 11/ 980 76 86, www.landesmuseum-hannover.niedersachsen.de, Di–So 10–17, Do 10–19 Uhr) zeigt exzellente Sammlungen zu Archäologie, Natur- und Völkerkunde. Außerdem werden in der Landesgalerie Meisterwerke von Botticelli über Rembrandt bis Monet aufgeboten.

Das am Maschsee gelegene, renommierte **Sprengel-Museum** (Kurt-Schwitters-Platz, Tel. 05 11/16 84 38 75, www.sprengel-museum.de, Di 10–20, Mi–So 10–18 Uhr) präsentiert Bildende Kunst, Fotografie und Medien des 20. und 21. Jh.

Zu den Königlichen, den **Herrenhäuser Gärten** gehört neben Georgengarten und Welfengarten auch der **Große Garten** (Herrenhäuser Str. 4, tgl. 9 Uhr bis Sonnenuntergang). Er wurde 1666–1714 angelegt und ist einer der wenigen original erhaltenen Barockgärten im französischen Stil, komplett mit Pflanzen im Formschnitt, Wasserkünsten und mythologischen Skulpturen. Im Norden schließt sich der zeitgleich enstandene **Berggarten** an, ein Botanischer Garten mit zahllosen seltenen Pflanzen. Im Präriegarten, Steingarten, im Wüsten- und Felssteppengarten kann man die Gewächse der verschiedenen Klimazonen bewundern. Im Norden des Parks befindet sich das *Mausoleum* des Hauses Hannover, hier ist auch der englische König George I. zur letzten Ruhe gebettet.

Wilhelm-Busch-Museum

Mehr als einen Grund zum Lachen liefert das Wilhelm-Busch-Museum (Tel. 05 11/ 16 99 99 11, www.wilhelm-busch-museum.de, Di–Fr 11–17, Sa/So/Fei 11–18 Uhr) im Georgengarten. Gezeigt werden Gemälde, Zeichnungen und Bildgeschichten des berühmten Karikaturisten Busch (1832–1908), eingebettet in eine großen Sammlung zu Karikatur und kritischer Grafik vom 17. Jh. bis zu den Cartoons und Comics der Gegenwart.

Praktische Hinweise

Information

Hannover Tourismus GmbH, Ernst-August-Platz 8, gegenüber dem Hauptbahnhof, Hannover, Tel. 05 11/12 34 51 11, www.hannover-tourismus.de

Romanische Eleganz prägt Braunschweigs Burgplatz, im Hintergrund der Rathausturm

Hotels

Hotel Körner, Körnerstr. 24–25, Hannover, Tel. 05 11/163 60, www.hotelkoerner.de. Angenehmes Hotel nahe Zentrum.

Stella Hotel Hannover, Adelheidstr. 21, Hannover, Tel. 05 11/811 20 50, www.stella-hotel.de. Guter Komfort im Herzen der Stadt.

Restaurants

Brauhaus Ernst August, Schmiedestr. 13, Hannover, Tel. 05 11/36 59 50, www.brauhaus.net. Frisch gebrautes Bier, zünftige Speisen und Events mit Livemusik.

Clichy, Weißekreutzstr. 31, Hannover, Tel. 05 51/31 24 47, Klassische Küche und gutes Weinangebot (Sa Mittag und So geschl.).

Route

Weiter auf der B65 ab Vechelde auf der B1 nach Osten bis Braunschweig (66 km).

Serengeti-Park

Der Serengeti-Park (Hodenhagen, 30 km nördlich von Hannover, Tel. 051 64/531, www.serengeti-park.de, Mitte März–Okt. 10–18 Uhr) bietet u. a. eine Tour durch das Freigehege, in dem sich Löwen, Giraffen, Elefanten etc. ungehindert bewegen können. Über 600 Tierarten leben hier.

3 Braunschweig *L12*

Lebendige Großstadt im Zeichen des Löwen.

Die Geschichte Braunschweigs (245 000 Einw.) ist eng mit *Heinrich dem Löwen* (um 1129/31–1195) verbunden. Der mächtige Welfenherzog residierte hier und machte die Stadt zu einem der führenden Zentren des Landes. 1150–75 ließ er die **Burg Dankwarderode** (1875–1906 neoromanisch verändert) errichten und auf dem *Burgplatz* den bronzenen **Burglöwen** (Kopie) aufstellen. Das Original von 1166 wird heute im Knappensaal (Zweigstelle des Museums, s. u.) der Burg gezeigt. Im Obergeschoss beeindruckt der freskengeschmückte Rittersaal.

Nach seiner Rückkehr von einer Pilgerreise ins Heilige Land stiftete Heinrich den benachbarten romanischen **Dom St. Blasii** (1173–95). Im Langhaus steht das *Grabmal* (um 1220–30) mit den Liegefiguren Heinrichs und seiner Gemahlin Mathilda. Weitere Glanzstücke sind der Marienaltar, der siebenarmige Leuchter und das romanische Imervard-Kreuz.

Weiter südwestlich öffnet sich der *Altstadtmarkt* mit dem **Marienbrunnen** von 1408. Am Südrand des Platzes steht das **Gewandhaus** (1591), einst Sitz der Gewandschneidergilde, mit seiner giebelgeschmückten Ostfassade. Das **Altstadtrathaus** (13. Jh.) schräg gegenüber prägt

Schloss Richmond

Südlich der Braunschweiger Altstadt erhebt sich Schloss Richmond im Park an der Oker. Der bezaubernde Palast im Stil des Spätbarock wurde 1768/69 für die englische Prinzessin Augusta errichtet.

der mit *Holzfiguren* verschiedener Fürsten geschmückte Laubengang.

Weiter östlich erhebt sich seit 2007 das teilrekonstruierte **Residenzschloss** (1841) der Braunschweigischen Herzöge. Den Wiederaufbau des kriegszerstörten Palastes finanzierte ein Shoppingcenterbetreiber, folglich verbirgt sich hinter der klassizistischen Fassade eine moderne Einkaufspassage, angeschlossen ist ein Kulturzentrum. In der Nähe erhebt sich die romanische Kirche **St. Magni** (1252). Ihr 1031 geweihter Vorgängerbau schmückte die Siedlung *Brunesguik*, aus der später Braunschweig hervorging. Innen präsentiert sich der heutige Bau als Mischung aus Alt und Neu, mit einem Taufstein aus dem 15. Jh. und modernen Glasmalereien. Im Viertel hinter der Kirche bezaubern einige hübsche *Fachwerkhäuser* aus dem 16. Jh.

Das eindrucksvolle **Herzog-Anton-Ulrich-Museum** (Museumstr. 1, Tel. 05 31/122 50, www.museum-braunschweig.de, Di, Do–So 10–17, Mi 13–20 Uhr) geht auf die Sammlung Anton Ulrichs (1633–1714) zurück. Gezeigt werden Werke von Giorgione, Goya, Rembrandt, Rubens, van Dyck, Ruysdael und Vermeer, aber auch altes Porzellan und Grafik des 20. Jh.

Vor den Toren der Stadt sind das **Kloster Riddagshausen** (mit Zisterzienser-Museum) und das dazugehörige *Naturschutzgebiet*, das den Status eines Biosphärenreservats hat, einen Besuch wert.

i Praktische Hinweise

Information

Braunschweig Stadtmarketing GmbH, Vor der Burg 1, Braunschweig, Tel. 05 31/470 20 40, www.braunschweig.de

Hotels

Lessing-Hof, Okerstr. 13, Braunschweig, Tel. 05 31/241 60, www.hotel-lessing-hof.de. Angenehmes kleines Haus in ruhiger Lage unweit des Zentrums.

Mercure Atrium, Berliner Platz 3, Braunschweig, Tel. 05 31/700 80, www.mercure.com. Modernes Großhotel beim Hauptbahnhof.

Restaurant

Brodocz, Stephanstr. 1–2, Braunschweig, Tel. 05 31/422 36, www.restaurant-brodocz.de. Mediterran geprägte Speisen für Vegetarier und Veganer.

Route

Auf der B248, nahe Hattorf auf der A39 weiter nach Wolfsburg (29 km).

4 Wolfsburg *K13*

Auf der grünen Wiese gegründet und heute eine schicke Autostadt.

Wolfsburg (123 000 Einw.) verdankt seinen Ruhm einer Autofabrik, dem riesigen **Volkswagenwerk**. Hier rollte der legendäre *Käfer* vom Band, den der österreichi-

Käfer und Konsorten – die berühmte Volkswagenwerk-Autostadt in Wolfsburg

Die Deutsche Ferienstraße

Die B188 zwischen Wolfsburg und Gifhorn zählt zu den reizvollsten Abschnitten der Deutschen Ferienstraße Alpen-Ostsee. Die Fahrt geht durch eines der schönsten Naturschutzgebiete Europas, die Lüneburger Heide. Und die Strecke von Bispingen nach Ehrhorn lässt völlig vergessen, dass die Metropolen Norddeutschlands von hier aus in weniger als einer Stunde zu erreichen sind.

sche Autokonstrukteur *Ferdinand Porsche* in den 1930er-Jahren entwickelt hatte. Jüngste Attraktion ist die in eine Lagunenlandschaft eingebettete **Volkswagenwerk-Autostadt** (Stadtbrücke, Tel. 08 00/288 67 82 38, www.autostadt.de, tgl. 9–18 Uhr). In schick gestylter Architektur wird die Geschichte des Autos anhand von Exponaten und Filmen dokumentiert. Interaktive Forschungsstationen ermöglichen einen Blick in die Zukunft. Im Rahmen einer *WerkTour* können die Produktionshallen besichtigt werden.

Die ersten, damals hochmodernen VW-Fabrikanlagen entstanden 1938 auf freiem Feld, Hitler legte den Grundstein. Nebenan wurden Wohnviertel für die Arbeiter errichtet – fertig war die Retortenstadt. Als das Werk zum Rüstungsbetrieb umfunktioniert wurde, schickte Mussolini Tausende italienische Helfer.

An die Geschichte vor VW erinnert **Schloss Wolfsburg** (Schlossstr. 8, Tel. 053 61/82 85 30). Die Burg der Adelsfamilie von Bartensleben entstand um 1302 und wurde später zum imposanten Renaissancepalast ausgebaut. Heute dient das Schloss als Kulturzentrum.

Praktische Hinweise

Information

M. Punkt Wolfsburg, Willy-Brandt-Platz 5, Wolfsburg, Tel. 053 61/89 99 30, www.wolfsburg-tourismus.de

Route

Auf der B188 nach Westen. Etwa 10 km hinter Gifhorn nördlich nach Ettenbüttel, dann über Müden und Langlingen bis Wienhausen (59 km).

5 Wienhausen *K12*

Zisterzienserkloster mit wertvollen Kunstschätzen.

Kloster Wienhausen (Tel. 051 49/186 60, www.wienhausen.de, Führungen April–15. Okt. Mo–Sa 10/11, 14–17, So/Fei 12–17 stdl., Details, auch bzgl. Bildteppich-Besichtigung, s. Website) ist eine außerordentlich gut erhaltene Anlage und birgt einige der wertvollsten Kunstwerke der Region. Der 1233 gegründete **Nonnenkonvent** war nach den Zisterzienserregeln organisiert und gelangte bald zu Wohlstand, welcher sich in den Bauvorhaben des 14. Jh. niederschlug. Nach der

Der Nonnenchor der Klosterkirche Wienhausen ist mit herrlichen Wandmalereien geschmückt

Das barocke Schloss Celle diente im 19. Jh. dem Hause Hannover als Sommerresidenz

Reformation wurde das Kloster von einem protestantischen Damenstift übernommen, der es noch heute betreibt.

Die um 1300 errichtete **Klosterkirche** fasziniert durch den original erhaltenen *Nonnenchor*, der über und über mit Wandmalereien zu biblischen Themen geschmückt ist. Auch der Westflügel des Klosters mit seinen Staffelgiebeln, der Truhengang und einige Nonnenzellen sind in ihrem alten Zustand zu bewundern. Einige der holzgetäfelten Zimmerchen wurden im 16./17. Jh. mit Landschaftsmalereien, Bibelversen und allerlei Ornamenten geschmückt.

Von unschätzbarem Wert sind die gotischen **Bildteppiche** aus dem 14./15. Jh. Dargestellt sind Szenen aus dem Alten Testament, Heiligenviten und weltliche Sagen (Teppichausstellung Ende Mai–Mitte Okt. Di–Sa 10–18, So 12–18 Uhr). Nach Pfingsten (18.–25. Mai 2008) wird man im Rahmen der Teppichwoche persönlich durch Kloster und Teppichausstellung geführt.

Route

Auf der B214 nordwestlich etwa 12 km weiter nach Celle.

6 Celle K11

Malerische Stadt am Südrand der Lüneburger Heide.

990 wurde Celle (71 000 Einw.) unter dem Namen Kellu (›Siedlung am Fluss‹) von *Otto III.* erstmals urkundlich erwähnt. Auch *Heinrich der Löwe* prägte die Geschicke Celles: Er gewährte den Siedlern das Recht, Waren zu lagern – ein wichtiges Privileg, da der Ort an einer Handelsstraße lag. Von 1292 bis 1866 diente die Stadt den Herzögen von Braunschweig-Lüneburg als *Residenz* und wurde ihrem Rang gemäß ausgebaut.

Das **Schloss Celle** (Di–So 10–16.30 Uhr) geht auf eine Burg des 13. Jh. zurück. Um 1530 wurde die Fürstenresidenz des 14. Jh. zum Renaissanceschloss ausgebaut, im 17. Jh. erhielt der Palast sein heutiges barockes Erscheinungsbild. Im 19. Jh. diente das Schloss als Sommerresidenz des Hau-

Heide-Park Soltau

Der Heide-Park Soltau (Soltau, Tel. 018 05/91 91 01, www.heide-park.de, Mitte März–Okt. tgl. 9–18 Uhr) westlich der A7 ist mehr als nur ein Tierpark: Fahrten mit der Minieisenbahn, Boots- oder Floßtouren in künstlichem Wildwasser und viele andere Attraktionen garantieren reichlich Spaß – und das mitten in der Natur.

ses Hannover. Eine Abteilung des *Bomann-Museums* dokumentiert hier darum die Geschichte des Königshauses. Als *Residenzmuseum* zu besichtigen sind ferner die im Stil des 18. Jh. ausgestatteten *Staatsgemächer*, die *Schlosskapelle* (1485) und das *Schlosstheater*. Es feierte 1671 Einweihung und gilt damit als das älteste noch bespielte Theater Deutschlands.

Gegenüber zeigt das **Bomann-Museum** (Tel. 05 14/123 72, Di–So 10–17 Uhr) seine Sammlungen zur Volkskunde sowie zur Geschichte von Celle und Region. Ausstellungen moderner Kunst runden das Bild ab. Originell ist das **Kunstmuseum Celle mit Sammlung Robert Simon** (Schlossplatz 7, Celle, Tel. 051 41/123 55, Di–So 10–17, tgl. 17–10 Uhr). Als erstes 24-Std.-Museum der Welt zeigt es Werke des 20./21. Jh., nachts nur von außen in Form von wechselnden Lichtskulpturen.

Ein schöner Spaziergang führt durch die **Kalandgasse** und an der Alten Lateinschule vorbei. Am Südende liegt die **Stechbahn**, der mittelterliche Turnierplatz. Am *Marktplatz* steht das **Alte Rathaus** (13.–16. Jh.) mit seiner reich verzierten, giebelbekrönten Renaissancefassade umgeben von prächtig dekorierten *Stadtpalästen*. In der nahen Stadtkirche **St. Marien** (13.–17. Jh.) befindet sich die Fürstengruft, die im 16.–18. Jh. als Grablege diente. Auch die junge dänische *Königin Caroline Mathilde*, die 1775 in Celle starb, fand hier ihre letzte Ruhestätte.

Vogelpark Walsrode

Mitten in der Lüneburger Heide, im Vogelpark Walsrode (Walsrode, bei Bad Fallingbostel, Tel. 051 61/604 40, www.vogelpark-walsrode.de, März–Okt. tgl. 9–18/19, Nov.–März tgl. 10–16 Uhr) leben 700 Vogelarten. Sie stammen aus allen Klimazonen der Welt und bevölkern eine romantisch blühende Gartenlandschaft mit Teichen, Freigehegen, Vogelvolieren und Hallen für die Bewohner der Tropen wie Tukane, Papageien und Pelikane.

i Praktische Hinweise

Information

Tourismus Region Celle GmbH, Markt 14–16 (Altes Rathaus), Celle, Tel. 051 41/12 12, www.region-celle.de

◁ *Ländliche Idylle: Ein Schäfer führt seine Heidschnucken über die Lüneburger Heide*

Route

Auf der L240 (Deutsche Ferienstraße Alpen-Ostsee) nach Norden bis Hermannsburg, dann über Munster und Bispingen (B71 und L211) nach Oberhaverbeck (72 km).

7 Lüneburger Heide *H11*

TOP TIPP *Heidekraut, Wacholdersträuche, Birken und Heidschnucken.*

Die Lüneburger Heide bedeckt 7200 km² zwischen Hamburg im Norden und Hannover im Süden, zwischen Bremen im Westen und der Straße von Lüneburg nach Braunschweig im Osten. Damit ist sie die größte Heidelandschaft in Europa. Am schönsten ist ein Besuch im August und September, wenn das **Heidekraut** in voller Blüte steht. Heute ist das einzigartige Ökosystem aus Heide und Wäldern als der **Naturschutzpark Lüneburger Heide** ausgewiesen. An die frühe Besiedlung des Naturraums erinnern zahlreiche **Hünengräber**. Die Heide ist ein beliebtes Naherholungs- und Feriengebiet. Das Freizeitangebot reicht von Wandern und Radfahren über Inlineskaten und Reiten bis zu Fallschirmspringen und Hochseilklettern in den Baumwipfeln. Außerdem gibt es zahlreiche Erlebnis- und Freizeitparks. Im Heidedorf **Wilsede** bei Bispingen lockt das *Heidemuseum Dat ole Huus* (Tel. 04175/802933, Mai–Anfang Okt. 10–16 Uhr). Und an klaren Tagen genießt man den schönen Blick vom **Wilseder Berg**. Er ist mit 169 m der höchste Punkt der Lüneburger Heide und mit etwas Glück sieht man bis Hamburg!

Wildpark Lüneburger Heide

Im Wildpark Lüneburger Heide (Hanstedt, an der A7, Abfahrt Garlstorf, Tel. 04184/89390, www.wild-park.de, März–Okt. tgl. 8–19, Nov.–Febr. tgl. 9–16.30 Uhr) kann man Waschbären, Murmeltiere, Polarwölfe, Elche, Wisente, Moschusochsen und Steinadler beobachten. Das Biologie-Zentrum bietet Erkundungstouren für Gruppen (auf Voranmeldung) zu verschiedenen tierkundlichen Themen.

Hotels

Hotel Blumlage, Blumlage 87, Celle, Tel. 05141/974470, www.blumlage.de. Nettes Haus unweit der Altstadt.

Hotel Schifferkrug, Speicherstr. 9, Celle, Tel. 05141/374776, www.Schifferkrug.de. Gemütliches traditionsreiches Hotel aus mit Restaurant.

Restaurant

Historischer Ratskeller, Markt 14, Celle, Tel. 05141/29099, www.ratskeller-celle.de. Schmackhafte regionale und internationale Speisen in rustikalem Ambiente.

Praktische Hinweise

Information

Lüneburg Marketing, Rathaus/Am Markt, Lüneburg, Tel. 04131/2076620, www.lueneburg.de

Route

Von Oberhaverbeck auf der L211 bis Ehrhorn im Norden, dann auf der L171 über Schneverdingen Richtung Neuenkirchen. Kurz vor dem Ort auf die B71. Von dort auf der B75 weiter nach Bremen (100 km).

Das neue Berlin – die unvergleichliche Hauptstadt

1–3 Tage

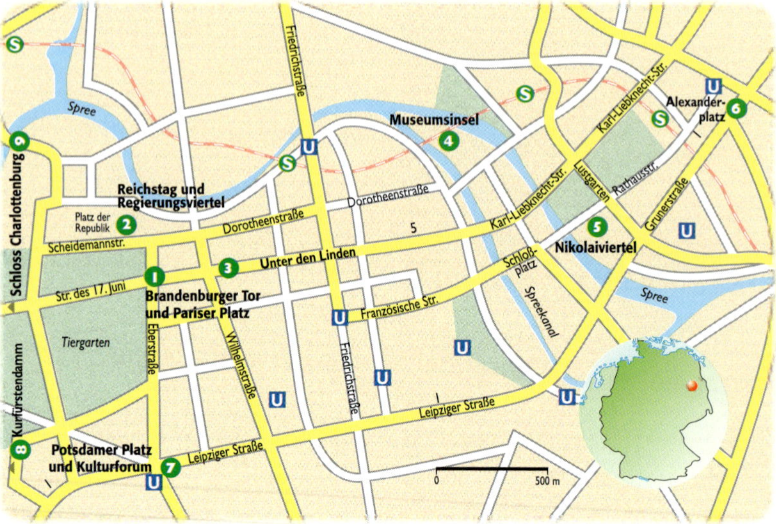

Das Berlin (3,4 Mio. Einw.) des 21. Jh. ist ein atemberaubendes Schaustück innovativer Architektur, konzipiert von den bedeutendsten Baumeistern unserer Zeit. Dazu gehören die Stadtlandschaft am *Potsdamer Platz*, der *Reichstag*, die Regierungs- und Botschaftsviertel, das *Jüdische Museum* und der 2006 eröffnete *Berliner Hauptbahnhof*. Doch die Metropole an der Spree ist auch als Stadt der Kunst und Kultur, der Wissenschaften und Medien, des Lifestyles und der Mode unbestrittener Star des Landes. Legendär ist nicht zuletzt das kunterbunte Berliner Nachtleben. Kein Wunder also, dass das neue Berlin mit über 7 Mio. Gästen im Jahr auch als Reiseziel in Deutschland an erster Stelle steht.

Am Anfang aber standen zwei kleine Siedlungen an der Spree, **Cölln** und **Berlin** (1237 bzw. 1244 erstmals erwähnt), die 1432 vereint wurden und 1470 zur Residenz der Kurfürsten von Brandenburg avancierten. Unter dem *Großen Kurfürsten Friedrich Wilhelm* (1620–1688) stieg das Land zur Regionalmacht auf, die sich auch gegen Schweden behaupten konnte. Sein Toleranzedikt von 1685, das Religionsflüchtlingen aus Frankreich Schutz bot, trug wesentlich zum weltoffenen Klima Berlins bei.

Seinem Nachfolger *Friedrich III.* gelang es 1709, den Titel eines **Königs in Preußen** zu erwerben. Äußeres Zeichen dieses Machtanspruchs war der Bau des prunkvollen Schlosses Charlottenburg. *Friedrich der Große*, sein Enkel, etablierte Preußen ab 1740 als eine der Großmächte Europas. Sein strategisches Meisterstück glückte ihm im *Siebenjährigen Krieg* (1756–63), den er zu seinen Gunsten entschied. Obwohl er Potsdam als Residenz vorzog, ließ er Berlin weiter ausbauen.

Im 19. Jh. begann der Aufstieg Berlins zur bedeutenden *Industriestadt*. 1847 wurden die Siemens-Werke gegründet, 1864 entstand Schering, 1883 die AEG. Doch nicht nur wirtschaftlich, auch politisch spielte Berlin eine wichtige Rolle: Hier fand die *Revolution* von 1848 besonders viele Anhänger, hier wurde 1875 die SDAP (ab 1890 SPD) gegründet.

Als Berlin 1871 *Hauptstadt* des Deutschen Reiches wurde, gab es kein Halten mehr: Die Stadt wuchs von 850 000 Einwohnern im Jahr der Reichsgründung auf 1,9 Mio. an der Wende zum 20. Jh. Auf die Zäsur des *Ersten Weltkrieges* und das

Ende des Kaiserreichs reagierten die Berliner mit den *Goldenen Zwanziger Jahren*, in denen die Kultur trotz darniederliegender Wirtschaft blühte. Doch der Aufstieg der *Nationalsozialisten* machte diesem Zauber ein Ende, ihre Herrschaft in den Jahren 1933–45 markierte den Tiefpunkt der Stadtgeschichte.

Im *Zweiten Weltkrieg* fiel Berlin in Schutt und Asche. Besatzungszeit, Spaltung in West- und Ostteil (1949) und Mauerbau (1961) hinterließen Spuren, die bis heute sichtbar sind. Doch auch das macht den Reiz der neuen alten deutschen Hauptstadt aus: Alt und neu, Verfall und strahlender Neubau, Avantgarde-Architektur und Schinkelscher Klassizismus existieren hier nebeneinander.

Route

S1, S2 bis Unter den Linden
Bus 100

1 Brandenburger Tor und Pariser Platz

Gediegener Platz und symbolträchtige Monumente.

Das **Brandenburger Tor** wurde 1788–91 als Stadttor am Endpunkt der Prachtstraße Unter den Linden errichtet. Bald schon avancierte es als Monument von Sieg und Frieden zum *Wahrzeichen* der Stadt. Dieser Bedeutungsfunktion hatte der Baumeister *Carl Gotthard Langhans* bereits den Weg bereitet, denn er zitierte im Brandenburger Tor die Propyläen (Torbauten) der *Athener Akropolis* und bekrönte es mit der prachtvollen 5 m hohen *Quadriga*. Vier Pferde ziehen den Streitwagen, auf dem die Siegesgöttin Viktoria ihr Zepter schwingt. Tragisch war die Rolle des Brandenburger Tores als Teil der Berliner Mauer, damals war es *das* Symbol für das geteilte Deutschland. Umso triumphaler war die Wandlung nach 1989, nun avancierte das bis 2002 komplett restaurierte Tor zum Wahrzeichen der Wiedervereinigung.

Auch der 1734 angelegte **Pariser Platz** kann heute wieder als ›Empfangssalon‹ der Metropole gelten. In Anlehnung an die klassizistische Originalbebauung im Sinne Schinkels wurde der Pariser Platz neu gestaltet, das legendäre **Hotel Adlon** ließ man nach alten Plänen rekonstruieren, die traditionell hier ansässigen Botschaften (Frankreich, England, USA) kehrten zurück und die **Akademie der Künste** bekam ihren spektakulären Neubau an alter Stelle.

Nur wenige Schritte südlich von hier liegt der wohl ergreifendste Ort der Erinnerung im Herzen Berlins, das viel diskutierte **Holocaust-Mahnmal** (2005) des Amerikaners Peter Eisenmann. Das riesige graue Stelenfeld gedenkt der 6 Mio. ermordeten Juden Europas.

Das Brandenburger Tor ist heute das Wahrzeichen der Wiedervereinigung Deutschlands

Eine Brücke über die Spree führt zum Paul-Löbe-Haus, im Hintergrund leuchtet der Reichstag

Route

S1, S2 bis Unter den Linden
Bus 100

2 Reichstag und Regierungsviertel

Das Parlament mit der schicken Kuppel im Kreise erstaunlicher Bauten.

Nördlich des Brandenburger Tors öffnet sich zwischen Tiergarten und Spreebogen der *Platz der Republik*, ein Stadtraum von überwältigenden Dimensionen und gesamtdeutschem Fluidum. Auf der weiten Fläche thronen die gewaltigen Bauten der deutschen Bundesregierung, allen voran der alte **Reichstag** (1884–94, Paul Wallot), heute Sitz des **Deutschen Bundestags**. Der Reichstag, ein mächtiger palastartiger Bau im Stil der Hochrenaissance mit Kuppel und kräftigen Ecktürmen, wurde zu Beginn des Kaiserreichs als Versammlungsort des Parlaments errichtet. Im Verlauf des 20. Jh. stand er immer wieder im Brennpunkt deutscher Geschichte, von der Ausrufung der Weimarer Republik 1918 über den Reichstagsbrand 1933, der Hitler den Weg zur Parteidiktatur ebnete, bis zur Feier anlässlich der Wiedervereinigung am 3. Oktober 1990. Mit dem Umbau für den Bundestag (1996–99) betraute man den britischen Stararchitekten *Sir Norman Foster*. Er bekrönte das Gebäude mit einer eleganten begehbaren *Glaskuppel* (tgl. 8–24, letzter Einlass 22 Uhr). Tausende von Besuchern wandeln über die spiralförmige Rampe zur Aussichtsplattform hinauf, genießen die atemberaubende Aussicht und beobachten die Sitzungen des Bundestags von oben.

TOP TIPP

Fosters Architektur zitiert hier das demokratische Prinzip der Transparenz und Öffentlichkeit und dem folgen auch die anderen Regierungsgebäude rund um den Platz, z. B. das **Paul-Löbe-Haus** (2001) und das **Marie-Elisabeth-Lüdders-Haus** (2002, beide Stephan Braunfels), die durch eine kühn geschwungene Spreebrücke miteinander verbunden sind.

Der klassischen Wucht und Würde des Reichstags setzt das **Kanzleramt** (2001, Schultes & Franke) leichtere Akzente entgegen. Trotz klotziger Proportionen brilliert der Bau mit nonchalanter Größe und Leichtigkeit, funkelnden Glaswänden, schnittigen Segeldächern und Säulen.

Route

S1, S2 bis Unter den Linden
U6 bis Friedrichstraße und Französische Straße
Bus 100, 200 bis Reichstag

3 Unter den Linden

Von Linden und zahlreichen Palais gesäumter Boulevard.

Vom Brandenburger Tor und Pariser Platz schlendert man nun über Berlins Prachtstraße Unter den Linden ostwärts. Der Boulevard mit seinen herrlichen Bauten des 18./19. Jh. geht auf einen Reitweg zurück, der 1575 zwischen Schloss und Tiergarten angelegt wurde. 1647 kam Kurfürst Friedrich Wilhelm auf die Idee, Nussbäume und Linden anzupflanzen, von denen nur Letztere überlebten. Unter den Linden war ein Boulevard des Adels, der Könige und Kaiser. Auch wenn in viele Adelspaläste im Laufe des 19. Jh. Hoteliers, Bankiers und Kaufleute einzogen, bestimmte *Kaiser Wilhelm I.* von seinen Gemächern im Alten Palais (s. u.) aus noch immer das Erscheinungsbild seiner Straße. Erst in den 1920er-Jahren änderte sich das Ambiente, als sich hier wie auch in der nahen *Friedrichstraße* zahlreiche Amüsierbetriebe ansiedelten. Heute prägen Abgeordetenbüros des Bundestages, Banken, Botschaften, Einkaufspassagen und Cafés das Bild des Boulevards. Zu den wichtigsten Sehenswürdigkeiten zählen das **Deutsche Guggenheim Berlin**, ein renommiertes Forum für internationale Kunst, die **Humboldt-Universität** im *Alten Palais* (1810) und das **Denkmal Friedrichs des Großen** (1851, Christian Daniel Rauch) vor seiner Tür. Das prachtvolle bronzene Reiterstandbild zeigt Friedrich II. in eleganter Pose hoch über den Honoratioren aus Militär, Kunst und Wissenschaft, die sich um den Sockel scharen. Gegenüber erhebt sich die klassizistische Tempelfront der **Staatsoper Unter den Linden** (1741–43, von Knobelsdorff), die von Chefdirigent Daniel Barenboim geleitet wird. Nachbarn sind das **Prinzessinnenpalais** (1733–37) mit dem beliebten Operncafé und das spätklassizistische **Kronprinzenpalais** (1663, Umbauten 18./19. Jh.). Wo 1990 der Einigungsvertrag zwischen Ost und West unterzeichnet wurde, finden heute Ausstellungen und andere Kulturevents statt. Wiederum gegenüber erhebt sich die 1816–18 von Schinkel erbaute **Neue Wache,** die seit 1993 als Zentrale Gedenkstätte Deuschlands fungiert. Im ehem. Zeughaus (1695–1731) nebenan gibt das **Deutsche Historische Museum** (Tel. 030/20 30 44 44, www.dhm.de, tgl. 10–18 Uhr) einen spannenden Überblick über die Geschichte Deutschlands im europäischen Kontext.

Das Mauermuseum

Dort, wo die Friedrichstraße die Zimmerstraße kreuzt, war einst der alliierte Kontrollpunkt Checkpoint Charlie. Heute erinnern noch ein Wachtturm und ein Schild an den bewachten Übergang zwischen Ost und West. Das Mauermuseum Haus am Checkpoint Charlie (Friedrichstr. 43–45, Tel. 030/253 72 50, www.mauermuseum.de, tgl. 9–22 Uhr) dokumentiert die Entstehungsgeschichte der Berliner Mauer und das Leben in der geteilten Stadt von 1961 bis 1989.

Am Prachtboulevard Unter den Linden erhebt sich das Deutsche Historische Museum (rechts)

Das Treppenhaus des Bode-Museums – Architektur und Skulptur in perfekter Harmonie

Route

S1, S2 bis Friedrichstraße
S5, S7, S75, S9 bis Hackescher Markt
U6 bis Friedrichstraße,
Tram M1, 12 bis Am Kupfergraben, Tram M2, M4, M5, M6 bis Hackescher Markt
Bus 100, 200 bis Am Lustgarten
Bus 147 bis Friedrichstraße

4 Museumsinsel

TOP TIPP *Weltzentrum der Kunst und seit 1999 auch Weltkulturerbe der UNESCO.*

Die weltberühmte Museumsinsel (www.museumsinsel-berlin.de) ist das Herzstück der Berliner Museumslandschaft und Zentrum der *Staatlichen Museen zu Berlin* (Tel. 030/26 60, www.smb.spk-berlin.de, falls nicht anders angegeben tgl. 10–18, Do 10–22 Uhr). Die Restaurierung und Neuordnung der Sammlungen auf der Museumsinsel ist in vollem Gange und soll bis 2015 abgeschlossen sein.

Schinkels **Altes Museum** eröffnete 1830 den Reigen der Museumsbauten auf der Spreeinsel unweit des Berliner Stadtschlosses. Heute birgt es die *Antikensammlung* mit Meisterwerken der griechischen und römischen Kunst sowie das *Ägyptische Museum* (bis 2009) mit der weltberühmten Büste der Königin Nofretete (um 1340 v. Chr.). Die **Alte Nationalgalerie** (1876, Stüler; Di–So 10–18, Do 10–22 Uhr) zeigt in gediegenem Rahmen Gemälde und Skulpturen des 19. Jh., darunter Werke von C. D. Friedrich, Monet und Cézanne. Das **Bode-Museum** (1904) ist seit seiner Wiedereröffnung 2006 ein Publikumsliebling. In Stilräumen nach Art alter Privatsammlungen präsentiert es Skulpturensammlung, Museum für Byzantinische Kunst, Münzkabinett und Werke aus der Gemäldegalerie. Als Star des **Pergamonmuseums** (1930) gilt der riesige *Pergamonaltar* (2. Jh. v. Chr.). Das Meisterwerk des Hellenismus ist mit dramatisch bewegten Reliefs geschmückt, die den Kampf der Götter und Giganten darstellen. Kunstschätze wie das *Markttor von Milet* (120 v. Chr.), das *Ischtartor* und die *Prozessionstraße von Babylon* (7./6. Jh. v. Chr.) runden das große Kunsterlebnis Museumsinsel ab.

Route

U2 bis Klosterstraße
Bus M48

5 Nikolaiviertel

Gemütlicher Nachbau eines Stücks vom alten Berlin.

Mit Blick auf den **Berliner Dom** (1905) und vorbei an der Stelle, wo einst das Berliner Stadtschloss und später der Palast der Republik stand, gelangt man gen Osten zum **Nikolaiviertel**. Mit den engen Gassen und gemütlichen Kneipen gehört es heute zu den reizvollsten Ecken der Stadt. An dieser Stelle befand sich die alte Siedlung Berlin (1237), doch was von ihr noch bestand, ging im Zweiten Weltkrieg unwiederbringlich verloren. Deshalb errichtete man ab 1987 ein neues Viertel im alten Stil. So wurde auch die **Nikolaikirche** (Di, Do–So 10–18, Mi 12–20 Uhr) mit ihren mächtigen Doppeltürmen originalgetreu wiederaufgebaut. Die älteste Berliner Pfarrkirche geht auf einen Feldsteinbau von 1230 zurück, der ab 1260 zur gotischen Hallenkirche erweitert und ab 1876 regotisiert wurde. Heute zeigt hier das *Märkische Museum* seine Sammlung zur Geschichte Berlins von den Anfängen bis 1648.

Sehenswert ist auch das ins Nikolaiviertel versetzte **Palais Ephraim** (1764, Poststr. 16, Öffnungszeiten s. o.) mit seiner feinsinnigen Rokokofassade. Als weitere Dependance des *Märkischen Museums* präsentiert es Sonderausstellungen und die Grafiksammlung der Stadt.

Das frühklassizistische Bürgerpalais **Knoblauchhaus** (18. Jh.; Märkisches Museum, s. o., zzt. geschl.) schräg gegenüber widmet sich der Stadtgeschichte und Wohnkultur. Bis 1928 wurde es von der jüdischen Familie Knoblauch bewohnt und war Treffpunkt von Berühmtheiten wie Lessing und Humboldt.

Route

S5, S7, S75, S9
U2, U5, U8
Bus M48, 100, 200 bis Alexanderplatz

6 Alexanderplatz

Berühmter Verkehrsknotenpunkt mit nüchterner Hochhauskulisse.

Weiter nordöstlich ist bald der berühmt-berüchtigte **Alexanderplatz** (›Alex‹) erreicht. Der einstige Marktplatz wurde 1808 zu Ehren von Zar Alexander I. von Russland benannt und avancierte ab 1882 mit Eröffnung der Stadtbahn zum größten *Verkehrsknotenpunkt* im Osten Berlins. Alfred Döblins sozialkritischer Roman ›Berlin Alexanderplatz‹ (1929) brachte ihm literarischen Ruhm. Seit dem Wiederaufbau wird der Alex von klotzigen Hochhäusern gerahmt. Pläne zur Neubebauung liegen seit Jahren auf Eis, doch inzwischen wurde der Platz ein bisschen aufpoliert. Ein beliebter Treffpunkt für Flaneure ist die 10 m hohe *Weltzeituhr* (1969), welche die 24 Zeitzonen der Erde anzeigt.

Südlich des Alex ragt der liebevoll ›Telespargel‹ genannte **Fernsehturm** (Tel. 030/242 33 33, www.berlinerfernsehturm.de, tgl. 9/10–24 Uhr) 365 m hoch in den Himmel. Der 1969 vollendete Bau ist der dritthöchste Sendemast Europas, einzigartig ist seine Lage im Stadtzentrum. In der Glaskugel (32 m Durchmesser), die man in 40 Sek. per Aufzug erreicht, befinden sich die *Aussichtplattform* (203 m) und das *Telecafé* (207 m), das sich in 30 Min. einmal um die eigene Achse dreht.

Das gleichfalls berühmte **Rote Rathaus** (eig. Berliner Rathaus) ist seit 1991 Sitz der Senatskanzlei mit dem Büro des *Bürgermeisters*. Der riesige Komplex aus rotem Backstein mit seinem 74 m hohen Turm wurde 1861–69 errichtet und mit Reliefs zur Stadtgeschichte geschmückt.

Route

S1, S2, S25
U2
Bus M41, M48, 123, 200 bis Potsdamer Platz

Fernsehturm und Weltzeituhr am Alex

Lichtermeer rund um die Kaiser-Wilhelm-Gedächtnis-Kirche am Kurfürstendamm ▷

7 Potsdamer Platz und Kulturforum

Schicke Skyline, schicke Läden, Filmstars, Dirigenten und Alte Meister.

Südöstlich des Tiergartens liegt der berühmte **Potsdamer Platz** im Mittelpunkt eines neuen Stadtviertels mit exzentrischen Hochhäusern, imposanten Einkaufspassagen, Luxushotels, Stadtvillen, Cafés und Restaurants. Die *DaimlerChrysler-City* (1998, Renzo Piano u. a.) stellt das Herz der Anlage dar, mit großer Ladenpassage, Spielbank und Kinocenter. Das *Sony-Center* (2000, Helmut Jahn) vereint unter seinem faszinierenden Zeltdach Restaurants, Kinos und das *Filmmuseum Berlin* (www.filmmuseum-berlin.de). Im 18. Jh. noch stille Wegkreuzung am Tiergarten, war der Potsdamer Platz in den 1920er-Jahren zum Einkaufs- und Vergnügungsviertel und zum verkehrsreichsten Platz Europas avanciert. Nach den Zerstörungen des Zweiten Weltkriegs blieb hier fast nichts als trostloses Brachland mit Blick auf die Berliner Mauer. Erhalten blieben das *Weinhaus Huth* (1912, heute DaimlerChrysler-City) und das legendäre *Hotel Esplanade* (1908, heute Sony-Center), in dem einst Filmprominenz wie Marlene Dietrich, Greta Garbo und Charlie Chaplin verkehrte. Die Stars von heute treffen sich am Potsdamer Platz jeden Februar zur *Berlinale* (www.berlinale.de).

Als Pendant zur Museumsinsel wurde weiter westlich ab den 1960er-Jahren das **Kulturforum** angelegt. Hans Sharoun schuf das Gesamtkonzept und die Pläne für *Philharmonie* (1963, Chefdirigent Sir

Das futuristische Zeltdach des Sony-Centers überspannt Lokale, Kinos und das Filmmuseum

Simon Rattle) und *Staatsbibliothek II* (1967–78). Die **Neue Nationalgalerie** (1965–68), ein Werk Ludwig Mies van der Rohes, zeigt Kunst des 20. Jh. von Munch bis Picasso und hochkarätige Wechselausstellungen. Bühne für die berühmtesten Alten Meister (13.–18. Jh.) ist die 1998 eröffnete **Gemäldegalerie**. Sammlungen, die lange in Ost- und Westberlin verstreut waren, wurden hier wieder vereint. Zu bewundern gibt es Werke von Albrecht Dürer, Raffael, Tizian, Peter Paul Rubens, Rembrandt usw.

Route

U1, U9 bis Kurfürstendamm
U1 bis Uhlandstraße
Bus X10, M19, M29, M46, 100, 109, 110, 200 bis Kurfürstendamm

8 Kurfürstendamm

Was als Reitweg begann ist heute ein geschäftiger Boulevard.

Im 16. Jh. befand sich südwestlich des Tiergartens ein Dammweg, auf dem die kurfürstliche Familie zum Jagdschloss Grunewald ritt, daher der Name Kurfürstendamm (›Ku'damm‹). Ab 1883 wurde er dann zum Boulevard mit allerlei Prachtbauten erweitert und entwickelte sich schnell zum Geschäftszentrum. In den 1920er-Jahre war er Zentrum des Berliner Nachtlebens mit Ballsälen, Theatern, Cabarets und Kinos. Heute säumen die Flaniermeile wieder schicke Läden und Boutiquen, edle Hotels wie das Kempinski und ambitionierte Restaurants. Von den legendären Kaffeehäusern, in denen sich einst die Boheme traf, hat nur das *Café Kranzler* überdauert, es ist heute Teil des **Neuen Kranzler Ecks** (2000, Helmut Jahn), eines der imposanten Architekturmonumente jüngeren Datums am Ku'damm. Doch dem Berliner Wahrzeichen, der **Kaiser-Wilhelm-Gedächtniskirche**, können sie nicht den Rang ablaufen. Die Kirche wurde 1891–95 zum Andenken an Wilhelm I. im neoromanischen Stil errichtet. Nach dem Zweiten Weltkrieg stand nur noch das monumentale Westwerk mit dem gewaltigen *Turm*. Die Ruine, durch Bürgerproteste vor dem Abriss bewahrt, wurde gesichert und durch einen verglasten achteckigen Betonbau ergänzt. Seitdem gilt das Gotteshaus als Mahnmal für Frieden und Versöhnung.

Auch aus der Luft ein herrlicher Anblick – Schloss Charlottenburg mit seinen Parkanlagen

Route

U2 bis Sophie-Charlotte-Platz
U7 bis Richard-Wagner-Platz

9 Schloss Charlottenburg

TOP TIPP *Das größte und prächtigste Schloss der Hohenzollern in Berlin.*

Nördlich vom Kurfüstendamm erhebt sich die bedeutendste Palastanlage Berlins, Schloss Charlottenburg (Spandauer Damm 10–22, Tel. 030/32 09 14 05, www.spsg.de, Altes Schloss Jan.–März, Nov., Dez. Di–So 9–17, April–Okt. 10–18 Uhr, Neuer Flügel Jan.–März, Nov., Dez. Mi–Mo 9–17, April–Okt. 10–18 Uhr). Den Ursprungsbau, Schloss Lietzenburg, ließ Kurfürst Friedrich III. 1695 als Sommerresidenz für seine Gemahlin Sophie Charlotte errichten, nach der das Schloss später benannt wurde. 1701 krönte er sich selbst als *Friedrich I.* zum König in Preußen. Bald darauf ließ er den Palast, das heutige **Alte Schloss**, barock erweitern und mit der 48 m hohen Kuppel bekrönen. Bis Ende des 18. Jh. wurde Charlottenburg zu einem 505 m langen Gebäudekomplex ausgebaut, zu dem Orangerie, Neuer Flügel und Schlosstheater gehören. Seit 1918 wird der Palast als *Museum* genutzt, musste allerdings nach dem Zweiten Weltkrieg komplett erneuert werden. Im Mitteltrakt zeigt das *Porzellankabinett* chinesisches und japanisches Porzellan des 17./18. Jh. Der Neue Flügel birgt die Prunkgemächer Friedrichs des Großen. Glanzpunkte sind der *Weiße Saal* mit dem Thron und die 42 m lange, üppig dekorierte *Goldene Galerie*. Im einstigen Schlosstheater zeigt das *Museum für Vor- und Frühgeschichte* (www.smb.spk-berlin.de, Di–Fr 9–17, Sa/So 10–17 Uhr) kostbare Exponate von der Altsteinzeit bis ins Mittelalter, z. B. den ›Berliner Goldhut‹ aus der Bronzezeit und Kopien vom ›Schatz des Priamos‹, den der Altertumswissenschaftler Heinrich Schliemann 1873 in Troja ausgegraben hatte.

Der herrliche **Schlosspark** wurde 1687 als erster Barockgarten Deutschlands angelegt und im 18. Jh. von Lenné um einen englischen Landschaftsgarten erweitert. Im **Belvedere** (Jan.–März, Nov., Dez. Di–So 12–17, April–Okt. 10–18 Uhr) kann man heute Kostbarkeiten des 18./19. Jh. aus der *Königlichen Porzellan Manufaktur* bewundern.

Zu den Highlights unweit des Schlosses gehört das **Museum Berggruen** (Tel. 030/326 95 80, www.smb.spk-berlin.de, Di–So 10–18 Uhr) mit einer exzellenten Sammlung zur Klassischen Moderne, darunter zahlreiche Arbeiten von Pablo Picasso, Henri Matisse und Paul Klee.

Praktische Hinweise

Information

Berlin infostore, Tel. 030/25 00 25, www.berlin.de. Hauptbahnhof, Eingang Nord; Brandenburger Tor, Südliches Torhaus, Pariser Platz; Pavillon am Reichstag, Scheidemannstr.; Neues Kranzler Eck, Kurfürstendamm 21; im Fernsehturm, Alexanderplatz

Berliner Schiffstouren

Berlins Wasserwege sind besonders gut für Stadtbesichtigungen per Schiff geeignet (www.reederei-riedel.de, www.sternundkreis.de). In entspannter Amtosphäre kann man die vielgestaltigen Kulissen Berlins an sich vorüberziehen lassen und das Schauspiel alter und hypermoderner Architektur genießen, z. B. das Nikolaiviertel, die Museumsinsel, das Regierungsviertel und den neuen Hauptbahnhof. Die Anlegestellen sind u. a. Friedrichstraße, Jannowitzbrücke und Schlossbrücke Charlottenburg.

Hotels

art'otel, Lietzenburger Str. 85, Berlin, Tel. 030/887 77 70, www.artotels.com. Aufregend-avangardistisches Designerhotel nahe Ku'damm, geschmückt mit Fotos von Andy Warhol und Friends.

Kempinski Hotel Bristol, Kurfürstendamm 27, Berlin, Tel. 030/88 43 40, www.kempinski-berlin.de. Die Grande Dame unter den Berliner Hotels. 301 elegante Zimmer und berühmte Bristol-Bar.

Restaurants

Altes Zollhaus, Carl-Herz-Ufer 30, Berlin, Tel. 030/692 33 00, www.altes-zollhaus-berlin.de. Landhausatmosphäre und feine regionale Küche am Landwehrkanal.

Lutter und Wegner, Charlottenstr. 56, Berlin, Tel. 030/202 95 40, www.lutter-wegner-gendarmenmarkt.de. Traditionshaus am Gendarmenmarkt.

Die Goldene Galerie im Schloss Charlottenburg ist einer der königlichen Prunksäle

Potsdam und Brandenburg – auf Schinkels und Fontanes Spuren

4 Tage • 423 km

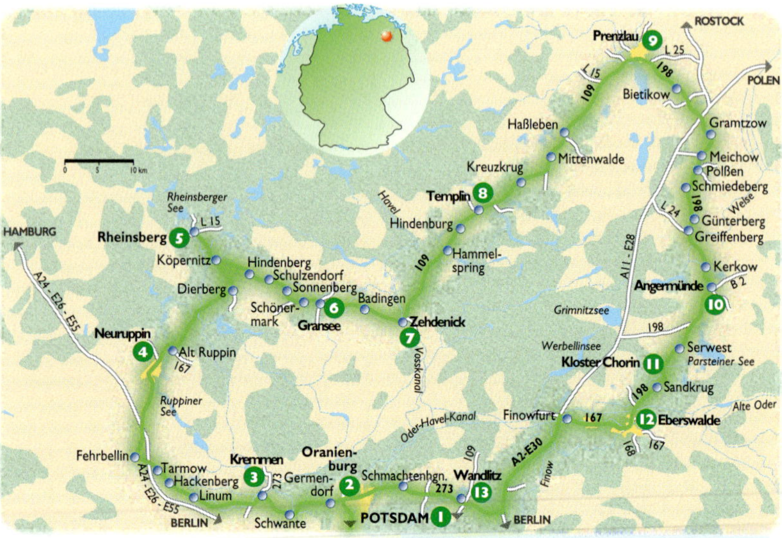

Reiseroute

Potsdam ▶	**Oranienburg (63 km)**
Oranienburg ▶	**Kremmen (18 km)**
Kremmen ▶	**Neuruppin (37 km)**
Neuruppin ▶	**Rheinsberg (29 km)**
Rheinsberg ▶	**Gransee (22 km)**
Gransee ▶	**Zehdenick (13 km)**
Zehdenick ▶	**Templin (21 km)**
Templin ▶	**Prenzlau (35 km)**
Prenzlau ▶	**Angermünde (42 km)**
Angermünde ▶	**Kloster Chorin (17 km)**
Kloster Chorin ▶	**Eberswalde (11 km)**
Eberswalde ▶	**Wandlitz (36 km)**
Wandlitz ▶	**Potsdam (79 km)**

1 Potsdam *L17*

Einstige Residenz Friedrichs des Großen mit Schloss und Filmstadt.

Im 17. Jh. wählte der Große Kurfürst *Friedrich Wilhelm* Potsdam (148 000 Einw.) an der *Havel* zur zweiten Residenz neben Berlin, später avancierte es zur Garnisonsstadt. Seine Blütezeit brach jedoch erst mit *Friedrich dem Großen* (reg. 1740–86) an, der höfische Kultur nach Potsdam brachte und Schloss Sanssouci errichten ließ. Die Altstadt wurde 1945 zerstört, nicht alles wurde wiederaufgebaut (etwa Stadtschloss und Garnisonskirche). Hinzu kam nüchterne DDR-Architektur. Gleichwohl wurden 1990 und 1999 bedeutende Sehenswürdigkeiten und Parkanlagen der Stadt als *Kulturlandschaft Potsdam* zum UNESCO Weltkulturerbe erklärt.

Die *Landeshauptstadt* Brandenburgs birgt eine der bedeutendsten Palastanlagen Europas. Ab 1745 ließ sich Friedrich der Große hier die Residenz ›Ohne Sorgen‹, **Schloss Sanssouci** (Maulbeerallee, Tel. 03 31/969 42 02, www.spsg.de, nur mit Führungen April–Okt. Di–So 9–18, sonst bis 17 Uhr), über seinen kurz zuvor angelegten Weinbergterrassen errichten. Knobelsdorff schuf den prunkvoll ausgestatten Rokoko-Palast mit skulpturengeschmücktem *Marmorsaal* und kreisrunder *Bibliothek*, eingebettet in einen **Park** nach Versailler Vorbild. Am Ostrand der Schlossterrasse hat Friedrich der Große 1991 seine schlichte letzte Ruhestätte gefunden.

TOP TIPP

Für die umfangreiche Kunstsammlung Friedrichs II. entstand ab 1753 östlich des Schlosses die **Bildergalerie** (April–Okt. Di–So 10–18 Uhr), in der Werke von Caravaggio, Rubens, van Dyck und Tintoretto präsentiert werden. Auf dem Weg durch den Schlosspark sieht man das mit vergoldeten Figuren geschmückte **Chinesische Teehaus** (1757; Mai–Okt. Di–So 10–18 Uhr), in dem Porzellan gezeigt wird, und das pagodenartige **Drachenhaus** (1770), heute Kaffeestube. Ganz im Westen des Parks steht das prachtvolle **Neue Palais** (1769; April–Okt. Mi–Mo 9–18, sonst bis 17 Uhr) mit mehr als 200 Räumen, darunter die Gemächer Friedrichs des Großen, das Schlosstheater und der Grottensaal.

Zur zweiten Bauphase unter Friedrich Wilhelm IV. gehören das kostbar ausgestattete **Schloss Charlottenhof** (1826–29; Mai–Okt. Di–So 10–18 Uhr) mit Gemälden von Caspar David Friedrich und die **Neue Orangerie** (1860; Mai–Okt. Di–So 10–18 Uhr) mit einem Saal voll Raffael-Kopien und herrlichen Ausblicken vom Westturm. Die ab 1847 errichtete **Friedenskirche** birgt in der Apsis ein italienisches Mosaik (12. Jh.), das Christus als Weltenrichter zeigt.

In der Altstadt Potsdams thront Schinkels voluminöse **Nikolaikirche** (1830–50) mit stolzer Kuppel. Älter als sein berühmtes Berliner Pendant ist das **Brandenburger Tor** (1770) am Westende der gleichnamigen Straße. Nördlich schließt sich das **Holländische Viertel** mit schönen Häusern aus der Mitte des 18. Jh. an, errichtet für niederländische Einwanderer.

Immer feste druff – im Filmpark Babelsberg ist sogar eine Schlägerei nur schöner Schein

Gen Nordosten liegt der **Neue Garten** mit Heiligensee und **Schloss Cecilienhof** (April–Okt. Di–So 9–17, sonst bis 16 Uhr), das 1913–17 im englischen Landhausstil erbaut wurde. Hier fand 1945 die *Potsdamer Konferenz* statt, bei der die Alliierten über das Schicksal Deutschlands berieten. Heute ist das Schloss zugleich Museum und Hotel (s. u.).

Cineasten sollten den **Filmpark Babelsberg** (Großbeerenstraße, Tel. 03 31/

Ein Spaziergang durch den Park von Schloss Sansscouci verspricht Stunden ›ohne Sorgen‹

721 27 50, www.filmpark-babelsberg.de, Mitte März–Okt. tgl. 10–18 Uhr) im Stadtteil Babelsberg besuchen. Hier kann man Filmgeschichte studieren und bei der Studiotour die **Filmstadt** erkunden, in der seit der Eröffnung im Jahr 1912 mehr als 3000 Filme gedreht wurden. In den Erlebniswelten des Parks sorgen u. a. Actionkino und Stuntshows für Spannung.

Praktische Hinweise

Information

Potsdam Tourismus Service, Brandenburger Str. 3, Tel. 03 31/27 55 80, www.potsdamtourismus.de

Hotels

art'otel potsdam, Zeppelinstr. 136, Potsdam, Tel. 03 31/981 50, www.artotel-potsdam.com. Designerhotel mit Restaurant, Biergarten und Havelblick.

Relexa Schlosshotel Cecilienhof, Neuer Garten, Potsdam, Tel. 03 31/370 50, www.relexa-hotels.de. Nobles und geschichtsträchtiges Hotel im Park.

Route

Richtung Nordwesten über die B273 stadtauswärts auf die A10 Richtung Hamburg/Rostock. Diese bei Ausfahrt 31 verlassen und der Beschilderung Oranienburg über die B96N folgen (63 km).

2 Oranienburg *J17*

Barocke Prachtentfaltung in der Stadt und eine Gedenkstätte im berüchtigten Konzentrationslager.

Brandenburgs *Kurfürstin Louise Henriette von Nassau-Oranien* (1627–1667), der Gattin des Großen Kurfürsten Friedrich Wilhelm, verdanken der Ort (41 000 Einw.) und sein Schloss ihre Namen. Die Kurfürstin ließ das vorhandene *Wasserschlösschen* 1650–55 von holländischen Baumeistern zum **Schloss Oranienburg** erweitern. Als barocke Gesamtanlage mit Park vollendet wurde Oranienburg 1689–1711 von ihrem Sohn, dem späteren König Friedrich I.

Heute präsentiert das **Schlossmuseum** (April–Okt. Di–So 10–17, Nov.–März Sa/So/Fei 10–16 Uhr) Werke niederländischer Maler. Außerdem kann man in *Porzellankammer* und *Silberkammer* wertvolles Geschirr und exquisiten Schmuck bewundern. Vor dem Schloss steht seit 1858 ein *Bronzedenkmal Louise Henriettes*. Nicht weit davon führt ein eindrucksvolles figurengeschmücktes Portal in den **Schlosspark**, einen malerischen Landschaftsgarten mit Orangerie (18. Jh.).

Die Statue ›Die Anklagende‹ (1961) vor dem Schloss weist schon darauf hin: Das Havelstädtchen bietet nicht nur Erbauliches. Die **Gedenkstätte und Museum Sachsenhausen** (Straße der Nationen 22, Tel. 033 01/20 00, www.stiftung-bg.de, 15. März–14. Okt. tgl. 8.30–18, sonst bis 16.30 Uhr) erinnern an ein düsteres Kapitel der Geschichte. Bereits 1933 wurde in Oranienburg das erste Konzentrationslager Deutschlands eröffnet, 1936 trat Sachsenhausen an seine Stelle. Museum, Ausstellungen, Archiv und Bibliothek dokumentieren die Geschichte des Lagers, in dem bis 1945 etwa 100 000 Menschen aus 47 Nationen den Tod fanden. Bis 1950 waren hier Kriegsgefangene der Sowjets interniert, 12 000 von ihnen starben.

Praktische Hinweise

Information

Tourismusverein, Bernauer Str. 52, Oranienburg, Tel. 033 01/70 48 33, www.tourismus-or.de

Hotels

Stadthotel Oranienburg, André-Pican-Str. 23, Oranienburg, Tel. 033 01/69 00, www.stadthotel-oranienburg.de. Zentral gelegen, mit gehobener Küche.

Zum fröhlichen Landmann, Germendorfer Dorfstr. 8, Oranienburg-Germendorf, Tel. 033 01/20 80 07, www.zum-froehlichen-landmann.com. Rustikaler, behaglicher Landgasthof.

Route

Auf der B273 in Richtung Westen nach Kremmen (18 km).

3 Kremmen *J17*

Verträumtes Landstädtchen und Stadt der schönen Scheunen.

Eine Sequenz lang ist die seit 1216 bestehende Ackerbürgerstadt Kremmen (7400 Einw.) Schauplatz in Theodor Fontanes Roman ›Der Stechlin‹ (1897). Das hübsche Städtchen besitzt einen dreieckigen *Marktplatz* mit klassizistischem **Rathaus**

Oben: *Herzogin Louise Henriette ist in ihrem Schloss Oranienburg allgegenwärtig*
Unten: *Klassizistische Kultur zeigt das Museum Neuruppin, hier im Schinkelzimmer*

(1840) und am *Kirchplatz* die bei Fontane erwähnte **Nikolaikirche** (15. Jh.) mit schöner Barockausstattung. Charakteristisch für Kremmen sind die zweigeschossigen **Traufenhäuser** (z. T. 17. Jh., Dammstraße etc.) und das **Scheunenviertel**, das aus Furcht vor Feuersbrünsten ab 1840 jenseits der Stadtbefestigung angelegt wurde. Etwa 50 der historischen Heu- und Strohlager sind bis heute erhalten geblieben. Sie bilden das größte Stadtviertel dieser Art in Deutschland.

i Praktische Hinweise

Information

Tourismusverein, Scheunenweg 49, Kremmen, Tel. 03 30 55/715 00, www.kremmen.de

Hotel

Schloss Ziethen, Groß Ziethen, bei Kremmen, Tel. 03 30 55/950, www.schlossziethen.de.
Erlesenes barockzeitliches Ambiente.

Route

Auf der B273 Richtung Westen. Nahe Fehrbellin auf die A24 Richtung Hamburg bis Ausfahrt Neuruppin (37 km).

4 Neuruppin *J16*

Aus der schönen Stadt am Ruppiner See stammen Fontane und Schinkel.

Zur Stadt wurde Neuruppin (32 000 Einw.) 1256 ernannt, ab dem 17. Jh. war es Armeestützpunkt. Sein schönes klassizistisches Erscheinungsbild verdankt es dem Wiederaufbau nach einem Brand 1787. Bekannt ist Neuruppin jedoch vor allem als Geburtsort von *Karl Friedrich Schinkel* (1781–1841) und *Theodor Fontane* (1819–1898). Das **Museum Neuruppin** (August-Bebel-Str. 14/15, Tel. 033 91/45 80 60, April–Okt. Di–Fr 12–17, Sa/So 11–17, Nov.–März Di–Fr, So 11–16 Uhr), untergebracht im prächtigsten Bürgerhaus der Stadt, erinnert an die großen Söhne der Stadt, den Baumeister Karl Friedrich Schinkel und

den Schriftsteller Theodor Fontane. Dem Wiederaufbau Neuruppins als klassizistische Planstadt nach dem Stadtbrand von 1787 sowie den Neuruppiner Bilderbogen sind weitere Räume gewidmet. Bilderbogen waren ein im 19. Jh. weit verbreitetes Massenmedium. Die vielfältigen Themen der populären Drucke machten Neuruppin als Stadt der Bilderbogen international bekannt. Mit 12 000 Blättern besitzt das Museum Neuruppin eine der größten Bilderbogensammlungen Europas.

Unter den edlen klassizistischen Bauten der Stadt Neuruppin sucht man solche im Stil Schinkels vergeblich. Lediglich die frühgotische Klosterkirche **St. Trinitatis** (1246) im Osten am Ruppiner See wurde ab 1836 durch Schinkel erneuert.

Den Kirchplatz im Norden schmückt das **Schinkel-Standbild** (1883) und im Süden, am Ende der Karl-Marx-Straße zeigt das **Fontane-Denkmal** (1907) den Dichter sitzend in Denkerpose. In der Karl-Marx-Straße befindet sich auch die **Löwen-Apotheke**, in deren Wohnräumen Fontane zur Welt kam.

Praktische Hinweise

Information

Tourismus-Service BürgerBahnhof, Karl-Marx-Str. 1, Neuruppin, Tel. 033 91/454 60, www.neuruppin.de

Restaurant

Altes Kasino – Hotel am See, Seeufer 11/12, Neuruppin, Tel. 033 91/30 59, www.hotel-altes-kasino.de. Elegantes Seehaus mit feiner gutbürgerlicher Küche.

Route

Über die B167 nach Alt Ruppin, dort auf die L192. Nach Dierberg links auf die L19 und weiter bis Rheinsberg (29 km).

Ruppiner Schweiz

Zwischen Neuruppin und Rheinsberg, vom Rhin durchflossen, erstreckt sich die Ruppiner Schweiz, ein durch Kerbtäler reich gegliedertes seenreiches Gebiet, dessen Relief während der letzten Eiszeit entstand. Charakteristisch sind seine dichten Mischwälder aus Rotbuchen, Kiefern und Eichen. Stellenweise muten die bis zu 100 m hohen bewaldeten Endmoränenwälle wie ein Mittelgebirge an.

5 Rheinsberg *H16*

Schmucke märkische Kleinstadt mit ›Tucholskyschloss‹.

Fontane weilte zweimal in Rheinsberg (9000 Einw.) und widmete dem vom Friderizianischen Rokoko geprägten Ort Dutzende Seiten seiner ›Wanderungen durch die Mark Brandenburg‹ (1862–89). An der heimeligen Stadt am *Grienericksee* fällt zunächst das regelmäßige Straßenraster auf, das nach dem Stadtbrand von 1740 realisiert wurde. Publikumsliebling aber ist **Schloss Rheinsberg** (www.spsg.de, April–Okt. Di–So 10–18 Uhr, sonst bis 17 Uhr). Der dreiflügelige Palast geht auf eine Burg des 13. Jh. zurück, die im 16. Jh. zum Renaissanceschloss erweitert wurde. Der Sanssouci-Erbauer *Georg Wenzeslaus von Knobelsdorff* schuf dann 1734–40 die heutige Anlage. Sie wird auf der Wasserseite von Kolonnaden und zwei mächtigen Rundtürmen bestimmt, auf der klassisch-kühlen Stadtseite von einem figurengeschmückten Mittelrisalit. Bekannt wurde Schloss Rheinsberg als Wohnsitz des späteren Preußenkönigs *Friedrich II.*, der hier philosophierend und musizierend seine wohl glücklichsten Jahre als Kronprinz verbrachte. Für Publicity sorgte auch *Kurt Tucholskys* Erzählung ›Rheinsberg – ein Bilderbuch für Verliebte‹ (1912). Das **Literaturmuseum** (Tel. 03 39 31/390 07, www.tucholsky-museum.de, Di–So 9.30–12.30 und 13–17 Uhr) im Nordflügel bietet Einblicke in Tucholskys Leben und Werk. Die übrigen Säle bestechen durch Design und Ausstattung, darunter der Spiegelsaal mit Deckenmalereien und Reliefs zu antiken Themen, der stuckverzierte Muschelsaal und das Lackkabinett mit seinen Chinoiserien. Ein Erlebnis ist auch der **Schlosspark**, ein mit Skulpturen, Grotten und einem Obelisken geschmückter Landschaftsgarten.

Praktische Hinweise

Information

Tourist-Information, Kavalierhaus, Markt, Rheinsberg, Tel. 03 39 31/2059, www.rheinsberg.de

Hotels

Holländer Mühle, Holländer Mühle 1, Rheinsberg, Tel. 03 39 31/23 32, www.rheinsberg.de/hollaender-muehle. Wohnen und Schlemmen in einer historischen Windmühle von 1894.

In Schloss Rheinsberg am Grienericksee verbrachte Friedrich II. viele unbeschwerte Jugendtage

Schloss-Hotel-Rheinsberg, Seestr. 13, Rheinsberg, Tel. 03 39 31/390 59, www.schlosshotel-rheinsberg.de. Hier logierte schon der letzte deutsche Kaiser Wilhelm II. Im Restaurant speisten später Jacques Chirac und Angela Merkel.

Route

Auf der L19 nach Südosten bis Köpernitz. Dort auf die L223 bis Schönermark. Links abbiegen auf die L22 bis Gransee (22 km).

6 Gransee *J17*

Mittelalterliche Befestigung und ein Denkmal für Königin Luise.

Das um 1250 gegründete Gransee (6400 Einw.) besitzt eine gut erhaltene **Stadtmauer** samt Wallanlagen, Toren und Wiekhäusern aus dem 14./15. Jh. Direkt an die Befestigung schließt eine malerische **Klosterruine** (13. Jh.) an. Die mauerumschlossene **Altstadt** ist jedoch jünger. Sie wurde nach einem Brand 1711 mit gitterförmigem Straßennetz angelegt. Die **Marienkirche** (13.–16. Jh.) aus Backstein fällt durch ihre ungleichen Türme auf. Sie birgt eine imposante Triumphkreuzgruppe (um 1500) und zwei bemerkenswerte Altäre aus dem frühen 16. Jh.

Gransees bekannteste Sehenswürdigkeit ist das **Luisendenkmal** (1811) am Schinkelplatz. Das von einem Baldachin überfangene gusseiserne Monument erinnert an Preußens *Königin Luise* (1776–1810), deren Leichnam bei der Überführung nach Berlin für eine Nacht an dieser Stelle aufgebahrt worden war. Kein Geringerer als *Karl Friedrich Schinkel* entwarf das filigrane Denkmal zu Ehren der legendären Staatsreformerin. Übrigens hat Fontane den Kenotaph beschrieben: Er wirke düster, fast abweisend, während Luise im wahren Leben liebreizend und schön wie ein Engel gewesen sei.

Praktische Hinweise

Information

Touristinformation, im Heimatmuseum, Rudolf-Breitscheid-Str. 44, Gransee, Tel. 033 06/216 06, www.gransee-info.de

Route

Richtung Osten auf der L22 weiter bis Zehdenick (13 km).

7 Zehdenick *J17*

Ort mit Industrietradition und originellen Sehenswürdigkeiten.

Die 1216 erstmals erwähnte Stadt Zehdenick (14 600 Einw.) bietet vor allem Einblicke in ihre industrielle Geschichte. Doch am Havelufer fallen zunächst Reste eines **Klosters** und späteren *Damenstifts* ins Auge. Erbaut wurde es Mitte des 13. Jh., brannte aber 1801 aus. Erhalten blieben Teile des Klausurgebäudes und des Kreuzgangs, die heute als Kulisse für Kunst und Konzerte fungieren. Bemerkenswert sind auch die **Schleusenanlage** des Ortes und die Zugbrücke im Zentrum. Von dort aus ist es nicht weit zu den ›Kamelbrücken‹, die in pittoresken Bögen die Havel überspannen. Das **Schiffermuseum Zehdenick** (Schleusenstr. 22, Tel. 033 07/28 77, Mai–Okt. Di–So 10–17 Uhr) wiederum befasst sich mit der Geschichte der Schifffahrt in der Region.

Das seenreiche Gebiet an der Havel war ehemals bevorzugter Standort von Großziegeleien. Zehdenicks Vergangenheit als Europas größter Ziegelproduzent im 19. Jh. dokumentiert der **Ziegeleipark** (Ziegelei 10, Mildenberg, Tel. 033 07/ 31 04 10, www.ziegeleipark.de, Mitte März–Okt. tgl. 10–17 Uhr). Touren und Themenevents rund um den Tonabbau und die Ziegelfertigung machen das naturnahe Areal für Technik- und Naturfreunde gleichermaßen interessant. Beispielsweise werden Fahrten mit der Ziegeleibahn oder per Lorenbahn durch die Tonstichlandschaft angeboten.

i Praktische Hinweise

Information

Fremdenverkehrsbüro, Schleusenstr. 22, Zehdenick, Tel. 033 07/28 77, www.fremdenverkehrsbuero-zehdenick.de

Pfeiler, Lanzettfenster, Maßwerk – St. Marien in Prenzlau zeigt Backsteingotik vom Feinsten

Hotels

Havelschloss Zehdenick, Schleusenstr. 15, Zehdenick, Tel. 033 07/42 08 02, www. havelschloss.de. Schönes Renaissanceschloss mit Ferienwohnungen am Hafen.

Preußischer Hof, Bischofswerder Weg 12, Liebenwalde, Tel. 03 30 54/870, www.hotel-preussischerhof.de. Geschmackvolles, idyllisch gelegenes Vitalhotel 15 km südlich von Zehdenick.

Route

Auf der L21 Richtung Nordosten nach Templin (21 km).

8 Templin *H18*

Von Seen und Mauern gesäumte, behagliche Kleinstadt.

Templin (17 300 Einw.) liegt in der West-Uckermark, einer weiten Kiefern- und Heidelandschaft am Rande der Mecklenburgischen Seenplatte, und wird von mehreren Seen umrahmt.

Der um 1230 gegründete Ort besitzt eine vollständig erhaltene, fast 2 km lange **Stadtmauer** aus der zweiten Hälfte des 14. Jh. aus Feldstein mit wuchtigen Türmen, Backsteintoren und Wiekhäusern. Templins Innenstadt wurde nach dem letzten Stadtbrand 1735 an rechtwinkligem Straßenraster neu angelegt und strotzt geradezu vor schönen Fachwerkhäusern. Sehenswert sind ferner der *Marktplatz* mit dem dreigeschossigen barocken **Rathaus** (1746–48) sowie beim *Berliner Tor* die **Georgenkapelle** (14. Jh.) mit ihrem kostbaren Schnitzaltar aus dem 15. Jh.

i Praktische Hinweise

Information

Templin-Information, Akzisehaus, Obere Mühlenstr. 11, Templin, Tel. 039 87/ 26 31, www.tourismus-service-templin.de

Hotels

Hotel Mühlenseeperle, Am Mühlentor 2, Templin, Tel. 039 87/509 50, www.muehlenseeperle.de. Historischer Gutshof mit Restaurant.

Kaffeegarten Seeblick, Uferweg 7, Templin, Tel. 039 87/703 40, www. kaffeegarten-seeblick.de. Restaurant- und Pensionsbetrieb am Stadtseeufer.

Route

Von Templin auf der L21 in nordöstlicher Richtung, dann weiter auf der B109 bis Prenzlau (35 km).

9 Prenzlau *H18*

Schatzkästlein der Backsteingotik in der Uckermark.

Die Altstadt von Prenzlau (20 904 Einw.) liegt terrassenförmig am Ufer des Unteruckersees und besticht durch ihre teilweise erhaltene **Stadtmauer** (13./14. Jh.) samt Toren, Tortürmen und Wiekhäusern. Originell, fast behäbig, wirkt der **Mitteltorturm** (15. Jh.) dank wulstartigem Wehrumgang und Kegeldach. Die TOP TIPP Kirche **St. Marien** (um 1340) am Marktplatz mit ihrer mächtigen Doppelturmfassade und dem elaborierten Ostgiebel ist ein Meisterwerk norddeutscher Backsteingotik. Von beiden Türmen (64 bzw. 68 m hoch) bietet sich ein guter Blick auf die nach schweren Kriegszerstörungen teils modern wiedererrichtete Stadt. Auf den Spuren des markierten *Historischen Stadtrundgangs* kann man das Ambiente erkunden. In der Friedrichstraße steht eine fast 5 m hohe Skulptur, der aus Originalteilen (1495) rekonstruierte **Roland**.

In herrlichem architektonischen Rahmen, in Kreuzgang und Klausur des 1275 gegründeten *Dominikanerklosters*, präsentiert das **Kulturhistorische Museum** (Uckerwiek 813, Tel. 039 84/75 22 41, http://dominikanerkloster.prenzlau.info, Di–So 10–17 Uhr) eine Auswahl erlesener mittelalterlicher Exponate, u. a. mit bemerkenswerten sakralen Plastiken.

Das *Landschaftsschutzgebiet* ringsum bietet einige fantastische Bademöglichkeiten, darunter eine modernisierte **Seebadeanstalt** (Mitte Mai–Juni, 1.–15. Sept. tgl. 9–18 Uhr, Juli/Aug. tgl. 9–20 Uhr) aus den 1920er-Jahren.

Praktische Hinweise

Information

Stadtinformation, Friedrichstr. 2, Prenzlau, Tel. 039 84/83 39 52, www.prenzlau.info

Hotels

Uckermark, Friedrichstr. 2, Prenzlau, Tel. 039 84/364 00, www.hoteluckermark.de. Traditionshotel im Stadtzentrum.

Wendenkönig, Neubrandenburger Str. 66, Prenzlau, Tel. 039 84/86 00, www.hotel-wendenkoenig.de. Ruhiges Wohlfühlhotel im Grünen. Speisen der Uckermark und Fischspezialitäten.

Route

Auf der B199 südwärts bis Angermünde (42 km).

10 Angermünde *J18*

Schmucke Kleinstadt am Mündesee, vom letzten Krieg fast unversehrt.

Angermündes (15 200 Einw.) Altstadt ist ein Kleinod barocker Fachwerkarchitektur am Mündesee. Ins Auge fällt zunächst am *Marktplatz* die klassizistische Fassade des **Rathauses** (1828) samt Uhrturm. Davor befindet sich eine Kusiosität, der hölzerne *Prangeresel*, auf dem im 18./19. Jh. Betrüger usw. zur Strafe zur Schau gestellt wurden. Faszinierend ist die gotische **Marienkirche** weiter nördlich mit ihrem imposanten, bollwerkartigen *Turm* (53 m). Vor allem bei den beliebten *Sommerkonzerten* kann man den fulminanten Klang ihrer *Barockorgel* (1744) aus der Schule Silbermanns genießen. Beachtenswert sind auch die Backsteinreste der **Stadtmauer** (1292), der 21 m hohe **Pulverturm**, die einst zu einem Hospital gehörige **Heilig-Geist-Kapelle** und die **Franziskanerklosterkirche**, heute ein Konzert- und Theatersaal.

Praktische Hinweise

Information

Tourismusverein, Brüderstr. 20, Angermünde, Tel. 033 31/29 76 60, www.angermuende-tourismus.de

Hotels

Flair Hotel Weiss, Puschkinallee 11, Angermünde, Tel. 033 31/218 54, www.hotelweiss.de. In einem schönen Park nahe der Altstadt gelegenes Haus mit hübschen Zimmern.

Hotel am Seetor, Jägerstr. 25, Angermünde, Tel. 033 31/265 60, www.hotelamseetor.de. See- und zentrumsnahes Haus mit Komfort.

Route

In Richtung Südwesten auf der B2 bis Chorin (17 km).

Friedlich und würdevoll liegt Kloster Chorin im waldreichen Oderbruch der Uckermark

11 Kloster Chorin J18

TOP TIPP *Erlesene sakrale Backsteinarchitektur eines frühgotischen Zisterzienserklosters am Parsteiner See.*

Eine der beeindruckendsten Sehenswürdigkeiten Brandenburgs ist das in waldreicher Landschaft gelegene **Kloster Chorin** (Tel. 03 33 66/703 77, www.kloster-chorin.info, April–Okt. tgl. 9–18 Uhr, sonst bis 16 Uhr), ein Hauptwerk der deutschen Backsteingotik. Das frühgotische Zisterzienserkloster (1270–1300) war auch architektonisches Vorbil für andere Klöster der Region. Etwa 200 Jahre nach seiner Weihe wurde es allerdings säkularisiert und war dem Verfall preisgegeben. Ab etwa 1817 begann man nach Vorschlägen Schinkels mit der Wiederherstellung der Anlage. Weitere Restaurierungen schlossen sich 1900 und 1960 an. Vor allem die *Klosterkirche* mit ihrer schönen Westfassade, der *Kreuzgang* und der *Fürstensaal* mit Freskenresten sind beeindruckend. Der *Choriner Musiksommer* (www.choriner-musiksommer.de, Juni–Aug.) bietet alljährlich stimmungsvolle Konzerte klassischer Musik im Kreuzgang.

i Praktische Hinweise

Restaurant

Alte Klosterschänke, Am Amt 9, Chorin, Tel. 033 66/530 100, www.alte-klosterschaenke-chorin.de. Gutbügerliche und rustikale Küche.

Route

Auf der B2 nach Eberswalde (11 km).

12 Eberswalde J18

Von viel Grün geprägte alte Industriestadt am Finowkanal.

Die 1276 erstmals erwähnte Stadt Eberswalde (42 000 Einw.) florierte schon ab dem 16. Jh. als Industriestandort mit Mühlen, Walzwerken und Gießereien. Der im 17./18. Jh. angelegte Finowkanal war bis zur Eröffnung des leistungsfähigeren Oder-Havel-Kanals 1914 die wichtigste Wasserstraße der Stadt.

Ihr Zentrum wird dominiert von der Backsteinkirche **St. Maria Magdalena** (13. Jh.), deren Portale schöne Terrakottareliefs mit Bibelgeschichten tragen. Am Marktplatz sind die beiden **Rathäuser** (1775 und 1905) bemerkenswert, das jüngere gibt sich im Stil der Neorenaissance. Das älteste Fachwerkhaus der Stadt mit der **Adler-Apotheke** von 1663 dient heute als *Stadtmuseum* (Steinstr. 3, Tel. 033 34/645 20, Di–Fr 10–13 und 14–17, Sa 10–13 Uhr, So 13–17 Uhr).

Das von Wäldern gesäumte Eberswalde verfügt auch über einen schönen **Forstbotanischen Garten** (Am Zainhammer 5, www.fh-eberswalde.de, tgl. 9 bis zur Dämmerung) mit Bäumen aus allen Teilen der Welt und einen **Zoologischen Garten** (Am Wasserfall 1, Tel. 033 34/227 33, www.zoo.eberswalde.de, tgl. 9 Uhr bis zur Dämmerung), der etwa 1400 Tiere beheimatet und sich ›Deutschlands bester kleiner Zoo‹ nennt.

Praktische Hinweise

Information

Tourismusinformation im Museum der Adler-Apotheke, Steinstr. 3, Eberswalde, Tel. 033 34/645 20, www.eberswalde.de

Route

Auf der B167 gen Westen, in Finowfurt auf die A11/E 28 Richtung Berlin bis Ausfahrt 14 und weiter auf der B273 bis Wandlitz (36 km).

Schiffshebewerk Niederfinow

Unweit von Eberswalde – am 1914 vollendeten Oder-Havel-Kanal – befindet sich eines der bekanntesten technischen Baudenkmäler Deutschlands: Das 1927–34 erbaute Schiffshebewerk Niederfinow (www.schiffshebewerk-niederfinow.info). Das Hebewerk ist das älteste in Betrieb befindliche seiner Art in Deutschland und ermöglicht es Booten und Schiffen, die Höhendifferenz von 36 m im Kanal zu überwinden. Man erreicht es ab Eberswalde nach 11 km Fahrt (B167 bis Hohenfinow und dort weiter über die L29).

13 Wandlitz *J17*

Ausflugsziel und Wohnort der SED-Prominenz im Norden Berlins.

Seit den 1920er-Jahren war das **Seebad** Wandlitz (20 000 Einw.) am *Wandlitzsee* ein beliebter Ausflugsort der Berliner. Ab 1958 wurde der per Auto nur 45 Min. von der Hauptstadt entfernte Ort zum Domizil hochrangiger SED-Politiker. Honecker, Krenz und Co. lebten in der *Waldsiedlung*, die heute Sitz einer Reha-Klinik ist. In Wandlitz selbst dokumentiert das **Agrarmuseum** (Breitscheidstr. 22, Tel. 03 33 97/215 58, www.agrarmuseum-wandlitz.de, April–Okt. Di–So/Fei 10–17 Uhr, Nov.–März Di–Fr 10–17 Uhr) die Geschichte der hiesigen Landwirtschaft und zeigt seine beeindruckende Traktorensammlung.

Praktische Hinweise

Information

Tourismusverein Naturpark Barnim, Prenzlauer Chaussee 157, Wandlitz, Tel. 03 33 97/661 31, www.tourismusverein-naturpark-barnim.de

Route

Auf der B273, später B96N Richtung Westen über Oranienburg auf die A10/E55. Südwärts bis Ausfahrt 25 Potsdam-Nord, dann auf der B273 bis Stadtmitte (79 km).

Hunderte Schaulustige verfolgen im Sommer das Auf und Ab am Schiffshebewerk Niederfinow

Leipzig, Dresden und die Sächsische Schweiz – Kultur, Schlösser, Felsen

2–3 Tage • 316 km

Reiseroute

Leipzig	**Meißen (80 km)**
Meißen	**Dresden (24 km)**
Dresden	**Moritzburg (14 km)**
Moritzburg	**Königstein (45 km)**
Königstein	**Bad Schandau (6 km)**
Bad Schandau	**Colditz (106 km)**
Colditz	**Leipzig (41 km)**

1 Leipzig *O15*

Traditionsreiche Messe-, Universitäts- und Buchstadt an der Pleiße.

Leipzig (503 000 Einw.) ging aus der slawischen Siedlung *Lipzk* (›Unter den Linden‹) hervor. Sie erhielt 1165 Stadtrecht und etablierte sich im 14./15. Jh. als Handels- und Messezentrum. Bereits 1409 wurde die *Universität* gegründet und 1481 ging in Leipzig das erste Buch in Druck. Aufgeschlossenheit und Wohlstand prägten die Messestadt. An der Thomaskirche predigte 1539 *Martin Luther* und die Reformation hielt in Sachsen Einzug. In dieser Atmosphäre gediehen Wissenschaften und Künste. 1646 erblickte der spätere Universalgelehrte *Gottfried Wilhelm Leibniz* hier das Licht der Welt. Während seiner Leipziger Studienjahre 1765–68 war *Johann Wolfgang Goethe* Stammgast in Auerbachs Keller.

Doch vor allem war Leipzig eine Stadt der Musik. Ab 1723 war *Johann Sebastian Bach* Kantor des berühmten *Thomanerchors* der Thomaskirche, hier entstanden zahlreiche seiner Werke. Um 1781 etablierte sich zudem das *Gewandhausorchester*, dem *Felix Mendelssohn Bartholdy* ab 1835 als Kapellmeister vorstand. 1843 gründete er im Gewandhaus die erste Musikhochschule Deutschlands. Übrigens ist auch *Richard Wagner* (1813–1883) ein Sohn der Stadt, 1831 nahm er sein Musikstudium an der Universität auf und schrieb seine ersten Kompositionen.

Um 1900 profilierte sich Leipzig als die wichtigste *Buchstadt* Europas, allein 140 Verlage waren hier ansässig. Der Zweite Weltkrieg jedoch setzte dem regen Handel und Wandel der 700 000 Einwohner zählenden Stadt ein abruptes Ende. Während der DDR-Zeit war Leipzig Bezirkshauptstadt, doch erst durch die Protestwelle der 1980er-Jahre rückte es in den Blick der Weltöffentlichkeit. Aus den montäglichen Friedensgebeten in der *Nikolaikirche* entwickelten sich 1989 Demonstrationen mit über 100 000 Teilnehmern. Sie spielten eine Schlüsselrolle bei der *friedlichen Revolution* der DDR-Bürger und der daraus resultierenden Wiedervereinigung Deutschlands. Heute erstrahlt Leipzig in neuem Glanz, mit modernem Messezentrum und Museen der Gegenwartskunst, schön restaurierten Passagen und Stadtpalästen aus der Gründerzeit.

Im Herzen der Leipziger Altstadt öffnet sich der **Markt**, auf dem schon im Mittelalter Handelsmessen abgehalten wurden. Zu den interessanten historischen Bauten gehört an der Nordseite die **Alte Waage** (1555) mit der Sonnenuhr im Staffelgiebel. Dominante aber ist das **Alte Rathaus** (1556) im Osten. Der Bau im Stil der sächsischen Renaissance hat einen imposanten Uhrturm und hübsche Zwerchgiebel zu bieten. In den prächtigen Sälen zeigt das **Stadtgeschichtliche Museum** (Tel. 03 41/965 13 20, www.stadtgeschichtliches-museum-leipzig.de, Di–So/Fei 10–18 Uhr) vielfältige Exponate aus der Vergangenheit Leipzigs.

Der Bauernmarkt wurde einst auf dem **Naschmarkt** hinter dem Alten Rathaus abgehalten. Glanzstück im heute eher nüchternen Ambiente ist die feinsinnige Rokkokofassade der **Alten Handelsbörse** (1687), in der früher die Kaufleute ihre Geschäfte abwickelten. Vor ihrer doppelläufigen Freitreppe zeigt ein Bronzedenkmal von 1832 den Studenten *Goethe* in eleganter Pose. **Barthels Hof**, ursprünglich als Handelshaus errichtet, wurde im 18. Jh. zum Messehaus mit typischem *Leipziger Durchhof* (Passage für Fuhrwerke) ausgebaut. Den Durchhof Auerbachs Hof (1530) südlich des Markts erweiterte man 1914 zur **Mädlerpassage**, wobei der Weinausschank *Auerbachs Keller* (Grimmaische Str. 2, Tel. 03 41/21 61 00) von 1525 erhalten blieb. Hier soll Goethe während seiner Studentenzeit gern eingekehrt sein, im ›Faust‹ (1808) ist der Keller Schauplatz des legendären Fassritts.

Westlich erhebt sich die **Thomaskirche** (Tel. 03 41/22 22 40, www.thomaskirche.org, tgl. 9–18 Uhr, Turm April–Mitte Dez. Sa 13, 14, 16.30, So 14, 15 Uhr), davor das Denkmal (1908) des Komponisten *Johann Sebastian Bach*, der 1723–50 Kantor des *Thomanerchors* war. Die Hallenkirche geht in ihren Ursprüngen auf das 12./13. Jh. zurück, der gotische Neubau wurde 1496 geweiht. Im Chor weist eine schlichte Grabplatte auf die letzte Ruhestätte Bachs hin. Im Sommer finden montags auf dem *Thomaskirchhof* stimmungsvolle Bachkonzerte statt. Das **Bosehaus** an der Südseite des Platzes, ein prächtiger Renaissancebau von 1558, birgt das **Bach-Archiv** und das **Bach-Museum** (Tel. 03 41/913 72 00, www.bach-leipzig.de, geschl. bis März 2009) mit Dokumenten zu Leben und Werk des Komponisten und einigen Musikkostproben.

Die dem Schutzpatron der Kaufleute geweihte **Nikolaikirche** (Nikolaikirchhof 3, Tel. 03 41/960 52 70, www.nikolaikirche-leipzig.de, tgl. 10–18 Uhr) geht auf die Stadtgründung 1165 zurück und wurde 1526 zur gotischen Hallenkirche erweitert. Nach zahlreichen Umbauten erhielt sie 1797 mit dem klassizistisch überformten Innenraum ihren letzten Schliff. Weltberühmt wurde sie 1989 als Ort der Friedensgebete und Keimzelle der friedlichen Revolution.

Großen Kunstgenuss verspricht ein Besuch im **Museum der Bildenden Künste** (Katharinenstr. 10, Tel. 03 41/21 69 90, www.mdbk.de, Di, Do–So 10–18, Mi 12–20 Uhr) nördlich vom Naschmarkt. Die Sammlung geht auf den 1837 gegründeten Leipziger Kunstverein zurück und zeigt im 2004 eingeweihten Neubau Meisterwerke des 15.–21. Jh., darunter Arbeiten von Rogier van der Weyden, Frans Hals, C. D. Friedrich, Claude Monet, Ernst Barlach und Max Beckmann. Auch die *Leipziger Schule* ist hier vertreten, z. B. mit Werken von Bernhard Heisig, Werner Tübke, Neo Rauch, Wolfgang Mattheuer und Daniel Richter.

Von hier erreicht man in Kürze den Leipziger **Hauptbahnhof** (1915) am Willy-Brandt-Platz. Der Stahlglasbau war einst der größte Kopfbahnhof Europas. Seit

Lässige Eleganz – Goethe vor der Alten Handelsbörse am Naschmarkt in Leipzig

dem Umbau 1997 lädt er mit seinem dreigeschossigen *Einkaufszentrum* (tgl. 10–22 Uhr) auch zum Bummeln ein.

Praktische Hinweise

Information

Leipzig Tourist Service e.V., Richard-Wagner-Str. 1, Leipzig, Tel. 03 41/ 710 42 60/65, www.leipzig.de

Hotels

Leipziger Hof, Hedwigstr. 1–3, Leipzig, Tel. 03 41/697 40, www.leipziger-hof.de. ›Hier schlafen Sie mit einem Original‹ – Kunsthotel im Gründerzeitviertel.

Park Hotel, Richard-Wagner-Str. 7, Leipzig, Tel. 03 41/985 20, www.park-hotel-leipzig.de. Nobelhotel mit Art-Deco-Zimmern beim Hauptbahnhof.

Restaurants

Augustus, Augustusplatz 14, Leipzig, Tel. 03 41/960 96 03, www.restaurant-augustus.de. Luftig-farbenfrohes Lokal mit internationalen Spezialitäten.

Panorama, Augustusplatz 9, Leipzig, Tel. 03 41/710 05 90, www.panorama-leipzig.de. Gutbürgerlich speisen im obersten Stock des City-Hochhauses mit Ausblick.

Zills Tunnel, Barfußgässchen 9, Leipzig, Tel. 03 41/960 20 78, www.zillstunnel.de. Ursächsisches Lokal (seit 1785) im Kneipenviertel Drallewatsch.

Route

Auf der B6 in Richtung Osten nach Meißen (80 km).

2 Meißen

P17

Heimatstadt des ›Weißen Goldes‹ und Wiege Sachsens.

Meißen (28 000 Einw.) am Ufer der Elbe ist weltbekannt als Heimat des edlen Meissener Porzellans, sein Warenzeichen sind zwei gekreuzte Schwerter. Auf einem Felsen über der Elbe ließ König Heinrich I. um 929 die Burg *Misnia* errichten. Am Elbufer entwickelte sich in Folge die Siedlung Meißen, ab 1423 Zentrum des Kurfürstentums Sachsens. Der Burgberg war Herzogsresidenz und Bischofssitz, doch die Verlegung der Residenz nach Dresden 1485 und die Reformation von 1529 brachten große Bedeutungseinbußen.

TOP TIPP

Anstelle der alten Burg war 1471–85 im Auftrag der sächsischen Herzöge Ernst und Albrecht die **Albrechtsburg** (Domplatz 1, Tel. 035 21/470 70, www.albrechtsburg-meissen.de, März–Okt. tgl. 10–18, sonst bis 17 Uhr) errichtet worden. Dieser erste Schlossbau Mitteleuropas, ein Meisterwerk spätgotischer Architektur, diente aber nie als Herzogsresidenz. August der Starke ließ hier ab 1705 den Erfinder *Johann Friedrich Böttger* inhaftieren, der Gold herstellen sollte. Stattdessen erfand Böttger 1707–09 ›Weißes Gold‹, das Porzellan, und 1710 richtete August im Schloss die erste *Porzellan-Manufaktur* Europas ein. Als sie 1863 auszog, wurde die Albrechtsburg umfassend restauriert und 1881 als **Museum** wieder

Meisterwerke wie Werner Tüpkes ›Arbeiterklasse und Intelligenz‹ (1973) zeigt das Leipziger Museum der Bildenden Künste

eröffnet. Künstler der Dresdner Akademie schmückten die Säle 1875–85 mit Darstellungen zur Burggeschichte.

Der benachbarte **Dom** (Tel. 035 21/ 45 24 90, www.dom-zu-meissen.de, April –Okt. tgl. 9–18, Nov.–März 10–16 Uhr) geht auf eine Kapelle von 968 zurück, die als Bischofssitz diente und im 11. Jh. zur Basilika erweitert wurde. Der Dom entstand ab 1260 als gotische Hallenkirche. Die beiden *Türme* des Westbaus, 1413 durch Blitzschlag zerstört, wurden erst 1903–09 neogotisch erneuert. Zur Innenausstattung gehören die *Fürstenkapelle* (1425) mit dem Grabmal Friedrichs des Streitbaren († 1428) und im Chor die *Stifter- und Patronatsfiguren* (um 1260) aus der Dombauwerkstatt von Naumburg, darunter Kaiser Otto I. († 973) und Gemahlin Adelheid von Burgund.

TOP TIPP Besuchermagnet der Stadt ist die **Porzellan-Manufaktur Meissen** mit ihrem **Porzellan-Museum** (Talstr. 9, Tel. 035 21/46 82 08, www.meissen.de, Mai–Okt. tgl. 9–18, Nov.–April tgl. 9–17 Uhr). In der Schauhalle kann man 3000 Exponate bewundern und Porzellangeschichte von 1710 bis heute studieren. In den Schauwerkstätten werden Drehen, Bossieren sowie Unter- und Aufglasurmalerei demonstriert. Im modernen Anbau laden Meissen Shop, Café und Restaurant zum Stöbern und Verweilen ein.

Malerisch spiegelt sich die spätgotische Albrechtsburg in den hier ruhigen Wassern der Elbe

Praktische Hinweise

Information

Tourist-Information Meißen, Markt 3, Meißen, Tel. 035 21/419 40, www.touristinfo-meissen.de

Hotel

Welcome Parkhotel Meissen, Hafenstr. 27–31, Meißen, Tel. 035 21/722 50, www.welcome-hotel-meissen.de. 97 komfortable Zimmer in einer schönen Jugendstilvilla am Elbradweg.

Hingabe à la Porzellan-Manufaktur Meissen

Restaurant

Vincenz Richter, An der Frauenkirche 12, Meißen, Tel. 035 21/45 32 85, www.vincenz-richter.de. Weinstube in Fachwerkhaus von 1523 mit sächsischen Spezialitäten.

Route

Auf der B6 weiter in östlicher Richtung nach Dresden (24 km).

3 Dresden *P18*

Das ›Elbflorenz‹ lockt mit Architektur und Kunstschätzen vom Feinsten.

Dresden (510 000 Einw.), die Stadt an der Elbe, 1206 gegründet, war seit 1464 Residenz der Wettiner Kurfürsten. Vor allem unter den Albertinern ab 1547 begann der Aufstieg Dresdens zum Kunst- und Kulturzentrum Sachsens. Die größte Rolle für die Entwicklung der Stadt spielten Friedrich August I., besser bekannt als **August der Starke** (1670–1733, ab 1697 König von Polen), und sein Sohn Friedrich August II. Sie waren große Förderer der Künste, ließen Prachtbauten wie den *Zwinger* errichten und wollten Dresden zur modernsten Residenzstadt Europas machen. Das glanzvolle ›Elbflorenz‹ wurde im Februar 1945 vom größten Luftangriff des *Zweiten Weltkriegs* heimgesucht und innerhalb weniger Stunden vollkommen zerstört. Die Geschichte von Wiederaufbau und Wiedervereinigung kulminierte 2005 in der feierlichen Weihe der *Frauenkirche*, die schon als Ruine, vor allem aber während ihrer Rekonstruktion ab 1994 zum Symbol für Versöhnung und Frieden avancierte. Heute präsentiert sich Dresden wieder in alter Größe und Pracht, ein Zentrum für Kunst und Kultur.

In der **Altstadt** am linken Elbufer sind die bedeutendsten Baudenkmäler und Museen versammelt. Der **Theaterplatz** fasziniert durch seine Kulisse aus Semperoper, Zwinger, Kathedrale und Residenzschloss. Der **Zwinger**, ein Meisterwerk Dresdner Barockarchitektur, wurde 1710–32 von Matthäus Daniel Pöppelmann als Orangerie und Lustgarten errichtet. Balthasar Permoser schuf den üppigen Skulpturenschmuck für die Anlage, die 1854 durch Gottfried Sempers Gemäldegalerie komplettiert wurde. Der Wiederaufbau nach Kriegszerstörung war 1963 abgeschlossen, seit der Wende wurde umfassend restauriert.

TOP TIPP

Stars des Zwinger sind der *Wallpavillon*, bekrönt von einem ›Herkules mit der Weltkugel‹, allegorische Anspielung auf den Bauherrn August den Starken, und sein Gegenstück, der *Glockenspielpavillon* mit einem Glockenspiel aus Meissener Porzellan, das 24 Melodien spielen kann. Das opulente *Kronentor* im Süden erinnert an die polnischen Königswürden Augusts. Das Zwinger-Geviert beherbergt fünf Museen (Tel. 03 51/49 14 20 00, www.skd-dresden.de, Di–So 10–18 Uhr): Die **Porzellansammlung**, von August initiiert und heute die zweitgrößte der Welt, präsentiert erlesenes Porzellan aller Epochen aus China, Japan und natürlich Meißen. Die **Rüstkammer** (ab 2009 im

◁ *Eine der ältesten Steinbrücken Europas, die 1287 erstmals errichtete Augustusbrücke, verbindet die gastlichen Elbauen mit dem altmeisterlich schönen Dresdner Stadtbild*

Residenzschloss) zeigt eine bedeutende Prunkwaffensammlungen. Die **Gemäldegalerie Alte Meister**, ebenfalls Ergebnis kurfürstlicher Sammelleidenschaft, besitzt als Glanzstück Raffaels ›Sixtinische Madonna‹ (1512/13), daneben Meisterwerke von Tizian, Giorgione, Rembrandt, Rubens, Dürer und Cranach. Der **Mathematisch-Physikalische Salon** (geschl. bis 2009) beherbergt eine Sammlung historischer Uhren und wissenschaftlicher Instrumente, die Bogengalerie im Zwinger eine wechselnde Auswahl aus der **Skulpturensammlung** (ab 2009 wieder im Albertinum) mit Werken aus mehr als fünf Jahrtausenden.

Östlich vom Zwinger prangt die 1871–78 von Gottfried Semper (1803–1879) erbaute **Semperoper** (www.semperoper.de, Führungen, Tel. 03 51/491 14 96, Tel. 03 51/491 17 05). Die Formenwelt der italienischen Renaissance verleiht dem Rundbau seine Eleganz. Er galt schon bei der Eröffnung als eines der schönsten Theater Europas. 1945 zerstört, wurde die Semperoper 1977–85 erneuert und mit der Oper ›Der Freischütz‹ von Carl Maria von Weber wieder eröffnet.

Gegenüber erhebt sich die vom italienischen Architekten Gaetano Chiaveri entworfene *Katholische Hofkirche*, die heutige **Kathedrale St. Trinitatis** (Tel. 03 51/484 47 12, www.kathedrale-dresden.de, Mo/Di 9–18, Mi/Do 9–17, Fr 13–17, Sa 10–17, So 12–16 Uhr). Die Barockkirche römischer Prägung wurde 1739–54 errichtet und nach 1945 erneuert. Über der Hauptfassade schwingt sich der grazile, 90 m hohe *Glockenturm* auf. Highlights im Inneren sind die prachtvoll geschnitzte *Kanzel* (1722) von Permoser, der *Hauptaltar* mit Anton Raphael Mengs Gemälde ›Himmelfahrt Christi‹ (1765) und die *Silbermannorgel* (1753). Die *Gruft* unter dem Chor birgt die Grabstätten sächsischer Kurfürsten und Könige, auch das Herz *Augusts des Starken* wurde hier beigesetzt.

Das **Residenzschloss** der Wettiner ist faszinierendes Resultat einer langen Baugeschichte (12.–19. Jh.), deren Stilphasen heute wieder original zu bewundern sind, etwa der *Georgentor-Flügel* mit den Kurfürstlichen Gemächern, die *Schlosskapelle* und der *Große Ballsaal*. Die Residenz ist heute Sitz der Staatlichen Kunst-

Wasserspiele und barocke Rundungen faszinieren Besucher im Park des Dresdner Zwingers

Publikumsmagnet mit Kuppel – spektakulär restaurierte Frauenkirche am Dresdner Neumarkt

sammlungen Dresden. Neben dem **Kupferstichkabinett** mit Grafik aller Epochen ist das **Grüne Gewölbe** (Tel. 03 51/ 49 14 20 00, www.skd-dresden.de, Mi–Mo 10–18 Uhr, Einlass Historisches Grünes Gewölbe nur mit Zeitticket), Europas größte Schatzkammer, hier ansässig. Es zeigt Spitzenleistungen des Kunsthandwerks und der Juwelierkunst. August der Starke gab das Glanzlicht der Sammlung in Auftrag, den Tischaufsatz mit dem ›Hofstaat zu Delhi am Geburtstag des Großmoguls Aureng-Zeb‹, 1708 vom Hofjuwelier Dinglinger mit 137 emaillierten Goldfiguren und Tausenden von Edelsteinen gefertigt.

Die Außenwand des *Langen Gangs* (Augustusstraße) neben dem Georgentor der Residenz schmückt ein weiteres Meisterwerk, der **Fürstenzug**. Auf rund 25 000 Meissener Porzellankacheln sind die Wettiner Kurfürsten und Könige (1123–1906) zu Pferde dargestellt, dazwischen zu Fuß Vertreter der Stände sowie bedeutende Künstler und Wissenschaftler. Die Komposition war 1870–74 in Sgraffitomalerei ausgeführt worden, 1904–07 erfolgte die Umsetzung in Kacheln.

Strahlend ist das Erscheinungsbild der 1994–2005 wieder errichteten **Frauenkirche** (Neumarkt, www.frauenkirche-dresden.org). Der grazile barocke Zentralbau (1743) nach Plänen *George Bährs* bezaubert mit seiner beschwingten Kuppel, einer technischen Meisterleistung par excellence. Das Innere der Kirche glänzt mit dem Liebreiz der ebenfalls original wieder hergestellten Malereien. Hochaltar und Kanzel sind Werke des 18. Jh.

Und noch einmal August der Starke: Über die Augustusbrücke schlendert man von der Altstadt zur Neustadt, zum ›**Goldenen Reiter**‹ (1736, Jean Joseph Vinache). Die Reiterstatue aus vergolde-

Dresdner Feste

Das ganze Jahr über ist in Dresden ein Anlass zum Feiern: Am 1. Mai eröffnen die Raddampfer mit einer **Flottenparade** die Sommersaison. Ebenfalls im Mai ist das **Internationale Dixielandfestival** (www.dixieland.de) Anziehungspunkt für Musikfreunde. Am letzten Juni-Wochenende wird auf einer Festmeile von 7 km zwischen Loschwitz und Pillnitz das **Elbhangfest** (www.elbhangfest.de) gefeiert. Das **Dresdner Stadtfest** findet im August statt. Im Juli und August gibt es **Filmnächte** (www.filmnaechte-am-elbufer.de) mit Filmklassikern und Konzerten am Elbufer. Im Oktober haben Läufer beim **Dresden Marathon** (www.dresden-marathon.de) die Elbstadt für sich. Berühmt ist vor allem der **Striezelmarkt**, der vom 1. Adventswochenende bis Heiligabend abgehalten wird (seit 1434). Striezel waren die Vorläufer des heutigen Christstollens, der eine Dresdner Spezialität ist.

tem Kupfer zeigt den sächsischen Kurfürsten und König in eleganter und dynamischer Pose – voller Tatendrang mit Blick auf *sein* Dresden.

Nach der Stadtbesichtigung lockt ein Ausflug per Schiff ins Elbsandsteingebirge. Die **Raddampfer** (Sächs. Dampfschifffahrts GmbH, Hertha-Lindner-Str. 10, Tel. 03 51/86 60 90, www.saechsische-dampfschiffahrt.de) legen unterhalb der **Brühlschen Terrassen** ab, einer hübschen Promenade nahe dem Residenzschloss.

Praktische Hinweise

Information

Tourist-Information, Prager Str. 2 a und Schinkelwache, Theaterplatz, Dresden, beide: Tel. 0351/49 19 21 00, www.dresden-tourist.de

Hotels

art'otel Dresden, Ostra-Allee 33, Dresden, Tel. 03 51/492 20, www.artotel.com. Designerhotel mit Originalen des Malers A. R. Penck.

Hotel Taschenbergpalais Kempinski Dresden, Taschenberg 3, Dresden, Tel. 03 51/491 20, www.kempinski-dresden.de. Absolut zentrales Fünf-Sterne-Haus.

Schlosshotel Eckberg, Bautzner Str. 134, Dresden, Tel. 03 51/809 90, www.schloss-eckberg.de. Palast im Grünen über der Elbe mit schönen Zimmern und exzellentem Restaurant.

Restaurants

Alte Meister, Theaterplatz 1 a, Dresden, Tel. 03 51/481 04 26. Das Museumscafé der Gemäldegalerie wandelt sich abends zum Gourmetrestaurant.

Italienisches Dörfchen, Theaterplatz 3, Dresden, Tel. 03 51/49 81 60. Italienische Küche in historischem Ambiente.

Route

In nordnordwestlicher Richtung auf der S179 nach Moritzburg (14 km).

4 Moritzburg *P18*

Wunderschönes Barockschloss, hier ging August der Starke zur Jagd.

Die 1542–46 als Jagdschloss für Herzog Moritz von Sachsen errichtete Moritzburg (Tel. 03 52 07/87 30, www.schloss-moritzburg.de, April–Okt. tgl. 10–17.30, Nov./Dez., Febr./März Di–So 10–16, Jan. Sa/So 10–16 Uhr) liegt inmitten von wildreichen Wäldern an einem See. Das heutige Erscheinungsbild geht auf den Umbau unter August dem Starken zurück (1723–33, Pöppelmann). Das von vier mächtigen Rundtüren beherrschte **Barockschloss** blieb mitsamt seiner opulenten Innenausstattung original erhalten und ist seit 1947 als *Museum* zugänglich. Mythologische Jagdszenen, auf Ledertapeten gemalt, eine Rothirschgeweihsammlung, Spiegel, Lüster und Goldbordüren repräsentieren die fürstliche Wohnkultur.

Im malerischen *Schlosspark* steht das spätbarocke **Fasanenschlösschen** (1769–82) mit gleichfalls kunstvollem Tapetenschmuck. Schon im 16. Jh. wurde das nahe **Wildgehege Moritzburg** (Tel. 03 52 07/997 90, www.kulturlandschaft.moritzburg.de, März–Okt. tgl. 10–18, Nov./Dez. tgl. 9–16, Jan./Febr. Sa/So 9–16 Uhr) angelegt. Es ist Heimat von Rot-, Dam- und Schwarzwild. In den Ställen des Schlosses wurde 1828 das **Sächsische Landgestüt** eingerichtet. Die Pferdezucht konzentriert sich heute auf Sportpferde, die während der *Hengstparade* im September vorgeführt werden.

Route

Zurück nach Dresden, von dort auf der B172 nach Königstein (45 km).

Im 16. Jh. lud Herzog Moritz von Sachsen zu Jagd und Lustbarkeit in seine Moritzburg

5 Königstein Q19

Die mächtige Burg an der Elbe wurde nie erobert und ist heute ein Wehrgeschichtliches Museum.

Am linken Elbufer liegt der Ort Königstein. Das beliebte Reiseziel wird beherrscht von der **Festung Königstein** (Tel. 03 50 21/6 46 07, www.festung-koenigstein.de, April–Sept. tgl. 9–20 Uhr, Okt. tgl. 9–18 Uhr, Nov–März tgl. 9–17 Uhr), die auf einem Tafelberg 240 m über der Elbe thront. 1233 erstmals urkundlich erwähnt, wurde die Anlage im Wesentlichen unter Kurfürst Christian I. ab 1589 ausgebaut. Königstein diente nicht nur als Ausflugsziel der sächsischen Herrscher, sondern auch als Zufluchtsort, an dem bei Gefahr selbst Kunstschätze und der Staatsschatz gelagert wurden. Seit 1591 befand sich auch das *Staatsgefängnis* auf dem Gelände. Prominente Häftlinge waren u.a. Johann Friedrich Böttger (1682–1719), der Erfinder des Porzellans, der Sozialdemokrat August Bebel (1840–1913) und der Dichter Frank Wedekind (1864–1918).

Heute gilt die Festung als das wichtigste *Museum der Wehrgeschichte* in Europa.

TOP TIPP

Sächsische Schweiz

Die Strecke von Dresden über Königstein nach Bad Schandau folgt zu einem guten Teil dem Lauf der Elbe und führt mitten durch die Sächsische Schweiz, den deutschen Teil des faszinierenden **Elbsandsteingebirges**. Erster Aussichtspunkt ist die **Bastei** (305 m) beim Kurort Rathen. Vorbei an bizarren Felsen und Resten einer Burg geht es zu Fuß hinauf zum Gipfel mit fantastischem Panorama. Von hier sieht man auch den schönen Tafelberg **Lilienstein** (415 m), der gegenüber der Festung Königstein aufragt und dessen Gipfelplateau über Leitern zugänglich ist. Zu den spektakulärsten Felskulissen an der Elbe gehören die **Schrammsteine** südöstlich von Bad Schandau, ein beliebtes Wander- und Klettergebiet. Etwa 2 km südlich von Königstein lockt der **Pfaffenstein** (428 m) zum Panoramablick auf weitere Felsformationen wie die 43 m hohe Felsnadel Barbarine. Seit 1990 sind Teile des Elbsandsteingebirges als **Nationalpark Sächsische Schweiz** (Nationalparkzentrum Sächsische Schweiz, Dresdner Str. 2b, Bad Schandau, Tel. 03 50 22/502 30, www.lanu.de) ausgewiesen, der sich auf tschechischer Seite im Nationalpark Böhmische Schweiz fortsetzt.

Zu besichtigen sind Torhaus, Magdalenenschloss, Schatzhaus und Garnisonskirche. Im Alten Zeughaus werden Ausstellungen des Militärhistorischen Museums Dresden präsentiert. Vom Festungshügel aus bietet sich ein schöner Ausblick auf das Tal der Elbe und das Elbsandsteingebirge, das auch den Namen *Sächsische Schweiz* trägt.

Route

Auf der B172 zurück nach Bad Schandau (6 km).

6 Bad Schandau Q19

Seit 1920 Kurort und größtes Ferienzentrum in der Sächsischen Schweiz

Bad Schandau (3000 Einw.) ist ein günstiger Standort für die Erkundung des **Nationalparks Sächische Schweiz**, dessen Informationszentrum auch hier ansässig ist (siehe Kasten links).

Zugleich ist Schandau **Kneippkurort** mit Kurhotels und Kliniken für Hydro- und Physiotherapie. Schon im 19. Jh. begann der Aufstieg des Schifferstädtchens zum beliebten Kurzentrum, den Titel ›Bad‹ trägt es seit 1920. Eine Palette von Wohltaten bietet die **Toskana Therme Bad Schandau** (www.toskanaworld.net) mit Badelandschaften, verschiedenen Saunen sowie umfangreichem Wellness- und Therapieangebot.

Unweit der Kurpromenade befindet sich die Haltestelle der 1898 eröffneten **Kirnitztalbahn** (www.ovps.com). Sie fährt am Flüsschen Kirnitz entlang durch eine wildromantische Felskulisse bis zum *Lichtenhainer Wasserfall*. Von allen Stationen führen Wanderwege zu Naturdenkmälern wie Winterberg, Schrammsteine, Affensteine oder dem 11 m hohen Felsentor *Kuhstall*.

i Praktische Hinweise

Information

Tourist-Service, Haus des Gastes, Markt 12, Bad Schandau, Tel. 03 50 22/900 30, www.bad-schandau.de

Hotel

Park Hotel Bad Schandau, Rudolf-Sendig-Str. 12, Bad Schandau, Tel. 03 50 22/520, www.parkhotel-bad-schandau.de. Komfortable Anlage im Grünen mit Villa und Elbblick.

Hoch ragende Felsen und das breite Teil der Elbe prägen die Sächsische Schweiz nahe Dresden

Route

Auf der B172 zurück nach Dresden, von dort auf der A4 bis zur Ausfahrt 76 (Richtung Magdeburg), dann auf der A14 bis zur Ausfahrt 34 Döbeln-Nord. Auf der B169 in südlicher Richtung bis Döbeln, dann auf der B175 bis kurz hinter Hartha, von dort auf der B176 bis Colditz (106 km).

7 Colditz *P16*

Altes Städtchen mit interessantem Schloss hoch über dem Fluss.

Das Städtchen Colditz (5000 Einw.) im Tal der *Zwischauer Mulde* war 1603–22 unter Sophie, Witwe des Kurfürsten Christian I., sogar Residenzstadt. Heute verfügt der Ort immerhin noch über eine hübsche Altstadt mit Fachwerkhäusern. Sie ziehen sich das steile Flussufer hinan bis nahe an **Schloss Colditz** (Tel. 03 43 81/437 77, www.schloss-colditz.com, April–Okt. tgl. 10–17, Nov.–März tgl. 10–16 Uhr) heran, das auf hohem Felsen über dem Fluss thront. Die Anfänge des trutzigen Baus gehen auf das frühe 16. Jh. zurück. Im 18. Jh. nutzte August der Starke das Anwesen als Jagdschloss. 1933 wurde hier ein *Haftlager* der Nationalsozialisten eingerichtet, in dem Widerstandskämpfer saßen. Ab 1939 diente es unter der Bezeichnung **Oflag IVc** als Gefangenenlager für alliierte Offiziere aus Westeuropa. Trotz der unzugänglichen Lage und schärfster Bewachung sind 31 teils spektakuläre *Fluchtfälle* dokumentiert, die später Stoff für mehrere Romane und Filme boten. Am 16. April 1945 wurde das Lager befreit.

Heute wird in Fürstenhaus, Kapelle sowie Wach- und Beamtenhaus eine **Ausstellung** zum Gefangenenlager Oflag IVc gezeigt. Besichtigt werden kann auch ein 44 m langer **Fluchttunnel**, den hier inhaftierte französische Offiziere von der Kapelle aus unter der Umfassungsmauer nach draußen gegraben hatten. Seit 2007 birgt das Schloss außerdem eine *Jugendherberge* (www.djh-sachsen.de).

Praktische Hinweise

Information

Tourist-Information, Markt 1, Colditz, Tel. 03 43 81/435 19, www.fremdenverkehrsamt-colditz.de

Hotel

Waldhaus Colditz, Lausicker Str. 60, Coldiz, Tel. 03 43 81/433 71, www.waldhaus-colditz.de. Origineller Gasthof.

Route

Auf der B107 nach Grimma. Dann über Naunhof (K8363) und den Leipziger Ortsteil Liebertwolkwitz nach Leipzig (41 km).

TOUR 7

Thüringen – glanzvolle Städte, herrliche Natur von Weimar bis Erfurt

3–4 Tage • 368 km

Reiseroute

Weimar	▸	**Jena (22 km)**
Jena	▸	**Gera (47 km)**
Gera	▸	**Friedrichroda (144 km)**
Friedrichroda	▸	**Eisenach (27 km)**
Eisenach	▸	**Mühlhausen (37 km)**
Mühlhausen	▸	**Gotha (41 km)**
Gotha	▸	**Erfurt (26 km)**
Erfurt	▸	**Weimar (24 km)**

1 Weimar *P13*

Weltberühmte Stadt der Deutschen Klassik und Moderne. Von Goethe und Schiller bis zum Bauhaus.

Erste Nachrichten über Weimar (65 000 Einw.) stammen aus dem 9./10. Jh., eine Siedlung ist aber erst für das 13. Jh. nachweisbar, als die *Wettiner* die Herrschaft antraten. 1410 erhielt Weimar das Stadtrecht, 1552 avancierte es zur Residenz des Herzogtums Sachsen-Weimar-Eisenach (bis 1918). Das Goldene Zeitalter der *Weimarer Klassik* verdankt die Stadt *Herzogin Anna Amalia* (1739–1807) und ihrem Sohn *Carl August* (1757–1828). Sie zogen Intellektuelle und Künstler an den Hof, darunter auch Johann Wolfgang Goethe (1749–1832) und Friedrich Schiller (1759–1802). 1848 wurde Franz Liszt (1811–1886) als Hofkapellmeister nach Weimar berufen, an der 1860 eröffneten Malschule waren Arnold Böcklin (1827–1901) und Franz von Lenbach (1836–1904) tätig. Aus der 1907 gegründeten Kunstgewerbeschule ging 1919 das berühmte *Bauhaus* hervor. Im Februar 1919 fand im Deutschen Nationaltheater die erste Weimarer Nationalversammlung statt, die der deutschen *Weimarer Republik* (bis 1933) Verfassung und Namen geben sollte. Bis heute gilt Weimar als eine der bedeutendsten Kulturstädte Europas. Das Bauhaus und das *Klassische Weimar* (www.klassik-stiftung.de) mit den Wohn- und Wirkungsstätten der Berühmtheiten sind seit 1996 bzw. 1998 Weltkulturerbe der UNESCO.

Im Herzen der Weimarer Altstadt liegt der **Marktplatz** mit dem **Rathaus**, das auf das 14. Jh. zurückgeht, sich aber heute als neogotischer Bau von 1841 präsentiert. Auf der Ostseite fällt die Renaissancefassade des **Stadthauses** (1547, 1800 verändert) mit elegantem Treppengiebel ins Auge. Wo einst Maskenbälle und Konzerte stattfanden, sind heute Ratskeller und Tourist-Information beheimatet. Nebenan steht das **Cranachhaus**. Der Renaissancebau wurde 1547–49 für den Kanzler

Georg Brück, den Schwiegersohn *Lucas Cranachs d. Ä.* (1472–1553), errichtet. Der Maler verbrachte hier das letzte Jahr seines Lebens.

Über die Kollegiengasse geht es nun zum Platz der Demokratie. Dort befindet sich das *Rote Schloss*, das 1574–76 als Witwensitz für Herzogin Dorothea Susanna errichtet wurde. 2005 wurde hier das durch moderne Anbauten ergänzte neue

TOP TIPP

Studienzentrum der **Herzogin Anna Amalia Bibliothek** (Tel. 036 43/ 54 54 01, nach Kartenbestellung Di–So 10–15 Uhr) eröffnet, deren Bestand 1 Mio. Schriftwerke des 9.–21. Jh. umfasst. Ebenfalls als Witwensitz war 1704 das *Gelbe Schloss* entstanden, in dem Herzogin Dorothea Sophia lebte. Auf der anderen Seite des Platzes erhebt sich das *Grüne Schloss*. Der 1562–65 für Herzog Johann Wilhelm errichtete Palast wurde unter Herzogin Anna Amalia 1761–66 zur Bibliothek umgebaut und ist noch heute deren Hauptsitz. Glanzstück ist der berühmte ovale **Rokokosaal** mit zwei Büchergalerien, belebt durch zahlreiche Gemälde und Skulpturen. 2004 verwüstete ein Großbrand das Gebäude und vernichtete 25 000 Bücher. Die restaurierte Bibliothek wurde im Oktober des Anna Amalia Jahres 2007 wieder eröffnet und fungiert fortan als *Zentrum des Alten Buches* mit Ausstellungs- und Lesesälen.

Wo heute weiter nördlich das **Residenzschloss** (Tel. 036 43/54 59 60, April–Okt. Di–So 10–18 Uhr, Nov.–März bis 16 Uhr) aufragt, befand sich im 10. Jh. eine Wasserburg. Das Schloss geht auf einen Neubau nach einem Brand 1774 zurück. Von den Vorgängerbauten blieben Schlossturm und Bastille erhalten. Architektonische Highlights im Inneren sind Treppenhaus, Festsaal und Falkengalerie. Das **Schlossmuseum** zeigt Meisterwerke aller Epochen, darunter Gemälde von Cranach, Dürer, Runge, C. D. Friedrich sowie Arbeiten der Weimarer Malschule, z. B. vom Impressionisten Christian Rohlfs.

Südlich steht das **Haus der Frau von Stein**, in dem Goethes Freundin Charlotte von Stein (1742–1827) lebte. Es ist heute Sitz des Goethe-Instituts. Ein Spaziergang durch den Park an der Ilm hat **Goethes Gartenhaus** (Tel. 036 43/54 53 75, April–Okt. tgl. 10–18, sonst bis 16 Uhr) zum Ziel. Es diente dem Dichterfürsten bis zum Umzug ins heutige Goethehaus am Fauenplan 1782 als Wohnsitz, danach war es sein geliebter Rückzugsort.

Den Park verlassend wendet man sich zum **Liszt-Museum** (Marienstr. 17, Tel. 036 43/54 53 88, April–Okt. Mi–Mo 10–18 Uhr). Dieses frühere Gärtnerhaus bewohnte Franz Liszt ab 1869 während der Sommermonate, gab Unterricht und Matineen. Zuvor, 1848–61, war Liszt als Hofkapellmeister in Weimar tätig gewesen, doch eine Intrige hatte ihn veranlasst, sein Amt niederzulegen.

Weiter südwestlich gelangt man zum Historischen Friedhof mit der **Fürstengruft** (1827) in Hügellage. Die Grablege

So wohnte ein Genie – das barocke Goethehaus gibt Einblicke in das Privatleben des Dichters

des Weimarer Herzogshauses birgt auch die Grabstätten Goethes und Schillers.

Die Amalienstraße führt von hier zum Frauenplan mit dem barocken **Goethehaus** (Tel. 036 43/54 53 47, April–Sept. Di–So 9–18, Sa bis 19, Okt. Di–So 9–18, Nov.–März bis 16 Uhr) von 1709, in dem Goethe ab 1782 bis zu seinem Tod lebte und arbeitete. In dem nach seinen Vorgaben gestylten Haus brachte der Dichter auch seine Sammlungen zu Kunst und Naturwissenschaften und seine umfangreiche Bibliothek unter. 1885 wurde das Haus als *Goethe-Nationalmuseum* zugänglich.

Nur wenige Minuten zu Fuß sind es zu **Schillers Wohnhaus** (Schillerstr. 12, Tel. 036 43/54 53 50, April–Sept. Mi–Mo 9–18, Sa bis 19, Okt. Mi–Mo 9–18, Nov.– März bis 16 Uhr). Das 1777 errichtete Bürgerhaus befand sich ab 1802 im Besitz Friedrich Schillers, der hier bis zu seinem Tod 1805 gemeinsam mit seiner Frau Charlotte und den vier Kindern lebte. Das Arbeitszimmer des Dichters im Dachgeschoss und die übrigen Räumlichkeiten wurden originalgetreu rekonstruiert. Eine Ausstellung im modernen Anbau dokumentiert Leben und Werk Schillers.

Das nahe **Wittumspalais** (Tel. 036 43/54 53 77, April–Okt. Di–So 9–18, Nov.–März Di–So 9–16 Uhr) von 1769 war Witwensitz von Herzogin Anna Amalia, nachdem ihr Sohn 1775 die Regierung übernommen hatte. Bis zu ihrem Tod 1807 traf sich hier die Weimarer Gesellschaft. Heute ist das Haus Schaustück fürstlicher Wohnkultur zwischen Spätbarock und Klassizismus.

Klassiker – das Goethe-Schiller-Denkmal vor dem Deutschen Nationaltheater in Weimar

Das **Deutsche Nationaltheater** (Theaterplatz 2, Tel. 036 43/75 50, www.nationaltheater-weimar.de), heute auch Sitz der *Staatskapelle Weimar*, stand 1791–1817 unter der Leitung Goethes. Er modernisierte die Theaterkultur, indem er autorengerechte Inszenierungen ermöglichte und ein Schauspielensemble ausbildete, dem große Wertschätzung beim Publikum zuteil wurde. Ab 1799 war auch *Schiller* hier tätig. Die beiden Freunde stehen noch heute gemeinsam vor dem Theater, das berühmte **Goethe-Schiller-Denkmal** (1856, Ernst Ritschel) zeigt sie in heroischer, zugleich entspannter Pose.

Einen Zeitsprung ins 20. Jh. macht das **Bauhaus-Museum** (Am Theaterplatz, Tel. 036 43/54 59 61, Mo–So 10–18 Uhr) gleich gegenüber. Die Hochschule für Gestaltung wurde 1919 vom Archiekten *Walter Gropius* (1883–1969) gegründet. Hier entstanden innovative Entwürfe in den Sparten Kunst, Architektur, Design und Bühne, waren Meister der Klassischen Moderne wie Feininger, Kandinsky, Klee und Schlemmer tätig. Die umfangreiche Bauhaus-Kollektion wird heute in einem Gebaude gezeigt, das erst als Wagenremise und später als Kulissenhaus diente. Das Bauhaus zog 1925 aus politischen Gründen zunächst nach Dessau und dann nach Berlin, wo es 1933 unter dem Druck der Nazis zur Schließung der Schule kam.

An der **Herderkirche** (1249, Neubau 1488–1500, eigtl. St. Peter und Paul) war der Dichter und Philosoph *Johann Gottfried Herder* (1744–1803) 1776–1803 als Generalsuperintendent tätig. Vor dem Eingang steht sein *Bronzestandbild* und im Inneren ist er zur letzten Ruhe gebettet. Die Kirche war im 16.–19. Jh. Herzogsgrablege (vgl. Fürstengruft, s. o.) und birgt ein Triptychon mit der ›Kreuzigung Christi‹, das nach dem Tod *Cranachs d. Ä.* von seinem Sohn vollendet wurde.

Praktische Hinweise

Information

Tourist-Information, Markt 10, Weimar, Tel. 036 43/74 50, www.weimar.de

Hotels

Dorint Am Goethepark Weimar, Beethovenplatz 1–2, Weimar, Tel. 036 43/87 20, www.dorint.com. Angenehmes Hotel mit 143 Zimmern und gutem Restaurant.

Modernes Jena – der 159 m hohe JenTower spiegelt sich in der Glasfassade des Nachbarturms

Elephant, Markt 19, Weimar, Tel. 036 43/80 20, www.arabellasheraton.com.
Das seit 1619 bestehende elegante Haus hat Thomas Mann in seinem Roman ›Lotte in Weimar‹ (1939) verewigt.

Restaurant

Elephantenkeller, Hotel Elephant, Markt 19, Weimar, Tel. 036 43/80 20.
Traditionsreiches Lokal mit echt Weimarer Küche.

Route

Von Weimar in östlicher Richtung auf der B7 bis Jena (22 km).

2 Jena *P14*

Universitätsstadt und Ort optischer Innovationen.

Jena (103 000 Einw.) bestand schon im 9. Jh. und erhielt 1230 Stadtrecht. Die 1558 gegründete **Universität** war um 1700 die größte Hochschule Deutschlands und galt als eine der besten Europas. Mit dem Anschluss an das Herzogtum Sachsen-Weimar-Eisenach 1741 avancierte Jena zu einem Zentrum von Kultur und Wissenschaften. Berühmtheiten der Philosophie und Dichtkunst wie Goethe und Schiller, Fichte und Hegel waren hier tätig.

Im 19. Jh. entwickelte sich Jena zum bedeutenden **Industriezentrum**. Damals arbeiteten der Mechaniker *Carl Zeiss* (1816–1888), der Physiker *Ernst Abbe* (1840–1905) sowie der Chemiker und Glasfabrikant *Otto Schott* (1851–1935) gemeinsam an der Entwicklung und Herstellung optischer und anderer Präzisionsinstrumente. Zeiss gründete 1846 die feinmechanisch-optische Werkstatt (Zeiss-Werke), Abbe, ein Fachmann für die Entwicklung von Mikroskopen, stellte sie auf industrielle Fertigung um, und Schott lieferte das notwendige hochwertige Glas (Jenaer Glaswerk Schott). Die effektive Kooperation von Forschung und Wirtschaft hat sich bis heute bewährt und begründete Jenas Ruf als Hochtechnologiestandort.

Vom modernen Wahrzeichen im Zentrum, dem zylindrischen **JenTower** (Leutragraben 1, Aussichtsplattform auf 128 m, tgl. 11–24 Uhr), hat man einen schönen Blick über Jena. Nach den Zerstörungen des Zweiten Weltkriegs wurde die Altstadt nur teilweise wiederhergestellt, so um den **Markt**. Im fachwerkgeschmückten Bürgerhaus *Alte Göhre* (1319) informiert das **Stadtmuseum** (Tel. 036 41/359 80, Di/Mi, Fr 10–17, Do 14–22, Sa/So 11–18 Uhr) über die Geschichte Jenas. Das **Alte Rathaus** gegenüber stammt aus dem 13. Jh., sein barocker Mittelturm präsentiert eine *astronomische Uhr* aus dem 15. Jh. mit der berühmten Figur des ›Schnapphans‹. Das **Hanfried-Denkmal** (1858) in der Platzmitte zeigt Kurfürst Johann Friedrich I., den Gründer der Universität, in kriegerischer Pose. In der nahen Stadtkirche **St. Michael** (1506) predigte in den Jahren 1524 und 1529 Martin Luther.

Am Rand des *Botanischen Gartens* steht das frühere Inspektorhaus. In seinen Räumen erinnert heute die **Goethe-Gedenkstätte** (Fürstengraben 26, Tel. 036 41/93 11 88, Mi–So 11–15 Uhr) an die Jenaer Zeit des Dichters, Staatsmanns und Naturwissenschaflters.

Weiter nördlich im Garten erhebt sich das 1926 eröffnete **Zeiss-Planetarium** (Am Planetarium 5, Tel. 036 41/88 54 88, www.planetarium-jena.de, Tickets: Di–Mi 9–12 und 18–20.30, Do–Fr 10–12 und 18–20.30, Sa 13–21.30, So 10–11 und 13–19.30 Uhr). Es ist das älteste noch tätige Planetarium der Welt, die Kuppel hat einen Durchmesser von 23 m. Im Oktober 2006 wurde hier ADLIP, das modernste Laserprojektionssystem aus dem Hause Zeiss, installiert. Es kann bewegte Bilder von hoher Farbintensität auf die gesamte Kuppel (880 m^2) übertragen.

Gen Süden passiert man den hypermodern gestalteten *Ernst-Abbe-Platz* mit dem Campus der *Friedrich-Schiller-Universität* und fünf Skulpturen (1995) von Frank Stella. Am *Carl-Zeiss-Platz* mit dem Pavillon des *Abbe-Denkmal* (1911) von Henry van de Velde dokumentiert das **Optische Museum** (Tel. 036 41/44 31 65, www.ernst-abbe-stiftung.de, Di Fr 10–16.30, Sa 11–17 Uhr) die Entwicklungsgeschichte der Optik, etwa mit Mikroskopen, Ferngläsern und Weltraumtechnik.

TOP TIPP

Naumburger Dom

Von Jena aus gelangt man auf der B88 in nordöstlicher Richtung ins 33 km entfernte Naumburg. Der **Dom St. Peter und Paul** (Tel. 034 45/23 01 10, www.naumburg-online.de, März–Okt. Mo–Sa 9–18, So 12–18, Nov.–Febr. Mo–Sa 10–16, So 12–16 Uhr) gehört zu den bedeutendsten Baudenkmälern Europas. Das Bistum wurde 1028 eingerichtet und erhielt eine frühromanische Kirche, von der Teile der Krypta erhalten sind. Der 1210–60 errichtete heutige Dom ist ein faszinierendes Bauwerk vom Übergang der Romanik zur Gotik. Im Westchor, einer Kirche in der Kirche, sind die zwölf **Stifterfiguren** (1250) des Naumburger Meisters versammelt, die dem auch ansonsten mit exquisiten Kunstschätzen ausgestatteten Dom zu Weltruhm verhalfen. Die Skulpturen faszinieren durch lebendige Posen, Detailrealismus der Kleidung und vor allem durch die anmutige Porträthaftigkeit der Gesichter. Zu den Stars des Zyklus gehören die beiden Stifterpaare Markgraf Ekkehard und Uta und Markgraf Hermann und Reglindis.

Zum Schluss schlendert man noch zu **Schillers Gartenhaus** (Schillergässchen 2, Tel. 036 41/93 11 88, Di–So 11–17 Uhr). Hier lebte der Dichter während seiner Zeit als Dozent an der Jenaer Universität 1797–99, hier entstanden Teile des ›Wallenstein‹.

Praktische Hinweise

Information

Jena Tourist-Information, Johannisstr. 23, Jena, Tel. 036 41/49 80 50, www.jena.de

Hotel

Schwarzer Bär, Lutherplatz 2, Jena, Tel. 036 41/40 60, www.schwarzer-baer-jena.de. Komfortables Haus mit Restaurant.

Route

Auf der B7 weiter in östlicher Richtung über Eisenberg nach Gera (47 km).

3 Gera Q15

Bedeutende alte Residenzstadt im Tal der Elster in Ostthüringen.

Gera (104 000 Einw.) wurde 995 erstmals erwähnt und erhielt 1237 das Stadtrecht. Ab 1209 regierten hier die Vögte von Weida, das spätere Fürstenhaus Reuß, 1564 wurde Gera Residenzstadt.

Zu den Sehenswürdigkeiten in der Altstadt gehört der **Markt** mit hübschen restaurierten Bürgerhäusern. Das im Stil der Renaissance errichtete **Rathaus** (1573–75) wird beherrscht von einem eleganten, 57 m hohen Turm, die **Stadt-Apotheke** (1606) bezaubert mit ihrem reich verzierten runden Renaissanceerker. In der Mitte des Platzes steht der *Simsonbrunnen* (1686) von Caspar Junghans.

Das **Theater** (1902; Theaterplatz 1, www.tpthueringen.de), ein opulenter Jugendstilbau mit integriertem Konzertsaal, gilt als eine der schönsten Bühnen des Landes. In der nahen *Orangerie* zeigt die **Kunstsammlung Gera** (Tel. 03 65/838 42 50, www.kunstsammlung-gera.de, Di 13–20, Mi–Fr 10–17, Sa/So/Fei 11–18 Uhr) Malerei, Skulptur und Grafik vom Mittelalter bis zur Gegenwart. Glanzstücke bieten die Schausammlung ›Von Cranach zu Dix‹ und das jenseits der Weißen Elster gelegene **Otto Dix Haus** (Mohrenplatz 4, Infos wie oben). Im Geburtshaus von Otto Dix (1891–1969) zeigt die Kunstsamm-

Neuem aufgeschlossen – Schloss Reinhardsbrunn war bereits Kloster, Herzogssitz und Hotel

lung Gemälde, Grafiken und Skizzenbücher aus allen seinen Schaffensphasen.

Praktische Hinweise

Information

Gera Tourismus, Heinrichstr. 35, Gera, Tel. 03 65/830 44 80, www.gera.de

Route

Auf der B2 nach Südwesten bis Mittelpöllnitz, danach auf der B281 bis Saalfeld, von dort auf der B85 in nordwestlicher Richtung bis Schwarza und auf der B88 über Ilmenau bis Friedrichroda (144 km).

4 Friedrichroda

P12

Einer der ältesten deutschen Ferienorte in der Thüringer Wald Region.

Die Straße von Saalfeld nach Friedrichroda (5300 Einw.) führt durch den berggrünen **Thüringer Wald**, ein Paradies für Wanderer. Der traditionsreiche kleine Ferienort entwickelte sich in der Nachbarschaft des vom Landgrafen *Ludwig dem Springer* 1085 gestifteten Klosters Reinhardsbrunn, das 1525 zerstört wurde. Ab 1607 entstand an selber Stelle das **Schloss Reinhardsbrunn** (Führungen über die Tourist-Information), ab 1827 erfolgte der Umbau im neogotischen Stil. In dem lauschigen Jagd- und Lustschloss waren einst Berühmtheiten wie Queen Victoria zu Gast. Heute harrt die Anlage angemessener Nutzung. Der *Schlosspark* mit Teichen wurde ab 1850 im Stil englischer Landschaftsgärten angelegt.

Vom Schloss kann man mit der *Thüringer Waldbahn* zur **Marienglashöhle** (Tel. 036 23/30 49 53, www.schauhoehlen.de, April–Okt. tgl. 9–17, Nov.–März bis 16 Uhr) weiterfahren. Das frühere Gipsbergwerk birgt *Marienglas*, ein klares Gipskristall, das als Glasersatz z. B. vor Marienbildern Verwendung fand. Besucher können hier eine der schönsten und größten Gipskristallgrotten Europas bewundern.

Ein weiteres Ausflugsziel ist der 916 m hohe **Große Inselsberg** zwischen den benachbarten Orten Ruhla, Brotterode und Tabarz. Von Friedrichroda aus führt der Aufstieg zuerst zum Kleinen Inselsberg und von dort auf dem *Rennsteig* über die Grenzwiese, den Endpunkt für Autos und Busse, zum Gipfel, von dem man einen herrlichen Ausblick genießt.

Praktische Hinweise

Information

Tourist-Information, Marktstr. 13, Friedrichroda, Tel. 036 23/332 00, www.friedrichroda.de

Hotel

Ramada Hotel Friedrichroda, Burchardtsweg 1, Friedrichroda, Tel. 036 23/35 20, www.ramada-friedrichroda.de. Wellness-Hotel am Kurpark mit allem Komfort.

Route

Auf der B88 weiter in nordwestlicher Richtung, ab Wutha-Farnroda auf der B7 bis Eisenach (27 km).

5 Eisenach *P11*

Elisabeth, Luther, Goethe und die weltberühmte Wartburg.

Eisenach (44 000 Einw.) liegt am Nordwestrand des Thüringer Waldes. Über der Stadt thront auf einem 400 m hohen Felsplateau die **Wartburg** (Tel. 036 91/25 00, www.wartburg-eisenach.de, März–Okt. tgl. 8.30–20, Nov.– Febr. 9–17 Uhr). 1067 von *Ludwig dem Springer* gegründet, wurde die Wartburg als Stammsitz der Ludowinger ab 1155 ausgebaut, damals entstand auch der repräsentative Palas. Die im 14./15. Jh. neuerlich erweiterte Burganlage gilt als Meisterwerk romanisch-gotischer Profanarchitektur, zugleich ist sie eng mit der deutschen Geschichte verbunden. Unter *Landgraf Hermann I.* war sie ein Zentrum höfisch-ritterliche Dichtkunst und 1206 soll hier der legendäre **Sängerkrieg** stattgefunden haben. 1211–27 lebte auf der Wartburg die später heilig gesprochene Landgräfin **Elisabeth von Thüringen** [s. Marburg, Tour 10, S. 108]. Beides klingt in Richard Wagners Oper ›Tannhäuser‹ (1845) an. 1521/22 fand **Martin Luther**, vom Kaiser geächtet und vom Papst gebannt, in der Burg Schutz und übersetzte hier in nur zehn Wochen das *Neue Testament* vom griechischen Urtext ins Deutsche. Er schuf damit eine wichtige Grundlage für die Entstehung der einheitlichen deutschen Schriftsprache. **Goethe** weilte erstmals 1777 auf der Festung und hielt sie in zahlreichen Zeichnungen fest. Am 18. Oktober 1817 fand hier das **erste Wartburgfest** statt, das erste Burschenschaftstreffen deutscher Studenten, die sich im Streben nach liberaler nationaler Einheit verbanden, ein Vorbote der Märzrevolution von 1848. Die Wartburg galt nun als *Nationaldenkmal* und wurde, auch auf Anregung Goethes, 1838–90 wiederhergestellt. Seit dem Jahr 1999 gehört sie zum UNESCO Weltkulturerbe.

Der Besucher gelangt über die Zugbrücke und durch den Torbau in die **Vorburg** mit ihren Fachwerkbauten, dem Ritterhaus und der Vogtei (14./15. Jh.), in welcher man die schlichte *Lutherstube* besichtigen kann. Margaretengang und Elisabethgang begrenzen als Wehrbauten den Vorhof. Den Übergang zur **Hauptburg** bilden Neue Kemenate, Bergfried, Torhalle und Dirnitz. Abgeschlossen wird der Haupthof vom romanischen *Südturm* und dominiert vom spätromanischen *Palas*, dessen Arkadengänge herrliche Säulenkapitelle aufweisen. Im Erdgeschoss liegen der Rittersaal und die Elisabethkemenate. Jene ist mit Mosaiken zum Leben der Heiligen geschmückt. Im ersten Stock sieht man das Landgrafenzimmer und studiert die Szenen zur Geschichte der Burg von Moritz von Schwind. Im Sängersaal prangt sein großes Fresko ›Sängerkrieg‹. Die Kapelle birgt noch Reste von Wandmalereien des 13. Jh. Den zweiten Stock nimmt der Festsaal mit üppiger historisierender Ausstattung ein. Im Sommer ist er Schauplatz der beliebten *Wartburgkonzerte*. Das **Museum** der Wartburg, vornehmlich in der Neuen Kemenate und im Dirnitz untergebracht, präsentiert wertvolle Möbel, Gemälde und Kunsthandwerk. Zu den Arbeiten von *Lucas Cranach d. Ä.* gehören Porträts von Luther und seinen Eltern. Bemerkenswert sind ferner spätgotische Wandteppiche und der Dürerschrank, dessen Schnitzereien auf Dürer-Motive rekurieren.

Das Herz der Eisenacher **Altstadt** bildet der Markt. Hier stehen das **Rathaus** (1508, 1641 erneuert) mit schöner Renaissancefassade und das barocke **Stadtschloss**. In seinen Mauern ist ein Teil des **Thüringer Museums** (Markt 24, Tel. 036 91/67 04 50, www.thueringen.de, Di–So 11–17 Uhr) untergebracht. Zum Bestand gehören Gemälde des 19. Jh., Porzellan, Glas und Fayencen. Derzeit ist die Sammlung wegen Restaurierung in Form von

Der Rennsteig

Von Hörschel an der Werra im Westen bis Blankenstein an der Saale im Osten folgt ein Wanderweg dem Höhenkamm des Thüringer Waldes: der Rennsteig. Entlang der gesamten Strecke ist er durch ein mit weißer Farbe an Baumstämmen angebrachtes ›R‹ markiert. In dem malerischen Waldrevier leben Bunt- und Mittelspechte, Kleiber, Baumläufer und Eichhörnchen, und im Herbst sieht man Pilze in Hülle und Fülle. Wer seine Rennsteig-Wanderung planen will, findet neben zahlreichen Wanderführern und -karten viele Tipps im Internet: www.rennsteig.de, www.rennsteigportal.de oder www.rennsteigtip.de.

Unbeugsamer Geist – hinter den Trutzmauern der Wartburg wurde Geschichte geschrieben

Wechselausstellungen im Marstall zu sehen. Den Markt überragt die **Georgenkirche** (Tel. 036 91/792 30, tgl. 10–12 und 14–16 Uhr), die um 1180 erbaut wurde. In ihrem reich verzierten Inneren birgt sie die Grabsteine der Landgrafen von Thüringen. In dieser Kirche predigte einst Martin Luther und Johann Sebastian Bach wurde hier getauft.

Etwas weiter südlich, im **Lutherhaus** (Lutherplatz 8, Tel. 036 91/298 30, www.lutherhaus-eisenach.de, tgl. 10–17 Uhr), einem schönen Fachwerkbau, soll Luther während seiner Schulzeit (1498–1501) gewohnt haben. Eine Ausstellung ist Luthers Bibelübersetzung und seinem Einfluss auf das deutsche Bildungswesen gewidmet.

Das **Bachhaus** (Frauenplan 21, Tel. 036 91/793 40, www.bachhaus.de, tgl. 10–18 Uhr), in dem *Johann Sebastian Bach* (1685–1750) geboren wurde, ist heute Museum und zeigt Dokumente zu Leben und Werk des Komponisten und führt Instrumente jener Epoche vor.

Unterhalb der Wartburg steht die Neorenaissance-Villa (1868) des Dichters *Fritz Reuter* (1810–1874). In den stilvollen Räumen präsentiert heute das **Reuter-Wagner-Museum** (Reuterweg 2, Tel. 036 91/74 32 93, Di–So 11–17 Uhr) auch eine umfangreiche Sammlung zu Leben und Werk des Komponisten Richard Wagner (1818–1883).

i Praktische Hinweise

Information

Eisenach Wartburgregion Touristik GmbH, Markt 9, Eisenach, Tel. 036 91/792 30, www.eisenach.de

Hotel

Kaiserhof, Wartburgallee 2, Eisenach, Tel. 036 91/888 90, www.kaiserhof-eisenach.de. Hübsches Hotel mit Turmschänke in zentraler Lage.

Route

Weiterfahrt in nördlicher Richtung auf der L1016 nach Mühlhausen (37 km).

6 Mühlhausen *O12*

Mittelalterliche Baukunst in Reinform bietet die Thomas-Müntzer-Stadt.

Mühlhausen (37 000 Einw.) spielte eine wichtige Rolle während des **Deutschen Bauernkrieges**. 1525 war hier Thomas Müntzer (1489–1525) tätig, der in Predigten und Schriften die Abschaffung der Feudalherrschaft forderte und zum Anführer der aufständischen Bauern avancierte. Nach deren Niederlage in der Schlacht bei Frankenhausen wurde Müntzer gefangen genommen und am 27. Mai in Mühlhausen enthauptet.

Die Altstadt von Mühlhausen ist ein Meisterwerk mittelalterlicher Stadtplanung

Heute wirkt die Stadt wie eine Kulisse aus alten Zeiten. Die **Altstadt** mit ihren schönen Fachwerkhäusern (16.–18. Jh.), dem von Gotik und Renaissance geprägten **Rathaus** (Ratsstr. 19), den elf Kirchen und der fast vollständig erhaltenen **Stadtmauer** ist ausgesprochen pittoresk. Am **Untermarkt** steht, flankiert von schönen alten Bürgerhäusern, die gotische Kirche **Divi Blasii** (Tel. 036 01/44 65 16, Mo/Di, Do 9–12 und 13–14.30, Mi, Fr 9–12 Uhr). Sie war 1707/08 Wirkungsstätte des Komponisten und Organisten *Johann Sebastian Bach* (1685–1750). In **St. Marien** (Tel. 036 01/87 00 23, Di–So 10–17 Uhr), der zweitgrößten Hallenkirche Thüringens, hielt Thomas Müntzer seine Predigten. Heute informiert hier eine Ausstellung über den Reformer und die Bauernkriege.

Das **Innere Frauentor** (Tel. 036 01/81 60 20, www.muehlhaeuser-museen.de, April–Okt. Di–So 10–17 Uhr) bietet Zugang zum Wehrgang der Stadtmauer, auf der man einen Spaziergang machen kann. Allerdings nur 330 m weit, dann endet der historische Weg in luftiger Höhe am mächtigen **Rabentor**, das mit seiner Aussichtsplattform und einem schönen Blick auf Stadt und Umgebung lockt.

i Praktische Hinweise

Information

Tourist Information, Ratsstr. 20, Mühlhausen, Tel. 036 01/40 47 70, www.muehlhausen.de

Hotel

Mirage, Karl-Marx-Str. 9, Mühlhausen, Tel. 036 01/43 90, www.mirage-hotel.de. Nettes modernes Hotel mit Restaurants nahe der Altstadt.

Restaurant

Landhaus Frank ›Zum Nachbarn‹, Eisenacher Landstr. 34, Mühlhausen, Tel. 036 01/81 25 13, www.landhaus-frank.de. Schmackhafte regionale und internationale Küche.

Route

Auf der B247 in südöstlicher Richtung nach Gotha (41 km).

7 Gotha *P12*

Die attraktive Residenzstadt des Hauses Sachsen-Gotha.

Gotha (47 000 Einw.), erstmals 775 erwähnt, erhielt im 12. Jh. Stadtrecht und war schon früh Residenz der Thüringer

Landgrafen. Weithin sichtbar thront auf dem 311 m hohen Schlossberg das frühbarocke **Schloss Friedenstein** (Tel. 036 21/82 34 11, www.stiftungfriedenstein.de, Mai–Okt. Di–So 10–17, Nov.–April Di–So 10–16 Uhr). Es wurde 1643–55 anstelle der 1567 geschleiften Burg Grimmenstein für Herzog Ernst I. von Sachsen-Gotha errichtet. In den prachtvoll geschmückten Sälen zeigt heute das *Schlossmuseum* deutsche Malerei des 15./16. Jh. und Niederländer des 17. Jh., Skulpturen (15.–18. Jh.), Grafik, Kunsthandwerk und Münzen sowie antike und ägyptische Kunst. Die Sammlung ging aus der herzoglichen Kunstkammer hervor. Das gleichfalls im Schloss beheimatete *Museum für Regionalgeschichte* beleuchtet Gotha und Umland von der Frühzeit bis 1945.

Im Ballsaal des Schlosses war 1681 das barocke **Ekhof-Theater** eröffnet worden. Es besitzt die älteste erhaltene Kulissenbühne mit Schnellverwandlung (1683) der Welt. Conrad Ekhof, der ›Vater der deutschen Schauspielkunst‹, etablierte hier 1775 die erste ständige Theatertruppe Deutschlands. Das *Theatermuseum* inszeniert die Geschichte der Bühne, die bis heute bespielt wird.

Anstelle der Befestigungsanlagen des Schlosses wurde ab 1772 ein schöner englischer *Landschaftsgarten* angelegt. Erhalten blieben die eindrucksvollen **Kasematten** (Führungen Di–So 13, 14 Uhr) der Schlossfestung.

Das Herz der Gothaer Altstadt ist der **Hauptmarkt**, gesäumt von hübschen alten Bürgerhäusern. In seiner Mitte prangt das **Rathaus** (1567–77) mit seiner verspielten Renaissancefassade. Einst war es Kaufhaus und vorübergehend sogar Herzogsresidenz. Vom Turm bietet sich ein schöner Blick auf Stadt und Schloss.

i Praktische Hinweise

Information

Tourist-Information, Hauptmarkt 33, Gotha, Tel. 036 21/50 78 57 12, www.gotha.de

Route

Auf der B7 nach Osten bis Erfurt (26 km).

8 Erfurt *P13*

Thüringische Landeshauptstadt mit wunderschöner Altstadt.

Urkunden belegen, dass die Siedlung Erfurt (203 000 Einw.), heute Landeshauptstadt von Thüringen, bereits längere Zeit bestand, als Bonifatius hier 742 ein Bistum gründete. Seine Blütezeit als bedeutende Handelsmetropole erlebte Erfurt ab dem 14./15. Jh. Damals entstanden zahlreiche attraktive Patrizierhäuser und Fachwerkbauten, die gut erhaltene **Altstadt** zählt zu den schönsten

TOP TIPP

Das Gothaer Schloss Friedenstein – Paradebeispiel bombastischer barocker Prachtentfaltung

Von der UNESCO geadelt – Dom St. Marien und St. Severi in der romantischen Erfurter Altstadt

Deutschlands. Erfurt war zugleich ein bedeutendes Kulturzentrum. Um 1300 war der Theologe und Philosoph Meister Eckhart hier tätig. 1392 wurde die *Universität* gegründet, die drittälteste Deutschlands. *Martin Luther* verbrachte hier fünf Studienjahre und trat dann 1505 als Mönch ins nördlich gelegene **Augustinerkloster** (um 1300, Augustinerstr. 10, Mo–Sa 10–12 und 14–17, So 11–14 Uhr) ein, das dem Reformator heute eine Ausstellung widmet.

Auf dem **Domberg** im Süden der Stadt erheben sich Seite an Seite die Wahrzeichen Erfurts, der Dom und die Kirche St. Severi. Der **Dom St. Marien** (Tel. 03 61/ 646 12 65, www.dom-erfurt.de, Mai–Okt. Mo–Fr 9–11.30 und 12.30–17, Sa 9–11.30 und 12.30–16.30, So 13–17 Uhr, Nov.–April Mo–Sa 10–11.30 und 12.30–16, So 14–16 Uhr) wurde ab 1154 errichtet. Von der ersten Bauphase zeugt noch die spätromanische Turmanlage. 1349–70 entstand der gotische *Hohe Chor* mit schönen Glasmalereien und üppigem Chorgestühl. Der barocke Hochaltar kam um 1700 hinzu. 1455–65 wurde das Langhaus zu einer spätgotischen Halle umgebaut. Im mittleren der drei Türme hängt *›Maria Gloriosa‹* (1497), die größte frei schwingende Glocke Europas. Sie wird heute nur noch zu Mariä Himmelfahrt geläutet.

St. Severi (Tel. 03 61/57 69 60, Mo–Sa 10–12.30 und 13.30–16 Uhr) wurde um 1121 im romanischen Stil errichtet und im 14. Jh. zu einer fünfschiffigen Basilika mit zwei Querhäusern ausgebaut. Nach dem Stadtbrand von 1472 ließ man die Kirche ein weiteres Mal erneuern. Damals erhielt auch die eindrucksvolle Dreiturmanlage ihre heutige Form.

Im Rahmen einer Führung kann man den nahen **Petersberg** (Tel. 03 61/601 53 84, April–Dez. tgl. 10–18.30 Uhr) mit **Citadelle**, unterirdischen Minengängen, Militärhistorischer Ausstellung und Peterskirche (heute *Forum Konkrete Kunst*) besichtigen. Die gut erhaltenen Wehranlagen des 17.–19. Jh. sind ein Musterbeispiel europäischer Festungsbaukunst.

In der Altstadt, am **Fischmarkt**, bewundert man das neogotische Rathaus (1875), das Gildehaus ›Zum Breiten Herd‹ (1584) und die Statue des ›Roland‹ von 1591. Im Haus ›Zum Roten Ochsen‹ (1562) mit seiner opulenten figurengeschmückten Fassade ist heute die *Kunsthalle Erfurt* (Di–So 11–18, Do bis 22 Uhr) ansässig.

Eine Attraktion ist auch die nahe **Krämerbrücke** von 1325. Sie misst 120 m und ist die längste durchgehend mit Häusern bebaute Brücke Europas. Sie führt über das Flüsschen Gera und gehörte einst zur Handelsstraße *Via regia*, die durch Erfurt verlief. In den 32 Fachwerkhäusern der Brücke sind heute Galerien und Kunsthandwerksläden untergebracht. Am Ostende steht die **Ägidienkirche** (1324), deren Turm eine herrliche Aussicht bietet.

Durch die Futterstraße schlendert man zur **Johannesstraße**. Der Star unter ihren stilvollen Bauten ist das Haus ›*Zum Stockfisch*‹. Hinter seiner bunt gemusterten Fassade dokumentiert das **Stadtmuseum** (Tel. 03 61/655 56 50, Di–So 10–18 Uhr) die Geschichte Erfurts. Der **Anger**, einst Marktplatz und heute Einkaufsboulevard, präsentiert weitere historische Gebäude, darunter den barocken *Kurmainzischen Packhof*, der heute das **Angermuseum** (Anger 18, Tel. 03 61/554 56 11, www.angermuseum.de, wg. Restaurierung bis etwa 2009 geschl.) beherbergt. Die Sammlung zeigt Malerei, Grafik und Kunsthandwerk vom Mittelalter bis zur Gegenwart. Ein Saal ist mit Wandmalereien, dem Zyklus ›*Lebensstufen*‹ (1924) des Expressionisten Erich Heckel (1883–1970), geschmückt.

Naturfreunde kennen Erfurt als Stadt der Blumen und der Gartenbaukunst. Der **egapark** (Gothaer Str. 38, Tel. 03 61/564 37 37, www.egapark.de, März–April, 16. Sept.–Okt. tgl. 9–18, Mai–15. Sept. tgl. 9–20, Nov.–Febr. tgl. 9–16 Uhr) bezaubert mit Blumenbeeten, Themengärten, drei Tropenhäusern und einem Japanischen Garten.

Das zum egapark gehörige **Deutsche Gartenbaumuseum** (Tel. 03 61/22 39 90, www.gartenbaumuseum.de, März–Okt. Di–So 10–18 Uhr, Juli–Sept. auch Mo) auf dem Gelände der *Cyriaksburg* (1480) informiert u. a. mittels interaktiver Installationen über die Geschichte der Pflanzenkunst.

Fast 700 Jahre trägt Erfurts Krämerbrücke die sehenswerte ›Last‹ der Fachwerkhäuser

Arnstadt und die Puppen

Von Erfurt aus erreicht man auf der B4 nach 19 km Arnstadt. Hier ist im Neuen Palais das **Schlossmuseum** (Schlossplatz 1, Tel. 036 28/60 29 32, www.kulturbetrieb.arnstadt.de, Di–So 9.30–16.30 Uhr) mit der entzückenden Puppensammlung **Mon Plaisir** untergebracht. Fürstin Augusta Dorothea ließ in den 1720/30er-Jahren eine regelrechte Puppenstadt gestalten. In 82 Szenen mit 391 Wachspuppen und zahllosen Miniatur-Requisiten wird hier die Lebenswelt des 18. Jh. inszeniert. Man ist zu Gast bei Hofe, blickt in Handwerksstuben und nimmt Teil am kunterbunten Treiben auf dem Jahrmarkt.

Praktische Hinweise

Information

Tourismus Gesellschaft Erfurt, Benediktsplatz 1, Erfurt, Tel. 03 61/664 00, www.erfurt-tourismus.de

Hotels

Mercure Hotel Erfurt-Altstadt, Meienbergstr. 26/27, Erfurt, Tel. 03 61/594 90, www.mercure.com. Komfortable Zimmer und Suiten.

Radisson SAS Hotel Erfurt, Juri-Gagarin-Ring 127, Erfurt, Tel. 03 61/551 00, www.erfurt.radissonsas.com. Hochhaushotel mit hübschen Zimmern.

Route

Auf der B7 weiter nach Osten bis Weimar (24 km).

Harz – Berge und Wälder, Stollen und Bilderbuchstädte

2 Tage • 176 km

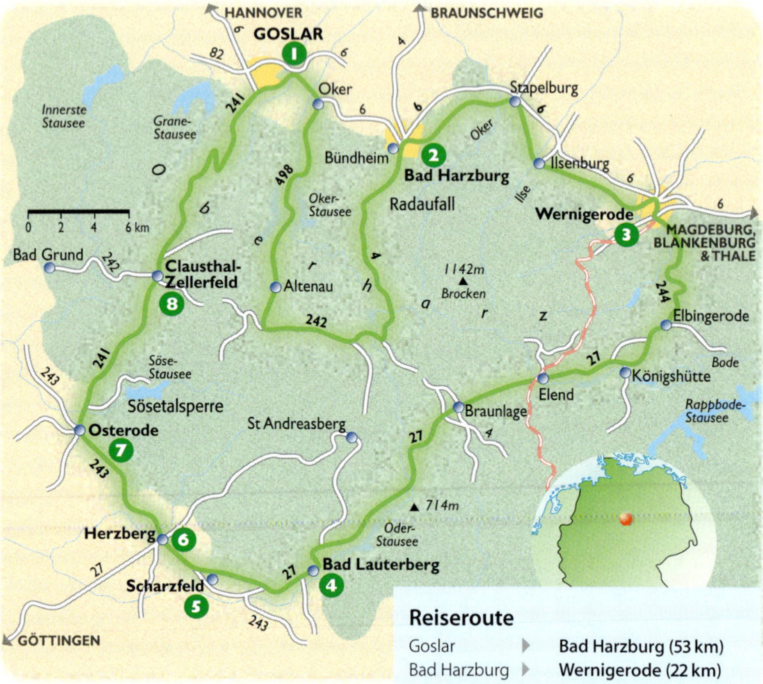

Reiseroute

Goslar ▸	**Bad Harzburg (53 km)**
Bad Harzburg ▸	**Wernigerode (22 km)**
Wernigerode ▸	**Bad Lauterberg (45 km)**
Bad Lauterberg ▸	**Scharzfeld (7 km)**
Scharzfeld ▸	**Herzberg (4 km)**
Herzberg ▸	**Osterode (11 km)**
Osterode ▸	**Clausthal-Zellerfeld (12 km)**
Clausthal-Zellerfeld ▸	**Goslar (21 km)**

1 Goslar *M12*

Kupfervorkommen begründeten den Reichtum der Kaiserstadt.

Der Aufstieg des 922 erstmals urkundlich erwähnten Goslar (43 000 Einw.) zu einem der bedeutendsten Zentren des mittelalterlichen Deutschlands begann 968, als am nahe gelegenen *Rammelsberg* eine ergiebige Kupferader entdeckt wurde. Schon wenige Jahrzehnte später, am Beginn des 11. Jh., verlegte *Kaiser Heinrich II.* seine Pfalz in die aufstrebende Stadt am nördlichen Harzrand, um ebenfalls vom neuen Reichtum zu profitieren. Bis ins 16. Jh. währte die Blütezeit, dann führten schwindende Erträge aus dem Bergbau und die Verheerungen des Dreißigjährigen Krieges (1618–48) zum allmählichen Niedergang. Auch wenn am Rammelsberg noch bis 1988 Erze gefördert wurden: Geschichte schrieb Goslar vor allem im frühen Mittelalter.

Eindrucksvollstes Zeugnis dieser Zeit ist die **Kaiserpfalz** (Kaiserbleek 6, Tel. 053 21/311 96 93, April–Okt. tgl. 10–17, Nov.–März tgl. 10–16 Uhr), einer der bedeutendsten romanischen Profanbauten des 11. Jh. Heinrich III. ließ die Anlage in den Jahren 1039–56 errichten. Bis 1219 fanden hier 23 Reichstage statt, über hundertmal hielten sich verschiedene Kaiser in Goslar auf. Bemerkenswert ist der *Kaisersaal* im Obergeschoss, den Hermann Wislicenus bis 1897 mit historisierenden Gemälden ausgestaltete. In der Pfalzkapelle *St. Ulrich* (12. Jh.) liegt das Herz Kaiser Heinrichs III. begraben. Die Grabplatte ziert eine lebensgroße Skulptur des Herrschers.

Goslars malerische **Altstadt** wird von reich verzierten Fachwerkhäusern geprägt. Den **Markt** dominiert das 1450 erbaute gotische **Rathaus** (Tel. 053 21/780 60, April–Okt, Dez. Mo–Fr 11–15, Sa–So 11–16 Uhr) mit seinen Laubengängen, in denen einst Händler ihre Waren feilboten. Sein prunkvollster Raum ist der *Huldigungssaal*, dessen Wände und Decke mit Szenen aus dem Leben Christi geschmückt sind. Dem Rathaus zur Seite steht die **Kaiserworth** (1494), das einstige Gildehaus der Gewandschneider. Seinen Namen verdankt das Gebäude den Kaiserstatuen, die von Mauervorsprüngen im ersten Stock über den Marktplatz blicken. Unübersehbar erhebt sich die Marktkirche **St. Cosmas und Damian** hinter dem Rathaus. Zu ihren schönsten Ausstattungsstücken gehören die Glasmalereien (13. Jh.). Schön anzusehen ist auch das mit fantasievollen Schnitzereien versehene Haus **Brusttuch** (1521–26) auf der anderen Straßenseite.

Im **Stadtmuseum** (Königsstr. 1, Tel. 053 21/433 94, April–Okt. Di–So 10–17, Nov.–März Di–So 10–16 Uhr) sind u. a. das reich illustrierte *›Goslarer Evangeliar‹* (13. Jh.) und die prächtige silberne Bergkanne ausgestellt. Moderne Kunst von Beuys, Baselitz oder Anselm Kiefer zeigt das **Mönchehaus-Museum** (Mönchestr. 1, Tel. 053 21/295 70, www.moenchehaus.de, Di–So 10–17 Uhr).

TOP TIPP Besichtigen sollte man auch das **Besucherbergwerk Rammelsberg** (Bergtal 19, Tel. 053 21/75 00, www.rammelsberg.de, tgl. 9–18, letzte Führung 16.30 Uhr) oberhalb der Stadt. Es gehört zu den bedeutendsten Industriedenkmälern Deutschlands und wurde von der UNESCO zum Weltkulturerbe erhoben. In packender Weise erfährt man hier alles über ein Jahrtausend Bergbaugeschichte.

i Praktische Hinweise

Information

Tourist Information, Markt 7, Goslar, Tel. 053 21/780 60, www.goslar.de

Hotels

Hotel Der Achtermann, Rosentorstr. 20, Goslar, Tel. 053 21/700 00, www.hotel-der-achtermann.de. Komfortables Hotel mit angeschlossenem Hallenbad.

Hotel Kaiserworth, Markt 3, Goslar, Tel. 053 21/70 90, www.kaiserworth.de. Traditionsreiches Haus mit viel Atmosphäre.

Restaurant

Butterhanne, Marktkirchhof 3, Goslar, Tel. 053 21/228 86. Historisches Wirts- und Brauhaus.

Die Kaiserpfalz in Goslar ist einer der bedeutendsten romanischen Profanbauten des 11. Jh.

Von Bad Harzburg aus führt ein schöner Wanderweg zu den Rabenklippen

Route

Von Goslar ein kurzes Stück ostwärts bis zum Ortsteil Oker, dann auf der B498 nach Süden bis hinter Altenau, an der Kreuzung mit der B242 scharf nach links und in östlicher Richtung weiter bis zur B4, auf dieser wieder nach Norden bis Bad Harzburg (53 km).

2 Bad Harzburg *M12*

Heilquellen sprudeln und Harz-Wanderungen bieten sich an.

Ihren Namen verdankt die Stadt (23 000 Einw.) am Nordrand des Mittelgebirges der **Harzburg** auf dem 500 m hohen Großen Burgberg. Kaiser Heinrich IV. ließ sie ab 1065 errichten. 1073 musste er dort während eines Sachsenaufstands Schutz suchen, gab die Festung aber bald auf und floh. 1650 ließ sie der Herzog von Braunschweig-Wolfenbüttel schleifen.

Vom **Kurpark** aus bringt eine Bergbahn Ausflügler bequem hinauf zu den Ruinen der einst mächtigen Anlage. Weit reicht der Blick von hier oben über das Harzvorland. Zudem locken viele herrliche **Wanderwege** zu Touren durch die umliegenden Wälder, etwa zu den Rabenklippen oder zum malerischen Radauwasserfall.

In Bad Harzburg selbst lohnt ein Spaziergang entlang der treffend **Bummelallee** genannten Haupteinkaufsstraße mit ihren netten Cafés sowie ein Abstecher zur **Trink- und Wandelhalle**, wo heilsames Wasser aus Krodo- und Barbarossaquelle sprudelt. Nebenan kann man in der **Spielbank** (So–Do 15–1, Fr/Sa 15–2 Uhr) sein Glück versuchen.

Praktische Hinweise

Information

Tourist-Information, Nordhäuser Str. 4, Bad Harzburg, Tel. 053 22/753 30, www.bad-harzburg.de

Route

Parallel zur B6 über Stapelburg und Ilsenburg in östlicher Richtung weiter nach Wernigerode (22 km).

3 Wernigerode *M12*

Malerische Fachwerkstadt mit einem Rathaus wie aus dem Bilderbuch.

Um das Jahr 1000 als Rodesiedlung entstanden und 1229 mit Stadtrechten versehen, kam Wernigerode (34 000 Einw.) während des Mittelalters durch Tuchhandel zu Wohlstand. Doch die Pest im 16. Jh. und der Dreißigjährige Krieg im 17. Jh. führten zu Stagnation und Niedergang. Erst der Bau der Harzquerbahn Ende des 19. Jh. brachte wieder Leben in die Stadt, die mittlerweile dank ihrer fabelhaft restaurierten **Altstadt** eines der beliebtesten Touristenziele der Harzregion ist.

Blickfang am **Marktplatz** ist das spätgotische **Rathaus** (1277, Umbauten Mitte 16. Jh.), dessen zwei Erker von hohen Turmspitzen gekrönt sind. Unter den Stützbalken zieren 33 geschnitzte Figuren, Spielleute, Handwerker und Tänzer, die Fassade des prächtigen Baus.

Folgt man vom Marktplatz aus dem Klint, so ist alsbald das **Harzmuseum** (Tel. 039 43/65 44 54, Mo–Sa 10–17 Uhr) mit seiner Ausstellung zu Handwerkskunst und Fachwerkbau erreicht. Unweit erhebt sich die Pfarrkirche **St. Sylvestri**. Ihr neogotisches Äußeres (19. Jh.) umhüllt einen Innenraum, der in Teilen noch auf einen romanischen Urbau des 13. Jh. zurückgeht. 1356 wurde der **Westerntorturm** (Westernstr./J.-S.-Bach-Str.) nahe der Kirche errichtet. Er gehörte zur mittelalterlichen Stadtbefestigung, von der leider kaum noch etwas erhalten ist.

Beim **Kleinsten Haus** (Kochstr. 43, tgl. 10–17 Uhr) hält der Name, was er verspricht: Angesichts von nur 10 m^2 Grundfläche und einer Höhe von 4,20 m dürfte sich tatsächlich weit und breit kein winzigeres Gebäude finden lassen. Während beim Kleinsten Haus an allen Ecken gespart wurde, präsentiert sich das 1674 erbaute **Krummel'sche Haus** (Breite Str. 72) mit seiner reich ornamentierten Fachwerkfassade umso opulenter. Allegorische Darstellungen der Erdteile zieren die Kassettenfächer unter den Fenstern.

TOP TIPP Ein Höhepunkt der Stadtbesichtigung ist das **Schloss Wernigerode** (Tel. 039 43/55 30 30, www.schloss-wernigerode.de, Mai–Okt. tgl. 10–18, Nov.–April Di–Fr 10–16, Sa–So 10–18 Uhr) auf dem Agnesberg. Ab 1862 ließ Graf Otto zu Stolberg-Wernigerode, Vizekanzler unter Bismarck, das erstmals Anfang des 12. Jh. erwähnte Schloss im Stil des Historismus umbauen. Sein Architekt Carl Frühling verstand es, alle Räume der Burg unterschiedlich zu gestalten, sowohl innen wie außen vermied er jede Symmetrie.

Rund 7 km südwestlich von Wernigerode, an den Hängen des Harzes, lockt das Naturdenkmal **Steinerne Renne** mit einem Wasserfall und dem über Eisenleitern besteigbaren **Ottofelsen**, von dem aus man einen herrlichen Ausblick über die Umgebung genießt.

i Praktische Hinweise

Information

Wernigerode Tourismus GmbH, Marktplatz 10, Wernigerode, Tel. 039 43/ 553 78 35, www.wernigerode-tourismus.de

Hotels

Hotel Am Anger, Breite Str. 92–94, Wernigerode, Tel. 039 43/923 20, www.hotel-am-anger.de. Schmucke Zimmer und Apartments, teils mit Blick zum Schloss.

Das spätgotische Rathaus am Marktplatz von Wernigerode ist auch nachts ein Blickfang

Weißer Hirsch, Marktplatz 5, Wernigerode, Tel. 039 43/60 20 20, www.hotel-weisser-hirsch.de. Hotel in schönem Fachwerkbau gegenüber des Rathauses.

Restaurants

Gothisches Haus, Marktplatz 2, Wernigerode, Tel. 039 43/67 50. Vorzügliche Küche im besten Hotel der Stadt.

Ratskeller, Marktplatz 1, Wernigerode, Tel. 039 43/63 27 04. Köstlichkeiten aus der Harzregion.

Route

Auf der B244 südwärts bis Elbingerode und von dort auf der B27 über Braunlage nach Bad Lauterberg (45 km).

4 Bad Lauterberg *N12*

Über Braunlage zum Kneipp-Heilbad im Südharz.

Auf der Fahrt nach Bad Lauterberg empfiehlt sich ein Zwischenstopp in **Braunlage** (5000 Einw.), dem von der Warmen Bode durchflossenen Urlaubsort am Fuß des *Wurmberges*. Mit der Seilbahn ist der Gipfel dieses mit 971 m höchsten Berges Niedersachsens bequem zu erreichen. Eine Vielzahl von Wanderwegen führt von der Bergstation durch die umliegenden Bergwälder, im Winter lockt das Loipennetz zu ausgedehnten Skitouren. Auch die längste alpine Abfahrtstrecke des Harzes nimmt dort ihren Anfang. Auf der kurvenreichen *Großen Wurmbergstraße* ist der Berg von Braunlage aus auch mit dem Auto zu erreichen.

Im Ort selbst kann man sich im **Eisstadion** auch im Sommer aufs Glatteis begeben, das kleine **Heimat- und Skimuseum** (Am Graben 4, Di, Fr 10–12 Uhr) macht mit der Wintersporttradition Braunlages vertraut, die 1892 mit der Gründung des ersten deutschen Skivereines durch Oberförster Arthur Ulrichs begann.

Harzer Schmalspurbahnen

Wernigerode, Quedlinburg und Nordhausen heißen die Startorte der Harzer Schmalspurbahnen, deren nostalgische Züge über die Berge des Mittelgebirges schnaufen. Ihr beliebtestes Teilstück ist die Brockenbahn, die von Drei Annen Hohne aus bis knapp unter den Gipfel des mit 1142 m höchsten Berges des Harzes fährt.

Auf der Fahrt von Braunlage zum Kurort Bad Lauterberg passiert man den in den 1930er-Jahren entstandenen **Oderstausee**. Auf dem 5 km langen Gewässer tummeln sich Kanuten, Ruderer und Segler. **Bad Lauterberg** (12 000 Einw.) selbst, im breiten, von bewaldeten Hängen begrenzten Odertal gelegen, entstand im 13. Jh. im Schutz der längst in Trümmer gefallenen Lutterburg auf dem Hausberg. Seit dem 16. Jh. lebte man vom Bergbau, an dessen Blütezeit das **Museumsbergwerk Aufrichtigkeit und Scholmzeche** (Tel. 055 24/920 40, Juli/Aug. Di, Fr–So 15, April–Okt. Di, Fr/Sa 15, Nov.–März Fr/Sa 15 Uhr) an der Wilhelmi-Brücke beim Kurpark erinnert. Am Rand des Parks zeigt das **Kinder- und Spielzeugmuseum** (Di, Sa/So 10.30–12 und 14.30–17, Di/Mi, Fr 14.30–17 Uhr) im Haus des Gastes seine Sammlung aus traditionellen Spielwaren und Käthe-Kruse-Puppen.

Praktische Hinweise

Information

Kur- und Touristikbetrieb, Haus des Gastes, Ritscherstr. 4, Bad Lauterberg, Tel. 055 24/920 40, www.badlauterberg.de

Hotel

Hotel-Residenz Hohenzollern, Dr. Barner-Str. 10–11, Braunlage, Tel. 055 20/932 10, www.residenz-hohenzollern.de. Großzügige Apartments und Suiten am Berghang über der Stadt.

Restaurant

Burgrestaurant Hausberg, Hausberg 1, Bad Lauterberg, Tel. 055 24/21 80. Ausflugslokal mit herrlicher Aussicht.

Route

Von Bad Lauterberg aus auf der B27 in westlicher Richtung, nahe Barbis nach links auf die B243 bis Scharzfeld (7 km).

5 Scharzfeld *N12*

In Felsenhöhlen auf Spurensuche.

Der kleine Ort Scharzfeld (1700 Einw.) entstand unterhalb der im 12. Jh. errichteten **Burg Scharzfels**. Nach 1627 diente die Festung als Gefängnis, 1761 wurde sie von den Franzosen erobert und gesprengt. Doch noch heute lohnt der Aufstieg wegen der weiten Aussicht über das Harzvorland.

Kunstvolles Fachwerk kann man an der Fassade von Schloss Herzberg entdecken

Die **Steinkirche**, eine Höhle am Steinberg nördlich von Scharzfeld ist eines der ältesten Kulturdenkmäler Niedersachsens. Schon in der Altsteinzeit suchten Menschen in ihr Zuflucht und in frühchristlicher Zeit wurden hier Gottesdienste abgehalten.

Interessant ist auch die **Einhornhöhle** (Tel. 055 21/99 75 59, April–Okt. Di–So 10–17 Uhr), die 1784 sogar Johann Wolfgang von Goethe erkundete. Einst hielt man die Knochen der hier gefundenen Höhlenbären und Riesenhirsche für die Überreste des weißen Fabeltieres – daher auch der mythische Name.

Praktische Hinweise

Information

Verkehrsverein, Harzstr. 79, Scharzfeld, Tel. 055 21/99 47 00, www.scharzfeld.de.

Route

Auf der B27 bzw. B243 nach Nordwesten bis Herzberg (4 km).

6 Herzberg *N12*

Ein prächtiges Renaissanceschloss beherrscht die Stadt.

Ganzer Stolz der Stadt Herzberg (10 000 Einw.) an der Sieber ist **Schloss Herzberg** (TOP TIPP) (Schloss 2, Tel. 055 21/47 99, www.museum-schloss-herzberg.de, April–Okt. Di–So 10–13 und 14–17, Nov.–März Di–Fr 11–13 und 14–16, Sa/So 11–13 und 14–17 Uhr), das von verschiedenen Linien der Welfen teils als Residenz, teils nur für Jagdpartien genutzt wurde. Nach der Brand des Vorgängerbaus von 1154 entstand der teilweise in Fachwerkbauweise errichtete Komplex in mehreren Etappen zwischen 1510 und 1861. Das *Museum* im Schloss lässt die Geschichte der Welfen Revue passieren, Prunkstück der Ausstellung ist eine Faksimileausgabe des berühmten ›*Evangeliars Heinrichs des Löwen*‹ (um 1188).

Praktische Hinweise

Information

Tourist-Information, Marktplatz 32, Herzberg, Tel. 055 21/85 21 11, www.herzberg.de

Hotel

Landhaus Schulze, Osteroder Str. 7, Herzberg, Tel. 055 21/899 40, www.landhaus-schulze.de. Schöne Zimmer und ein Restaurant, das sich der regionalen Küche verschrieben hat.

Route

Auf der B243 nach Nordwesten bis Osterode (11 km).

7 Osterode N12

Romantisches Flair in der Altstadt und die Sösetalsperre in der Nähe.

Osterode (27 000 Einw.), die malerische Stadt am Ausgang von Lerbach- und Sösetal, erlebte ihre Blütezeit im 13./14. Jh., als der Handel mit Eisen, Kupfer und Gips einen gewissen Wohlstand brachte. Am **Kornmarkt**, dem alten Marktplatz, stehen mehrere stattliche Bürgerhäuser, darunter das um 1610 im Renaissancestil erbaute **Rinnesche Haus**, dessen Fenster von kunstvoll verzierten Rahmen umgeben sind. Vom nahen Martin-Luther-Platz blickt der massive Bruchsteinturm der Marktkirche **St. Ägidien** herüber, die in ihrer heutigen Gestalt nach einem Stadtbrand 1545 entstand. Bald ist auch das **Alte Rathaus** von 1552 erreicht, vor dessen Giebel die Rippe eines Wals hängt. Ein Osteroder Kaufmann brachte sie von einer seiner Reisen mit, angeblich schützt sie die Stadt vor den Fluten der Söse.

Am Ufer des längst durch Staumauern gebändigten Flusses erhebt sich das imposante **Harzkornmagazin**, in dem ab 1722 bis zu 2000 t Getreide zur Versorgung der Bergbaustadt in langen Wintern lagerten und das heute die Stadtverwaltung nutzt. Auf der anderen Flussseite erblickt man die **Alte Burg**, von der nur die Reste eines romanischen Wohnturms erhalten blieben. Wegen Baufälligkeit ist er zzt. für Besucher gesperrt. Besichtigen kann man hingegen das **Museum im Ritterhaus** (Rollberg 32, Tel. 055 22/91 97 93, Di–Fr 10–13 und 14–17, Sa/So 14–17 Uhr), dessen Ausstellung die Geschichte Osterodes illustriert.

Ein wenig außerhalb der Stadt liegt die **Sösetalsperre**, ein bedeutendes Trinkwasserreservoir, aus dem selbst das etwa

200 km entfernte Bremen versorgt wird. Rundherum führt ein hübscher Spazierweg, Bootsverkehr auf dem See ist nur am Nordufer erlaubt.

Praktische Hinweise

Information

Tourist-Information, Schachtrupp-Villa, Dörgestr. 40, Osterode, Tel. 055 22/ 31 83 60 oder 68 55, www.osterode.de

Route

Auf der B241 in nördlicher Richtung nach Clausthal-Zellerfeld (12 km).

Wandern auf dem Hexenstieg

Wanderschuhe gehören bei Ausflügen in den Harz unbedingt ins Gepäck. Landschaftlich besonders schön ist der Harzer Hexenstieg (www.hexenstieg.de) von Osterode nach Thale. Durch dichte Wälder und Hochmoore, vorbei an den Wasserläufen des Oberharzer Wasserregals, das bis ins 19. Jh. die Bergwerke mit Wasserkraft versorgte, und hinauf zum Brocken führen die einzelnen Etappen. Hervorzuheben ist der Pfad durch das tief in die Felsen eingeschnittene Bodetal, den Grand Canyon des Harzes, zwischen Altenbrak und Thale.

8 Clausthal-Zellerfeld M12

Universitätsstadt mit Bergwerksmuseum und schöner Holzkirche.

Bereits um 1150 zogen sich Benediktinermönche in die Harzer Waldeinsamkeit zurück und gründeten im Bereich des heutigen Zellerfeld eine Cella ihres Ordens. Der Ortsteil Clausthal entstand erst um die Mitte des 16. Jh. aus einer Wegklause. Ihr Auskommen verdienten die ersten Siedler mit der Verhüttung Goslarer Erze, später betrieb man auch hier

Im idyllisch gelegenen Wildemann lohnt die Besichtigung des Besucherbergwerks

Bergbau. 1775 wurde die *Bergakademie* gegründet, die heutige Technische Universität. 1924 vereinigte man die beiden Orte zu Clausthal-Zellerfeld (15 000 Einw.).

Zellerfelds rechtwinkliges Straßennetz erinnert daran, dass es nach einem verheerenden Brand im Jahre 1672 planmäßig neu errichtet wurde. Das **Oberharzer Bergwerksmuseum** (Bornhardtstr. 16, Tel. 053 23/989 50, www.bergwerksmuseum.de, tgl. 10–17 Uhr) dokumentiert die Geschichte des Bergbaus im Harz.

In der selben Straße befindet sich die Kirche **St. Salvatoris** mit ihrem von dem Leipziger Künstler *Werner Tübke* 1992 gestalteten Altar. Er zeigt eine an den Werken Lucas Cranachs orientierte Kreuzigungsszene.

Bedeutendste Sehenswürdigkeit von Clausthal ist die **Marktkirche zum Heiligen Geist** (An der Marktkirche 3, Tel. 053 23/70 05, April–Okt. Mo–Sa 10–17, So 12–17 Uhr, Nov.–März nach Vereinbarung). Die größte Holzkirche Europas bietet in ihrem dreischiffigen, tonnenförmigen Bau Platz für 2200 Gläubige. Errichtet wurde das Gotteshaus ab 1637 im Stil des Frühbarock.

Rund 8 km nördlich der Stadt lohnt in **Wildemann** (1100 Einw.) die Besichtigung des Besucherbergwerks *19-Lachter-Stollen* (Tel. 053 23/61 11, Führungen Mai–Okt. tgl. 11, 14, 15.30, Nov.–24. Dez. Sa 14, So 11 Uhr, Jan. Di–So 11, Febr.–April Di–So 11, 14 Uhr). Der Wasserlösungsstollen diente seit dem 17. Jh. der Entwässerung höher gelegener Bergwerke.

Vor den Toren **Bad Grunds** (2500 Einw.) an der B242 liegt die im 16. Jh. entdeckte **Iberger Tropfsteinhöhle** (Tel. 053 27/ 82 93 91, www.ibergertropfsteinhoehle.de, April–Okt. tgl. 9–16.30, Nov. Mi–Do 10–12.30, Fr–So 10–15, Dez.–Jan. Do/So 10–15.30, Febr.–März Di–So 10–15.30 Uhr). Sie ist über 200 m lang und setzt sich aus mehreren kleinen Höhlen zusammen, Stalagmiten und Stalaktiten finden sich vor allem in den oberen Abschnitten.

Praktische Hinweise

Information

Tourist-Information, Bergstr. 31 (Dietzelhaus), Clausthal-Zellerfeld, Tel. 053 23/ 810 24, www.harztourismus.com

Route

Auf der B241 weiter in nördlicher Richtung zurück nach Goslar (21 km).

TOUR 9

Weserland – pittoreske Fachwerkhäuser, opulente Weserrenaissance

2–3 Tage • 325 km

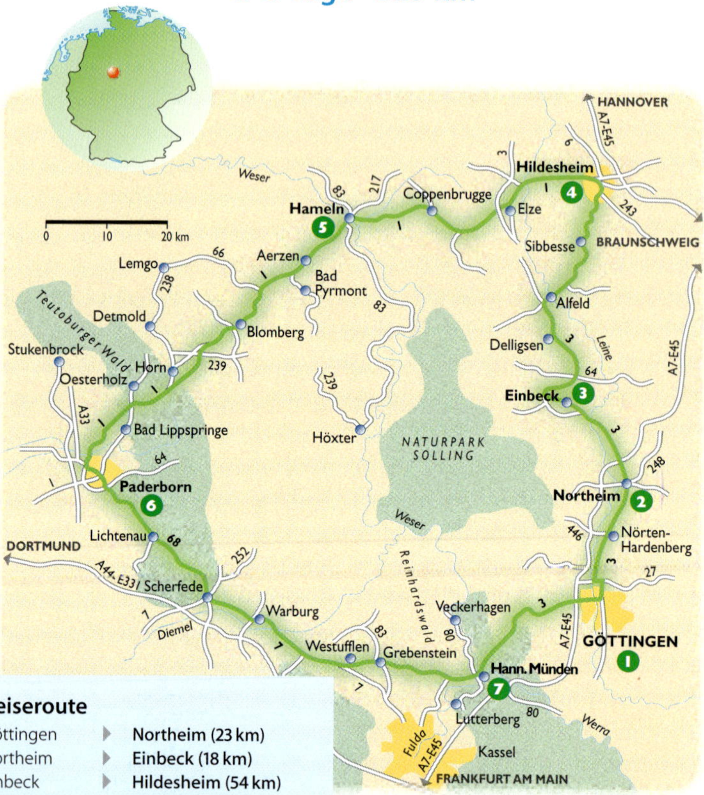

Reiseroute

Göttingen ▶	**Northeim (23 km)**
Northeim ▶	**Einbeck (18 km)**
Einbeck ▶	**Hildesheim (54 km)**
Hildesheim ▶	**Hameln (48 km)**
Hameln ▶	**Paderborn (70 km)**
Paderborn ▶	**Hann. Münden (84 km)**
Hann. Münden ▶	**Göttingen (28 km)**

1 Göttingen *N11*

Traditionsreiche Universitätsstadt mit viel Fachwerk am Fluss Leine.

Erstmals 953 urkundlich erwähnt, erlangte Göttingen (129 000 Einw.) um 1200 das Stadtrecht. Zur Blüte kam der Ort erst als Tuchmacherstadt, dann durch die Gründung der *Georg-August-Universität* 1734. Sie war bald eine der wichtigsten Hochschulen Europas. Zu den Berühmtheiten, die hier lernten und lehrten gehören mehr als 40 Nobelpreisträger. Mit ihren 13 Fakultäten und 25 000 Studenten prägt die Universität bis heute das Göttinger Leben.

Auch das ›meistgeküsste Mädchen der Welt‹ ist hier zu Hause: Im Herzen der Altstadt, am von Fachwerkhäusern (13.–19. Jh.) gesäumten **Markt**, steht ›**Das Gänseliesel**‹ (1901), eine entzückende Brunnenfigur des Jugendstil. Zum Brauch Frischpromovierter gehört es, das bronzene Mädchen zu küssen. Gegenüber erhebt sich das gotische **Alte Rathaus** (1443), das auch Wandmalereien des späten 19. Jh. birgt. Dominiert wird der Markt von der Kirche **St. Johannis** (1300–44) mit ihren eleganten Doppeltürmen. Vor der nahen **Alten Universitätsbibliothek** (1734) steht die Bronzefigur des Experimentalphysikers und Professors *Georg Christoph Lichtenberg* (1742–1799). Im Westen trifft man auf die Kirche des Deutschritterordens **St. Marien** (1290, später verändert) mit einer wertvollen Mahrenholz-Furtwängler-Orgel. In der *Roten Straße* östlich vom Markt steht das älteste Fachwerkhaus Göttingens von 1276. Weiter nördlich am Wilhelmsplatz birgt die klassizistische **Aula der Georg-August-Universität** (Mitte 19. Jh.) mit dem *Studentenkarzer* eine skurrile Attraktion, die nur im Rahmen von Stadtführungen zugänglich ist. Über die Barfüßerstraße mit der **Junkernschänke** (15. Jh.), einem gotischen Fachwerkbau, der im 16. Jh. im Stil der Renaissance modernisiert wurde, geht es zur gotischen Kirche **St. Jakobi** (1361–1433). Deren Glanzstücke sind der 72 m hohe Turm und der Flügelaltar (1402) mit Szenen aus der Vita Christi und des hl. Jakobus. Die Geschichte Göttingens dokumentiert das **Städtische Museum** (Ritterplan 7–8, Tel. 05 51/400 28 43, Di–Fr 10–17, Sa/So 11–17 Uhr) im fachwerkgeschmückten Patrizierhaus *Hardenberger Hof* (1592). Über den Wall nach Südosten gelangt man zum **Cheltenham-Park** mit dem *Rohnsschen Badehaus*, einer öffentlichen Badeanstalt von 1820 und weiter zur **Sternwarte** (1803–16), deren erster Direktor der Mathematiker *Carl Friedrich Gauß* (1777–1855) war. 1833 stellten Gauß und Wilhelm Weber von hier die erste Telegrafenverbindung der Welt her. Ihr *Denkmal* steht weiter westlich am Wall, der schließlich zum **Bismarck-Häuschen** (1459), einem alten Wallturm der Stadtbefestigung, führt. Hier lebte der spätere Reichskanzler Otto von Bismarck (1815–1898) während seiner Studentenzeit.

i Praktische Hinweise

Information

Tourist-Information, Altes Rathaus, Markt 9, Göttingen, Tel. 05 51/49 98 00, www.goettingen-tourismus.de

Hotels

Central Hotel, Jüdenstr. 12, Göttingen, Tel. 05 51/571 57, www.hotel-central.com. Modernes Hotel in der Altstadt unweit der Universität.

Gebhards Hotel, Goetheallee 22–23, Göttingen, Tel. 05 51/496 80, www.gebhardshotel.de. Gepflegtes Hotel mit Sauna und Whirlpool sowie dem Restaurant Georgia-Augusta-Stuben.

Restaurants

Rathskeller, Markt 9, Göttingen, Tel. 05 51/564 33, www.rathskeller-goettingen.de. Deutsche und internationale Küche in den Gemäuern des Alten Rathauses oder auf der Terrasse.

Der Gänselieselbrunnen vor dem Göttinger Rathaus ist ein beliebter Treffpunkt

Till Eulenspiegel blickt als Brunnenfigur auf die drei Spitztürme des Einbecker Rathauses

Zum Schwarzen Bären, Kurze Str. 12, Göttingen, Tel. 05 51/582 84. Regionale Spezialitäten in historischem Ambiente.

Route

Von Göttingen auf der B3 weiter nach Norden bis Northeim (23 km).

2 Northeim *N11*

Kleine mittelalterliche Fachwerkstadt mit Silberschatz und Kirche St. Sixti.

Schon lange bevor Northeim (31 000 Einw.) im Jahr 1252 das Stadtrecht erhielt, gab es hier eine Siedlung und eine Burg, die um 1100 zum *Kloster St. Blasien* (Am Münster) umgebaut wurde. Teile der Stadtmauer (13./14. Jh.) und zahlreiche Fachwerkhäuser des 15.–19. Jh. geben der **Altstadt** um Entenmarkt und Breite Straße ihr pittoreskes Gepräge. Im früheren *Hospital St. Spiritus* (1500) zeigt das **Heimatmuseum** (Am Münster, Tel. 055 51/650 60, Di–Fr 10–12 und 14–17, Sa/So 10–12 Uhr) den ›Höckelheimer Münzfund‹, der aus über 17 000 mittelalterlichen Silbermünzen besteht. Gleichfalls sehenswert ist die 1464–1517 im spätgotischen Stil erbaute Kirche **St. Sixti** (Kirchplatz, Tel. 055 51/91 30 30, Di–Sa 10.30–12.30 und 15–17, So 14–17 Uhr) mit ihrem 63 m hohen Turm. Zu ihren Schätzen gehören ein Flügelaltar und ein bronzenes Taufbecken, ferner die barocke Orgel und die spätgotischen Glasmalereien mit Heiligenfiguren und Szenen der Passion Christi.

Praktische Hinweise

Information

Northeim Touristik, Am Münster 6, Northeim, Tel. 055 51/91 30 66, www.northeim-touristik.de

Route

Auf der B3 weiter in nördlicher Richtung bis Einbeck (18 km).

3 Einbeck *M11*

Wo die Braukunst zu Hause ist und Fachwerkhäuser zum Bild gehören.

Einbeck (28 000 Einw.) wurde 1158 erstmals erwähnt, erhielt 1252 Stadtrecht und hat seit 1351 überregionale Bedeutung als Heimat zahlreicher Brauereien. ›Einpöcksches Bier‹, wie man das hier gebraute Starkbier nannte, war ein Exportschlager, selbst die bayerischen Herzöge in München kauften um 1533 große Mengen davon ein. Der Vorläufer des heutigen *Bockbiers* wurde damals in 700 kleinen Braustätten hergestellt.

Aus der Höhe, z. B. vom Hügel *Hube* im Stadtwald, ist die alte **Stadtbefestigung** gut zu erkennen. Ein beträchtlicher Teil ihrer Mauern, Tore und Wehrbauten ist noch erhalten, der Rest ist hübschen Spazierwegen gewichen. Einige Abschnitte des Stadtgrabens wurden in kleine Teiche verwandelt.

Die **Altstadt** bezaubert mit ihren Fachwerkhäusern, besonders rund um den **Marktplatz**. Zu den Perlen gehören das 1552 erbaute **Brodhaus** (Marktplatz 13, Tel. 055 61/92 41 69, Restaurant Di–So 11–24 Uhr) und die benachbarte **Ratsapotheke** (Tel. 055 61/934 50), beide mit hohen Giebeln und Lüftungsgauben im Dach, denn auf den Speichern wurden früher Bierrohstoffe, Hopfen, Gerste und Malz, zum Trocknen gelagert. Vor den Häusern steht der **Till-Eulenspiegel-Brunnen** (1941). Er erinnert an die Sage, nach der der Spaßmacher in Einbeck als Brauknecht tätig war. Eulenspiegel blickt auf das **Rathaus** (Tel. 055 61/91 61 21, Mai–Okt. Mo–Fr 9–17.30, Sa 10.30–15, So 14–16, Nov.–April Mo–Do 9–13 und 14.30–17, Fr 9–12.30 Uhr). Mit seinen drei asymmetrisch platzierten, von hohen Spitztürmen gekrönten Erkern ist es Wahrzeichen der Stadt. Gleich nebenan steht die **Ratswaage**, in der früher die offiziellen Maße und Gewichte verwahrt wurden. Die Renaissancefassade der Waage mit ihren bunt bemalten Ornamenten und dekorativen Friesen an Türen, Fensterrahmen und Gesimsen zeugt vom Wohlstand der Stadt im 16. Jh.

Harmonische Ensembles alter Fachwerkhäuser säumen auch die *Tiedexer Straße* und die *Marktstraße*. In den individuell gestalteten Fassaden spiegeln sich Selbstbewusstsein und Repräsentationswille der Bauherren.

i Praktische Hinweise

Information

Tourist-Information, Eickesches Haus, Marktstr. 13, Einbeck, Tel. 055 61/313 19 10, www.einbeck-online.de

Route

Auf der B3 weiter in nördlicher Richtung bis Alfeld, von dort auf der L485 bis Hildesheim (54 km).

4 Hildesheim *L11*

Alte katholische Bischofsstadt mit frühromanischer Architektur.

Hildesheim (103 000 Einw.) gewann erstmals 815 mit Gründung des Bistums durch Kaiser Ludwig I., den Frommen, an Bedeutung. Um den damals errichteten ersten Dom enwickelte sich bald eine blühende Handelsstadt, die 1367 der Hanse beitrat. Wohlstand und Prunksucht seiner Bürger schlugen sich in zahllosen eleganten Fachwerk- und Steinbauten des 13.–18. Jh. nieder und folglich galt die Hildesheimer **Altstadt** als eine der schönsten des Landes. 1945 ging sie bei Bom-

Das Knochenhauer-Amtshaus (zweites von links) ziert den Marktplatz von Hildesheim

Die Basilika St. Michael in Hildesheim ist ein Meisterwerk ottonischer Kirchenbaukunst

benangriffen zugrunde, doch wurden die wichtigsten Bauten rekonstruiert.

Besonders pittoresk bietet sich der historische **Marktplatz** im Norden dar. Hier begeistern z. B. das gotische *Rathaus* (13.–15. Jh.), das *Tempelhaus* (14./15. Jh.) im orientalischen Stil und das spätgotische **Knochenhauer-Amtshaus** (1529). Überreich mit bunten Schnitzereien verziert, gilt es als ›schönstes Fachwerkhaus der Welt‹. In seinen Räumen präsentiert das *Stadtmuseum* (Markt 7, Tel. 05121/301163, www.stadtmuseum-hildesheim.de, Di–So 10–18 Uhr) Interessantes und Unterhaltsames aus der bewegten Vergangenheit Hildesheims.

TOP TIPP Weiter westlich erhebt sich **St. Michael** (Tel. 05121/34410, www.welterbe-hildesheim.de, April–Sept. Mo–Sa 8–18, So 12–18, Okt.–März Mo–Sa 9–16, So 12–16 Uhr), ein Meisterwerk ottonischer Kirchenbaukunst. Die mächtige vieltürmige Basilika wurde ab 1010 für *Bischof Bernward* (reg. 993–1022) als Klosterkirche errichtet und 1033 vollendet. Zusammen mit Dom und Dom-Museum gehört sie seit 1985 zum UNESCO Weltkulturerbe. Im Langhaus begeistert die wie ein bunter Bildteppich gestaltete *Holzdecke* (1260) mit Darstellungen der ›Wurzel Jesse‹. Interessant sind auch die mit Stuck verzierten Engelschorschranken (1197) vor dem Westchor. In der Westkrypta befindet sich die Grablege des hl. Bernward.

Nun geht es nach Süden zum *Alten Markt* mit dem **Kaiserhaus**, auf dessen üppig ornamentierter Renaissancefassade kunstvolle Medallions mit Bildnissen römischer Kaiser prangen.

Kaiserliche Hintergründe hat auch der **Dom** (Domhof, Tel. 05121/1791761, www.welterbe-hildesheim.de, 16. März–Okt. Mo–Sa 9.30–17, So 12–17, Nov.–15. März Mo–Sa 10–16.30 Uhr) mit dem *Tausendjährigen Rosenstock*. Schon 815 soll die Pflanze an jener Stelle gestanden haben, an der Ludwig der Fromme die Muttergottes um Rettung anflehte, nachdem er sich auf der Jagd verirrt hatte. Zum Dank für die Hilfe der Jungfrau ließ er hier Kapelle und Bistum gründen. Der Rosenstock umschließt noch heute die Apsis des Doms. Er überstand sogar die Feuersbrunst des Jahres 1945 und ist ein Wahrzeichen der Stadt. Die dreischiffige Basilika selbst entstand 872–1061. Zur kostbaren Ausstattung gehören das figurenreiche *Bronzetaufbecken* (13. Jh.), zwei goldene Reliquienschreine des 12. Jh. und die ersten Monumentalbronzen seit der Antike, beide von Bernward gestiftet: Die *Bernwardtür* (1015) im Westportal zeigt auf ihren in einem Stück gegossenen Flügeln Szenen aus dem Alten und Neuen Testament. Die *Christussäule* (1020) im Inneren ist nach Art der römischen Trajanssäule mit einem Bildband geschmückt, das Szenen aus der Vita Christi schildert.

Das benachbarte **Dom-Museum** (Tel. 051 21/179 16 40, www.dommuseum-hildesheim.de, Di–Sa 10–13 und 13.30–17, So 12–17 Uhr) besitzt eine der größten Sammlungen mittelalterlicher Kirchenkunst in Europa. Zu den Glanzpunkten zählt das *Marienreliquiar*, das Ludwig der Fromme im Zusammenhang mit dem Rosenstrauchwunder 815 stiftete. Zu den hochrangigen Kunstwerken, die Bischof Bernward für Dom und St. Michael in Auftrag gab, gehört auch die *Große Goldene Madonna*. Die thronende Maria mit Kind, eine der ältesten ihres Typs, ist stilistisch noch ganz der Antike verpflichtet.

Westlich des Doms, in einem Komplex aus spektakulärem Neubau und altem Kloster, brilliert das TOP TIPP **Roemer- und Pelizaeus-Museum** (Am Steine 1–2, Tel. 051 21/936 90, www.rpmuseum.de, tgl. 10–18 Uhr) mit einer der größten Sammlungen altägyptischer Kunst auf dem Kontinent. Weitere eindrucksvolle Exponate machen Kunst und Kultur Alt-Perus lebendig.

Auch in der südlichen Altstadt – in Straßen wie Hinterer Brühl, Gelber Stern, Keßlerstraße und Lappenberg – gibt es herrliche alte Architektur zu entdecken, darunter das Wernersche Haus (1606) und das Waffenschmiedehaus (1548). Ganz im Süden ragt als Rest der einstigen Stadtbefestigung der 18 m hohe **Kehrwiederturm** (15. Jh.) über den alten Wallanlagen auf, die heute zum Spaziergang im Grünen einladen.

Vor den Toren des nahen Ortes *Nordstemmen* thront **Schloss Marienburg** (Marienberg 1, Pattensen, Tel. 050 69/407, www.schloss-marienburg.de, Führungen Mitte März–Okt. tgl. 10–18 Uhr). Was wie eine mittelalterliche Burg aussieht, ist ein neogotischer Prachtbau, den König Georg V. von Hannover 1858–67 für seine Gattin Marie errichten ließ. Ganz im Sinne des Historismus und der Mittelalterromantik präsentiert sich die Architektur als Potpourri großer Stilzitate und die kostbare Ausstattung beschwört opulente Traumbilder von stolzen Rittern und lieblichen Burgfräuleins herauf.

i Praktische Hinweise

Information

Tourist Information, Rathausstr. 18–20, Hildesheim, Tel. 051 21/179 80, www.hildesheim.de

Hotel

Hotel Bürgermeisterkapelle, Rathausstr. 8, Hildesheim, Tel. 051 21/17 92 90, www.hotelbuergermeisterkapelle.de. Familiäres Haus mit Restaurant.

Route

Von Hildesheim auf der B1 in westlicher Richtung nach Hameln (48 km).

5 Hameln *L10*

Schöne Weserrenaissance und die Geschichte vom Rattenfänger.

Hameln (59 000 Einw.) ist als Rattenfängerstadt in der ganzen Welt bekannt. Im Jahr 1284 soll laut Legende der **Rattenfänger**, ein geheimnisvoller Mann in bunter Tracht, in die Stadt gekommen sein, um sie von der Rattenplage zu be-

Der Rattenfänger von Hameln treibt heute nur noch als Bronzefigur sein Unwesen

freien. Flötespielend lockte er die Ratten aus den Häusern und führte sie in die Weser, wo sie ertranken. Die Hamelner Bürger verweigerten ihm jedoch den vereinbarten Lohn und so rächte er sich, indem er mit seiner Flöte diesmal die Kinder anlockte und mit ihnen auf Nimmerwiedersehen verschwand.

Als Keimzelle von Hameln gilt das um 812 an der Weser gegründete Kloster. Das dazugehörige **Münster St. Bonifatius** (Münsterkirchhof, Tel. 05151/958812, www.muenster-hameln.de, tgl. 9–18, im Winter tgl. 10–17 Uhr), geht ebenfalls auf das 9. Jh. zurück, wurde aber nach einem Brand 1209–1378 als gotische Hallenkirche wiedererrichtet.

Im Zentrum der Altstadt liegt der **Pferdemakt** mit der ebenfalls auf romanische Ursprünge zurückgehenden Marktkirche **St. Nicolai** (Tel. 05151/41894, www.marktkirche-hameln.de, März–Okt., Dez. tgl. 12–16 Uhr). Der gotische Bau wurde 1250–1310 aufgeführt, der Turm mit dem hohen Spitzhelm und dem Schiffchen als Wetterfahne stammt von 1511. Das im 18. Jh. barockisierte Innere wurde nach dem Wiederaufbau ab 1959 durch moderne Glasmalereien belebt.

Ferner prägen wahre Prachtexemplare der *Weserrenaissance* das Ambiente des Platzes, so an der Westseite das **Dempterhaus** (1608) mit seinen reich dekorierten Giebeln und Erkern. Im Osten, an der Osterstraße, fällt das **Hochzeitshaus** ins Auge. Es wurde 1610–17 als Fest- und Feierhaus errichtet und präsentiert im Westgiebel ein Glockenspiel (tgl. 9.35, 11.35 Uhr). Das Figuren- und Glockenspiel mit der Rattenfängersage ist täglich um 13.05, 15.35 und 17.35 Uhr am Hochzeitshaus zu sehen. Nahebei, in den beiden kunstvollen Bauten **Stiftsherrenhaus** (1558) und **Leisthaus** (1589), dokumentiert das *Museum Hameln* (Tel. 05151/2021215, Di–So 10–16.30 Uhr) Stadtgeschichte, Rattenfängersage und regionales Kunsthandwerk. Vorbei am Rattenfängerbrunnen geht es zum **Rattenfängerhaus** (Restaurant, s. u.) mit seiner opulent geschmückten Giebelfassade. An einer Seitenwand erinnert eine Inschrift an den Rattenfänger von Hameln.

Praktische Hinweise

Information

Hameln Marketing und Tourismus GmbH, Deisterallee 1, Hameln, Tel. 05151/957823, www.hameln.de

Hotels

Hotel zur Börse, Osterstr. 41 a, Hameln, Tel. 05151/7080, www.hotel-zur-boerse.de. Gepflegtes Haus in der Altstadt.

Mercure Hotel Hameln, 164er Ring 3, Hameln, Tel. 05151/7920, www.mercure.com. Modernes Hotel am Bürgergarten nahe der Altstadt.

Restaurants

Paulaner im Rattenkrug, Bäckerstr. 16, Hameln, Tel. 05151/22731, www.rattenkrug.de. Bayerische Spezialitäten im ältesten Gasthaus der Weserstadt.

Rattenfängerhaus, Osterstr. 28, Hameln, Tel. 05151/3888, www.rattenfaengerhaus.de. Deutsche Küche sowie Spezialitäten wie ›Flambierte Rattenschwänze‹.

Route

Auf der B1 weiter in südwestlicher Richtung bis Paderborn (70 km).

6 Paderborn *M9*

Universitätsstadt und Erzbistum mit eindrucksvollen Kirchen und viel Weserrenaissance.

Die Stadtgeschichte Paderborns (144000 Einw.) beginnt mit einer Siedlung am Kreuzungspunkt zweier wichtiger Handelsstraßen. *Karl der Große* errichtete hier, im Bereich des heutigen **Domplatzes**, während der Sachsenkriege 776 eine *Burg* mit Königspfalz und Kirche. Ein Jahr später war Paderborn Schauplatz des ersten fränkischen Reichstags auf sächsischem Boden. Und im Jahr 799 traf Karl hier mit Papst Leo III. zusammen und rief das Bistum ins Leben. Reste der karolingischen Pfalz und der im 11. Jh. unter Heinrich II. errichteten ottonisch-salischen **Kaiserpfalz** wurden ab 1964 ausgegraben.

Externsteine

Ein Stückchen abseits der B1 zwischen Hameln und Paderborn westlich von Horn erhebt sich ein seltsames Naturdenkmal: die Externsteine (www.externsteine-online.de, Außenbesichtigung immer möglich, Steine begehbar April–Okt. 9–18 Uhr). Der höchste der fünf bizarren Felsen ist über 37 m hoch, im größten befand sich einst eine Kapelle. Daneben meißelte um 1130 ein unbekannter Künstler ein Relief mit der ›Kreuzabnahme Christi‹ in den Stein.

Ein gewaltiger Westturm überragt den Dom St. Maria, St. Liborius und St. Kilian in Paderborn

1978 war die Rekonstruktion der Kaiserpfalz anhand der erhaltenen Mauerteile abgeschlossen. Das **Museum in der Kaiserpfalz** (Tel. 05251/105110, Di–So 10–18 Uhr) präsentiert zahlreiche Ausgrabungsfunde, darunter Fragmente von Wandmalereien des 8. Jh. Hinzu kommen kulturhistorische Sonderausstellungen. Rechter Hand steht die *Bartholomäuskapelle* (1017), sie gilt als die älteste Hallenkirche Nordeuropas.

Auch der **Dom St. Maria, St. Liborius und St. Kilian** (Tel. 05251/1251227, www.erzbistum-paderborn.de, tgl. 7–19 Uhr) hat seine Ursprünge im 11./12. Jh. Teile der Vorgängerbauten wurden in die heutige gotische Hallenkirche (ab 1225) integriert. Den mächtigen, 104 m langen Baukörper überragt ein 92 m hoher gewaltiger *Westturm*. Beachtenswert sind das figurengeschmückte *Paradiesportal* (1230/40) im Süden, im Westbau das opulente Grabmal für *Fürstbischof Dietrich von Fürstenberg* (1622), die im Langhaus schwebende *Doppelmadonna* von 1480 und unter dem Chor die *Hallenkrypta* (eine der größten Deutschlands) mit der Grablege des Stadt- und Dompatrons Liborius. Wahrzeichen Paderborns ist das *Drei-Hasen-Fenster* (16. Jh.) im Kreuzgang, auf dem sich die Hasen mit ineinander verschlungenen Ohren im Maßwerk drehen.

Das Originalfenster befindet sich heute im südlich anschließenden **Diözesanmuseum** (Tel. 05251/1251400, Di–So 10–18, 1. Mi im Monat 10–20 Uhr). Die modern präsentierte Sammlung zeigt Gemälde, liturgisches Gerät, kostbare Tragaltäre und eine Vielzahl eindrucksvoller Skulpturen. Glanzstück ist die ›*Madonna des Bischofs Imad*‹ (um 1051), eines der ältesten Exemplare dieses Figurentyps.

Vorbei an der **Gaukirche** (1180), die durch die Vorhalle mit geschwungener

Barockfassade (1740) und den wuchtigen achteckigen Turm ins Auge sticht, geht es zum *Rathausplatz*. Ein Prachtexemplar der Weserrenaissance ist das 1620 vollendete **Rathaus** (Mo 8–12.30 und 14–16, Di/Mi 8–12.30, Do 8–12.30 und 14–18, Fr 8–12 Uhr) mit seinen drei anmutig gestaffelten Giebelfronten. Ein Stück weiter öffnet sich der Marienplatz mit dem **Heisinger Haus** (um 1600), einer eleganten Patrizierresidenz mit bezaubernder Renaissancefassade.

Nördlich beginnt das **Paderquellgebiet**, aus den hiesigen Quellen gehen drei der fünf Flussarme der Pader hervor. In Sichtweite erhebt sich die doppeltürmige **Abdinghofkirche** (1016–31), einst Abtei des von Bischof Meinwerk gegründeten Benediktinerklosters.

Weitere Einblicke in die Geschichte Paderborns gewährt das im **Adam und Eva Haus** (um 1560) ansässige *Museum für Stadtgeschichte* (Hathumarstr. 7–9, Tel. 05251/8823501, Di–So 10–18 Uhr). Das Fachwerkhaus selbst entzückt mit bunten ornamentierten Schnitzfriesen, zwischen denen Tiere und Putten erscheinen. Vor allem aber sind Adam und Eva bei Sündenfall und Vertreibung aus dem Paradies dargestellt.

Von der Altstadt gelangt man über die Neuhäuser Straße gen Nordwesten zum **Schloss Neuhaus** (Residenzstr. 2, Tel. 05254/80192). Die Wasserburg wurde als Residenz der Fürstbischöfe von Paderborn errichtet. Im Kern geht die Anlage auf das 14. Jh. zurück, sie wurde im 16. Jh. zu einem Vierflügelbau im Stil der Weserrenaissance mit vier runden Ecktürmen erweitert. Heute sind im Schloss und seinen Nebenbauten mehrere Sammlungen beheimatet. Es gibt eine Ausstellung zur *Baugeschichte des Schlosses* (Residenzstr. 2, Tel. 05251/881062, Mai–Okt. Di–Fr 13–18, Sa–So 10–18, Nov.–April Sa 13–18, So 10–18 Uhr) sowie im Marstall das *Historische Museum* und das *Museum für Naturkunde* (Marstallstr. 9, Tel. 05251/881052, Di–So 10–18 Uhr). Der *Barockgarten* der Wasserburg und der umgebende Schloss- und Auenpark laden zu Spaziergängen ein. Sie sind auch Schauplatz des Paderborner Schlosssommers mit seinen zahlreichen Kulturevents.

Praktische Hinweise

Information

Tourist Information, Marienplatz 2 a, Paderborn, Tel. 05251/882980, www.paderborn.de

Hotel

Hotel Stadthaus, Hathumarstr. 22, Paderborn, Tel. 05251/1889910, www.hotel-stadthaus.de. Kleines gepflegtes Hotel mit Dependance Torhaus in der Altstadt nahe dem Dom.

Restaurant

Paderborner Brauhaus, Kisau 2, Paderborn, Tel. 05251/282554. Westfälische und internationale Küche bietet das Restaurant mit schönem Biergarten an der Pader.

Route

Auf der B68 nach Südosten bis Scherfede und auf der B7 über Warburg weiter bis Westuffeln, von dort über die L3211, L3233 und L3232 und zuletzt ab Wilhelmshausen auf der B3 ostwärts über Grebenstein und Immenhausen nach Hannoversch Münden (84 km).

7 Hannoversch Münden *N10*

TOP TIPP *Wo sich Fulda und Werra zur Weser vereinen – Fachwerkstädtchen mit Welfenschloss.*

Die kurz Hann. Münden (25 000 Einw.) genannte Stadt liegt reizvoll und zugleich verkehrsgünstig in einem von Wäldern gesäumten Tal am Zusammenfluss von Werra und Fulda. Ausgrabungen haben gezeigt, dass hier schon zur Zeit der Karolinger eine große Siedlung bestand, doch zur Gründung der Stadt kam es erst unter Heinrich dem Löwen um 1170.

Safariland Stukenbrock

An der B68, die von Paderborn aus nach Norden führt, liegt der Erlebnispark Safariland Hollywood-Park Stukenbrock (Mittweg 16, Schloss Holte-Stukenbrock, Tel. 05207/952425, www.safaripark-stukenbrock.de, März–Juni, Sept.–Okt. tgl. 9–18, Juli 9–22, Aug. 9–19 Uhr). Im eigenen Auto oder im sog. Gläsernen Safarizug, einer Miniatureisenbahn, fährt man durch ein großes Freigehege für Affen und einen Safaripark mit Löwen, Tigern, Elefanten, Giraffen und Antilopen. Zu den zahlreichen weiteren Attraktionen der Anlage gehören eine Westernstadt mit Showprogramm, ein Hollywood-Theater und verschiedene unterhaltsame Fahrgeschäfte.

Das Drei-Flüsse-Städtchen Hannoversch Münden ist ein Kleinod der Fachwerkarchitektur

In der malerischen **Altstadt** gibt es über 700 Fachwerkhäuser zu bewundern und am Markt präsentiert sich das **Rathaus** (Lotzestr. 2, Tel. 055 41/750, Mo–Mi, Fr 8–12, Do 8–17 Uhr) als wahre Augenweide. Die Schmuckfassade wurde 1603–09 im Stil der Weserrenaissance gestaltet: mit ornamentgeschmückten Giebeln, einem säulengerahmten Portal und einem ebenfalls reich verzierten erkerartigen Vorbau. Die Figuren des *Glockenspiels* (tgl. 12, 15, 17 Uhr) stellen Szenen aus dem Leben des berühmten *Doktor Eisenbarth* dar. Er weilte 1727 auf Durchreise in der Stadt und verstarb hier.

Die Pfarrkirche **St. Blasius** (Kirchplatz, Tel. 055 41/95 65 32, Mai–Sept. tgl. 11–16 Uhr) im Süden entstand in zwei Bauphasen zwischen dem 13. und dem 16. Jh. Im Inneren sind u. a. ein bronzenes Taufbecken von 1392, eine Sandsteinkanzel und das Grab des 1503 verstorbenen Herzogs Wilhelm von Braunschweig zu sehen, das dieser schon zu Lebzeiten hatte anfertigen lassen.

Am Nordrand der Altstadt steht mit Blick auf die Werra das **Welfenschloss**. Es wurde ab 1070 für das Herrschergeschlecht der Welfen errichtet. Herzog Erich II. ließ es 1562–84 im Stil der Weserrenaissance ausbauen. Bei einer Führung kann man die freskengeschmückten Prunkgemächer bewundern. In weiteren Räumen zeigt das *Städtische Museum* (Schlossplatz 5, Tel. 055 41/752 02, Mi–Fr 10–12 und 14.30–17, Sa 10–12 und 14.30–16, So 10–12.30 Uhr) Exponate zur Lebenswelt der Stadt ab dem 18. Jh.

Anschließend locken eine Schiffstour auf den Wasserstraßen oder ein Spaziergang gen Westen zur im Reinhardswald gelegenen **Tillyschanze** mit Aussichtsturm. Von dort hat man einen herrlichen Blick auf die Drei-Flüsse-Stadt im Grünen.

Praktische Hinweise

Information

Tourist-Information, Rathaus, Lotzestr. 2, Hannoversch Münden, Tel. 055 41/753 13, www.hann.muenden.de

Hotels

Schmucker Jäger, Wilhelmshäuser Str. 45, Hannoversch Münden, Tel. 055 41/981 00, www.radfahrerhotel.de. Kleines einfaches Hotel mit Restaurant.

Route

Auf der B3 in nordöstlicher Richtung nach Göttingen (28 km).

TOUR 10

Nordhessen – Burgen und Märchenwälder, Kunst und Wissenschaft

2–3 Tage • 309 km

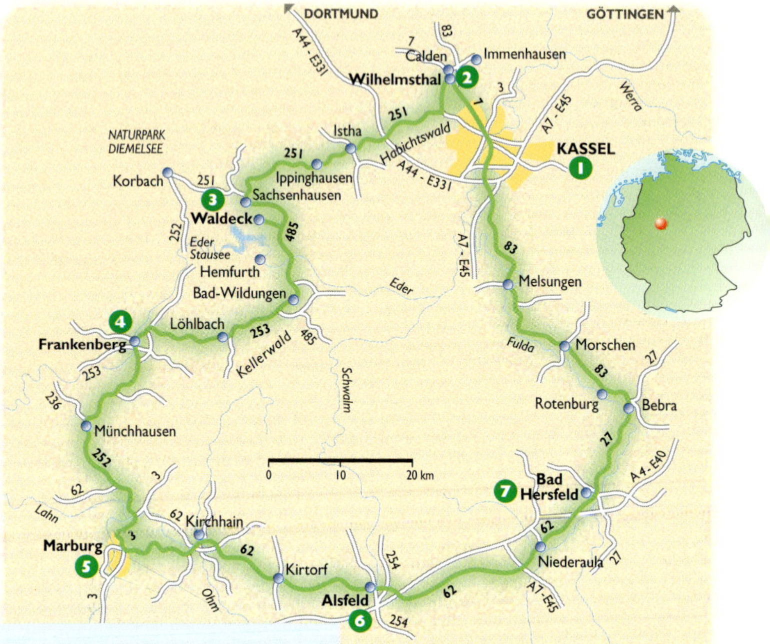

Reiseroute

Kassel ▸	**Wilhelmsthal (12 km)**
Wilhelmsthal ▸	**Waldeck (50 km)**
Waldeck ▸	**Frankenberg (54 km)**
Frankenberg ▸	**Marburg/Lahn (39 km)**
Marburg/Lahn ▸	**Alsfeld (43 km)**
Alsfeld ▸	**Bad Hersfeld (38 km)**
Bad Hersfeld ▸	**Kassel (73 km)**

1 Kassel *O11*

Stadt im Zeichen des Herkules und gelegentliche Kunstmetropole.

Kassel (194 000 Einw.), 913 zum ersten Mal urkundlich erwähnt, wurde 1277 Hauptstadt von Hessen. Ab 1700 prägte *Landgraf Karl* (1654–1730) mit seinen barocken Bauprojekten das Stadtbild. So ließ er 1701 im Süden an der Fulda die schlossartige **Orangerie** (An der Karlsaue 20 c, Tel. 05 61/31 68 00, www.museum-kassel.de, Di–So 10–17 Uhr) als Sommerresidenz errichten. Heute wird sie vom Astronomisch-physikalischen Kabinett mit *Planetarium* genutzt. Um die Orangerie herum entstand

Die Orangerie war ursprünglich ein Gewächshaus mit sommerlichen Aufenthaltsräumen.

ab 1711 die **Karlsaue**, einer der größten Barockgärten in Deutschland. Zum fürstlichen Amüsement wurde 1722 westlich der Orangerie ein Pavillon erbaut und als Bad gestaltet. In diesem **Marmorbad** (An der Karlsaue 20, Tel. 05 61/31 68 06 25, www.museum-kassel.de, Ostern–Sept. Di–So 10 Uhr bis Einbruch der Dunkelheit/letzter Einlass 18 Uhr) kann man Werke von *Pierre Etienne Monnot* (1657–1733) bewundern, Skulpturen und Reliefs mit Erzählungen aus den Metamorphosen des Ovid.

An der Wilhelmshöhe im Westen hatte Landgraf Moritz der Gelehrte im 17. Jh. anstelle eines alten Klosters das *Jagdschloss Weißenstein* errichten lassen. Unter Landgraf Karl entstand am Westende des Schlossparks, am Hang des Habichtwaldes, das barocke **Riesenschloss** (1701–11, Giovanni Francesco Guerniero, bis 2011 wg. Restaurierung eingerüstet). Die achteckige dreigeschossige Schauarchitektur wird bekrönt von einer großen *Aussichtsplattform* (15. März–15. Nov. Di–So 10–17, letzter Einlass 16.30 Uhr) mit herrlichem Blick auf Stadt und Bergland. Die Plattform wiederum trägt eine 26 m hohe Pyramide mit der 9 m großen **Herkules-Statue** auf der Spitze. Das Wahrzeichen Kassels, geschaffen von einem Augsburger Goldschmied, ist eine Nachbildung des antiken Herkules Farnese. Zu Füßen des Riesenschlosses ergießen sich mehrbahnige Kaskaden über große Wassertreppen hangabwärts und münden in die Wasserspiele, die sich bis zum Fontänenteich des Schlosses hinziehen.

Jagdschloss Weißenstein war unter Wilhelm XI. 1786 abgerissen worden. An selber Stelle ließ er **Schloss Wilhelmshöhe** (Schlosspark 1, Tel. 05 61/31 68 00, www.museum-kassel.de, Di–So 10–17 Uhr) nach Plänen von Simon Louis du Ry errichten. Der streng wirkende klassizistische Palast, erst Anfang des 19. Jh. vollendet, besteht aus drei Flügeln mit Verbindungsbauten. Heute kann man hier die *Antikensammlung* mit Funden aus ägyptischer, minoisch-mykenischer, griechischer, etruskischer und römischer Zeit besichtigen. Die **Gemäldegalerie Alter Meister** wartet mit Werken von Cranach, Dürer, Rembrandt, Rubens, van Dyck und Tizian auf. Parallel zum Schlossbau begann man Ende des 18. Jh. mit der Umgestaltung des **Bergparks Wilhelmshöhe** (www.wilhelmshoehe.de) in einen englischen Landschaftsgarten. Heute gilt die weitläufige Anlage als Europas größter Bergpark.

TOP TIPP

Ein weiteres imposantes Gebäude entstand hier 1793–1801 am Rande der Wolfsschlucht: Die **Löwenburg** (Park Wilhelmshöhe, Tel. 05 61/31 68 02 44, www.museum-kassel.de, März–Okt. Di–So 10–17, Nov., Jan., Febr. Di–So 10–16, Dez. Sa–So 10–16 Uhr, Führungen zur vollen Stunde, letzter Einlass 1 Std. vor Schließung) gehört heute zu den wichtigsten Beispielen der neogotischen Ruinenarchitektur. Das Äußere präsentiert sich nach Art mittelalterlicher Ritterburgen, die fürstlichen Gemächer sind dagegen im Stil des Barock gehalten.

Im Zentrum von Kassel, südlich des Königsplatzes, liegt mit der **Oberen Königsstraße** die wichtigste Einkaufsstraße der Stadt. Östlich von ihr befinden sich wei-

tere Museumshighlights, darunter mit dem **Museum Fridericianum** (Friedrichsplatz 18, Tel. 05 61/707 27 20, www.fridericianum-kassel.de, Mi–So 11–18 Uhr) das erste öffentliche Museum Europas. Der 1769–79 von Simon Louis du Ry mit einem sechssäuligen Mittelportikus errichtete Bau zeigt heute hochkarätige Ausstellungen zur Gegenwartskunst.

Ganz in der Nähe steht die gläserne **documenta-Halle** (Du-Ry-Str., Tel. 05 61/70 72 70, www.documentahalle.de), einer der Ausstellungs- und Veranstaltungsorte der wohl wichtigsten Weltausstellung für Zeitgenössische Kunst, die alle fünf Jahre in Kassel stattfindet. Die zwölfte documenta verwandelte die Stadt von Juni bis September 2007 in ein Gesamtkunstwerk (nächste documenta 2012).

Weiter südwestlich, im Palais Bellevue, illustriert das **Brüder-Grimm-Museum** (Schöne Aussicht 2, Tel. 05 61/787 20 33, www.grimms.de, tgl. 10–17, Mi bis 20 Uhr) die wichtigsten Lebensstationen der beiden Wissenschaftler und Märchensammler. Sie gingen in Kassel zur Schule und waren hier später als Professoren tätig. Gegenüber präsentiert die **Neue Galerie** (Schöne Aussicht 1, wg. Restaurierung bis 2009 geschl.) Gemälde und Skulpturen des 18. Jh.

Weiter westlich zeigt das **Hessische Landesmuseum** (Brüder-Grimm-Platz 5, Tel. 05 61/31 68 00, www.museum-kassel.de, Di–So 10–17 Uhr) Funde aus der Vor- und Frühgeschichte. Über die Regionalhistorie informiert die *Sammlung Volkskunde* mit Trachten, historischen Wohnungseinrichtungen u. a. Die hier ebenfalls untergebrachte *Sammlung Angewandte Kunst* zeigt mittelalterliche Skulpturen, Kleinkunst und sakrale Objekte.

Praktische Hinweise

Information

kassel tourist GmbH, Obere Königsstr. 8, Kassel,Tel. 05 61/70 77 07, www.kassel-tourist.de

Hotel

Mark Hotel Hessenland, Obere Königsstr. 2, Kassel, Tel. 05 61/918 10, www.markhotelhessenland.de. Zentral gelegenes Haus im Stil der 1950er-Jahre.

Restaurant

Restaurant Park Schönfeld, Bosestr. 13, Kassel, Tel. 05 61/220 50, www.schloss schoenfeld.com. Moderne Küche, im Sommer auf der Terrasse (So geschl.).

Route

Auf der B7 nach Nordwesten Richtung Calden. Nach etwa 9 km nach links Richtung Schäferberg und auf der L3217 nach Wilhelmsthal (12 km).

2 Wilhelmsthal

O9

Prunk und Pracht im schönen Schloss Wilhelmsthal.

Auf dem Weg von Kassel nach Waldeck liegt das prachtvolle **Schloss Wilhelmsthal** (Tel. 056 74/68 98, März–Okt. Di–So 10–16, Nov.–Febr. Di–So 10–15 Uhr, Führungen stdl.), eines der bedeutendsten Rokokoschlösser nördlich des Mains. Vom französischen Architekten *François de Cuvilliés* entworfen, wurde es 1743–61 als Sommerresidenz für Landgraf Wilhelm VIII. errichtet. Die Säle sind mit Stuckaturen und herrlichen Schnitzereien auf den Wandvertäfelungen verziert. In der *Schönheitsgalerie* hängen Porträts von Hofdamen, die der Maler Johann Heinrich Tischbein d. Ä. auf Geheiß seiner fürstlichen Auftraggeber anfertigte. Der **Rokokopark**, von dem noch Teile erhalten sind, wurde 1796–1806 zu einem reizvollen Landschaftsgarten umgestaltet. Er bildet den Rahmen für die Eröffnungsfeiern des **Kultur-Sommers Nordhessen** (www.kultursommer-nordhessen.de) mit Konzert und Picknick im Park.

Praktische Hinweise

Information

Gemeinde Calden, Holländische Str. 35, Calden, Tel. 056 74/70 20, www.calden.de

Route

Von Wilhelmsthal etwa 5 km nach Süden, dann nach rechts auf die B251 und weiter bis Sachsenhausen, dort nach links auf die B485 und nach etwa 5 km rechts auf die L3388 bis Waldeck (50 km).

3 Waldeck

O9

Mittelalterliche Festungsanlage hoch über dem Edersee.

Die Burganlage **Schloss Waldeck** (12. Jh.) thront auf einem steilen Felsen zwischen dem Städtchen Waldeck (8000 Einw.)

Die mittelalterliche Burganlage Schloss Waldeck beherbergt heute ein Luxushotel

und dem künstlich angelegten *Edersee* mit der Edertalsperre. Einst war die Burg Stammsitz der Grafen von Waldeck. Nach mehreren Umbauphasen wurde die Festung jedoch im 17. Jh. als Residenz aufgegeben. Heute dient Schloss Waldeck als Luxushotel (s. u.) und beherbergt ein kleines *Museum* (April–Okt. tgl. 10–17 Uhr), das Porträts der Herren von Waldeck sowie Dokumente zur Ortsgeschichte zeigt. Von der Restaurantterrasse genießt man einen schönen Blick über Stadt und See.

Im Sommer kann man mit einem *Ausflugsdampfer* (Tel. 056 23/54 15, Mai–Sept. tgl., April, Okt. nur Sa/So) über den Edersee schippern oder sich im *Wasserskifahren* (www.sun-fun.de) versuchen. Die *Waldecker Bergbahn* (Tel. 056 23/53 54) sorgt als Seilbahn für eine schnelle und bequeme Verbindung zwischen See, Stadt und Burg. Weiter südlich lädt der **Nationalpark Kellerwald-Edersee** (www.nationalpark-kellerwald-edersee.de) zu einem Spaziergang ein. Im hiesigen **Wildpark** (Tel. 056 23/43 70, www.greifenwarte-edersee.de, Mai–Okt. tgl. 9–18, Nov.–Febr. tgl. 11–16, März/April tgl. 10–18 Uhr, Flugvorführung 11 und 15 Uhr) kann man Greifvögel beobachten.

Praktische Hinweise

Information

Edersee Touristic, Sachsenhäuser Str. 10, Waldeck, Tel. 056 23/999 80, www.edersee.wildungen.info

Hotel

Schloss Waldeck, Waldeck, Tel. 056 23/58 90, www.schloss-waldeck.de. Komfortables Hotel in der eindrucksvollen Burganlage mit Restaurant.

Route

Zurück auf die B485 nach Süden bis hinter Bad Wildungen, von dort auf der B253 in westlicher Richtung bis Frankenberg (54 km).

4 Frankenberg *P9*

Ein malerisches Fachwerkrathaus mit zehn Turmspitzen.

Frankenberg (12 000 Einw.) wurde 1244 zum ersten Mal als Stadt erwähnt. In seine Blütezeit (13./14. Jh.) fiel auch der Bau der dreischiffigen, gotischen Marienkirche, der heutigen **Liebfrauenkirche** (Auf der Burg, Tel. 064 51/87 79, www.ev-kirche-frankenberg.de, Sommer tgl. 8.30–20, Winter bis 16

Uhr), die am Burgberg hoch über der Altstadt thront. Der Baumeister ließ sich von der Marburger *Elisabethkirche* inspirieren. Die 1370–80 angebaute Marienkapelle ist ein Schmuckstück der Hochgotik und prunkt mit einer reich verzierten steinernen Altarwand.

Ein weiteres eindrucksvolles Gebäude steht östlich der Kirche zwischen den beiden Marktplätzen Unter- und Obermarkt: Nicht weniger als zehn Turmspitzen krönen das fachwerkgeschmückte **Rathaus** (Obermarkt 7–13), denn es gibt acht Erkertürmchen, einen wuchtigen Treppenturm und einen Dachreiter. Das heutige Bauwerk stammt von 1509, sein Vorgänger, 1421 errichtet, war dem Stadtbrand von 1476 zum Opfer gefallen.

Praktische Hinweise

Information

Fremdenverkehrsamt, Stadthaus neben dem Rathaus, Obermarkt 7–13, Frankenberg, Tel. 064 51/50 51 13, www.frankenberg.de

Route

Auf der B252 in südlicher Richtung weiter nach Marburg (39 km).

5 Marburg an der Lahn

P8

Die erste protestantische Universität und der älteste rein gotische Sakralbau in Deutschland.

Marburg (80 000 Einw.), 1138 erstmals urkundlich erwähnt, erhielt Bedeutung, als Landgräfin **Elisabeth von Thüringen** die Stadt 1228 als Witwensitz wählte. Die Tochter des ungarischen Königs András II. war als Vierjährige auf die Wartburg bei Eisenach gekommen, wo sie als Verlobte des künftigen *Landgrafen Ludwig IV.* aufgezogen wurde. Mit 14 Jahren heiratete sie ihn dann. Als ihr Ehemann 1227 in Italien an der Pest gestorben war, musste die 20-jährige Witwe die Wartburg verlassen und zog sich nach Marburg zurück, wo sie ein Hospital gründete und sich der Krankenpflege widmete. 1231 starb sie im Alter von 24 Jahren vermutlich an körperlicher Erschöpfung. Schon drei Monate nach ihrer *Heiligsprechung* im Jahre 1235 begann der Bau der ihr geweihten TOP TIPP **Elisabethkirche** (Elisabethstr., Tel. 064 21/655 73, www.elisabethkirche-mr.de, April–Sept. tgl. 9–18, Okt. tgl. 10–17, Nov.–März tgl. 10–16 Uhr), in der sie zur letzten Ruhe gebettet wurde. Der Sakralbau gilt als der älteste rein gotische in Deutschland. Der im rheinisch-maasländischen Stil gefertigte, spätestens 1250 vollendete *Elisabethschrein*, in dem die Gebeine der Heiligen bis 1539 ruhten, ist das wertvollste Ausstattungsstück der Kirche (heute in der Sakristei). Landgraf Philipp entnahm 1539 die Gebeine, ihr Verbleib ist bis heute ungeklärt. Auch im Kirchenraum selbst erinnert vieles an die Patronin, darunter eine Holzstatue aus dem 15. Jh. im nördlichen Seitenschiff, Glasmalereien mit Szenen aus dem Leben der Heiligen im Chor, schräg darunter eine Elisabethstatue über dem Zelebrantenstuhl, eine Figur des steinernen Hochaltars sowie das kostbare *Mausoleum* der Heiligen am Nordende des Querschiffs mit einer Darstellung von Elisabeths Tod auf dem Sarkophag. Im nördlichen Seitenschiff der Kirche liegt der deutsche Reichspräsident Paul von Hindenburg (1847–1934) begraben.

Weiter südlich sind rund um den **Markt**, vor allem aber am sich nördlich anschließenden Obermarkt zahlreiche schöne alte Fachwerkbauten erhalten. Zu den attraktivsten gehören die Häuser Markt 14, 21 und 23. Am unteren Ende des Platzes steht das 1512–14 im spätgotischen Stil erbaute **Rathaus** (Markt 1, Tel. 064 21/20 10) und etwa auf halber Höhe der Georgs- oder Marktbrunnen, ein beliebter Treffpunkt der Studenten.

Der kostbare Elisabethschrein (um 1250) ist Glanzpunkt der Marburger Elisabethkirche

Das Marburger Schloss thront auf dem 287 m hohen Schlossberg hoch über der Stadt

Nördlich des Rathauses ragt der schiefe Turm der **Marienkirche** empor. Im Inneren des ursprünglich romanischen, später zu einer hochgotischen Hallenkirche umgebauten Gotteshauses kann man ein romanisches Taufbecken und die Grabmäler der Landgräfin Hedwig von Württemberg und ihres Gatten Ludwig von Hessen besichtigen.

Das für die Landgrafen von Hessen errichtete **Marburger Schloss** (Schloss 1, Tel. 064 21/282 23 55, April–Okt. Di–So 10–18, Nov.–März Di–So 11–16 Uhr) liegt hoch über der Stadt an der Stelle der einstigen Burg und bietet von seinen Terrassen aus reizvolle Ausblicke über Marburg und das Lahntal. Besonders bemerkenswert sind der große gotische Rittersaal, die Schlosskapelle und das Landgrafenzimmer, in dem 1529 die beiden Reformatoren Luther und Zwingli ihr berühmtes Gespräch über die Abendmahlslehre führten, aus dem die ›15 Marburger Artikel‹ hervorgingen. Der Wilhelmsbau, ein Erweiterungsbau des späten 15. Jh., beherbergt das **Universitätsmuseum für Kulturgeschichte** (Schloss 1, Tel. 064 21/282 23 55, April–Okt. Di–So 10–18, Nov.–März Di–So 10–16 Uhr), zu dessen Beständen wertvolle Objekte aus der Elisabethkirche, Fragmente alter Glasmalereien, ein großer Wandteppich aus dem 15. Jh. und eine Sammlung mittelalterlicher Schilde gehören. Im Waldecker Saal wird außerdem eine Sammlung mit Keramik vom Mittelalter bis zur Neuzeit gezeigt. Die Geschichte der Stadt ist eng verknüpft mit der 1527 gegründeten **Philipps-Universität**, die auch heute noch zu den wichtigsten Institutionen Marburgs gehört. Im Südosten der Altstadt liegt die **Alte Universität** (Lahntor 3), die 1870 auf den Grundmauern des früheren Dominikanerklosters über der Lahn entstand. Sehenswert sind die *Aula* mit großen Wandgemälden von Peter Janssen d. Ä. (1844–1908), die Szenen der Stadtgeschichte zeigen. Auch den *Karzer*, eine Arrestzelle für Studenten mit zahllosen Graffiti der einstigen Insassen, kann man besichtigen.

In der Oberstadt, die durch einem Aufzug mit der Unterstadt verbunden ist, präsentiert das **Universitätsmuseum für Bildende Kunst** (Biegenstr. 11, Tel. 064 21/282 23 55, April–Okt. Di–So 10–18, Nov.–März Di–So 10–16 Uhr) deutsche Malerei des 20./21. Jh. u. a. von Otto Dix, aber auch Gemälde des 17.–19. Jh.

i Praktische Hinweise

Information

Marburg Tourismus und Marketing, Pilgrimstein 26, Marburg, Tel. 064 21/991 20, www.marburg.de

Hotel

Vila Vita Hotel & Residenz Rosenpark, Rosenstr. 18–28, Marburg, Tel. 064 21/ 600 50, www.vilavitahotels.com. 5-Sterne-Superior-Hotel auf einer Halbinsel auf den Lahnauen. Mit Rosenpark.

Restaurant

Gasthaus Zur Sonne, Markt 14, Marburg, Tel. 064 21/171 90. Das Hotelrestaurant bietet gutbürgerliche Küche.

Route

Nach Osten auf der L3088 Richtung Kirchhain, dann auf der B62 weiter bis Alsfeld (43 km).

6 Alsfeld Q9

Mittelalterliches Städtchen mit sehenswertem Rathaus.

Als Siedlung im Machtbereich der Landgrafen von Thüringen 1069 erstmals urkundlich erwähnt, kam Alsfeld bei der Abspaltung von Thüringen 1248 zu Hessen. Die romantische **Altstadt** (TOP TIPP) hat bis heute ihren mittelalterlichen Zauber bewahrt. Von besonderem Reiz ist der **Markt** mit dem 1512–16 erbauten **Rathaus** (Tel. 066 31/18 20). Der mehrstöckige Fachwerkbau ruht auf einem offenen Untergeschoss aus Stein, in dem einst die Markthalle untergebracht war. Auf dem steilem Giebeldach thronen zwei hübsche Erkertürmchen. Zur Linken erhebt sich das **Weinhaus**, ein Steinbau, der Übergangsformen zwischen Gotik und Renaissance aufweist. Gegenüber steht mit dem **Stumpfhaus** das am reichsten mit Schnitzereien verzierte Fachwerkhaus in Alsfeld. Es wurde 1609 für Bürgermeister Jost Stumpf errichtet. Ein paar Schritte westlich sind in der Rittergasse zwei weitere bemerkenswerte Bauten zu finden: das **Neurath-Haus** (Rittergasse 3), ein schönes Fachwerkhaus im Barockstil, und das **Minnigerodehaus** (Rittergasse 5), ein steinerner Barockbau mit einer ungewöhnlichen Wendeltreppe im Inneren, die sich freitragend um einen Baumstamm windet. In beiden Häusern ist das *Regionalmuseum* (Tel. 066 31/ 18 23 00, www.regionalmuseum-alsfeld.de, Di–So 10–16 Uhr) untergebracht, das Kunsthandwerk sowie Trachten und sakrale Objekte zeigt.

Die **Walpurgiskirche** (Kirchplatz, Tel. 066 31/44 96) nördlich vom Rathaus entstand im späten 13. Jh. als eine frühgotische Basilika mit Westturm und gestrecktem, niedrigen Chor. Ab 1472 wurde sie durch Erhöhung und Verbreiterung der Seitenschiffe und Ausbruch hoher Arkaden zur Hallenkirche umgestaltet. Im Inneren kann man neben spätgotischen Wandmalereien einen schönen Schnitzaltar und eindrucksvolle Grabplatten des 16.–18. Jh. besichtigen.

Ein amüsanter Blickfang der Stadt sind die uralten schiefen Fachwerkhäuser in der *Unteren Fuldaer Gasse*. Am Ende der Gasse ragt der mächtige **Leonhardsturm** empor, einer der wenigen Reste der mittelalterlichen Stadtbefestigung.

Rotkäppchens Märchenhaus

Das Märchen vom Rotkäppchen hat seinen Ursprung in Alsfeld, sogar die Tracht der Frauen weist eine gewisse Ähnlichkeit mit jener der Märchenfigur auf. Die Stadt pflegt diese Tradition in ihrem Märchenhaus (Sackgasse 2, Alsfeld, Tel. 066 31/911 02 43, www.alsfeld.de, Mo 15–17, Mi 10–12 und 15–17, Sa/So 15–17 Uhr), wo eine Märchenerzählerin ihre Zuhörer eine Stunde lang in die Welt der Fantasie entführt. Im zweiten Stock des Hauses sind Puppenstuben des 19. und 20. Jh. ausgestellt.

i Praktische Hinweise

Information

Tourist Center, Markt 12, Alsfeld, Tel. 066 31/911 02 43, www.tca-alsfeld.de

Route

Auf der B62 erst in östlicher, dann in nordöstlicher Richtung weiter nach Bad Hersfeld (38 km).

7 Bad Hersfeld P10

Beliebter Kurort und Deutschlands älteste Kirchenglocke.

Die Anfänge Bad Hersfelds gehen auf eine vom Missionar und späteren Mainzer Erzbischof *Lullus* im Jahre 769 gegründete Benediktinerabtei zurück. Die im 11./12. Jh. erneuerte **Klosterkirche** (Im Stift, Tel. 066 21/736 94, Mitte März–April und Mitte Sept.–Okt. tgl. 10–12 und 14–16 Uhr) wurde 1761 von französischen Truppen in Brand gesteckt und blieb fortan Ruine. Im um 1120 erbauten frei stehenden Katharinenturm der Kirche hängt Deutschlands ver-

Der Markt von Alsfeld wird geschmückt vom Weinhaus (links) und dem Fachwerk-Rathaus

mutlich älteste Glocke, die 1038 gegossene *Lullusglocke* (Tel. 066 21/20 12 74, Führung erster Fr im Monat 15 Uhr, Anmeldung erforderlich). Die Kirchenruine bietet im Sommer eine spektakuläre Kulisse für die **Bad Hersfelder Festspiele** (Tel. 066 21/20 13 60, www.bad-hersfelder-festspiele.de) mit Theater-, Oper-, Konzert- und Musical-Aufführungen.

Alljährlich im Oktober wird in Bad Hersfeld Deutschlands ältestes Heimatfest zelebriert: Das **Lullusfest** lockt mit Riesenrad und Karussells, Autoskootern und Achterbahn sowie den ›Budewähn‹ mit ihren Leckereien auf den **Markt**. Der Hauptplatz der Stadt wird von malerischen alten Bürgerhäusern und dem ursprünglich gotischen, 1597–1612 im Renaissancestil erneuerten **Rathaus** (Weinstr. 16, Tel. 066 21/20 10) gerahmt. Schräg dahinter erhebt sich die im 14. Jh. erbaute gotische **Stadtkirche** (Kirchplatz, Tel. 066 21/144 86, tgl. 10–17 Uhr) mit ihrem mächtigen, über 100 Jahre jüngeren Turm.

Das mineralienreiche *Heilwasser* der Bad Hersfelder Quellen, das sich vor allem zur Behandlung von Herz-Kreislauf- und Leberbeschwerden eignet, hat die Stadt zu einem der beliebtesten Kurorte Deutschlands gemacht. Im **Kurpark** steht das moderne Gesundheitszentrum. Hier bieten das **Kurbad Therme** (Am Kurpark 10, Tel. 066 21/795 09 10, www.kurbad-therme.de) und das **PhysioCenter** (Am Kurpark 10, Tel. 066 21/79 85 01, www.physiocenter-kurpark.de) zahlreiche Wellnessangebote von Sauna und Kräuter-Blüten-Ölbad über Massagen und Kaffee-Körperpeeling bis hin zum Moorbad und zur Mousse-au-Chocolat-Körperpackung.

i Praktische Hinweise

Information

Tourist-Information, Am Markt 1, Bad Hersfeld, Tel. 066 21/20 12 74, www.tourist-hef.de

Hotel

Romantik-Hotel Zum Stern, Linggplatz 11, Bad Hersfeld, Tel. 066 21/18 90, www.zumsternhersfeld.de. Seit 1411 gibt es das komfortable Hotel, heute mit Badewelt und Restaurant.

Route

Auf der B27 in nördlicher Richtung bis Lispenhausen (kurz hinter Bebra), dort auf die B83 und zurück nach Kassel (73 km).

Sauerland – Entdeckungen im ›Land der tausend Berge‹

2–3 Tage • 356 km

Reiseroute

Hagen ▶	**Iserlohn (24 km)**
Iserlohn ▶	**Arnsberg (45 km)**
Arnsberg ▶	**Bilsteinhöhle (22 km)**
Bilsteinhöhle ▶	**Meschede (17 km)**
Meschede ▶	**Ramsbeck (35 km)**
Ramsbeck ▶	**Brilon (21 km)**
Brilon ▶	**Siegen (100 km)**
Siegen ▶	**Freudenberg (16 km)**
Freudenberg ▶	**Hagen (76 km)**

1 Hagen *N6*

Tor zum Sauerland mit Moderner Kunst und Funden aus der Steinzeit.

Am Westrand des Sauerlandes liegt, von vier Flüssen umgeben, Hagen (200 000 Einw.). Urkundlich erwähnt wurde die Region bereits 775. Erste Schriftquellen, die sich direkt auf Hagen beziehen, stammen aus dem 12. Jh. Durch die Gründung mehrerer Hammerwerke und Schmieden erlangte der Ort im 18. Jh. wirtschaftliche Bedeutung. 1746 erhielt Hagen das Stadtrecht. Eine Blütezeit erlebte es 1871–1914 als Industriezentrum der Region südlich der Ruhr. Aufsehen erregten prähistorische Fossilienfunde im 19./20. Jh.

Im Zentrum von Hagen stehen dicht beieinander das moderne Einkaufscenter *Volme Galerie* mit hoch aufragender Glasfassade und das 1964 errichtete **Rathaus** (Friedrich Ebert Platz 1). Im Ratskeller hängt seit 1965 ein Abbild der Sonne im Maßstab von 1 : 1 Milliarde, das den Mittelpunkt des **Planetenmodells Hagen** (www.planetenmodell-hagen.de) bildet. Über die Stadt verteilt findet man zehn in den Boden eingelassene Bronzeplatten mit Daten zu den Himmelskörpern Merkur, Venus, Erde, Mars, Jupiter, Saturn, Uranus, Neptun und Pluto. Weitere Informationen erhält man bei der *Zentralplastik* (2006) am Westeingang des *Volksparks* (Karl-Marx-Str.).

Über die Bahnhofstraße gen Westen geht es zum **Hauptbahnhof**, dessen Eingangshalle ein monumentales Glasgemälde ›Der Künstler als Lehrer für Handel und Gewerbe‹ (1911) von Jan Thorn-Prikkers schmückt.

Großen Kunstgenuss bietet das **Karl Ernst Osthaus Museum** (Hochstr. 71, Tel. 023 31/207 31 38, www.keom.de, Di–So 11–18 Uhr, wegen Umbau bis Herbst 2008 geschl., Teile der Sammlung werden zzt. im Nachbargebäude gezeigt). Der Industrielle und Kunstmäzen Karl Ernst Osthaus gründete 1901 mit dem *Museum Folkwang* die erste Sammlung für moderne Kunst in Deutschland. Das Gebäude wurde 1900 von Carl Gérardum in Neorenaissanceformen errichtet, *Henry van de Velde* übernahm die Innenausstattung. Nachdem das Museum Folkwang 1922 nach Essen umgezogen war, wurde in den 1930er-Jahren die heutige nach Osthaus benannte Sammlung gegründet. Sie präsentiert Werke von Otto Dix, Emil Nolde, Max Beckmann und anderen Meistern der Klassischen Moderne. Für den Nachlass *Emil Schumachers* (1912–1999), ein Sohn der Stadt, wird im Herbst 2008 nebenan das Emil-Schumacher-Museum eröffnet.

Weiter südöstlich dokumentiert das **Stadtmuseum** (Eilper Str. 71–75, Tel. 023 31/207 27 40, www.historisches-centrum.de, Di–So 11–18 Uhr) die Geschichte Hagens. Zu den Exponaten gehören Musketen aus dem Dreißigjährigen Krieg, Hochzeitsflaschen des 18. Jh. und preußische Pickelhauben aus dem 19. Jh.

Im Anschluss kann man in der Nähe die Fachwerkbauten der **Langen Riege** (Riegestr. 6–18) besichtigen, der ältesten Arbeitersiedlung Westfalens. In der zweiten Hälfte des 17. Jh. ließen sich am Selbecker Bach die Klingenschmiede nieder. Heute ist das Bauensemble Teil der *Route der Industriekultur* (www.route-industriekultur.de), die zu den wichtigsten Industriedenkmälern des Ruhrgebiets führt.

TOP TIPP Über die Geschichte des Handwerks informiert das **Westfälische Freilichtmuseum Hagen** (Mäckingerbach, Tel. 023 31/780 70, www.freilichtmuseum-hagen.de, April–Okt. Di–So 9–18 Uhr) im südlichen Stadtteil Selbecke. Auf dem 42 ha großen Gelände stehen Fachwerkhäuser mit Werkstätten, in denen traditionelle Handwerkskünste wie Färben, Drucken, Schmieden, Schnitzen und Papierschöpfen vorgeführt werden. Die Hausbrauerei, die Bäckerei und die Räucherei sorgen für das leibliche Wohl.

Spektakuläre Ausgrabungsfunde zeigt das **Museum für Ur- und Frühgeschichte** (Werdringen, Tel. 023 31/306 72 66, www.historisches-centrum.de, Di–So 10–17 Uhr) im westlichen Stadtteil Vorhalle. Neben menschlichen Knochenfunden aus der Steinzeit werden riesige Ur-Insekten aus dem Oberkarbon und Dinosaurier aus der Kreidezeit gezeigt. Untergebracht ist das Museum im idyllischen *Wasserschloss Werdringen*, von dessen Mauern man einen herrlichen Blick über das Ruhrtal mit seinen Burgruinen hat. Der Adelssitz wurde im 13. Jh. als Turmburg errichtet, im 15. Jh. erweitert und im 19. Jh. zu einem neogotischen Wasserschloss umgebaut.

Ein beliebter Wanderweg ist der etwa 6 km lange *Drei-Türme-Weg*. Er führt auf den Goldberg zum **Bismarckturm** (1901, tgl. 9–17 Uhr, Schlüssel im nahen Forsthaus). Den 24 m hohen Sandsteinturm

Ursprünglich beherbergten die Fachwerkhäuser der Langen Riege Hagens Klingenschmiede

ziert ein Adlerrelief mit Bismarckwappen. Weiter geht es durch den Stadtwald und über den Höhenweg zum **Kaiser-Friedrich-Turm** (1910; tgl. 9–17 Uhr). Über dem Eingang des 17 m hohen Backsteinbaus prangt ein Bronzeporträt Friedrichs III. Von hier führt der Elsa-Brändström-Weg zum **Eugen-Richter-Turm** (April–Sept. Mi 19–21, So 14–16, Okt.–März Mi, Sa 19–21 Uhr), einem Achteckturm, mit zwei quadratischen Seitentürmen. Die Aussichtsplattform bietet eine spektakuläre Fernsicht. Daneben ermöglicht die **Volkssternwarte** (Tel. 023 31/59 07 90, www.sternwarte-hagen.de, Öffnungszeiten wie Eugen-Richter-Turm) einen Blick in den Himmel. Filme zu astronomischen Themen runden das Programm ab. Zum Abschluss kann man im *Wild- und Saupark* Damhirsche und Widder beobachten oder im nahen *Restaurant Waldlust* (Pelmkestr. 111, Tel. 022 31/33 99 11) gutbürgerliche Küche genießen.

Praktische Hinweise

Information

Hagen Touristik, Rathausstr. 13, Hagen, Tel. 023 31/207 58 94, www.hagen.de

Hotel

Arcadeon, Lennestr. 91, Hagen, Tel. 023 31/357 50, www.arcadeon.de. Hotel im Stil mittelalterlicher Klöster am Stadtrand mit großem Park.

Route

Auf der B7 nach Osten bis Iserlohn (24 km).

2 Iserlohn *N7*

Größte Stadt des Märkischen Kreises und eine Tropfsteinhöhle.

Iserlohn (101 000 Einw.) war im Mittelalter ein Zentrum der Metallverarbeitung. Am Fritz-Kühn-Platz sind noch Teile der *Stadtbefestigung* aus dem 13. Jh. erhalten. Hier steht auch das älteste Gebäude der Stadt, die Bauernkirche **St. Pankratius** (um 985). Die ursprünglich romanische Basilika wurde um 1350 gotisch verändert und birgt einen schönen gotischen Schnitzaltar (um 1450).

Sehenswert ist auch die zweischiffige **Oberste Stadtkirche** (14. Jh., Am Bilstein 14, Tel. 023 71/268 20), ein gotischer Bau mit romanischem Turm. Hier findet man einen flandrischen Schnitzaltar (um 1400)

mit 18 Apostel- und Heiligenfiguren. Im benachbarten schönen Barockbau von 1720 ist das **Stadtmuseum** (Fritz-Kühn-Platz 1, www.museen-iserlohn.de, Di–So 10–17, Do 10–19 Uhr) untergebracht. Die Ausstellung informiert über die Vergangenheit Iserlohns, die eng verknüpft ist mit dem Bergbau, der Drahtherstellung und der Nadelindustrie.

4 km weiter westlich, in Letmathe, befindet sich die **Dechenhöhle** (Tel. 023 74/714 21, www.dechenhoehle.de, Führungen April–Okt. tgl. 10–17, März, Nov. tgl. 10–16, Dez.–Febr. Sa/So 10-16 Uhr), die 1868 beim Bau einer Eisenbahnstrecke entdeckt wurde. In der imposanten Tropfsteinhöhle fand man Tausende von Knochen aus der letzten Eiszeit, die von Bären, Löwen, Hyänen, Riesenhirschen und Mammuts stammen. Sensationell ist der 1993 entdeckte Oberschädel des seltenen Waldnashorns. Die Funde sind im *Höhlenmuseum* am Eingang ausgestellt.

Praktische Hinweise

Information

Stadtinformation, Theodor-Heuss-Ring 24 (Von-Scheibler-Haus), Iserlohn, Tel. 023 71/217 18 20, www.iserlohn.de

Route

Zunächst auf der B7 nordöstlich Richtung Menden, rechts weiter auf der B515 Richtung Baldung und Werdohl.
In Beckum links weiter auf der B229 nordöstlich nach Arnsberg (45 km).

Traumhaft gelegen – Arnsberg schmiegt sich an die Ruhr und ist umgeben von Wäldern

3 Arnsberg N7

Malerische Altstadt zu Füßen einer eindrucksvollen Schlossruine.

Arnsberg (80 000 Einw.) liegt auf einem Hügel in einer Schleife der Ruhr und erstreckt sich zwischen dem Arnsberger Wald im Norden und dem kleineren Arnsberger Stadtwald im Süden, der zum **Naturpark Homert** (www.naturpark-homert.de) überleitet. Erstmals um 800 urkundlich erwähnt, wurde Arnsberg bereits im 11. Jh. Sitz einer Grafschaft: Bernhard III. von Westfalen ließ hier eine Burg erbauen, in deren Schutz der Ort entstand. Ende des 16. Jh. wurde sie zum *Renaissanceschloss* umgestaltet. Während des Siebenjährigen Krieges um 1762 zerstörte ein Brand das Gebäude. Seitdem ist es Ruine. Der einstige Schlossgarten wurde 1818–21 von Maximilian Friedrich Weyhe zu einem englischen *Landschaftsgarten* umgestaltet, der heute frei zugänglich ist. Anfang des 19. Jh. kamen die Preußen nach Arnsberg und machten es zum Regierungssitz. Für die Beamten errichtete man nach Plänen *Karl Friedrich Schinkels* ein klassizistisch geprägtes Viertel, dessen Zentrum der **Neumarkt** bildet. Hier befindet sich auch die frühgotische Kirche **St. Laurentius** (Di–Sa 9.30–12 und 14.30–18, So 9.30–18 Uhr), der einzige erhaltene Bau einer Prämonstratenserabtei (1173–1803). Sehenswert sind der frühbarocke Hochaltar, die Grabplatten regionaler Herrscher des 14.–17. Jh. und eine barocke Kanzel aus dem späten 18. Jh. In der Klosterstraße steht das **Hirschberger Tor**, ein Rokokotor von 1753, das mit Szenen einer Parforcejagd geschmückt ist. Es gehörte zu einem Jagdschloss im Arnsberger Wald und wurde 1826 hierher versetzt.

Weiter nördlich liegt die **Altstadt** mit ihren Fachwerkhäusern und Wehrtürmen. Sehenswert ist das barocke **Alte Rathaus** (Alter Markt 19, Tel. 029 31/89 30) von 1710, sein Turm gilt als Wahrzeichen der Stadt. Die Fassade ist mit einer Marienstatue (um 1500) geschmückt.

Das nahe gelegene **Sauerland Museum** (Alter Markt 24–26, Tel. 029 31/40 98, www.sauerland-museum.de, Di–Fr 9–17, Sa 14–17, So 10–18 Uhr) ist in den Räumen des Landsberger Hofes von 1605 untergebracht. Es zeigt Fossilien aus der *Balver Höhle* (www.balver-hoehle.de) und Exponate aus der Geschichte des kurkölnischen Herzogtums Westfalen, darunter Gemälde und Jagdwaffen des 16.–19. Jh. Besonders interessante Objekte sind das Reiterstandbild eines Ritters und das Skelett eines Höhlenbären.

Unweit der Stadt liegen die Stauseen **Sorpesee** (www.sorpesee.de) und **Möhnesee** (www.moehnesee.de). Sie sind Paradiese für Wassersportler und können auch per *Schiff* (www.personenschifffahrt-sorpesee.de, www.moehneseeschifffahrt.de) erkundet werden. Die waldreiche Umgebung lädt zu Spaziergängen ein.

Die Abteikirche von Königsmünster (1964) entstand nach Plänen Hans Schillings

Praktische Hinweise

Information

Verkehrsverein Arnsberg, Neumarkt 6, Arnsberg, Tel. 029 31/40 55, www.arnsberg-info.de

Hotel

Dorint Arnsberg, Zu den drei Bänken, Arnsberg/Neheim, Tel. 029 32/20 01, www.dorintresorts.com/arnsberg. In schöner Landschaft gelegenes Hotel mit Wellnessbereich und Restaurant.

Route

Von Arnsberg auf der L735 über Oeventrop nach Hirschberg und weiter westlich zur Bilsteinhöhle (rund 22 km), ca. 4 km südwestlich von Warstein.

4 Bilsteinhöhle N8

Entdeckungen in der Unterwelt.

Im *Naturpark Arnsberger Wald* (www.naturpark-arnsberger-wald.de) liegt die Bilsteinhöhle (Tel. 029 02/27 31, www.hoehle-warstein.de, April–Nov. tgl. 9–17, Dez.–März Mo–Sa 10–12 und 14–16, So 9–16 Uhr). Das Höhlensystem wurde 1887 entdeckt und ist streckenweise für Besucher zugänglich. Ein Teil, die sog. *Kulturhöhle*, war schon in prähistorischen Zeiten bewohnt. Einige Funde, darunter ein Griffzungendolch aus Kupfer und Werkzeuge aus der Steinzeit, sind im **Bilsteinladen** (Tel. 029 02/91 00 99, www.bilsteintal.de, Di–Fr, So 10–17 Uhr) am Eingang ausgestellt. Ursprünglich war das Gebäude (1887) eine Wassergasanlage, in der Leuchtgas für die Beleuchtung der Höhle produziert wurde. Heute kann man hier *Führungen* durch die Höhle und das Bilsteintal buchen.

Route

Zurück nach Hirschberg, dann auf der L856 und B55 südwärts nach Meschede (17 km).

5 Meschede O8

Festungsartige benediktinische Klosterkirche im Herzen des Sauerlandes.

Meschede (35 000 Einw.), Geburtsort des Malers *August Macke* (1887–1914), liegt am Zusammenfluss von Henne und Ruhr. Bereits im 9. Jh. wurde östlich des heutigen Zentrums, hoch über der Ruhr die mächtige *Hünenburg* errichtet. Die Wallgräben sind heute durch einen Rundwanderweg erschlossen, der zur Burgruine führt.

Meschedes Pfarrkirche **St. Walburga** wurde Mitte des 17. Jh. als neogotische Hallenkirche über einem Vorgängerbau (9. Jh.) errichtet, von dem auch der Westturm stammt. Die romanische Choranlage wurde bei Grabungen freigelegt und kann heute unter dem Hochchor besichtigt werden.

Eine Gründung von 1928 ist die **Abtei Königsmünster** (Klosterberg 11, Tel. 02 91/ 299 50, www.koenigsmuenster.de) im Norden der Stadt. Seit 1957 leiten Benediktinermönche hier ein Gymnasium. Die strenge festungsartige *Abteikirche* wurde 1964 eingeweiht. Sehenswert sind das Bronzeportal und der Bischofsstuhl im Chor, den eine Christus-Ikone vom heiligen Berg Athos schmückt. Als Ort für Exerzitien wurde 2001 das *Haus der Stille* geweiht. Es besteht aus zwei unterschiedlich großen Kuben, die durch Stege verbunden sind. Große Glasflächen geben dem Bau eine freundliche Wirkung.

Zur Erholung lockt südlich von Meschede der **Hennesee** (www.hennesee-tourismus.de) in attraktiver Landschaft. Man kann schwimmen und segeln, radfahren und wandern oder mit dem *Schiff* (www.hennesee.de) fahren.

Praktische Hinweise

Information

Touristinformation, Von-Stephan-Str. 2, Meschede, Tel. 02 91/902 24 43, www.hennesee-tourismus.de

Hotel

Hennedamm, Am Stadtpark 6, Meschede, Tel. 02 91/996 00, www.hennedamm-hotel.de. Im Grünen gelegenes Hotel mit Hallenbad, Sauna und Restaurant.

Route

Weiter auf der B55 ca. 10 km südlich nach Herhagen, dort nordöstlich auf der L915 nach Remblinghausen, dann auf der L740 südöstlich nach Westernbödefeld, dort wieder links auf die L776 abbiegen und nordwärts nach Ramsbeck (35 km).

6 Ramsbeck O8

Vom Bergbaudorf zum Erholungsort.

Ramsbeck (2000 Einw.) liegt malerisch im Valmetal zwischen Bastenberg und Dörnberg. Vom späten Mittelalter bis 1973 war das Leben hier vom Bergbau bestimmt. Danach entwickelte sich das Dorf zu einem Erholungsort. An die Vergangenheit erinnert das **Erzbergbaumuseum und Besucherbergwerk Ramsbeck** (Glück-auf-Str. 3, Tel. 029 05/250, www.besucherbergwerk-ramsbeck.de, Mai–Okt. Di–So 9–17, Nov.–April Di–So 10–17 Uhr). Mit einer originalen Grubenbahn fährt man 1,5 km in den Berg hinein, wo 300 m unter der Erde erfahrene Bergleute ihre einstige Arbeit erklären. Das *Museum* informiert über die Ramsbecker Bergbaugeschichte und zeigt Maschinen sowie eine Mineraliensammlung.

Praktische Hinweise

Hotel

Landgasthof Rüppel, Valme 4, Bestwig/Ramsbeck, Tel. 029 05/774, www.valme.de. Idyllisch im Valmetal gelegen. Mit Sauna, Solarium, Restaurant und einem großen Garten.

Freizeitpark Fort Fun

Östlich von Ramsbeck liegt der als Westernstadt gestaltete Freizeitpark Fort Fun (Aurorastr., Bestwig, Tel. 029 05/811 23, www.fortfun.de, April–Mitte Okt. tgl. 10–17, Juli–Anfang Aug. 9.30–17 Uhr, Ruhetage beachten) mit einer 1,3 km langen Rodelbahn, Superrutschen, Achterbahnen und einem Riesenrad. Bei der neuesten Attraktion Wild Eagle saust man an einem Drachenflieger, der an einem Seil befestigt ist, vom 65 m hohen Stüppelturm mit 80 km/h in die Tiefe.

Route

Weiter auf der L776 Richtung Norden nach Bestwig, dann auf der B7 östlich nach Brilon (21 km).

7 Brilon N8

Kneippkurort am Rothaarsteig mit schönem Marktplatz.

Am Südrand der Briloner Hochfläche und nördlich vom Rothaargebirge liegt Brilon (27 000 Einw.). 973 erstmals urkundlich erwähnt, erlebte es Anfang des 15. Jh. eine kurze Zeit wirtschaftlicher Blüte und wurde Mitglied der Hanse, 1444 sogar Hauptstadt des Herzogtums Westfalen. Ende

Blick von oben auf das Rathaus von Brilon mit dem Petrusbrunnen davor

des 15. Jh. führten jedoch Kriege zum wirtschaftlichen Niedergang. Erst im 19. Jh. gewann Brilon als Sitz preußischer Behörden wieder an Bedeutung. Seit 2000 ist Brilon anerkannter **Kneippkurort** (www.kneippverein-brilon.de).

Im Stadtzentrum am Marktplatz thront die im romanischen Stil erbaute Propsteikirche **St. Petrus und St. Andreas** (Tel. 029 61/23 48, tgl. 9–12 und 15–17 Uhr). Die dreischiffige Hallenkirche von 1276 weist im Inneren mächtige Sandsteinpfeiler auf. Über dem Altar hängt ein gotisches Triumphkreuz (16. Jh.). Dahinter leuchtet im Chorfenster eine farbenfrohe Darstellung der ›Krönung Mariens‹. Vom mächtigen frühgotischen, von vier Ecktürmchen flankierten *Turm* bietet sich eine weite Sicht über die Stadt und ihr Umland. Das nahe **Rathaus** ist ein romanischer Bau aus dem 13. Jh. mit barocker Fassade. In deren Zentrum steht eine Figur des hl. Petrus, des Schutzpatrons der Stadt. Ein weiterer Blickfang auf dem Marktplatz ist der **Petrusbrunnen** (16. Jh.), der ebenfalls mit einer Petrusfigur und mit den Wappen alteingesessener Familien geschmückt ist.

Für Wanderfreunde bietet sich Brilon als Ausgangspunkt zu einer ausgedehnteren Tour an: Hier beginnt nämlich der 154 km lange Wanderweg **Rothaarsteig** (www.rothaarsteig.de), der auf dem Kamm des Rothaargebirges an der Grenze von Nordrhein-Westfalen und Hessen bis nach Dillenburg führt.

i Praktische Hinweise

Information

Brilon Wirtschaft und Tourismus GmbH, Derkere Str. 10 a, Brilon, Tel. 029 61/969 90, www.brilon-tourismus.de

Hotel

Waldhotel Klaholz, Hölsterloh 1, Brilon, Tel. 029 61/34 73, www.waldhotel-klaholz.de. An einem Südhang zwischen Kurpark und Waldfreibad gelegenes Hotel mit einem Golfplatz in der Nähe.

Route

Zunächst auf der B7 westlich, dann in Altenbüren südlich auf die B480 über Winterberg und Bad Berleburg bis zur B62 hinter dem Ort Schmelzhütte. Auf der B62 nach Saßmannshausen und dann scharf rechts auf die Lahn-Ferienstraße (L723) nach Siegen (100 km).

8 Siegen P7

Ehemalige nassauische Residenz mit wertvollen historischen Bauten.

Im Siegerland, südlich des Sauerlandes, liegt Siegen (112 000 Einw.). Im 11. Jh. erstmals urkundlich erwähnt, stand die Stadt lange Zeit in der Tradition des Bergbaus und des Hüttenwesens. Im 18. Jh. erlebte sie unter der Herrschaft der Prinzen von Oranien und Fürsten von Nassau-Diez eine wirtschaftliche Blüte.

Auf dem Siegberg thront das **Obere Schloss**, der Nachfolgebau einer Wehranlage des 13. Jh. Heute beherbergt der einstige Sitz der katholischen Nassauer das **Siegerland Museum** (Burgstraße, Tel. 02 71/23 04 10, Di–So 10–17 Uhr) mit Sammlungen zur Kunst- und Kulturgeschichte. Prunkstücke sind acht Originalgemälde und mehrere Grafiken des in Siegen geborenen Barockmalers *Peter Paul Rubens* (1577–1640). Daneben werden Porträts früherer Herrscher gezeigt. Im Dachgeschoss erhält man anhand einer Küche, einer Schlafstätte und von Biedermeiermöbeln Einblick in die Wohnkultur des 19. Jh. Im Schlosshof kann man ›Unter Tage‹ in einem Schaubergwerk Einrichtungen aus einer Siegerländer Grube besichtigen. Von der Schlossterrasse hat man einen herrlichen Blick auf die Stadt.

Weiter westlich erhebt sich die sechseckige **Nikolaikirche** aus dem 13. Jh., die einst als Hofkirche diente. Graf Johann Moritz (1604–1694) spendete die von peruanischen Silberschmieden gefertigte Taufschale (16. Jh.) und zu seiner Erhebung in den Reichfürstenstand die vergoldete, 2,35 m große Nachbildung der Fürstenkrone (1658). Sie dient als Spitze des 1455–65 umgestalteten Turms.

TOP TIPP Gen Südwesten gelangt man zum **Museum für Gegenwartskunst** (Unteres Schloss 1, Tel. 02 71/405 77 10, www.museumfuergegenwartskunstsiegen.de, Di–So 11–18, Do 11–20 Uhr). Es beherbergt die *Sammlung Lambrecht-Schadeberg* mit Werkgruppen der von der Stadt bestimmten Rubenspreisträger, z. B. Hans Hartung, Francis Bacon, Antoni Tàpies und Sigmar Polke. Außerdem werden interessante Wechselausstellungen gezeigt. Vom Museum aus schlendert man durch die **Alte Poststraße**, eine Fußgängerzone mit reizvollen Cafés und Boutiquen.

Westlich steht das dreiflügelige **Untere Schloss**, das 1698–1714 in barockem Stil

Fachwerk pur – der Alte Flecken von Freudenberg war einst eine Bergarbeitersiedlung

erbaut wurde. Es war Wohnsitz der protestanischen Linie der Dynastie Nassau-Siegen. Unterhalb des Hauptgebäudes befinden sich die Grabstätten mehrerer Grafen und Herzöge. Der **Dicke Turm** am nördlichen Berghang ist der einzige erhaltene Wehrturm der mittelalterlichen Stadtbefestigung. In ihm wurde eine Gedenkstätte für die Opfer von Krieg und Gewaltherrschaft eingerichtet. Westlich des Unteren Schlosses ragt der älteste Sakralbau der Stadt empor: Die **Martinikirche** wurde 1511–17 über einem spätromanischen Vorgängerbau errichtet. Sehenswert sind das Fußbodenmosaik aus dem 10. Jh. im nördlichen Seitenschiff und der Taufstein aus dem 13. Jh. Die **Siegbrücke** schmücken zwei Bronzestatuen (1902) von Friedrich Reusch: der Hüttenmann ›Henner‹ und der Bergmann ›Frieder‹, zwei typische Vertreter ihres Berufsstandes und zugleich Repräsentanten der einstigen Siegener Arbeiterklasse.

Praktische Hinweise

Information

Touristik-Information, Rathaus, Markt 2, Siegen, Tel. 02 71/404 13 16, www.siegen.de

Route

Von Siegen auf der A45 nordwestlich bis zur Ausfahrt 20 Freudenberg und weiter südwestlich zur Stadt (16 km).

9 Freudenberg *P7*

Ein bezauberndes denkmalgeschütztes Fachwerkensemble.

Freudenberg (18 000 Einw.), 1389 erstmals urkundlich erwähnt, liegt idyllisch zwischen Rothaargebirge und Westerwald. Der **Alte Flecken**, wie die Altstadt genannt wird, hat sich sein historisches Antlitz über die Jahrhunderte hin bewahrt. Die malerische Kulisse aus Fachwerkbauten entstand nach dem verheerenden Stadtbrand von 1666. Auf Geheiß von Fürst Johann von Nassau-Siegen wurde damals das Viertel mit Wohnungen für die in Freudenberg ansässigen Bergleute erbaut. Einen guten Blick auf die Architekturidylle hat man vom nahen *Kurpark*.

Praktische Hinweise

Information

Kultur- und Touristikbüro, Krottorfer Str. 25, Freudenberg, Tel. 027 34/431 64 und 431 20, www.freudenberg-stadt.de

Hotel

Hotel Zur Altstadt, Oranienstr. 41, Freudenberg, Tel. 027 34/49 60. www.hotel zur-altstadt.de. Nettes Hotel mit Restaurant in einem alten Fachwerkhaus.

Route

Auf der A45 zurück nach Hagen (76 km).

TOUR
12

Franken – von Bocksbeutel, Bier und Barock

2–3 Tage • 356 km

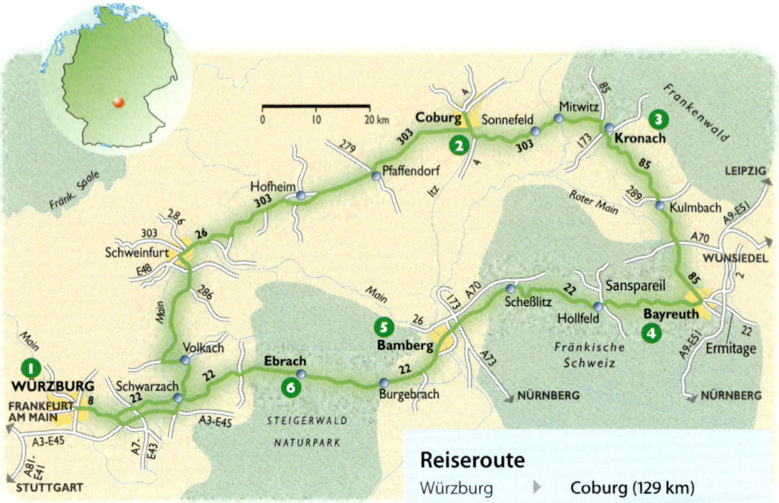

Reiseroute

Würzburg	▶	**Coburg (129 km)**
Coburg	▶	**Kronach (36 km)**
Kronach	▶	**Bayreuth (45 km)**
Bayreuth	▶	**Bamberg (62 km)**
Bamberg	▶	**Ebrach (35 km)**
Ebrach	▶	**Würzburg (49 km)**

1 Würzburg *T10*

Alte Bischofsstadt und fränkische Metropole mit vielen Kunstschätzen.

Die Stadt Würzburg (155 000 Einw.) am Main, 704 erstmals urkundlich erwähnt, wurde 742 von *Bonifatius* zum **Bistumssitz** ernannt, der erste Dom konnte 788 geweiht werden. Die ab 1168 regierenden *Fürstbischöfe* brachten die Stadt zu großer kultureller Blüte. Sie ließen Kirchen, Klöster und die opulent ausgestattete Residenz errichten. Zu den Berühmtheiten, die in Würzburg tätig waren, gehören der Bildhauer *Tilman Riemenschneider* (1460–1531), der Baumeister *Balthasar Neumann* (1687–1753) und der Maler *Giovanni Battista Tiepolo* (1696–1770). An der 1582 neu gegründeten *Universität* lehrten große Wissenschaftler. Die Reihe der acht Nobelpreisträger führt *Wilhelm Conrad Röntgen* (1845–1923) an, der Entdecker der Röntgenstrahlen. Renommée genießt Würzburg auch als Zentrum des Frankenweins (z.B. Bocksbeutel) mit alten Weingütern und urigen Weinstuben.

Die von zahlreichen Barockbauten geprägte **Altstadt**, bei den Bombenangriffen vom 16. März 1945 weitgehend zerstört, präsentiert sich heute wieder im alten Glanz. Ihre Silhouette wird beherrscht von einer der größten romanischen Kathedralen Deutschlands: Der 1040–1250 errichtete **Dom St. Kilian** (Tel. 09 31/321 18 30, www.dom-wuerzburg.de, Mo–Sa 10–17, So/Fei 13–18 Uhr) ist ein 105 m langer dreischiffiger Bau mit vier Türmen. An das mächtige Querhaus fügte Balthasar Neumann im Zuge der Barockisierung der Kirche die fulminante *Schönbornkapelle* (1721–36) an. Im Inneren des Doms beeindrucken vor allem die Bischofsgrabmäler, darunter zwei von der Hand Tilman Riemenschneiders. Dieser Meister ist auch im **Museum am Dom** (www.museum-am-dom.de, Di–So 10–18, Nov.–März bis 17 Uhr) vertreten, das die Sammlung der Diözese mit Kunst des 11.–18. Jh. in den Dialog mit Kreationen des 20./21. Jh. stellt, darunter Arbeiten von Dix, Picasso und Warhol.

Visavis vom Dom steht das **Neumünster**. Die Basilika des 11. Jh. wurde über dem ersten Dom mit den Grabstätten der hier 689 ermordeten Missionare Kilian,

Kolonat und Totnan errichtet. Im 18. Jh. versah man sie mit einem barocken Kuppelbau und einer herrlich beschwingten Fassade. Im nördlich angrenzenden *Lusamgärtchen* mit Teilen des Kreuzgangs aus dem 12. Jh. wird das Grab des Minnesängers *Walther von der Vogelweide* (1170–1230) vermutet.

Weiter westlich, in der Rückermainstraße, fällt das **Rathaus** mit seinem romanischen, *Grafeneckart* genannten Turm und dem giebelgeschmückten Roten Bau (1659) ins Auge. Einige Schritte nach Norden führen zum Marktplatz und weiter zur grazilen spätgotischen **Marienkapelle** (1377–1440). Ihre Fassade zeichnet sich durch reichen Sklupturenschmuck aus, darunter Tilman Riemenschneiders Figuren Adam und Eva am Südportal von 1493. Im Inneren fand Balthasar Neumann seine letzte Ruhestätte.

Ganz im Zeichen des Rokoko steht das nahe **Falkenhaus** (1751), dessen Fassade von verschnörkelten Giebeln bekrönt wird. Das **Juliusspital** (ab 1576, Tel. 09 31/393 14 00, www.juliusspital.de, Führungen Fr/Sa 17 Uhr) weiter nördlich birgt eine schöne Rokoko-Apotheke. Außerdem kann man den Fürstenbau, den alten Botanischen Garten und den Fasskeller besichtigen, wo sich die Gelegenheit bietet, die Weine des zum Spital gehörigen renommierten Weinguts zu verkosten.

TOP TIPP Die südöstlich gelegene **Residenz Würzburg** (Tel. 09 31/35 51 70, www.residenz-wuerzburg.de, April–Okt. tgl. 9–18 Uhr, Nov.–März tgl. 10–16.30 Uhr), 1720–44 von Balthasar Neumann für die Fürstbischöfe errichtet, gilt als eines der bedeutendsten Barockschlösser Europas und ist seit 1981 UNESCO Weltkulturerbe. Ohnegleichen ist vor allem die hochkarätige Innenausstattung. Neben der wie ein Schatzkästchen anmutenden *Hofkirche* im rechten Flügel sind 40 Säle zugänglich, üppig geschmückt mit Gobelins, Gemälden und Kunsthandwerk des 18. Jh. Doch es sind die Deckengemälde *Giovanni Battista Tiepolos* von 1751–53 in **Treppenhaus** und Kaisersaal, die der Residenz Weltruhm eintrugen. Über der dreiläufigen Treppe zum Hauptgeschoss spannt sich das 19 x 32 m großes Muldengewölbe, eine technische Meisterleistung Neumanns, geschmückt mit dem größten Deckengemälde der Welt. In einer märchenhaft reichen und farbenprächtigen Kulisse posieren Tiepolos Personifikationen der vier Erdteile Europa, Afrika, Asien und Amerika, während am Himmel Apoll auf seinem Sonnenwagen vorüberrauscht. Im gleichfalls opulenten Deckengemälde (Restaurierung bis Anfang 2009) des **Kaisersaals** schildert der venezianische Meister die Geschichte der Würzburger Fürstbischöfe und ihre Be-

Würzburger Szene – Blick von der Alten Mainbrücke mit St. Kilian auf die Festung Marienberg

Ein Treppenhaus, vier Kontinente – Tiepolos famoses Deckengmälde in der Residenz

ziehung zum Kaiserhaus. Eine Szene erinnert z. B. an das Jahr 1156, an die in Würzburg abgehaltene Hochzeit *Friedrich Barbarossas* mit Beatrix von Burgund.

Durch den Hofgarten schlendert man nun Richtung Westen, vorbei an der **Alten Universität** (1582–91) mit der schönen barocken Neubaukirche (heute Aula) und am Main entlang. Im Norden, am **Alten Kranen**, befindet sich die Anlegestelle für Schiffe nach *Veitshöchheim*, wo die entzückende Sommerresidenz der Fürstbischöfe, Schloss Veitshöchheim (1682, Umbau durch Neumann 1753), mit dem berühmten Rokokogarten liegt.

Über die **Alte Mainbrücke** (1473–1543) mit ihren zwölf barocken Heiligenfiguren (um 1730) erreicht man nach steilem Anstieg die **Festung Marienberg** (Tel. 09 31/ 35 51 70, 12. März–Okt. Di–So 9–18 Uhr). Schon 1000 v. Chr. befand sich auf dem Plateau eine Fliehburg, auf die Ursprünge der heutigen Festung verweist die Rundkirche (10. Jh.) im Burghof. Als Residenz der Fürstbischöfe erfuhr die Anlage zahlreiche Veränderugen, die im Umbau zum Renaissanceschloss (ab 1573) kulminierten. Heute sind in der Festung mehrere Sammlungen ansässig. Das *Mainfränkische Museum* z. B. präsentiert Kunst und Geschichte von Stadt und Region, darunter Werke von Tilman Riemenschneider.

i Praktische Hinweise

Information

Congress-Tourismus-Wirtschaft, Falkenhaus am Markt, Würzburg, Tel. 09 31/37 23 35, www.wuerzburg.de

Hotels

Maritim, Pleichertorstr. 5, Würzburg, Tel. 09 31/305 30, www.maritim.de. Hotel

Balthasar Neumann schuf 1720–44 das hinreißende Barockensemble der Residenz Würzburg

Panorama mit Schloss Ehrenburg, Schlossplatz und der Veste Coburg in grüner Hügellage

am Main nahe Zentrum mit Schwimmbad, Restaurant und Weinstube.

Rebstock, Neubaustr. 7, Würzburg, Tel. 09 31/309 30, www.rebstock.com. Schönes Hotel in der Altstadt, außen Rokoko, innen moderner Komfort.

Restaurants

Bürgerspital Weinstuben, Theaterstr. 19, Würzburg, Tel. 09 31/35 28 80. Fränkischer Wein und regionale Spezialitäten.

Weinstuben Juliusspital, Juliuspromenade 19, Würzburg, Tel. 09 31/540 80, www.juliusspital.de. Edle Tropfen des großen Weingutes und Spitzenküche.

Route

Auf der B8 und B22 östlich nach Schwarzach, dann auf der ST 2271 nördlich nach Volkach, dort links entlang des östlichen Mainufers (Kt34,SW1, dann B286) nach Schweinfurt. Von dort auf der B303 nach Coburg (129 km).

2 Coburg *S13*

Einstige Residenzstadt mit Schlössern und der mächtigen Veste Coburg.

Coburg (42 000 Einw.) wurde 1056 erstmals erwähnt und erhielt 1331 Stadtrecht. Von 1547 bis 1918 war Coburg Residenzstadt des *Herzogtums Sachsen-Coburg*. Die Herrscherdynastie hatte verwandtschaftliche Beziehungen zu vielen Königshäusern Europas, insbesondere zur englischen Krone. Britisches Flair schlägt sich vor allem im einzigartigen neogotischen Baubestand des 19. Jh. nieder, wie ihn exemplarisch der **Schlossplatz** im Nordosten der Altstadt offenbart. Ihn ließ Herzog Ernst I. 1830–37 völlig neu gestalten. Noch heute blickt der Herzog als Denkmal auf das Ensemble aus klassizistischem Landestheater (ehem. Hoftheater, 1840), Palais Edinburgh, Arkaden, Hofgarten und dem fulminanten **Schloss Ehrenburg** (Tel. 095 61/80 88 32, Führungen April–Sept. Di–So 9–17 Uhr, Okt.–März Di–So 10–15 Uhr, jeweils zur vollen Stunde). Die Herzogsresidenz wurde 1543 errichtet, 1623–27 zum Renaissanceschloss ausgebaut und ab 1690 barockisiert. Die fein ziselierte *Fassade* (1816–40) im Sti britischer Prachtbauten erhielt das Schloss bei der neogotischen Umgestaltung durch *Karl Friedrich Schinkel*. Zu den Glanzlichtern der Ehrenburg zählen der von Renaissancebauten gesäumte Innenhof, die barocke Schlosskirche und der üppige Riesensaal, an dessen Wänden 28 Atlanten Spalier stehen. Der Thronsaal (19. Jh.) schließlich ist dem Klassizismus französischer Prägung verpflichtet. Die glorreiche Vergangenheit wird beim Blick in das Schlafzimmer von *Queen Victoria* lebendig. Sie hatte 1840 ihren Cousin, Prinz Albert von Sachsen-Coburg-Gotha (1819–1861), geheiratet und weilte oft und gern im Schloss. Die Coburger Herzöge taten sich auch als Sammler hervor, daher gibt es in den Bildergalerien des Schlosses zahlreiche Gemälde zu bewundern, darunter Werke von Lucas Cranach d. Ä.

Weiter südlich öffnet sich im Herzen der Altstadt der **Marktplatz** mit dem von Queen Victoria gestifteten *Prinz-Albert-Denkmal* (1865) in der Mitte. Im Norden des Marktes entzückt das unter Herzog Johann Casimir erbaute **Stadthaus** (1601) mit figurenbekrönten Schnörkelgiebeln und bauchigen Erkern. Gegenüber steht das 1598 errichtete **Rathaus**, dessen Renaissancefassade aufgrund von Umbauten auch Elemente des Barock und Jugenstil aufweist. Auf dem Dach sieht man die Figur des Stadtpatrons, des hl. Mauritius, mit dem Marschallstab. Der Stab soll das Idealmaß der berühmten Coburger Bratwurst (32 cm) vorgeben und darum wird die Figur des Mauritius ›*Bratwurstmännla*‹ genannt.

In der Ketschengasse 7 beim Rathaus steht das **Münzmeisterhaus** von 1333. Es gilt als einer der ältesten Fachwerkbauten Deutschlands. Die **Morizkirche** weiter südöstlich entstand ab 1330 (Chor) über einem Vorgängerbau des 12. Jh., wurde aber ab 1740 barockisiert. Sie birgt ein 12 m hohes *Alabaster-Epitaph* (1598), auf dem Herzog Johann Friedrich der Mittlere und seine Familie im Gebet versammelt sind.

Vom Schlossplatz geht es durch den Hofgarten zur 170 m über der Stadt thronenden **Veste Coburg** (Tel. 095 61/879 79, www.kunstsammlungen-coburg.de, Führungen Ende März–Okt. tgl. 9.30–17 Uhr, Nov.–März Di–So 13–16 Uhr), einer der größten und besterhaltenen Festungen Deutschlands. Aufgrund ihrer anmutigen Lage wird sie auch ›Fränkische Krone‹ genannt. Die heutige Burg mit doppeltem Mauerring, zahlreichen Bastionen und Türmen stammt im Wesentlichen aus dem 16./17. Jh., ihre Ursprünge aber liegen im 11./12. Jh. Berühmt ist die Veste auch, weil *Martin Luther* hier sechs Monate des Jahres 1530 verbrachte. In einem der *Lutherzimmer* hängt ein Porträt des Reformators aus der Cranach-Schule. Heute ist die Veste Schauplatz der Kunstschätze der Coburger Herzöge: Gemälde von Dürer, Cranach d. Ä. und Grünewald, Tausende von Münzen, das Kupferstichkabinett mit Arbeiten des 15.–20. Jh., kunstvolle Gläser und die gigantische Rüstungs- und Waffensammlung halten die Besucher in Atem. Im Herzoginbau wiederum parken Edelkarossen, Schlitten und zwei goldene Hochzeitskutschen, Raritäten aus der Renaissance.

Auf dem Rückweg bietet sich noch das ebenfalls aus herzöglichen Sammlungen hervorgegangene **Naturkunde-Museum** (Tel. 095 61/80 81 20, www.naturkunde-museum-coburg.de, tgl. 9–17 Uhr) zur Besichtigung an. Es zeigt Exponate zu Flora und Fauna, zu Mineralogie, Völkerkunde und Archäologie.

i Praktische Hinweise

Information

Tourismus & Congress Service, Herrngasse 4, Coburg, Tel. 095 61/741 80, www.coburg-tourist.de

Hotel

Goldene Traube, Am Viktoriabrunnen 2, Coburg, Tel. 095 61/87 60, www.goldene traube.com. Stilvolles Haus mit Vinothek und Restaurant.

Restaurant

Kräutergarten, Rosenauer Str. 30 c, Coburg, Tel. 095 61/42 60 80, www.kraeu tergarten-coburg.de. Kräuter bestimmen das Ambiente des Restaurants.

Route

Von Coburg auf der B303 nach Kronach (36 km).

3 Kronach S13

Die mächtige Festung Rosenberg und Kunst rund um Lucas Cranach d. Ä.

Das 1003 erstmals urkundlich erwähnte Kronach (18 000 Einw.) gehörte 1122–1803 zum Bistum Bamberg und diente als dessen Bollwerk gegen das protestantische Sachsen. Über der schönen, noch komplett ummauerten Altstadt ragt die 1128 gegründete **Festung Rosenberg** (Tel. 092 61/604 10, www.festung-kronach.de, Führungen April–Okt. Di–So 11, 12.30, 14, 16 Uhr, Nov.–März Di–So 11, 14 Uhr) auf. Die bis ins 18. Jh. stetig erweiterte und verstärkte Burg gilt als eine der größten Verteidigungsanlagen Deutschlands. Heute ist in ihren Mauern u. a. die *Fränkische Galerie des Bayerischen Nationalmuseums* ansässig. Die Schauräume bergen fränki-

Die Festung Rosenberg (12. Jh.) von Kronach gilt als eine der größten Burgen Deutschlands

sche Kunstwerke des 13.–16. Jh. Berühmtester Sohn der Stadt Kronach ist der Maler *Lucas Cranach d. Ä.* (1472–1553) und mehrere seiner Gemälde sind in der Galerie ausgestellt.

Cranachs Geburtshaus stand vermutlich am **Marktplatz**, dort, wo heute das Neue Rathaus (1975) aufragt. Ein Denkmal ihm zu Ehren markiert die Stelle. Die *Melchior-Otto-Säule* wiederum erinnert an die beiden Belagerungen (1632/34) durch die übermächtigen Schweden während des Dreißigjährigen Krieges, die heldenhaft abgewehrt wurden.

Diesen Ereignissen ist auch die traditionelle *Schwedenprozession* am ersten Sonntag nach Fronleichnam gewidmet.

i Praktische Hinweise

Information

Tourismus- und Veranstaltungsbetrieb, Marktplatz 5, Kronach, Tel. 092 61/972 36, www. kronach.de

Route

Von Kronach auf der B85 südlich nach Bayreuth (45 km).

4 Bayreuth T14

Weltberühmte Wagner-Festspielstadt, schöne Schlösser und Theater.

Bayreuth (74 000 Einw.) wurde 1231 zum ersten Mal als Stadt erwähnt, bestand aber schon vor 1194. Im Februar 1430 wurde der Ort von den Hussiten verwüstet, die sich gegen den Klerus im benachbarten Böhmen und Mähren erhoben hatten. Die seit 1260 regierenden Hohenzollern, die *Markgrafen von Brandenburg*, verlegten ihre Residenz 1603 von Kulmbach nach Bayreuth. Unter der Herrschaft von *Markgraf Friedrich und Gattin Wilhelmine*, einer Schwester Friedrichs des Großen, gelangte die Stadt 1735–63 zu großer kultureller Blüte, es entstanden prächtige Barockbauten und Parkanlagen. 1806 endete die Herrschaft der Hohenzollern und 1810 kam die Stadt an Bayern. Zu den Berühmtheiten, die in Bayreuth weilten, gehören neben *Richard Wagner* (1813–1883) sein Schwiegervater *Franz Liszt* (1811–1886) und der Dichter *Jean Paul* (1763–1825).

Das **Alte Schloss** im Norden der Altstadt hat seine Ursprünge im Mittelalter, wurde aber im 16./17. Jh. zu einer Vierflügelanlage im Stil der Renaissance ausgebaut. Durch Brand 1753 zerstört, wurde es zunächst durch das Neue Schloss (s. u.) ersetzt, doch später selbst erneuert. Wahrzeichen Bayreuths ist der mächtige

Wilhelmines Eremitage

Die Eremitage (Tel. 09 21/759 69 37, April–Sept. 9–18, 1.–15. Okt. 10–16 Uhr), eine historische Parkanlage 4 km östlich von Bayreuth, entwickelte sich aus einer markgräflichen Einsiedelei. Das zum Park gehörige **Alte Schloss** (1715) ließ Wilhelmine 1735 zu einem exquisiten Sommerpalast mit Japanischem Kabinett und Chinesischem Spiegelsaal ausbauen, das **Neue Schloss** kam 1749–53 hinzu. In den **Gärten** kann man vorbei an Wasserspielen zum Ruinentheater schlendern und ein Sonnentempel genanntes Schlösschen bewundern.

achteckige *Schlossturm*, 1656 auf älteren Fundamenten errrichtet. Einzigartig ist seine spiralförmige Rampe für den Warentransport. Die *Schlosskirche*, 1753–56 als Grablege für Friedrich und Wilhelmine errichtet, besticht durch den schönen Rokokostuck im Inneren.

Eines der größten und prachtvollsten Barocktheater Europas, das **Markgräfliche Opernhaus** (Tel. 09 21/759 69 22, April–Sept. tgl. 9–18, Okt.–März tgl. 10–16 Uhr, Licht- und Toninszenierung ab 9.15 alle 45 Min.), ist gleichfalls ein Bauprojekt Markgräfin Wilhelmines. Der Innenausbau des Logentheaters oblag dem bedeutenden Theaterarchitekten *Giuseppe Galli Bibiena*. Bei der Eröffnung 1748 konnte das Opernhaus mit berühmten Bühen wie Paris, Wien und Venedig konkurrieren. Und es war sein Renommee, das Wagner 1872 nach Bayreuth zog.

Weiter südlich erhebt sich das ab 1753 errichtete **Neue Schloss** (Tel. 09 21/759 69 21, Führungen April–Sept. tgl. 9–18, Okt.–März tgl. 10–16 Uhr). Das Innere ließ Wilhelmine dem Zeitgeschmack entsprechend mit exotischen Motiven, mit Palmen, Vögeln und chinesischen Drachen schmücken. Eine Ausstellung dokumentiert die Kulturgeschichte der Stadt zur Zeit Wilhelmines, außerdem können Bayreuther Fayencen aus der Sammlung Rummel bewundert werden.

TOP TIPP Durch den angrenzenden Hofgarten schlendert man nun zum **Haus Wahnfried**, das Richard Wagner in den Jahren 1872–74 errichten ließ. Die neoklassizistische Villa birgt heute das **Richard-Wagner-Museum** (Tel. 09 21/ 75 72 80, www.wagnermuseum.de, April–Okt. tgl. 9–17 Uhr, Di, Do bis 20 Uhr, Nov.–März tgl. 10–17 Uhr) mit einer Ausstellung zu Leben und Werk des Komponisten. Ebenfalls hier ansässig sind das größte *Wagner-Archiv* der Welt mit Handschriften und Originalpartituren und das *Klingende Museum* mit historischen Opernaufnahmen. Wagner und seine Frau Cosima sind im Garten beigesetzt.

Richard Wagners **Festspielhaus** (Tel. 09 21/787 80, www.bayreuther-festspiele.de, Führungen Sept./Okt. Di–So 10, 11, 14, 15 Uhr, Nov. geschl., Dez.–April 10, 14 Uhr) wurde ab 1872 nordöstlich des Zentrums auf dem Grünen Hügel, jetzt Festspielhügel genannt, errichtet. Weil das Markgräfliche Opernhaus Wagner für seine Monumentalopern letztendlich nicht geeignet

Bayreuther Bühnenbild – Haus Wahnfried, der Wohnsitz Richard Wagners von 1874

Bambergs liebstes Wahrzeichen: das Alte Rathaus (1467) mit Fachwerkanbau über der Regnitz

erschien, hatte er sich zum Neubau entschlossen. Die Stadt und König Ludwig II. von Bayern, ein eifriger Bewunderer Wagners, unterstützten das Projekt, und das Festspielhaus wurde 1876 mit der Aufführung des ›Rings des Nibelungen‹ (1874 vollendet) feierlich eröffnet.

Bis heute führt die Familie des Komponisten die Festspieltradition fort. Leiter der **Bayreuther Festspiele** (Ende Juli/ Aug., s. o.) ist Wolfgang Wagner. Glanzpunkte des Programms sind spektakuläre Neuinszenierungen der Wagnerschen Opern. Wer Karten für Bayreuth ergattern will, muss sich auf eine Wartezeit von vier bis sieben Jahren einstellen.

i Praktische Hinweise

Information

Kongress- und Tourismuszentrale, Luitpoldplatz 9, Bayreuth, Tel. 09 21/885 88, www.bayreuth-tourismus.de

Hotels

Bayerischer Hof, Bahnhofstr. 14, Bayreuth, Tel. 09 21/786 00, www.bayerischer-hof.de. Hübsches Haus mit Schwimmbad und Garten im Zentrum.

Goldener Anker, Opernstr. 6, Bayreuth, Tel. 09 21/650 51, www.anker-bayreuth.de, Stilvolles Altstadt-Haus mit Restaurant.

Restaurants

Bürgerreuth, An der Bürgerreuth 20, Bayreuth, Tel. 09 21/784 00. Gourmetrestaurant mit italienischen Speisen.

Gendarmerie, Bahnhofstr. 14, Bayreuth, Tel. 09 21/786 04 44. Französische Leckereien in Bistro-Ambiente.

Route

Von Bayreuth auf der B22/ST2210 westlich nach Bamberg (62 km).

5 Bamberg *T12*

Die romantische Altstadt mit dem Kaiserdom ist Weltkulturerbe.

Bereits 902 wurde ein *Castrum Babenberch* an der Regnitz erwähnt, um das sich alsbald der Ort Bamberg (70 000 Einw.) entwickelte. *Heinrich II.* (reg. 1002–24, ab 1014 Kaiser) gründete 1007 das Bistum und Bamberg avancierte zum Zentrum des *Heiligen Römischen Reiches*. Der 1012 geweihte erste *Dom* war auch Grablege für das heilig gesprochene Kaiserpaar Heinrich II. († 1024) und Kunigunde († 1033) sowie für Papst Clemens II. (der vormalige Bamberger Bischof Suitger, † 1047). Die Stadt erlebte weitere intensive Entwicklungs- und Bauphasen während der Amtszeit Bischof Ottos I., des Heiligen (1102–39), und ab 1693 unter den Fürstbischöfen von Schönborn. Infolge der Säkularisierung 1802/03 kam Bamberg dann an Bayern.

Die hervorragend erhaltene **Altstadt** ist seit 1993 UNESCO Weltkulturerbe. Auf einer künstlichen Insel in der Regnitz, am Übergang zwischen bischöflicher Berg- und bürgerlicher Inselstadt, steht das gotische **Alte Rathaus** (1461–67). Der über zwei Brücken zugängliche Bau mit schönem Fachwerkannex wurde 1744–56 im Stil des Barock und Rokoko modernisiert, seine Hauptfassaden sind reich mit Fresken verziert. Im Inneren zeigt die *Sammlung Ludwig* (Tel. 09 51/87 18 71, Di–So 9.30–16.30 Uhr) die größte private Porzellansammlung Europas.

Von der *Unteren Brücke* genießt man den Blick auf die einstige Fischersiedlung **Klein Venedig**. Dann schlendert man nach Nordosten über den **Grünen Markt** mit dem Neptunbrunnen (›Gabelmann‹, 1698) und der barocken Jesuitenkirche St. Martin (1693) zum **Naturkundemuseum** (Tel. 09 51/863 12 48, April–Sept. Di–Sa 9–17 Uhr, sonst 10–16 Uhr), das der Otto-Friedrich-Universität angegliedert ist. In famosen frühklassizistischen Sälen präsentiert die 1795 eröffnete Sammlung Exponate der Tierkunde und Mineralogie.

Nun geht es zurück über die Regnitz gen Südwesten zum **Bamberger Dom** (Dom und Diözesanmuseum, Tel. 09 51/50 20, Di–So 10–17 Uhr). Die imposante viertürmige Basilika, einer der deutschen Kaiserdome, wurde 1237 über den Resten des Vorgängerbaus von 1012 errichtet. Die Architektur trägt Stilmerkmale des Übergangs von Romanik zu Gotik. Berühmt sind vor allem die Skulpturen des Doms. In gotischer Animiertheit flankieren sie die Pforten und am *Fürstenportal* präsentiert das Tympanon ein ›Jüngstes Gericht‹ mit grinsenden Verdammten. Eigenwillig-charaktervoll sind auch die Heiligen- und Engelsfiguren an den *Chorschranken*, z. B. eine der Antike verpflichtete Maria (Elisabeth?) neben einem lächelnden Engel. Im Mittelschiff steht Tilman Riemenschneiders *Kaisergrab* (1513), ein marmornes Hochgrab für Heinrich II. und Kunigunde mit Szenen aus ihrem Leben. Am nahen Nordpfeiler des Chors posiert in ritterlicher Noblesse der *Bamberger Reiter* (um 1230). Das erste Reiterstandbild seit der Antike hat über die Jahre viele Deutungen erfahren, noch trägt der Unbekannte keinen Namen. Der Westchor birgt den *Marmorsarkophag Papst Clemens' II.* (13. Jh.), es ist das einzige Grab eines Papstes nördlich der Alpen.

TOP TIPP

Gleich neben dem Dom erhebt sich die **Alte Hofhaltung**, die im Kern auf die alte Kaiser- und Bischofspfalz zurückgeht. Neben der reizvollen Renaissancefassade öffnet sich die *Schöne Pforte* (1573) zum von Fachwerkbauten gesäumten Innenhof. Heute ist hier das *Historische Museum* (Tel. 09 51/87 11 42, Mai–Okt. Di–So 9–17 Uhr) zur Kulturgeschichte von Bamberg und Region ansässig.

Die **Neue Residenz** (Tel. 09 51/51 93 90, April–Sept. tgl. 9–18 Uhr, sonst bis 16 Uhr), der Amtssitz der Fürstbischöfe gleich gegenüber, wurde 1703 vollendet. In den Prunksälen präsentiert die *Staatsgalerie* Malerei des Barock und der Spätgotik, z. B. ›Die Sintflut‹ (1516) von Hans Baldung Grien und Werke von Lucas Cranach d. Ä.

Vom *Rosengarten* der Residenz hat man einen schönen Blick auf dem Michaelsberg mit der Kirche **St. Michael**. Sie wurde 1015 als Teil eines Benediktinerklosters errichtet, nach einem Brand 1610 erneuert und erhielt im 18. Jh. die elegante Barockfassade. Hauptsehenswürdigkeiten sind das *Grabmal des hl. Otto* (1340) und der *›Himmelsgarten‹*, die feingliedrigen Deckenmalereien im Netzgewölbe mit etwa 600 Blumen und Kräutern.

Dass Bamberg seit dem 11. Jh. die Stadt des Bieres ist, daran erinnert das im Kloster untergebrachte **Fränkische Brauereimuseum** (Tel. 09 51/530 16, April–Okt. Mi–So 13–17 Uhr, sonst auf Voranmeldung). Zu den von zehn Privatbrauereien erzeugten Sorten gehört auch das *Bamberger Rauchbier*, das mit geräuchertem Malz gebraut wird.

Und wer sich musikalischen Genüssen hingeben möchte, besucht am Abend ein Konzert der berühmten **Bamberger Symphoniker** (Tel. 09 51/964 71 00, www.bamberger-symphoniker.de).

i Praktische Hinweise

Information

Tourismus & Kongress Service, Geyerswörthstr. 3, Bamberg, Tel. 09 51/297 62 00, www.bamberg.info

Hotels

Barockhotel am Dom, Vorderer Bach 4, Bamberg, Tel. 09 51/540 31, www.barock-hotel.de. Stilvolles kleines Haus mit modernen Zimmern.

Der Bamberger Dom, ein Hauptwerk deutscher Kirchenbaukunst, rechts die Alte Hofhaltung

Hotel St. Nepomuk, Obere Mühlbrücke 9, Bamberg, Tel. 09 51/984 20, www.hotel-nepomuk.de. Gediegen gestylte Zimmer und Restaurants mit guter Aussicht.

Restaurants

Schlenkerla, Dominikanerstr. 6, Bamberg, Tel. 09 51/560 60. Rauchbier und fränkische Spezialitäten in uriger Atmosphäre.

Romantik-Hotel Weinhaus Messerschmitt, Lange Str. 41, Bamberg, Tel. 09 51/29 78 00, www.hotel-messerschmitt.de. Gehobene fränkische und internationale Küche im Barockrahmen.

Route

Von Bamberg auf der B22 34 km in westlicher Richtung nach Ebrach (35 km).

6 Ebrach T12

Eindrucksvolles Zisterzienserkloster mit viel Barock und viel Musik.

Im *Naturpark Steigerwald* zwischen Bamberg und Würzburg, dem größten Buchenwald Mitteleuropas, liegt das 1127 geweihte **Kloster Ebrach** (heute Jugendvollzugsanstalt). Die 1200–85 errichtete frühgotische *Klosterkirche* (15. April–Okt. 10–12 und 14–18 Uhr) und die *Michaelskapelle* (1134) am Querhaus, vermutlich der Vorgängerbau, folgen dem Bauschema der Zisterzienser. Eine Augenweide ist die große Fensterrosette aus filigranem Maßwerk und herrlich ornamentiertem Buntglas. Das Innere wurde 1778–91 üppig barockisiert, die Orgel (1743) schuf Johann Seuffert. Im Empfangsbau des 1687–1735 errichteten Klosters betören das überschwenglich dekorierte *Treppenhaus* von 1715 und der *Kaisersaal* (Führungen April–Okt. tgl. 10.30, 14.30 Uhr) mit eleganten Skulpturen und schönen Deckengemälden. Eine Ausstellung in den Abtsgemächern dokumentiert die Klostergeschichte.

Während des **Ebracher Musiksommers** (www.ebracher-musiksommer.de) finden in der Kirche, dem Kaisersaal und dem stimmungsvollen Abteigarten Konzerte statt.

Praktische Hinweise

Information

Tourist Information, Rathausplatz 2, Ebrach, Tel. 095 53/922 00, www.ebrach.de

Route

Von Ebrach geht es westlich über die B22, A3 und B8 zurück nach Würzburg (49 km).

TOUR
13

Nürnberger Land und Oberpfalz – schmucke Städte, sanfte Hügel

3–4 Tage • 487 km

Reiseroute

Nürnberg ▸	**Altdorf (26 km)**
Altdorf ▸	**Amberg (54 km)**
Amberg ▸	**Weiden (54 km)**
Weiden ▸	**Vohenstrauss (25 km)**
Vohenstrauss ▸	**Kallmünz (118 km)**
Kallmünz ▸	**Kipfenberg (74 km)**
Kipfenberg ▸	**Eichstätt (22 km)**
Eichstätt ▸	**Weißenburg (26 km)**
Weißenburg ▸	**Ellingen (3 km)**
Ellingen ▸	**Abenberg (46 km)**
Abenberg ▸	**Roth (11 km)**
Roth ▸	**Nürnberg (28 km)**

1 Nürnberg *U13*

Frankenmetropole und mittelalterliches Schmuckkästlein.

Nürnberg, die mit 500 000 Einwohnern zweitgrößte Stadt Bayerns, lag im Mittelalter am Kreuzungspunkt bedeutender Handelsstraßen. So avancierte sie im 12. Jh. zu einem der bedeutendsten Stützpunkte der Kaiser des Deutschen Reiches. 1219 erklärte Kaiser Friedrich II. Nürnberg zur *Freien Reichsstadt*, 1356 erließ Kaiser Karl IV. hier das bedeutendste Rechtsdokument des deutschen Mittelalters, die *Goldene Bulle*. 1806 kam die Stadt wie das übrige Franken zum Königreich Bayern und stieg in den folgenden Jahrzehnten zu einem der wichtigsten Industriestandorte des Landes auf.

Während der NS-Zeit veranstalteten die Nazis ihre monströsen Versammlungen in Nürnberg. Auf dem Parteitag von 1935 verabschiedete die Partei die *Nürnberger Rassegesetze*, mit denen die Grundlagen für die Shoah gelegt wurden.

Heute ist Nürnberg – gemeinsam mit den Nachbarstädten Erlangen und Fürth – ein bedeutendes Dienstleistungs- und Wissenschaftszentrum, seine Universitäten und Hochschulen genießen Weltruf.

Über der Altstadt thront die **Kaiserburg** (Auf der Burg 13, Tel. 09 11/244 65 90, April–Sept. tgl. 9–18, Okt.–März tgl. 10–16 Uhr). Ihr ältester Teil, die staufische Kaiserburg im Osten der Anlage, entstand ab dem 12. Jh. Unversehrt erhalten blieb die romanische Kaiserkapelle, ein Gebetsraum von erhabener Schönheit.

Dem zweifellos berühmtesten Sohn der Stadt ist das **Albrecht-Dürer-Haus** (Albrecht-Dürer-Str. 39, Tel. 09 11/231 25 68,

Di–So 10–17, Do 10–20, Juli–Sept, während des Christkindlesmarktes auch Mo 10–17 Uhr) gewidmet, in dem der Künstler (* 1471) von 1509 bis zu seinem Todesjahr 1528 lebte. Besonders interessant ist die Druckwerkstatt, in der Dürer seine Grafiken produzierte.

Als Wegweiser in die **Altstadt** können die spitzen Türme von **St. Sebald** dienen, deren Urspünge auf das Jahr 1215 zurückgehen. Der bronzene Reliquienschrein (1397) des Nürnberger Stadtheiligen im Ostchor gehört zu den bedeutendsten Kunstschätzen der Kirche. Gleich gegenüber steht das **Rathaus**, dessen ältester Teil, der gotische Rathaussaal, von 1332 stammt. Prächtig sind die Barockportale an der Fassade zum Rathausplatz.

Blickfang am *Hauptmarkt*, wo alljährlich auch der berühmte **Nürnberger Christkindlesmarkt** stattfindet, ist der einer Kirchturmspitze nachempfundene gotische **Schöne Brunnen** (14. Jh.). Um 12 Uhr lohnt es jedoch, den Blick vom Brunnen zum Giebel der gotischen **Frauenkirche** (14. Jh.) zu wenden, wo das ›Männleinlaufen‹ an die Bekanntgabe der Goldenen Bulle erinnert. Dabei huldigen kleine, die Kurfürsten des Deutschen Reiches darstellende Figuren Kaiser Karl IV.

Jenseits der Pegnitz erhebt sich die Kirche **St. Lorenz** (1250), deren Westfassade eine reich gegliederte Fensterrose über dem Hauptportal ziert. Berühmtestes Kunstwerk im Inneren ist der ›*Englische Gruß*‹ im Chor, den der Bildschnitzer Veit Stoß 1517 schuf.

Drei Nürnberger Museen verdienen besondere Erwähnung. So ist im **Spielzeugmuseum** (Karlstr. 13–15, Tel. 09 11/ 231 31 64, Di–Fr 10–17 Uhr, Sa/So 10–18 Uhr) vom Holzbaustein über die Puppenstube bis zur Märklin-Eisenbahn alles versammelt, was Kindern Spaß macht.

Das **Germanische Nationalmuseum** (Kartäusergasse 1, Tel. 09 11/133 10, www.gnm.de, Di–So 10–18, Mi 10–21 Uhr) bietet eine umfassende Ausstellung zur Kunst- und Kulturgeschichte des deutschsprachigen Raums. Tage könnte man damit verbringen, die Exponate, darunter eine goldenen Adlerfibel aus der Zeit des Gotenkönigs Theoderichs des Großen (5. Jh.) und Rembrandts ›Selbstbildnis‹ (um 1629) zu bewundern.

Im Südwesten der Altstadt, in unmittelbarer Nähe des Nürnberger Fußballstadions, erstreckt sich das Reichsparteitagsgelände, das in seinen megalomanen Dimensionen noch heute schaudern lässt. In die monströse, jedoch nie vollendete Kongresshalle, die Hitler ab 1937 für seine Jubelparteitage errichten ließ, ist mittlerweile das **Dokumentationszentrum Reichsparteitagsgelände** (Bayernstr. 110, Tel. 09 11/231 75 38, Mo–Fr 9–18 Uhr,

Einst wurden die Insignien der Kaiser des Deutschen Reiches auf Nürnbergs Burg verwahrt

Sa/So 10–18 Uhr) integriert, dessen Ausstellung aufzeigt, nach welchen Mechanismen die Propagandamaschinerie der NSDAP funktionierte.

i Praktische Hinweise

Information

Tourist Information, Königstr. 93, Nürnberg, Tel. 09 11/ 233 61 32, und Hauptmarkt 18, Tel. 09 11/ 233 61 35, www.nuernberg.de

Hotels

Ramada Nürnberg Parkhotel, Münchener Str. 25, Nürnberg, Tel. 09 11/474 80, www.ramada-nuernberg.de. Solides Haus im Südosten der Stadt.

Dürer-Hotel, Neutormauer 32, Nürnberg, Tel. 09 11/ 214 66 50, www.duererhotel-nuernberg.de. Schönes Hotel unterhalb des Burgberges.

Ibis Nuernberg Centrum, Steinbühler Str. 2, Nürnberg, Tel. 09 11/237 10, www.ibishotel.com. Gut ausgestattetes Haus.

Restaurant

Weinhaus Steichele, Knorrstr. 2–8, Nürnberg, Tel. 09 11/20 22 80. Fränkische Spezialitäten und guter Wein.

Route

Auf der B4 in südöstlicher Richtung, rechts ab nach Feucht, dann auf der St2239 ostwärts bis Altdorf (26 km).

2 Altdorf *U13*

Geschichtsträchtige Stadt mit einer einst berühmten Universität.

Bereits um 800 ist in Altdorf (8200 Einw.) ein fränkischer Königshof nachweisbar, auch wenn der Ort erst 1129 urkundlich erwähnt wurde. Zwei mächtige Stadttore begrenzen den lang gestreckten **Marktplatz**, dessen markantestes Gebäude die spätbarocke Stadtkirche **St. Laurentius** (14. Jh.) mit ihrem wuchtigen Kirchturm ist. Unübersehbar ist auch das freistehende, aus massigen Steinquadern erbaute **Rathaus** von 1565 direkt nebenan.

Südlich des Marktplatzes befinden sich die Barockgebäude der ehem. **Universität** von Altdorf, die im 17. Jh. einen vorzüglichen Ruf genoss. Zu ihren Studenten zählte der spätere Feldherr Albrecht von Wallenstein (1583–1634). Ein **Universitätsmuseum** (Neubaugasse 3, Sa/So 14–17 Uhr) dokumentiert die Geschichte der 1809 aufgelösten Alma Mater.

Ein reizvoller Abstecher führt von Altdorf auf der A3 südostwärts nach Velburg. Die dortige **König-Otto-Tropfsteinhöhle** (Ortsteil St. Coloman, Tel. 091 82/930 20, April–Okt. 9–17 Uhr). Insbesondere die Adventhalle mit ihren in den unterschiedlichsten Formen und Größen von Boden und Decken wachsenden Stalagmiten und Stalagtiten verzaubert die Besucher.

i Praktische Hinweise

Information

Kulturamt, Neubaugasse 3, Altdorf, Tel. 091 87/95 45 41, www.altdorf.de

Route

Auf der A3 südostwärts, bei der Ausfahrt Neumarkt links und weiter auf der B299 in nordöstlicher Richtung bis Amberg (54 km).

3 Amberg *U14*

Alter Bergbauort in der Oberpfalz, heute Schul- und Industriestadt.

Das 1034 in einer Schenkungsurkunde an den Bamberger Herzog erstmals erwähnte Amberg (44 000 Einw.) entwickelte sich im frühen Mittelalter zum Zentrum der oberpfälzischen *Eisenproduktion*. Im Zeitalter der Reformation wechselte die Stadt mehrfach – je nach aktuellem Herrschergeschlecht – die Konfession, bis ab 1621 die Jesuiten endgültig den Katholizismus durchsetzen. Nach dem Zweiten Weltkrieg schwoll die Einwohnerzahl durch den Zustrom von Flüchtlingen um mehr als ein Drittel an.

Im Zentrum der von einem fast vollständig erhaltenen Mauerring umgebenen und von der Vils durchflossenen **Altstadt** erhebt sich direkt am Marktplatz die gotische Basilika **St. Martin** (Baubeginn 1421). Über dem Zugang zur Sakristei beeindruckt ein Gemälde des Rubensschülers Caspar de Crayer (um 1660), das eigentlich für den Hochaltar gemalt, bei der Barockisierung der Kirche aber umgehängt wurde.

Am Kopfende des Platzes symbolisiert das ebenfalls gotische **Rathaus** aus dem 14. Jh. mit seinem vorgesetzten Arkadengang den ausgeprägten Bürgerstolz der

Ambergs Rathaus wurde ein fast toskanisch anmutender Arkadengang vorgeblendet

Amberger. Nicht weit vom Markt entfernt zeigt das **Stadtmuseum im Baustadl** (Tel. 096 21/102 83, Di–Fr 11–16, Sa/So 11–17 Uhr) Exponate zu Handwerk und Industrie in der Oberpfalz. Zudem sind Fundstücke aus der Frühgeschichte der Region zu sehen.

An der Stadtmauer entlang geht es nun hinunter zur Vils. Dort verbindet die sog. **Stadtbrille** das ehem. Kurfürstliche Zeughaus (1502) auf der einen mit dem Neuen Schloss auf der anderen Seite des Flusses. Das Wahrzeichen Ambergs ist Teil der Stadtmauer, die hier auf zwei Bögen über die Vils führt. Die Bögen und ihr Spiegelung im Wasser ergeben zusammen das Bild einer großen Brille, daher der Name.

Krönender Abschluss der Besichtigung ist ein Besuch der im 14. Jh. erbauten Kirche **St. Georg** am Malteserplatz im Westen der Altstadt. Den Jesuiten diente sie im 17. Jh. als Gotteshaus, unter ihnen wurde sie im Stil des Barock umgestaltet. Hinter ihrem Chor erstreckt sich das einstige Jesuitenkloster. Im heutigen **Maltesergebäude** ist die spätbarocke *Provinzialbibliothek* (Tel. 096 21/602 80, Mo–Fr 10–17 Uhr) ansässig.

Praktische Hinweise

Information

Tourist-Information, Hallplatz 2, Amberg, Tel. 096 21/10-239, www.amberg.de

Route

Auf der B229 und B14 nordwärts nach Gebenbach, weiter auf der B14 in östlicher Richtung nach Wernberg und dann nordwärts auf der A 93 bis Ausfahrt 25 Weiden (54 km).

4 Weiden in der Oberpfalz

U15

Porzellan hat die Stadt in der Oberpfalz bekannt gemacht.

Das im weiten Tal der Waldnaab gelegene Weiden (42 000 Einw.) erlebte seine erste Blütezeit im 15. Jh., als die *Goldene Straße* von Nürnberg nach Prag einen steten Strom an Handlungsreisenden durch die Stadt führte. Doch als während des Dreißigjährigen Krieges (1618–48) die Schweden Weiden brandschatzten und anschließend die Pest die Stadt heimsuchte, begann ein jahrhundertelanger Niedergang. Erst im 19. Jh. gelang mit dem Anschluss an das Eisenbahnnetz der Wiederaufstieg. Seither ist Weiden vor allem für die hier ansässigen Porzellanhersteller *Seltmann* (Fabrikverkauf: Chr. Seltmann Str. 59–67) und *Bauscher* bekannt.

Idealer Ausgangspunkt für einen Rundgang durch die von einer gut erhaltenen Stadtmauer umgebene **Altstadt** ist der von schönen, nach dem Stadtbrand von 1536 errichteten Giebelhäusern gesäumte **Obere Markt**. Nach Osten hin begrenzt ihn das spätgotische **Alte Rathaus** (1545), nach Westen dominiert der Turm der Kirche **St. Michael** die Aussicht. Bemerkenswert in ihrem Inneren sind der barocke *Hochaltar* (1791) und die *Kanzel* (1787) mit dem Erzengel Michael auf dem Schalldeckel. Das **Alte Schulhaus** nebenan beherbergt das *Stadtmuseum* (Tel. 09 61/470 39 01, Mo–Fr 9–12 und 13.30–16 Uhr) und erinnert an den Komponisten Max Reger (1873–1916), den berühmtesten Sohn der Stadt.

Am Rande der Altstadt lohnt die katholische Kirche **St. Josef** einen Besuch. Sie wurde um 1900 in prächtigem Jugendstil errichtet. Folgt man nun der Luitpoldstraße nach Osten, so ist rasch das **Keramik-Museum** (Tel. 09 61/320 30, Di–So 10–12.30 und 14–16.30) im *Waldsassener Kasten* erreicht, dessen Sammlung einen Bogen spannt von Tonwaren aus Mesopotamien bis zu Meissener Porzellan.

Vor Weidens Altem Rathaus kann man es sich bei einem Eiskaffee gutgehen lassen

Praktische Hinweise

Information

Tourist-Information, Dr.-Pfleger-Str. 17, Weiden, Tel. 09 61/480 82 50, www.weiden-oberpfalz.de

Hotel

Hotel Europa, Frauenrichterstr. 173, Weiden, Tel. 09 61/67 07 10, www.hotel-europa-weiden.de. Schön eingerichtes Haus mit sehr gutem Restaurant.

Restaurant

Zoe, Unterer Markt 35, Weiden, Tel. 09 61/41 97 11. Internationale Küche auf hohem Niveau.

Auf dem Goldsteig

So oft wie möglich sollte man im Oberpfälzer Wald das Auto stehen lassen und die abwechslungsreiche Landschaft auf Schusters Rappen erkunden. Ein schöner, gut ausgeschilderter Fernwanderweg durch die Region ist der Goldsteig (www.goldsteig-wandern.de) von Marktredwitz nach Passau. Besonders attraktive Teilstücke führen durch das wildromantische **Waldnaabtal** zwischen Falkenberg und Neuhaus (ca. 15 km) oder von **Leuchtenberg** nach **Trausnitz** (ca. 15 km), auf dessen Burg im 14. Jh. Friedrich der Schöne gefangen gehalten wurde .

Route

Auf der B22 südostwärts bis Bernrieth/Wittschau, wo die B14 kreuzt. Auf der B14 weiter Richtung Norden und nach etwa 6 km links nach Vohenstrauß (25 km).

5 Vohenstrauß *U15*

Pfalzgrafenstadt am Rand des Naturparks Oberpfälzer Wald

Inmitten der Wälder und Wiesen des *Naturparks Oberpfälzer Wald* liegt Vohenstrauß (7700 Einw.). Es erlebte unter der Herrschaft des Pfalzgrafen Friedrich (1557–1597) aus dem Hause Wittelsbach seine Blütezeit. Er ließ ab 1586 das nach ihm benannte **Schloss Friedrichsburg** im Stil der Renaissance errichten. Das von fünf massiven Rundtürmen umschlossene Gebäude mit seinem spitzgiebligen Dach liegt unmittelbar am Rand der **Altstadt** und ist derzeit nicht zu besichtigen. Zwischen Schloss und Ortskern befindet sich das **Heimatmuseum** (Sophienstr. 9, Tel. 096 51/41 14, Di–Fr 15–17, So 10–12 Uhr oder nach Vereinbarung), das u. a. archäologische Funde und religiöse Volkskunst präsentiert.

Im **Edelsteinmuseum** (Amselweg 10, Tel. 096 51/14 13, Mo–Fr 9–18, Sa 9–13 Uhr) westlich des Zentrums sind mineralische Schätze aus der Oberpfalz zu sehen, darunter rot, gelb und grün leuchtende Granatkristalle.

Südwestlich von Vohenstrauß, direkt an der B22, erhebt sich auf einer 537 m

TOP TIPP hohen Granitkuppe die um 1300 errichtete **Burg Leuchtenberg** (April–Okt. Di–So 9.30–12 und 14–17 Uhr), eine der eindrucksvollsten Festungen der Oberpfalz. Vom 22 m hohen Bergfried reicht der Blick weit über die langsam gen Osten ansteigenden, dicht bewaldeten Hügel des Oberpfälzer Waldes.

Praktische Hinweise

Information

Tourist Information, Marktplatz 9, Vohenstrauß, Tel. 096 51/92 22 30, www.vohenstrauss.de

Route

Südwärts auf die B14 und weiter nordostwärts nach Waidhaus. Nach einer scharfen Rechtswendung südlich nach Rötz und von dort auf der ST2151 westlich bis Schwarzenfeld. Hier links abbiegen und über die A93 und B15 bzw. Schwandorf und Burglengenfeld Richtung Süden bis Kallmünz (118 km).

6 Kallmünz *V14*

TOP TIPP *Bunte Häuschen, Terrassen und helle Felsgebilde über der Naab.*

Am Zusammenfluss von Vils und Naab liegt Kallmünz (3000 Einw.), ein reizendes mittelalterliches Städtchen, dessen Häuser zwischen steil aufragendem Burgberg und Naab eng zusammenrücken. Um 1900 entdeckten die Künstler des *Blauen Reiters* um Wassily Kandinsky die ›Perle im Naabtal‹ als Sommerfrische.

Inmitten der bunten Häuser fällt die gelb-weiß gestrichene Pfarrkirche **St. Michael** auf, deren Innenraum in herrlichem Rokoko ausgestaltet ist. Die reich mit Blattgold verzierte *Kanzel* unter ihrem von Engeln umspielten Baldachin ist ein wahrer Augenschmaus. Geht man von der Kirche hinab zur Naab, so erreicht man die **Steinerne Brücke**, die seit 1550 den Übergang zur anderen Naabseite ermöglicht.

Markantes Wahrzeichen von Kallmünz ist die **Burgruine** auf dem Felssporn hoch über der Stadt. Die in ihrer heutigen Gestalt in der ersten Hälfte des 13. Jh. entstandene Festung betritt man von Norden durch ein frühgotisches Torgebäude. Die mächtige Ringmauer hat die Jahrhunderte fast unbeschadet überstanden. Im Hof des Kastells erhebt sich der stark verfallene Bergfried.

Praktische Hinweise

Information

Tourist Information, Marktplatz 1, Kallmünz, Tel. 094 73/95 01 68, www.kallmuenz.de

Route

9 km westlich zur Auffahrt auf die A3 bei Beratzhausen, weiter Richtung Nordwesten bis zur Ausfahrt Parsberg, von dort auf dei ST2234 südwestwärts nach Beilngries. Auf der ST2230 die Altmühl entlang bis Kinding, dann südwärts nach Kipfenberg (74 km).

Die Burg über Kallmünz, heute Ruine, bot dem kleinen Ort am Ufer der Naab ab dem 13. Jh. Schutz vor Feinden

7 Kipfenberg W13

Die Perle im Altmühltal markiert die Mitte von Bayern.

Kipfenberg (5800 Einw.) ist ein romantischer Marktflecken im Tal der Altmühl, dessen erste Erwähnung für das Jahr 1266 nachweisbar ist. Im 2. Jh. verlief hier der **Raetische Limes**, die Ostgrenze des Römischen Imperiums. Seit 2005 gehört er zum UNESCO Weltkulturerbe und wird in zahlreichen Museen entlang seines einstigen Verlaufs gewürdigt, ein *Infopoint* auf **Burg Kipfenberg** gibt Hinweise zu besonders interessanten Ausgrabungsstätten. Die Festung über der Stadt mit ihrem markanten Bergfried existierte wohl schon vor 1266. Am Anfang des 14. Jh. kam sie an die Eichstätter Bischöfe. Ab 1914 ließ eine Berliner Familie sie historisierend restaurieren, sie befindet sich noch heute in Privatbesitz. In der Vorburg ist das **Römer und Bajuwaren Museum** (Tel. 084 65/90 57 07, April–Okt. 10–16, Juni–Aug. bis 18 Uhr) untergebracht. Helme und Schwerter, Münzen und Krüge vermitteln einen lebendigen Eindruck vom Leben während der Römerzeit und machen Lust, in der Umgebung auf die Suche nach den Spuren des Limes zu gehen.

Praktische Hinweise

Information

Tourist-Information, Marktplatz 2, Kipfenberg, Tel. 084 65/94 10 40, www.kipfenberg.de

Route

Auf der ST2230 durchs Altmühltal bis Eichstätt im Südwesten (22 km).

8 Eichstätt W13

Barocke Bischofsstadt mit studentischem Flair.

Die Geschichte Eichstätts (14 000 Einw.) beginnt im Jahr 740, als der hl. Bonifatius den *Mönch Willibald* mit der Mission in diesem Teil des Herzogtums Bayern betraute. Schon im folgenden Jahr wurde er zum **Bischof** geweiht und gründete an der Stelle des heutigen Eichstätt ein Kloster. Um 1300, nach dem Aussterben der regionalen Grafenfamilie, übernahmen die Eichstätter Bischöfe sogar die Landesherrschaft. Ihrem Geltungsbedürfnis verdankt Eichstätt auch sein barockes Erscheinungsbild, denn nach schweren Zerstörungen im Dreißigjährigen Krieg ließen die Bischöfe die Stadt umso schöner wieder aufbauen.

1802 wurde das Fürstbistum säkularisiert und Bayern zugeschlagen. Doch noch heute prägen die vielen Kirchen und Residenzen der Bistumsangehörigen das Stadtbild, und die hiesige, 1980 gegründete Hochschule nennt sich stolz **Katholische Universität Eichstätt**.

Das Herz der Bürgerstadt Eichstätt schlägt am **Marktplatz** mit dem barocken *Willibaldsbrunnen* (1695) als Mittelpunkt. Prominentestes Bauwerk der Altstadt ist jedoch die spätgotische **Domkirche Mariä Himmelfahrt**. 1396 vollendet, wurde sie im Laufe der Jahrhunderte immer wieder umgestaltet, markanteste Ergänzung ist die barocke Westfassade. Im Mittelpunkt des geschnitzte Hochalaltars von 1480 steht die Muttergottes. Die Reliefbilder links und rechts zeigen das Leiden Christi.

An den Dom schließt sich im Süden die ehem. **Fürstbischöfliche Residenz** (Führungen April–Okt. Mo–Do 11 und 15, Fr 11, Sa/So 10.15, 11, 11.45, 14, 14.45, 15.30 Uhr) an, ein barocker Dreiflügelbau von besonderer Schönheit. Schon das Treppenhaus schwelgt in barocker Pracht, Putten begrüßen den Besucher, die Decke ziert ein Gemälde von Johann Michael Franz, das den Sturz des Phaethon zeigt.

Umrundet man den Palast, so erreicht man den **Residenzplatz** (18. Jh.) mit der Mariensäule. Gabriel de Gabrieli schuf mit diesem Stadtraum ein in seiner Geschlossenheit einmaliges Barockensemble. Hier befindet sich auch das **Domschatz- und Diözesanmuseum** (auch durch das Mortuarium des Doms erreichbar, Tel. 084 21/507 42, April–Okt. Mi–Fr 10.30–17, Sa–So 10–17 Uhr), in dem kostbare Reliquiare und herrlich gestaltete liturgische Gewänder gezeigt werden.

Studentische Luft kann schnuppern, wer sich nach Osten zur ehem. **Fürst-**

Limesfest

Jedes Jahr im August begeht Kipfenberg, die Stadt am Raetischen Limes, ihr Limesfest. Dann ziehen römische Legionäre, germanische Krieger, Ritter und Marketender aus dem Mittelalter durch den Ort, im Festzelt spielen Musikgruppen auf und in den Straßen herrscht typisch bayerische Volksfeststimmung.

bischöflichen **Sommerresidenz** (18. Jh.) begibt. In dem von einem barocken Garten umgebenen Lustschloss hat heute die Universitätsverwaltung ihren Sitz.

Hoch über der Stadt erhebt sich die **Willibaldsburg**, das Schloss der Fürstbischöfe von Eichstätt. Es wurde ab 1353 unter Bischhof Berthold von Zollern errichtet und Anfang des 17. Jh. zu einem Renaissancepalast nach italienischem Vorbild umgestaltet. Heute ist hier das **Jura-Museum** (Tel. 084 21/29 56, www.jura-museum.de, April–Sept. Di–So 9–18 Uhr, Okt–März Di–So 10–16 Uhr) mit seiner reichen Fossiliensammlung ansässig. Ein Highlight ist das Skelett des *Archaeopteryx*, der vor 150 Mio. Jahren lebte.

i Praktische Hinweise

Information

Tourist Information, Domplatz 8, Eichstätt, Tel. 084 21/600 14 00, www.eichstaett.de

Hotel

Hotel Adler, Marktplatz 22, Eichstätt, Tel. 084 21/67 67, www.adler-eichstaett.de. Erholung im herrlichen Barockpalais.

Restaurant

Domherrnhof, Domplatz 5, Eichstätt, Tel. 084 21/61 26. Die Küche des Altmühltals in einem alten Palais (Mo geschl.).

Route

Auf der B13 geht es nordwestwärts nach Weißenburg (26 km).

Blickfang im Inneren des Eichstätter Doms ist der herrliche Schnitzaltar

9 Weißenburg *W12*

In der südlichsten Stadt Mittelfrankens lebten schon die alten Römer

Dass Weißenburg (18 000 Einw.) seit dem Ende des 13. Jh. eine *Freie Reichsstadt* war, spürt man beim Gang durch die von stattlichen spätmittelalterlichen Fachwerkhäusern geprägte **Altstadt** immer wieder. Der Reichsadler blickt auch auf all jene herab, die Weißenburg durch das trutzige **Ellinger Tor**, das Wahrzeichen der Stadt, betreten.

Hinter dem Ellinger Tor erhebt sich die Pfarrkirche **St. Andreas** von 1327, deren spätgotischer Hallenchor im 15. Jh. entstand. Dem gotischen *Andreasaltar* wurde Anfang des 21. Jh. ein modern gestalteter Volksaltar im Kirchenraum gegenübergestellt. Alt und neu bilden so einen spannenden Kontrast.

Das **Rathaus** am Marktplatz, ein gotischer Sandsteinquaderbau von 1470, stammt ebenso aus der mittelalterlichen Blütezeit der Stadt wie die im Inneren barockisierte **Karmeliterkirche** (1350) in der nahen Luitpoldstraße.

Im Westen der Altstadt liegt, inmitten eines Parks, das Ausgrabungsgelände des römischen **Biriciana**. In dem Kastell war von 90 bis ca. 250 n. Chr. eine Garnison stationiert, die die Grenzen des Imperiums bewachte. Das *Nordtor* der Festung wurde originalgetreu nachgebaut. Noch etwas weiter westlich lohnen die überdachten römischen *Thermen* (April–Okt. 10–12.30 und 14–17 Uhr) einen Besuch. Faszinierend ist z. B. die antike Fußbodenheizung, die in den Baderäumen für wohlige Wärme sorgte.

Praktische Hinweise

Information

Tourist Information, Martin-Luther-Platz 3, Weißenburg. Tel. 091 41/90 71 24, www.weissenburg.de

Route

Weiter nordwärts auf der ST2389 nach Ellingen (3 km).

10 Ellingen V12

Barockes Schloss der fränkischen Sektion des Deutschen Ordens.

Die Geschichte des 899 erstmals urkundlich erwähnten Ellingen (4000 Einw.) wurde maßgeblich vom *Deutschen Orden* geprägt, dem Kaiser Friedrich II. im Jahr 1216 das örtliche Spital übergab. Schon vom **Pleinfelder Tor**, durch das man die Altstadt von Norden her betritt, grüßt das Wappen der Deutschritter. Das spätbarocke **Rathaus** 1744–47 entstand ebenfalls in ihrem Auftrag.

Als wohlhabendste Komturei des Reiches konnte es sich der Orden leisten, ab 1711 mit dem **Ellinger Schloss** (Tel. 091 41/97 47 90, Führungen April–Sept. Di–So 9–17, Okt.–März 10–15 Uhr zur vollen Stunde) die prachtvollste Residenz weit und breit zu errichten. Während die Fassade Hochbarock in Vollendung zeigt, gestaltete Michel d'Ixnard ab 1774 das Innere teils im Stil des Klassizismus um.

TOP TIPP

Das Ellinger Schloss ließen die Ritter des Deutschen Ordens errichten

Praktische Hinweise

Information

Tourist-Info, Weißenburger Str. 2, Ellingen, Tel. 091 41/97 65 43, www.ellingen.de

Route

Auf der B13 nordwestlicher nach Gunzenhausen, rechts auf die B466 abbiegen und 3 km nach Wassermungenau wieder rechts (ST2220) nach Abenberg (46 km).

11 Abenberg V12

Historische Burgen- und Klosterstadt.

Das 1071 erstmals urkundlich erwähnte Abenberg (5500 Einw.) kam 1296 an die Fürstbischöfe von Eichstätt. Sie ließen die bereits seit der Mitte des 11. Jh. bestehende **Burg Abenberg** beträchtlich erweitern und richteten hier ein sog. Pflegamt, eine Art Verwaltungsstelle, ein. Innerhalb der Festung fallen der *Schottenturm*, ein Fachwerkbau, den der zeitweilige Burgbesitzer Anton Schott Anfang des 20. Jh. errichten ließ, und der schlanke, 33 m hohe Turm *Luginsland* besonders auf. Im Pflegamt ist heute die Ausstellung *Eine Zeitreise durch Franken* (April–Okt. Di–So 11–17, Nov–März Do–So 11–17 Uhr) zu sehen, die den zeitlichen Bogen vom frühen Mittelalter bis zur Integration Frankens in das Kurfürstentum Bayern 1803 spannt. Das *Klöppelmuseum* (Öffnungszeiten s. o.) in der Burgscheune, macht mit der alten Kunsthandwerkstradition vertraut.

Die **Altstadt** Abenbergs präsentiert sich als Ensemble mittelalterlicher und barocker Bauten. Zu ihnen zählt das von Gabriel de Gabrieli, dem Schöpfer des Eichstätter Residenzplatzes, 1743 errichtete **Rathaus**, das mit seiner nüchternen Fassade eher wehrhaft als barock verspielt wirkt. Nebenan steht das **Obere Tor**, das Teil der ab 1296 errichteten Stadtbefestigung war. Auch der massige Sandsteinturm der Kirche **St. Jakobus** auf einer kleinen Anhöhe inmitten der Stadt diente einst der Verteidigung. Das romanische Portal des Gotteshauses stammt aus dem 13. Jh.

Luginsland (links) und Schottenturm (Mitte) sind die markantesten Bauten auf Burg Abenberg

Das südlich des Stadtzentrums gelegene **Nonnenkloster Marienburg** ging aus einer kleinen Kirche, dem Peterskirchlein, hervor, das die *Gräfin Stilla* (1100–1147) um 1130 gegründet hatte. Nach einem Brand im Jahre 1675 wurde die Klosterkirche in einer Mischung aus Renaissance und Barock wiederaufgebaut. 68 Nonnen liegen hier begraben, die Grablege wurde den Katakomben in Rom nachempfunden. Gräfin Stillas Grab zeigt die Edelfrau in langer gefältelter Robe mit einer kleinen Nachbildung ihrer Kirche auf dem Arm.

Praktische Hinweise

Information

Stadt Abenberg, Stillaplatz 1, Abenberg, Tel. 09178/98800, www.abenberg.de

Restaurant

Burg Abenberg, Burgstr. 16, Abenberg, Tel. 09178/982990. Regionale Küche im schmucken Schottenturm.

Route

Weiter auf der ST2220 ostwärts nach Roth (11 km).

12 Roth *V13*

Mittelfränkische Stadt mit eindrucksvollen Fachwerkhäusern.

Roth (25000 Einw.) liegt am Rand des Fränkischen Seenlandes an der Rednitz. Während des Mittelalters gewährten die Stadtväter all jenen Asyl, die glaubhaft machen konnten, unschuldig verfolgt zu werden. Im 19. Jh., insbesondere nach dem Anschluss an das Eisenbahnnetz im Jahr 1849, erlebte die Stadt einen rapiden wirtschaftlichen Aufschwung.

Um den **Marktplatz** prägen seit jeher mittelalterliche Giebelhäuser das Bild. Das schönste unter ihnen ist zweifellos das **Riffelmacherhaus** (Hauptstr. 43) mit seiner elaborierten Fachwerkfassade. Das **Schloss Ratibor** (Hauptstr. 1, Tel. 09171/848532, April–Okt. Di–So 13–17 Uhr) nicht weit vom Marktplatz wurde 1535–37 als Jagdschloss für Graf Georg den Frommen errichtet. Sein Prunksaal und die üppig ausgestattete Banketthalle jedoch zeugen vom Reichtum des Fabrikanten Wilhelm von Sieber, der das Schloss am Ende des 19. Jh. bewohnte.

Wohlhabend wurde Sieber durch die Produktion *Leonischer Waren*, also goldener Zierfäden, für die Textilindustrie. Das **Fabrikmuseum Roth** (Tel. 09171/60564, www.fabrikmuseum-roth.de, Ende März–Okt. Sa/So 13.30–16.30 Uhr) erinnert an die Blütezeit dieser Industrie Anfang des 20. Jh.

Praktische Hinweise

Information

Tourist Information, Hauptstr. 1 (im Schloss Ratibor), Roth, Tel. 09171/848513, www.stadt-roth.de

Route

Von Roth auf der B2a nordwärts auf die A6, dann nordostwärts auf die B8 nach Nürnberg (28 km).

Donau und Bayerischer Wald – reiche Kultur und grüne Flusstäler

3–4 Tage • 486 km

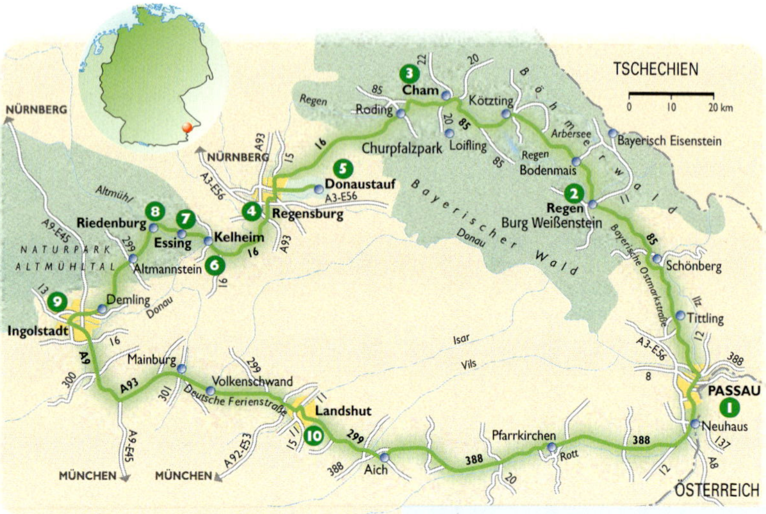

Reiseroute

Passau	**Regen (63 km)**
Regen	**Cham (54 km)**
Cham	**Regensburg (64 km)**
Regensburg	**Donaustauf (10 km)**
Donaustauf	**Kelheim (28 km)**
Kelheim	**Essing (7 km)**
Essing	**Riedenburg (9 km)**
Riedenburg	**Ingolstadt (37 km)**
Ingolstadt	**Landshut (82 km)**
Landshut	**Passau (132 km)**

1 Passau *X17*

Einmalig schön gelegene Barock- und Dreiflüssestadt.

Es ist ein recht kontrastreiches Flusstrio, das sich an Passaus (50 000 Einw.) Ortsspitze vereint: Aus Süden strömt der grüne *Inn* heran, aus Westen naht die blaue *Donau*, und von den Höhen des im Norden ansteigenden Bayerischen Waldes kommt die schwarze *Ilz* herab.

Für Passau sind die Flüsse in vielerlei Hinsicht ein Segen. So schützten Donau und Inn die Ortsspitze seit jeher vor Angreifern, sodass schon im 5. Jh. v. Chr. die **Kelten** und 80 n. Chr. dann die **Römer** hier eine befestigte Siedlung unterhielten. Für das 739 durch *Bonifatius*, den Germanenapostel, gegründete **Bistum** Passau, das sich im 11. Jh. entlang der Donau bis weit hinter Wien erstreckte, war der Fluss eine bedeutende Verkehrsverbindung. Zudem brachten die Kaufleute, die auf Donau und Inn ihre Waren transportierten, im Mittelalter großen **Wohlstand** nach Passau.

1217 erlangten die Passauer Bischöfe auch die weltliche Macht in der Stadt und behielten sie bis zur Säkularisierung 1803. 1552 schrieb das Bistum sogar deutsche Geschichte, als Fürstbischof Wolfgang von Salm den ›**Passauer Vertrag**‹ vermittelte, mit dem ein erster Schritt zum Frieden zwischen den katholischen und protestantischen Kurfürsten des Deutschen Reiches getan wurde. Die Fürstbischöfe waren es auch, die Passau nach dem Stadtbrand von 1662 sein heute so ansprechendes barockes Antlitz verliehen.

Die Lage an drei Flüssen kann aber auch gefährlich werden, nämlich wenn sich die **Hochwasserwellen** von Donau und Inn treffen und weite Teile der Stadt überfluten, besonders verheerend in den Jahren 1954 und 2002.

Einen hervorragenden Überblick über die einmalig schöne Dreiflüssestadt kann man sich von der **Veste Oberhaus** verschaffen, die sich am linken Donauufer erhebt. 1219 als Trutzburg errichtet, wurde sie in den folgenden Jahrhunderten stetig erweitert. In der Burg berichtet das *Oberhaus Museum* (Tel. 08 51/493 35 12, www.oberhausmuseum.de, 15. März–15. Nov. Mo–Fr 9–17, Sa/So 10–18 Uhr) vom Leben auf einer Ritterburg und dem Alltag der Bürger einer mittelalterlichen Stadt.

Geht man vom Burgberg auf dem Ludwigsteig nach Passau hinab, so kommt man über die Luitpoldbrücke zum **Donaukai** mit den Anlegestellen der Ausflugsschiffe. Rechter Hand ist rasch das **Rathaus** (April–Dez. tgl. 10–16 Uhr) von 1405 erreicht, dessen freskierte Fassade mehrere Fürsten zeigt, darunter König Ludwig den Bayern. Am hoch aufragenden und an einen venezianischen Campanile erinnernden neogotischen Rathausturm zeugt eine Hochwasserskala von historischen Donauhöchstständen. Ebenfalls am Rathausplatz befindet sich das *Hotel Wilder Mann* mit dem **Glasmuseum** (Tel. 08 51/350 71, www.glasmuseum.de, tgl. 13–17 Uhr). Wunderbare Produkte böhmischen Kunstschaffens sind hier zu sehen, von fein gegliederten gläsernen Kerzenständern des Jugendstil bis zu einfallsreich bemalten Bechern.

So schön das Ensemble um den Rathausplatz auch ist, so verblasst es doch vor der edlen Anmutung des **Residenzplatzes**, den man über Schrott- und Große Messergasse erreicht. Nach Süden hin begrenzt ihn die **Neue Bischöfliche Residenz** (1712–30), ein im Stil des Wiener Spätbarock errichteter, lang gestreckter Palast. Schon das Rokoko-Treppenhaus mit dem recht unbescheiden ›Götter des Olymp huldigen Passau‹ genannten Deckenfresko stimmt auf die kostbaren Exponate des *Domschatz- und Diözesanmuseums* (Tel. 08 51/39 30, Mai–Okt. 10–16 Uhr) ein, die von der einstigen Bedeutung des Passauer Bistums zeugen.

Nun sollte man den **Dom St. Stephan** umrunden, dessen Chor an den Residenzplatz grenzt. So erreicht man das Hauptportal der Kathedrale, deren drei mächtige Türme Passaus Stadtbild prägen. Eine erste Vorgängerkirche entstand schon 730, sein heutiges Erscheinungsbild verdankt der Dom dem Wiederaufbau nach dem Stadtbrand ab 1668. Dabei gelang es, den spätgotischen Chor mit den barocken Neubauten auf das Trefflichste zu vereinen. Besonders stimmungsvoll kann man den mit schwerer Stuckornamentik ausgestalteten Kirchenraum bei den *Konzerten* (Mai–Okt. Mo–Fr 12 Uhr) auf der größten Kirchenorgel der Welt von 1928 erleben.

Weiter westlich erstreckt sich die Fußgängerzone Passaus, deren Hauptachse die **Ludwigstraße** ist. Schmucke Bürgerhäuser, viele Cafés und Geschäfte machen einen Bummel auch durch die umliegenden Gassen zu einem Genuss.

Blick über den gemächlich dahinfließenden Inn zum Dom St. Stephan und der Veste Oberhaus

Bayerischer Wald

Zwischen Bayerisch Eisenstein und Freyung erstreckt sich entlang der tschechischen Grenze der **Nationalpark Bayerischer Wald** (www.nationalparkregion.de). Von rauem Charme ist diese Landschaft, dunkle Fichtenwälder gehen über in malerische Mischwälder, die kristallklare Bäche durchfließen. Markanteste Erhebungen sind Großer Falkenstein (1315 m), Rachel (1453 m) und Lusen (1373 m). Besonders eine Wanderung zum **Lusen** ist ein Erlebnis: Wie wohl nirgendwo sonst in Deutschland kann man hier Tod und Wiedergeburt eines Waldes erleben. Denn in den Jahren nach 1995 hinterließ eine Borkenkäferplage im weiten Umkreis nur tote Bäume, die ihre Stümpfe noch immer kahl und abweisend gen Himmel recken. Doch in ihrem Schutz entsteht neues Leben – und ein **Urwald**, der diesen Namen wirklich verdient. **Anfahrt:** Ab Passau über die B85, dann nach Grafenau abbiegen und über Spiegelau zum Ausgangspunkt der Wanderung in Waldhäuser.

Entlang des Inns kann man nun in Richtung der **Ortsspitze**, also nach Osten, spazieren, wo sich Donau, Inn und Ilz vereinen. Von dort ist es nur ein Katzensprung zum **Museum Moderner Kunst** (Bräugasse 17, Tel. 08 51/383 87 90, www.mmk-passau.de, Di–So 10–18 Uhr). Es präsentiert anspruchsvolle Wechselausstellungen der Klassischen Moderne und international renommierter Künstler der Gegenwart.

Formvollendeten Barock erlebt man im Dom St. Stephan von Passau

Praktische Hinweise

Information

Passau Tourismus e.V., Rathausplatz 3 und Bahnhofstr. 36, Passau, Tel. 08 51/95 59 80, www.passau.de

Hotels

Altstadt-Hotel, Bräugasse 23-29, Passau, Tel. 08 51/33 70, www.altstadt-hotel.de. Direkt an der Donau gelegenes grundsolides Hotel.

Weißer Hase, Heiliggeistgasse 1, Passau, Tel. 08 51/921 10, www.weisser-hase.de. Komfortables Hotel mit Restaurant in einem traditionsreichen Haus von 1512.

Restaurant

Heilig-Geist-Stiftschänke, Heilig-Geist-Gasse 4, Passau, Tel. 08 51/26 07. Regionale Spezialitäten und hauseigene Weine in zünftigem Ambiente.

Route

Von Passau auf der B85 nordwärts nach Regen (63 km).

2 Regen *W17*

Kleinstadt mit der Burg Weißenstein, die einen prächtigen Ausblick bietet.

Regen (13 000 Einw.) entstand wohl als **Rodungsort** des Klosters Rinchnach im Laufe des 11. Jh. Erstmals erwähnt wurde der Ort im Jahr 1148. Seit dem 13. Jh. war er Sitz eines herzoglichen Verwaltungsamtes und gewann als **Markt** Bedeutung für die Bauern des Bayer- und Böhmerwaldes. Ihren Namen verdankt die Stadt dem Fluss Regen, an dessen Ufern sie liegt.

Sanfte Hügel rahmen den Ort, dessen **Stadtplatz** mit dem Marienbrunnen von schönen Giebelhäusern gesäumt ist. Hier befindet sich auch in einem repräsentativen Bau von 1913 das **Niederbayerische Landwirtschaftsmuseum** (Tel. 099 21/604 85, www.nlm-regen.de, tgl. 10–17 Uhr), das die Modernisierungsschübe in der regionalen Landwirtschaft vom 19. Jh. bis in die Gegenwart dokumentiert.

Die Ruine der **Burg Weißenstein** erhebt sich auf dem *Pfahl*, einem steil emporschießenden Bergsporn 3 km südlich. Vom gut erhaltenen Wachturm bietet sich ein fantastischer Ausblick über den Bayerischen Wald. Im ehem. Getreidespeicher der Burg befindet sich das *Museum im Fressenden Haus* (Juni–Mitte Okt. tgl. 10–16.30 Uhr), benannt nach einem Roman des Dichters Siegfried von Vegesack (1888–1974), der hier 1918–29 lebte. Eine Schau im Erdgeschoss erinnert an sein Werk, zudem ist eine volkskundliche Ausstellung zu sehen.

Praktische Hinweise

Information

Kurverwaltung Regen, Schulgasse 2, Regen, Tel. 099 21/604 82, www.regen.de

Route

Von Regen nordwestlich auf Landstraßen (ST2135, ST2132, ST2140) über Bodenmais und Kötzting nach Cham (54 km).

Auf dem Marktplatz von Cham laden Cafés zum Verweilen ein

3 Cham V16

Das Glockenspiel des Rathauses spielt die Marseillaise.

Auf dem Weg von Regen nach Cham empfiehlt sich ein Abstecher nach **Bodenmais** im Naturpark Bayerischer Wald. Am Silberberg über dem Ort befindet sich das heutige **Besucherbergwerk** (Tel. 099 24/304, www.silberberg-online.de, Ende März–Juni und Sept./Okt. tgl. 10–16, Juli/Aug. tgl. 9.30–16.45 Uhr), in dem Knappen seit dem 12. Jh. nach Silber gruben. Bei den Führungen geht es tief unter die Erde und anhand traditionellen Arbeitsgeräts wird deutlich, wie hart die Bergleute einst arbeiten mussten.

TOP TIPP Durch die herrliche Mittelgebirgslandschaft des **Bayerischen Waldes** geht die Fahrt weiter nach **Cham** (17 000 Einw.), dessen **Altstadt** sich in eine Biegung des Flusses Regen schmiegt. Die günstige Lage am Handelsweg vom im 13. Jh. überaus reichen Regensburg nach Böhmen ließ die Siedlung aufblühen, doch die Hussitenkriege (1419–36) und der Dreißigjährige Krieg (1618–48) sorgten für herbe Rückschläge. 1945–89 lag Cham fast unmittelbar am Eisernen Vorhang zwischen Ost und West, sodass die Stadt den Zugang zu ihrem böhmischen Hinterland verlor. Doch inzwischen zeigen sich die wirtschaftlichen Vorteile von Grenzöffnung 1989 und **EU-Erweiterung** 2004 immer deutlicher.

Besonders an den *Markttagen* (Sa 8–12 Uhr) herrscht reges Treiben auf dem **Marktplatz** von Cham. Dessen Blickfang ist das in freundlichem Gelb gestrichene **Rathaus** (15. Jh.) mit seinem Stufengiebel und dem Erker, den städtisches (links) und Oberpfälzer Wappen zieren. Das Glockenspiel intoniert täglich um 12.05 Uhr die ›Marseillaise‹. Ihr Schöpfer, der Soldat Rouget de Lisle, widmete sie 1792 dem in französischen Diensten stehenden General Luckner, einem gebürtigen Chamer.

An das Rathaus schließt sich die Kirche **St. Jakob** an, deren Ursprünge zwar auf das Jahr 1210 zurückgehen, die aber in ihrer heutigen Gestalt im späten 18. Jh. entstand. Der Vorgängerbau war im Österreichischen Erbfolgekrieg zerstört worden. Das Deckenfresko von 1750 zeigt die Schlacht von Tolosa von 1212, bei der die Christen den entscheidenden Sieg über die Mauren zur Wiedereroberung Spaniens erringen konnten.

Folgt man dem Rindermarkt vom Marktplatz aus in Richtung Regen, so kommt man zur **Städtischen Galerie im**

Eine der schönsten Stadtsilhouetten Deutschlands: Regensburgs Altstadt mit dem Dom St. Peter

Cordonhaus (Propsteistr. 46, Tel. 09971/80 34 96, Mi–So 14–17, Do bis 19 Uhr). Sie zeigt neben wechselnden Kunstausstellungen frühgeschichtliche Fundstücke aus dem Chamer Raum, die von einer Besiedlung der Region seit über 100 000 Jahren zeugen.

Praktische Hinweise

Information

Tourist-Information, Propsteistr. 46, Cham, Tel. 09971/80 34 93, www.cham.de

Hotel

Wellness Oase Randsbergerhof, Randsbergerhofstr. 15–19, Cham, Tel. 09971/85770, www.randsbergerhof.de. Das richtige Haus für Aktivurlauber in einem modernen Bau.

Restaurant

Bräu-Pfandl, Lucknerstr. 11, Cham, Tel. 09971/207 87, www.braeupfandl.de. Regionale und internationale Küche.

Route

Von Cham geht es auf der B85/B16 südwestlich nach Regensburg (64 km).

4 Regensburg W15

Reichsstadt an der Donau und Weltkulturerbe der UNESCO.

Wer in das Gewirr der Regensburger (130 000 Einw.) Altstadtgassen eintaucht, der kann leicht die Orientierung verlieren und das nicht nur räumlich, sondern auch zeitlich. So perfekt hat sich die Stadt ihr mittelalterliches Erscheinungsbild bewahrt, dass man manchmal glaubt, ins 13. Jh. zurückgereist zu sein.

Die Geschichte Regensburgs begann jedoch schon viel früher. 179 n. Chr. errichteten die **Römer** hier, an der Ostgrenze ihres Imperiums, eine Grenzfestung, die sie *Castra Regina* nannten. Unter den Herzögen aus dem Haus der Agilolfinger stieg die Siedlung im 6. Jh. zur ersten Hauptstadt Bayerns auf. So lag es nahe, dass der hl. Bonifatius hier 739 ein **Bistum** stiftete.

Im 12. und 13. Jh. war Regensburg eine der wohlhabendsten Städte des Deutschen Reiches, 1245 ernannte sie Kaiser Friedrich Barbarossa zur **Freien Reichsstadt**. Ab dem 14./15. Jh. begann langsam der Niedergang der Stadt, Handelswege änderten sich und andere Regionen gewannen an Bedeutung. So fehlte den Regensburgern das Geld, um ihre Stadt zu modernisieren, und allein darum blieb das mittelalterliche Erscheinungsbild in diesem Umfang erhalten.

Auch der **Immerwährende Reichstag**, der von 1663 bis 1806 in Regensburg tagte, konnte an der Wirtschaftsflaute nichts ändern. Er trug Regensburg allerdings den Ruf ein, eine der sündigsten Städte des Reiches zu sein, wollten sich die Gesandten doch nach den Sitzungen ausgiebig amüsieren. Seit der Gründung einer **Universität** im Jahr 1962, deren prominentester Professor **Papst Benedikt XVI.** war, und der Ansiedelung von Unternehmen der Hochtechnologie ab den 1990er-Jahren erlebte Regensburg jedoch einen fulminanten Wiederaufstieg.

Aus welcher Richtung man sich Regensburg auch nähert, immer grüßen schon von weitem die markanten, reich mit Fialen besetzten Türme des TOP TIPP **Doms St. Peter** (Tel. 09 41/298 62 78, Führungen tgl. 14 Uhr, Mai–Okt. zusätzlich Mo–Sa 10.30 Uhr). Insgesamt 600 Jahre, von 1260 bis 1872, dauerte es, bis der Dom fertiggestellt war. Das Langhaus mit seiner Ehrfurcht gebietenden Höhe von 32 m schließt ein gotisches Kreuzrippengewölbe ab. Der von Augsburger Schmieden prunkvoll gestaltete *Hochaltar* (1695–1785) ist zweifellos das schönste Ausstattungsstück der Kirche. Nicht minder bedeutsam ist die *Verkündigungsgruppe* von 1280 an den beiden westlichen Vierungspfeilern, ein Meisterwerk mittelalterlicher Bildhauerkunst. Berühmt ist vor allem der lachende Engel Gabriel.

Durch das Querhaus ist das **Domschatz Museum** (Krauterermarkt 3, Tel. 09 41/595 32 25 30, www.bistumsmuseen-regensburg.de, Dez.–März Fr/Sa 10–16, So 12–16, April–Nov. Di–Sa 10–17, So 12–17 Uhr) zu erreichen, in dem kostbare liturgische Geräte, darunter die Wolfgangsschale aus dem frühen 12. Jh., zu sehen sind. Außerdem werden viele kostbar gefasste Reliquien gezeigt.

Im **Museum St. Ulrich** (Domplatz 2, April–Okt. Di–So 10–17 Uhr), der 1220 erbauten und 1824 profanierten einstigen herzoglichen *Palastkapelle* direkt neben dem Dom, sind Skulpturen, Gemälde und Goldschmiedekunst vom Mittelalter bis in die Gegenwart zu sehen. Mindestens ebenso bemerkenswert wie die Ausstellungsstücke ist der reich mit *Fresken* des 13.–16. Jh. ausgemalte Kirchenraum.

Im Südwesten des Domplatzes liegt der Neupfarrplatz, in dessen Zentrum sich die protestantische **Neupfarrkirche** erhebt. Der Renaissancebau entstand ab 1540 an der Stelle des einstigen jüdischen Gettos, das fast den gesamten Platz einnahm. Dessen Einwohner wurden um 1519 vertrieben. Das **document Neupfarrplatz** (Tel. 09 41/507 14 42, Do/Fr/Sa 14.30 Uhr), dessen Einstieg direkt an die Kirche grenzt, macht die Spuren der alten Synagoge, aber auch der alten Römerstadt und sogar Reste eines Luftschutzbunkers aus der Zeit des Zweiten Weltkrieges etwa 5 m unter dem Pflaster des Platzes zugänglich.

Vom Neupfarrplatz führt die Gesandtenstraße zum Bismarckplatz mit dem klassizistischen **Stadttheater** (Tel. 09 41/507 24 24, www.theaterregensburg.de), einem wohlproportionierten Bau von 1852. Nun lohnt ein kurzer Abstecher nach Westen zur **Schottenkirche St. Jakob**, die bis 1200 errichtet wurde. Schon das mittlerweile von einem Glasvorbau geschützte Portal zeugt vom Einfluss der irischen Wandermönche, die das zugehörige Kloster um 1090 gründeten. Schlangengleiche Muster ranken sich an den Säulen empor, Löwen blicken von den Kapitellen herab. Auch im Inneren wird die Kirche ihrem Ruf als einer der bedeutendsten Sakralbauten der Hochromanik gerecht.

Zurück in der Altstadt sollte man seine Schritte zunächst zum **Haidplatz** lenken, einem großzügigen Stadtraum, dessen berühmtestes Gebäude das heutige Café *Zum Goldenen Kreuz* ist – in dem einstigen Hotel nächtigte im 16. Jh. sogar Kai-

Besonders reich verziert ist das Domportal

ser Karl V. Nur wenige Meter sind es nun zum **Alten Rathaus** (Tel. 09 41/507 44 10, Führungen April–Okt. Mo–Sa 9.30–16, So 10–16, Nov.–März 9.30, 10.30, 14, 15, So 10, 11 Uhr) aus dem 14. Jh. Hier tagte ab 1663 der entgegen seines Namens nur 143 Jahre dauernde *Immerwährende Reichstag*. Dokumentiert wird das politische Dauerevent im *Reichstagsmuseum*, welches im Alten Rathaus ansässig ist.

Als krönender Abschluss der Stadtbesichtigung bietet sich ein Spaziergang über die **Steinerne Brücke** an, die seit dem Jahr 1146 die Donau quert. Vom Scheitel dieses Meisterwerkes mittelalterlicher Profanarchitektur hat man einen vorzüglichen Blick auf die Regensburger Altstadt.

Praktische Hinweise

Information

Tourist-Information, Rathausplatz 4, Regensburg, Tel. 09 41/507 44 10, www.regensburg.de

Hotels

Hotel Orphée, Untere Bachgasse 8, Regensburg, Tel. 09 41/59 60 20, www.hotelorphee.de. Sehr individuell eingerichtete Zimmer inmitten der Altstadt.

Münchner Hof, Tändlergasse 9, Regensburg, Tel. 09 41/584 40, www.muenchner-hof.de. Komfortabel nächtigen in einer Seitengasse des Neupfarrplatzes.

Sorat Insel-Hotel, Müllerstr. 7, Regensburg, Tel. 09 41/810 40, www.sorat-hotels.com. Auf einer Donauinsel gelegenes Designerhotel.

Restaurants

Pam Pam, Haidplatz 5, Regensburg, Tel. 09 41/56 13 71. Leckere Holzofenpizza.

Gänsbauer, Keplerstr. 10, Regensburg, Tel. 09 41/578 58. Feine Küche unter gotischem Gewölbe.

Route

Von Regensburg geht es östlich über Tegernheim nach Donaustauf (10 km).

5 Walhalla/ Donaustauf *W15*

Ruhmeshalle hoch über der Donau im Stil des griechischen Parthenon.

Weithin sichtbar grüßt die dem Parthenon in Athen nachempfundene Walhalla (Walhalla-Str. 48, Tel. 094 03/96 16 80, www.walhalla-regensburg.de, April–Sept. tgl. 9–17.45, Okt. 9–16.45, Nov.–März 10–11.45 und 13–15.45 Uhr) vom nördlichen Donauufer bei **Donaustauf**. König Ludwig I. von Bayern ließ die Ruhmeshalle 1830–42 von Leo von Klenze erbauen, um in ihrem Inneren »rühmlich ausgezeichnete Teutsche« zu ehren. Der Büstenreigen beginnt mit König Heinrich (876–936), im Jahr 2003 wurde Sophie Scholl (1921–1943) aufgenommen und im Jahr 2007 wurde der Mathematiker Carl Friedrich Gauß (1777–1855) mit einer eigenen Büste geehrt.

Ein griechischer Tempel in der Oberpfalz: In der Walhalla erinnern Büsten an verdiente Bürger

Kloster Weltenburg liegt abgeschieden am Ufer der träge dahinfließenden Donau

Route

Von Donaustauf zurück nach Regensburg und dann auf der B16 südlich nach Kelheim (28 km).

6 Kelheim W14

Ausgangspunkt für herrliche Donaufahrten zum Kloster Weltenburg.

Das bereits im späten 9. Jh. urkundlich erwähnte Kelheim (16 000 Einw.) an der Mündung der Altmühl in die Donau war im 11./12. Jh. von einiger strategischer Bedeutung, denn hier querten zwei Brücken die Flüsse. Aber wie im nahen Regensburg führte in Kelheim die Verlagerung der europäischen Handelswege zum wirtschaftlichen Niedergang. So blieb die mittelalterliche Bausubstanz erhalten. Im Herzogkasten im Süden der Altstadt zeigt das **Archäologische Museum** (Lederergasse 11, Tel. 094 41/104 92 April–Okt. Di–So 10–16 Uhr) eine Ausstellung zur frühzeitlichen Siedlungsgeschichte der Region.

An ein wichtiges Ereignis erinnert die auf einer Anhöhe über Kelheim thronende **Befreiungshalle** (Tel. 094 41/68 20 70, Mitte März–Okt. tgl. 9–18, Nov.–14. März 9–16 Uhr), die 1842 im Auftrag König Ludwigs I. erbaut wurde, nämlich an den Sieg der Koalitionstruppen über Napoleon in der *Völkerschlacht von Leipzig* im Jahr 1813. Symbolträchtig sind die Schilde, die die Siegesgöttinen im Inneren des Rundtempels stützen: Sie wurden aus dem Metall eingeschmolzener Geschütze geformt. Von der Galerie der Befreiungshalle bietet sich ein fantastischer Ausblick über die weite Donaulandschaft.

Direkt unterhalb der Befreiungshalle legen die Ausflugsschiffe zum **Kloster Weltenburg** ab. Schon die Fahrt zu dem um 800 gegründeten Kloster ist ein Genuss. Sie führt durch den **Donaudurchbruch**, den der Fluss vor etwa 130 000 Jahren nahe Kelheim durch den Kalkfels des Bayerischen Jura grub. Nur 70 m ist die Donau hier breit, teils 100 m ragen die Felsen beiderseits des Wassers empor, bekrönt von dichtem Mischwald. Fast meint man, durch eine Urwaldlandschaft zu gleiten.

Nach etwa 40 Min. Fahrtzeit ist schließlich das Kloster Weltenburg erreicht. Das ab 1714 errichtete Barockensemble umschließt einen malerischen Innenhof, in dem ein lauschiger *Biergarten* (tgl. 8–18 Uhr) bayerische Köstlichkeiten anbietet. Doch vor dem Gaumenschmaus sollte man die von den Brüdern Asam 1716–39 gestaltete *Kirche* (tgl. 8–20 Uhr) besuchen. Überbordende Pracht, herrlich stuckierte Wände und Decken sowie kunstvoll gestaltete Altäre zeugen von der großen Meisterschaft dieser Künstler.

Praktische Hinweise

Information

Tourist Information, Ludwigsplatz 14, Kelheim, Tel. 094 41/70 12 34, www.kelheim.de

Hotel

Stockhammer, Am oberen Zweck 2, Kelheim, Tel. 094 41/700 40, www.gasthof-stockhammer.de. Gemütliche Zimmer in einem rustikalen Gasthof.

Route

Von Kelheim auf der ST2230 westlich nach Essing (7 km).

7 Essing W14

Lebendige Vergangenheit beim Höhlenbesuch erleben.

Essing (1000 Einw.), der kleine Markt im hier sehr engen, von den steilen Felswänden des Bayerischen Jura begrenzten Tal der Altmühl hat sich sein mittelalterliches Antlitz bis heute bewahrt. Akzentuiert wird es noch durch die **Burg Randeck** (Tel. 094 47/32 20, April–Okt. tgl. 9.30–18 Uhr) aus dem 11. Jh. über dem Ort, einer der ältesten Festungen Bayerns. Die Aussicht vom Burgturm ist vortrefflich.

Noch vor Essing, etwa 4 km hinter Kelheim, kommt man zur **Großen Schulerlochhöhle** (Tel. 094 41/32 77, www.schulerloch.de, Führungen April und Mitte Sept. –Okt. tgl. zur vollen und halben Stunde 10–16, Mai–Mitte Sept. tgl. zur vollen und halben Stunde bis 17 Uhr). Zu den Tropfsteingebilden in ihrem Inneren zählt der ›Turm zu Babel‹, dessen Form tatsächlich an das Gemälde gleichen Namens von Pieter Brueghel erinnert. Zudem sind Werkzeuge von Neandertalern zu sehen, welche die Höhle zwischen 60 000 und 40 000 v. Chr. als Winterquartier nutzten.

Route

Auf der ST2230 nordwestlich durch das Altmühltal nach Riedenburg (8 km).

8 Riedenburg W14

Burgen und Schlösser wachen über den kleinen Ort im Altmühltal.

Auf der Fahrt von Essing nach Riedenburg (6000 Einw.) passiert man etwa auf halber Strecke die **Burg Prunn** (Tel. 094 42/33 23, Führungen Mitte März–Nov. tgl. 9–17, sonst Di–So 10–15 Uhr), eine der besterhaltenen Ritterburgen Bayerns. Ältester Teil der 1037 erstmals erwähnten Anlage ist der Bergfried aus dem 12. Jh. Besonders die Lage des einstigen Wohnhauses, das einem Adlerhorst gleich auf einem steilen Felsvorsprung erbaut wurde, beeindruckt. Im Inneren der unter König Ludwig I. ab 1827 vor dem Verfall

Von dichtem Wald umgeben erhebt sich Burg Prunn über dem Altmühltal

Hinter Ingolstadts Altem Rathaus erheben sich der Pfeifturm (links) und die Moritzkirche

geretteten Burg sind einige Wohnräume so eingerichtet, als hätten die Burgbesitzer ihre Residenz gerade verlassen.

Die malerische Altstadt **Riedenburgs** liegt am Westufer der Altmühl, unterhalb der **Rosenburg** (Tel. 094 42/27 52, www.falkenhof-rosenburg.de, Mitte März–Okt. Di–So 9–17 Uhr) aus dem 12. Jh. Adler, Bussarde, Falken und Eulen bevölkern den hier beheimateten Falkenhof. Die *Flugvorführungen* (Di–So 11/15 Uhr) machen besonders den kleinen Besuchern Freude.

Folgt man der Altmühl auf der Westseite weiter flussaufwärts, so erreicht man nach ca. 5 km **Schloss Eggersberg** (Obereggersberg 18, Tel 094 42/918 70, www.schloss-eggersberg.com) mit dem kleinen *Hofmark-Museum* (tgl. 12–18 Uhr), das der Schlossherr mit Objekten zur Regionalgeschichte bestückte.

i Praktische Hinweise

Information

Tourist Information, Marktplatz 1, Riedenburg, Tel. 094 42/90 50 00, www.riedenburg.de

Route

Auf der ST2231 südlich über Altmannstein und Demling weiter nach Ingolstadt (37 km).

9 Ingolstadt W13

Moderner Industriestandort und älteste Universität Bayerns.

Schon Kaiser Karl der Große schätzte Ingolstadt (120 000 Einw.) an der Donau, denn in seinem Testament von 806, zugleich die erste urkundliche Erwähnung des Ortes, wies er es ausdrücklich seinem Haupterben Karl zu. 1250 erhielt Ingolstadt Stadtrechte und wurde um 1300 Sitz des **Teilherzogtums Bayern-Ingolstadt** unter dem späteren Kaiser Ludwig dem Bayern. Im Jahr 1472 entstand in Ingolstadt die erste, 1800 jedoch nach Landshut verlegte **Universität** auf bayerischem Boden, und 1516 erließ Herzog Wilhelm hier ein Gesetz, das bis zum heutigen Tag quasi staatstragende Bedeutung hat, nämlich das **Bayerische Reinheitsgebot**, das die Zutaten von Bier auf Gerste, Hopfen und Wasser beschränkte. Zu literarischem Ruhm kam die Stadt durch Mary Shelleys Schauerroman ›*Frankenstein*‹ von 1818, in dem der gleichnamige Held an Ingolstadts Universität Medizin studiert.

Für die Zukunft sehr wichtig war der Umzug der Auto Union AG – heute Audi – aus der Sowjetzone nach Ingolstadt im Jahr 1949. Seither hat sich Ingolstadt stark gewandelt und präsentiert sich heute als moderner Industriestandort.

Eigentlich aus dem 14. Jh. stammt das **Alte Rathaus**, das Gabriel von Seidel 1882 im Stil der Neorenaissance erweiterte. Direkt neben dem Rathaus erhebt sich **St. Moritz**, die älteste Kirche Ingolstadts. Der äußerlich nüchterne Bau mit seinen zwei spitz zulaufenden Türmen beeindruckt im Inneren durch sein gotisches Kreuzgratgewölbe und den in prunkvollem Rokoko schwelgenden Altar.

Jüngeren Datums ist die **Alte Anatomie** (1723–35), Sitz der Medizinischen Fakultät der Universität Ingolstadt. Der im Stil einer Orangerie errichtete Barockbau und sein zugehöriger formaler Garten bilden ein Gesamtkunstwerk. Heute ist hier das *Deutsche Medizinhistorische Museum* (Anatomiestr. 18–20, Tel. 08 41/305 18 60, Di–So 10–12 und 14–17 Uhr) zu Hause. Manche Ausstellungsstücke wie eine Amputationssäge oder ein ›Zahnreißer‹ aus dem Mittelalter lassen schaudern.

Nahebei befindet sich das **Kreuztor** aus dem 14. Jh. Mit seinen sieben kleinen Türmen ist es einer der interessantesten Überreste der Stadtbefestigung. Das **Liebfrauenmünster** (1425) stadteinwärts ist eine der größten bayerischen Kirchen der Spätgotik. Das mächtige Dach und die markant übereck gestellten Türme sind seine unübersehbaren Markenzeichen. Im Mittelpunkt des Hochaltars von 1572 steht die Muttergottes.

Geht man nun nordwärts, so ist rasch die Kirche **Maria de Victoria** (1732–36) erreicht, deren Fassade von Pilastern und Voluten reich gegliedert wird. Mit der Innenausstattung betraute man die Brüder Asam, die 1734 ein Juwel des bayerischen Rokoko schufen. Der reich verzierte Hochaltar leitet optisch fast nahtlos über zum Deckenfresko Cosmas Damian Asams, das die Menschwerdung Christi illustriert.

Am Ostrand der Altstadt liegt das **Neue Schloss** (Paradeplatz 4), das ab 1418 unter Herzog Ludwig dem Bärtigen errichtet wurde. Das Paradebeispiel spätmittelalterlichen Burgenbaus ist Sitz des *Bayerischen Armeemuseums* (Tel. 08 41/ 937 70, www.bayerisches-armeemuseum.de, Di–So 8.45–16.30 Uhr) mit Uniformen, Rüstungen, Kanonen sowie Orden aus der langen Militärgeschichte Bayerns.

i Praktische Hinweise

Information

Tourist Information, Rathausplatz 2, Ingolstadt, Tel. 08 41/305 30 30, www.ingolstadt.de

Hotel

Hotel Bavaria, Feldkirchener Str. 67, Ingolstadt, Tel. 08 41/953 40, www.bavariahotel-ingolstadt.de. Moderne Zimmer in verkehrsgünstig gelegenem Hotel.

Restaurant

Antonius-Schwaige, Antonius-Schwaige 47, Ingolstadt, Tel. 08 41/326 80. Gemütliche Gastwirtschaft mit einem der schönsten Biergärten Ingolstadts.

Route

Auf der A9 südlich bis zur Abzweigung A93. Weiter auf der A93 nordöstlich zur Ausfahrt 53 Mainburg, dann 9 km östlich Richtung Mainburg und auf der Deutschen Ferienstraße (ST2049) über Volkenschwand nach Landshut (82 km).

10 Landshut *X15*

Kapitale Niederbayerns mit geschlossener Altstadt im Schutz der Burg.

Stadt und Burg Landshut (145 000 Einw.) wurden 1204 von Herzog Ludwig I. gegründet, um eine strategisch bedeutende **Isarbrücke** (die heutige Heilig-Geist-Brücke) zu schützen. Über sie erreicht man noch heute die **Altstadt** Landshuts, die sich von ihr nach Süden erstreckt und sich durch die erstaunliche bauliche Geschlosssenheit der zahlreichen hoch aufragenden Giebelhäuser des 15./16. Jh auszeichnet.

Das **Rathaus** (Altstadt 315) besteht eigentlich aus drei Häusern, die neogotische Fassade mit den drei Giebeln und dem spitzen Türmchen wurde 1861 vorgeblendet. Von besonderer Schönheit ist der *Prunksaal* (Mo–Fr 14–15 Uhr), dessen Wände Szenen der ›*Landshuter Hochzeit*‹ zieren.

Die **Stadtresidenz** (Altstadt 79, Tel. 08 71/924 11 44, April–Sept. Di–So 9–18, Okt.–März Di–So 10–16 Uhr, letzte Führung jeweils eine Stunde vor Schließung), erbaut unter Herzog Ludwig X. ab 1536, fällt ein wenig aus dem gotischen Rahmen der Altstadt, ist sie doch der erste Renaissancepalast nördlich der Alpen. Ihre festlich gestalteten Räume lohnen unbedingt den Besuch. Den Abschluss der Altstadt nach Süden bildet die Stiftsbasilika **St. Martin**, die ab 1389 erbaut wurde. Ihr 130 m hoher Kirchturm gilt als höchster Backsteinturm der Welt. Einer der Kunstschätze im Inneren ist die überle-

Groß ist der Jubel, wenn sich der Zug der Landshuter Hochzeit durch die Altstadt bewegt

bensgroße, von einer Strahlengloriole umgebene ›*Leinberger-Madonna*‹ (1516), ein Meisterwerk spätgotischer Holzschnitzkunst.

TOP TIPP Nun geht es hinauf zur weithin sichtbaren **Burg Trausnitz** (Tel. 08 71/924 11 44, www.burgtrausnitz.de, Führungen April–Sept. tgl. 9–18, Okt.–März tgl. 10–16 Uhr). Begonnen im Jahr der Stadtgründung 1204, bauten sie die Wittelsbacher Herzöge in den folgenden Jahrhunderten zu einer der mächtigsten Festungen ihres Reiches aus. Einer von ihnen, Herzog Ludwig der Reiche, richtete dort im Jahr 1475 eine so wundervolle Hochzeit für seinen Sohn Georg aus, dass sie unter dem Namen **Landshuter Hochzeit** berühmt wurde und alle vier Jahre, das nächste Mal im Juni/Juli 2009, mit einem großen Fest nachgespielt wird.

Praktische Hinweise

Information

Verkehrsverein, Altstadt 315, Landshut, Tel. 08 71/922 05-0, www.landshut.de

Hotel

Romantik Hotel Fürstenhof, Stethaimer Str. 3, Landshut, Tel. 08 71/925 50, www.romantikhotels.com. Ein Hotel zum Wohlfühlen am Rande der Altstadt.

Route

Von Landshut auf der B299 südöstlich nach Aich, dort links und dann weiter auf der B388 nach Passau (132 km).

Die Burg Trausnitz wacht über Landshut

TOUR 15

Chiemsee und Berchtesgaden – Barock und Salz im östlichen Oberbayern

2–3 Tage • 253 km

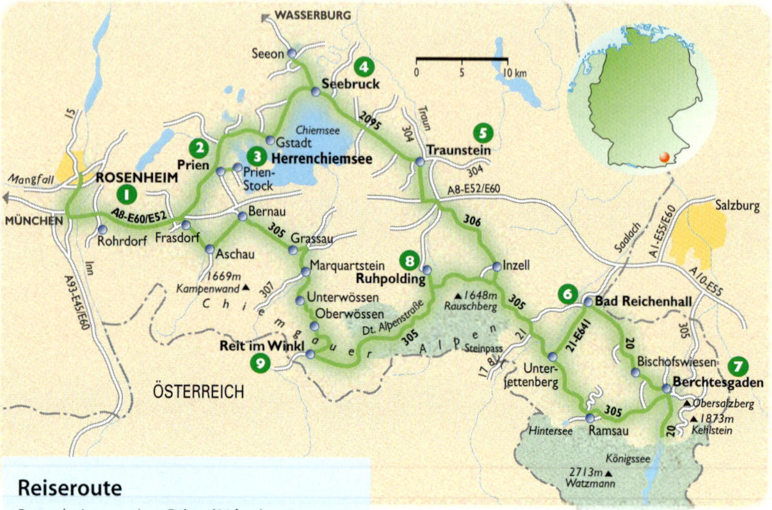

Reiseroute

Rosenheim	**Prien (31 km)**
Prien	**Herrenchiemsee (2 km)**
Herren-chiemsee	**Seebruck (20 km)**
Seebruck	**Traunstein (16 km)**
Traunstein	**Bad Reichenhall (39 km)**
Bad Reichen-hall	**Berchtesgaden (22 km)**
Berchtesgaden	**Ruhpolding (45 km)**
Ruhpolding	**Reit im Winkl (24 km)**
Reit im Winkl	**Rosenheim (54 km)**

1 Rosenheim *Za15*

Vornehme Bürgerhäuser und interessante Museen an Inn und Mangfall.

Rosenheim (60 000 Einw.), an Inn und Mangfall sowie den Hauptverkehrswegen nach Österreich und Italien gelegen, ist das wirtschaftliche und kulturelle Zentrum im Südosten Bayerns. Ursprung der Stadt war die römische Innbrücke *Pons Aeni*, in deren Nähe eine erste Siedlung entstand. Nach Erhalt des Marktrechts 1328 entwickelte sich Rosenheim schnell zu einem wichtigen Handelsplatz für landwirtschaftliche Produkte, Baumaterial und Salz. Letzteres brachte im 19. Jh. erneut Wohlstand: Eine Soleleitung beförderte Salzlösung aus der Gegend von Bad Reichenhall zu der 1810 in Rosenheim entstandenen *Saline*, die bis 1958 genutzt wurde. Ferner sorgten der Bau der *Eisenbahnlinien* München–Innsbruck und München–Salzburg (1857–60) sowie die *Holzwirtschaft* für neue Entwicklungsimpulse.

Mittelpunkt Rosenheims ist der **Max-Josefs-Platz**, an dem Schiffmeister, Bierbrauer und Kaufleute ihre vornehmen, mit Fassadenmalerei und Stuck verzierten Häuser errichten ließen. Charakteristisch für die typische *Inn-Salzach-Bauweise* sind die horizontal abschließenden Vorschussmauern und die Laubengänge im Erdgeschoss der Gebäude. Direkt am Platz, in Haus Nr. 4, befindet sich das **Holztechnische Museum** (Tel. 080 31/169 00, Di–Sa 10–17, jeden 2. und 4. So im Monat 13–17 Uhr), in dem man viel über Holzgewinnung und -verarbeitung erfahren kann. Wenige Schritte nordöstlich beherbergt das einzige erhaltene Stadttor, das *Mittertor* aus dem 14. Jh., das **Städtische Museum** (Ludwigsplatz 26, Tel. 080 31/79 89 94, Di–Sa 10–17, 1., 3., 5. So im Monat 13–17 Uhr). Es zeigt Exponate von der Römerzeit bis in die Gegenwart. Über den Ludwigsplatz gelangt man in südlicher Richtung zur Stadtpfarrkirche **St. Nikolaus** (1642–57), deren Zwiebelturm das Wahrzeichen Rosenheims ist. Das Gotteshaus birgt das Tafelbild einer Schutzmantelmadonna (1514) sowie schöne Grabplatten. Der Königsstraße nach Süden folgend, gelangt man zum **Lokschuppen** (Rathausstr. 24, Tel. 080 31/365 90 36, www.lokschuppen.de, Mo–Fr 9–18, Sa/So 10–18 Uhr), dem Veranstaltungsort für viel beachtete kulturhistorische Wechselausstellungen. Wer sich für die Innschifffahrt interessiert, sollte das gut aufbereitete **Inn-Museum** (Innstr. 74, Tel. 080 31/315 11, April–Okt. Fr 9–12, Sa/So 10–16 Uhr) im einstigen Bruckbaustadel östlich der Altstadt besuchen.

i Praktische Hinweise

Information

Touristinfo, Kufsteiner Str. 4, Rosenheim, Tel. 080 31/365 90 61, www.touristinfo-ro.de

Hotels

Goldener Hirsch, Münchener Str. 40, Rosenheim, Tel. 080 31/30 43 60, www.goldenerhirsch.net. Komfortables Hotel, im Restaurant gibt es Burger.

Parkhotel Crombach, Kufsteiner Str. 2, Rosenheim, Tel. 080 31/35 80, www.parkhotel-crombach.de. Hotel im Ortskern mit gemütlicher Gaststube.

Rosenheim – Max-Josefs-Platz mit Nepomukbrunnen und Bergmeisterhaus (rechts)

Restaurants

Fischküche Bierbichler, Gillitzerstr. 10, Rosenheim, Tel. 080 31/327 61. Deftige (Fisch-)Gerichte in gemütlichem Ambiente.

Weinhaus Zum Santa, Max-Josefs-Platz 20, Rosenheim, Tel. 080 31/400 00 79. Gehobene bayerische Küche.

Route

Von Rosenheim nach Süden und auf die A8 Richtung Salzburg. Hinter Frasdorf führt die Ausfahrt 106 zur ST2092 nach Prien am Chiemsee (31 km).

2 Prien *Za15*

Barocke Pracht im lebendigen Kurort am Chiemsee, dem Bayerischen Meer.

Am Westufer des **Chiemsees**, der den stolzen Beinamen Bayerisches Meer trägt, liegt der Luft- und Kneippkurort Prien (10 000 Einw.). Im 12. Jh. als Verwaltungssitz der Grafen von Falkenstein gegründet, war der kleine Ort lange Zeit vor allem von Bauern und Handwerkern besiedelt. Im **Heimatmuseum** (Valdagnoplatz 2, Tel. 080 51/927 10, Mitte März–Okt. Mi–Sa 10–12 und 14–17 Uhr) kann man Zeugnisse ihrer Lebenswelt entdecken: Trachten und Einrichtungsgegenstände, eine komplette Schusterwerkstatt, aber auch einen 400-jährigen Einbaum, den man zum Fischen auf dem Chiemsee benutz-

Der Chiemsee bei Gstadt mit Blick auf die Fraueninsel mit ihrem hübschen Kirchturm

te. Im Kontrast zu dem meist kargen Alltag der kleinen Leute steht die barocke Pracht der Pfarrkirche **Maria Himmelfahrt** am Marktplatz. Sie wurde 1653 erbaut, 1736 vergrößert und im Inneren von *Johann Baptist Zimmermann* mit dramatischen Deckengemälden, etwa der ›Seeschlacht von Lepanto‹ (1738), ausgestattet.

Vom Hafen im Priener Ortsteil Stock, etwa 2 km vom Zentrum entfernt, starten Schiffe nach Herren- und Frauenchiemsee [Nr. 3] sowie **Chiemsee-Rundfahrten** (Chiemseeschifffahrt Ludwig Feßler, Seestr. 108, Tel. 080 51/60 90, www.chiemsee-schifffahrt.de). Zur Anlegestelle gelangt man am schönsten mit der historischen **Dampftrambahn ›Priener Bockerl‹** (Tel. 080 51/60 90, Mai–Sept.), die seit 1887 die zahlreichen Ausflugsgäste vom Bahnhof zu den Booten befördert.

Wasserburg am Inn

Wasserburg, 25 km nordwestlich von Prien, ist ein Schatzkästchen spätgotischer Architektur auf einer vom Inn umspülten Halbinsel. Am Marienplatz mit dem von Treppengiebeln bekrönten Rathaus (15. Jh.) und der Frauenkirche (14. Jh., innen barockisiert) schlägt das Herz Wasserburgs. Einen Glanzpunkt setzt das mit brillantem Rokokostuck verzierte Kernhaus (1740). Die imposante Stadtpfarrkirche St. Jakob (1410–78) birgt eine schöne spätmanieristische Holzkanzel (1638) mit dynamisch-bewegten Figuren.

Ein Ausflug zu Lande führt nach Urschalling 3 km südlich von Prien. Hier wartet das romanische Kirchlein **St. Jakob** (um 1200) mit herrlichen romanischen und gotischen Fresken (nach 1200 bzw. um 1380) auf. Das Gotteshaus war Station der Jakobspilger auf ihrem Weg ins spanische Santiago de Compostela und darum zeigen die Wandmalereien neben biblischen Szenen auch einige Wundertaten des hl. Jakobus.

Praktische Hinweise

Information

Kur- und Tourismusbüro, Alte Rathausstr. 11, Prien, Tel. 080 51/690 50, www.prien.de

Hotel

Hotel Reinhart am See, Seestr. 117, Prien, Tel. 080 51/69 44 01, www.hotel-reinhart.de. Rustikal-gemütliches Hotel mit Restaurant direkt am See.

Restaurant

Mesnerstub'n, Urschalling 4, Prien, Tel. 080 51/39 71. Urige Brotzeitstube und Biergarten (Di geschl.).

Route

2 km von Prien entfernt liegt der Ortsteil Stock am Seeufer. Mit dem Schiff geht es von hier aus zu den Inseln Herrenchiemsee und Frauenchiemsee.

3 Herrenchiemsee und Frauenchiemsee *Za15*

Traumschloss König Ludwigs II. und Klosteridylle im Chiemsee.

Auf der 240 ha großen Insel **Herrenchiemsee** wollte *König Ludwig II. von Bayern* (1845–1886) zum Ruhme des verehrten französischen Königs Ludwig XIV. ein zweites Versailles erbauen. Die Arbeiten an **Schloss Herrenchiemsee** (Tel. 080 51/688 70, www.herrenchiemsee.de, Führungen April–Mitte Okt. tgl. 9–18, Mitte Okt.–März tgl. 9.40–16.15 Uhr, letzte Führung jeweils ca. 1 Std. vor Schließung), einer zweigeschossigen Dreiflügelanlage umgeben von einem brunnenbestückten Park, begannen 1878. Doch nach sieben Jahren gingen dem König die Mittel aus, Schloss und Gartenanlage blieben unvollendet. Gleichwohl erwarten den Schlossbesucher heute Räumlichkeiten von üppiger Pracht. Highlights sind das mit Stuck und Gemälden reich verzierte *Prunktreppenhaus*, die goldglänzende *Spiegelgalerie* und das einem Sakralraum gleichende *Paradeschlafzimmer*. Im Erdgeschoss des Südflügels widmet sich das **König-Ludwig-II.-Museum** (April–Mitte Okt. tgl. 9–18, Mitte Okt.–März tgl. 10–16.45 Uhr) anhand von Exponaten wie Gemälden, Fotografien, Prunkgewändern und Theaterkulissen dem sagenumwobenen Leben des Märchenkönigs.

TOP TIPP

Schon lange vor Ludwig II. wussten Mönche den Reiz der Insel Herrenchiemsee zu schätzen: Bereits im 8. Jh. wurde im Norden des Eilands ein Männerkloster gegründet. An seiner Stelle entstanden 1645–1730 die heute erhaltenen Gebäude des *Augustiner-Chorherrenstifts*, auch Altes Schloss genannt. Sie beherbergen das **Museum im Augustiner-Chorherrenstift** (Tel. 080 51/688 70, April–Mitte Okt. tgl 9–18 Uhr, Mitte Okt.–März tgl. 10–16.45 Uhr), das die Geschichte des Klosters präsentiert. Ein Schwerpunkt der Ausstellung liegt auf dem Jahr 1948. Damals trafen sich Verfassungsexperten im Alten Schloss, um die Grundlagen für das Grundgesetz der Bundesrepublik Deutschland auszuarbeiten. Ferner können Gemälde von Chiemseemalern wie Julius Exter, Karl Raupp und Wilhelm Trübner sowie der von Johann Baptist Zimmermann herrlich ausgemalte *Bibliothekssaal* (1736–38) bewundert werden.

Nordöstlich der Insel Herrenchiemsee liegt die wesentlich kleinere (13,5 ha) Insel **Frauenchiemsee** mit ihrem idyllischen *Fischerdorf*. Beherrscht wird das Eiland von dem um 772 gegründeten Benediktinerinnenkoster **Abtei Frauenwörth** (Tel. 080 54/90 70, www.frauenwoerth.de). Die karolingische *Torhalle* (9. Jh.) des Klosters ist eines der ältesten Bauwerke in Bayern. Heute ist hier das **Museum in der Torhalle** (Tel. 080 54/72 56, Mai–Sept. tgl. 11–17 Uhr) ansässig, das z. B. Kopien von romanischen Fresken (um 1130) aus dem

Die Insel Frauenchiemsee mit der Abtei Frauenwörth – ein Idyll von großem Liebreiz

Die Große Spiegelgalerie in Herrenchiemsee übertrifft sogar ihr Vorbild in Versailles

Münster (9. Jh.) zeigt. In der später vielfach umgebauten und veränderten dreischiffigen Basilika sind oberhalb des 1474 eingezogenen *Netzrippengewölbes* noch alte Wandmalereien (verdeckt) erhalten. Weithin sichtbar jedoch ist der *Glockenturm* (12. Jh.) des Münsters, ein achteckiger Campanile mit Zwiebelhaube (1626), das Wahrzeichen des Chiemgau.

Praktische Hinweise

Information

Chiemsee Tourismus, Chiemsee Infocenter, Felden 10, Bernau, Tel. 080 51/ 96 55 50, www.chiemsee.de

Hotel

Schlosshotel Herrenchiemsee, Tel.080 51/690 30, Herrenchiemsee, www.schlosshotel-herrenchiemsee.com. Freundliches Hotel am See, das nostalgischen Charme mit modernem Komfort verbindet.

Restaurant

Inselwirt, Frauenchiemsee, Tel. 080 54/ 630. Gemütlicher Gasthof mit Biergarten. Spezialität: frischer Chiemseefisch.

Route

Mit dem Schiff geht es zurück nach Prien, von dort aus am nördlichen Seeufer entlang über Gstadt nach Seebruck (20 km).

4 Seebruck *Z15*

Auf den Spuren der Vergangenheit im gepflegten Kurort mit Jachthafen.

Im Luftkurort Seebruck (1550 Einw.) am Chiemsee wandelt der Besucher auf uraltem Kulturboden. Bereits im 1. Jh. n. Chr. gründeten römische Kaufleute, Handwerker, Legionäre und Bauern hier, an der Römerstraße zwischen Salzburg und Augsburg, den Ort *Bedaium*. Ausgrabungen brachten bislang Hafen- und Fischräucheranlagen, Fußbodenheizungen, Götterstatuen, Kinderspielzeug, Schmuck und Werkzeug zutage. Zahlreiche der Funde sind im **Römermuseum Bedaium** (Römerstr. 3, Tel. 086 67/75 03, www.roemermuseum-seebruck.de, Mai–Sept. Di–Sa 10–17, So 13–17, Mitte Febr.–April und Okt./Nov. Di–Sa 10–12 und 15–17, So 15–17 Uhr) zu bestaunen.

Im 19. Jh. entwickelte sich Seebruck zu einer beliebten Sommerfrische und auch heute noch können Feriengäste die entspannte Atmosphäre des *Luftkurorts* im **Strandbad** (Mai–Sept. tgl. 8–20 Uhr) genießen oder den Rummel am **Jachthafen** mit seinen 500 Liegeplätzen beobachten.

Wanderer und Radfahrer führt der 27 km lange **Archäologische Rundweg** zwischen Seebruck, Truchtlaching und Seeon weit zurück in die Vergangenheit der Region, z. B. zur Nachbildung eines *Keltengehöfts*, zu bronzezeitlichen *Hortfundstellen* und zu *Hügelgräbern* aus der Hallstattzeit.

Praktische Hinweise

Information

Tourist-Information, Am Anger 1, Seebruck, Tel. 086 67/71 39, www.seebruck.de

Hotel

Malerwinkel, Lambach 23, Seebruck, Tel. 086 67/888 00, www.hotelmalerwinkel.de. Guter Hotel-Gasthof mit herrlichem Blick auf Chiemsee und Berge.

Route

Von Seebruck über die ST2095 Richtung Südosten nach Traunstein (16 km).

5 Traunstein *Za16*

Geschichtsträchtige Salzstadt mit alljährlichem Georgi-Ritt.

Traunsteins (19 000 Einw.) Geschichte ist geprägt vom Salz. An der ›Güldenen Salzstraße‹ zwischen Bad Reichenhall und München gelegen, entwickelte sich der Ort im 14. Jh. zum wichtigen Salzstapelplatz. 1619–1912 brachten Salinen, in denen flüssige Sole aus Reichenhall versiedet wurde, Arbeit und Wohlstand. Leider zerstörten zahlreiche schwere Brände, zuletzt 1851, das alte Stadtbild fast völlig. Eines der wenigen erhaltenen Gebäude ist die für Beamte und Arbeiter der Saline errichtete **Salinenkirche St. Rupert und Maximilian** (1630) am Karl-Theodor-Platz, ein Zentralbau, der gotische und barocke Stilelemente vereint. Ferner lohnt ein Besuch im **Museum im Heimathaus** (Stadtplatz 2–3, Tel. 08 61/16 47 86, April–Okt. Mo–Sa 10–15, So 10–16 Uhr), das nicht nur die reiche Stadtgeschichte dokumentiert, sondern auch eine hübsche Spielzeugsammlung zeigt.

Berühmt ist Traunstein für den **Georgi-Ritt** am Ostermontag. Am Stadtplatz versammeln sich Reiter in historischen Rüstungen und Trachten. Gemeinsam ziehen sie auf reich geschmückten Pferden zur kleinen Kirche von *Ettendorf*, um dort die Rösser segnen zu lassen.

i Praktische Hinweise

Information

Touristinfo, Kulturzentrum im Stadtpark, Haywards-Heath-Weg 1, Traunstein, Tel. 08 61/986 95 23, www.traunstein.de

Hotel

Parkhotel Traunsteiner Hof, Bahnhofstr. 11, Traunstein, Tel. 08 61/98 88 20, www.parkhotel-traunstein.de. Komfortable Unterkunft mit Wellnessbereich.

Restaurant

Brauereiausschank Schnitzelbaumer, Taubenmarkt 11–13, Traunstein, Tel. 08 61/98 66 50. Zünftiges bayerisches Wirtshaus mit Biergarten.

Route

Von Traunstein auf der B306 nach Süden bis zur Kreuzung mit der B21 bei Unterjettenberg. Dort nach links bis Bad Reichenhall (39 km).

6 Bad Reichenhall *Za16*

›Weißes Gold‹ beschert der Stadt Reichtum und Kurgästen Gesundheit.

Bereits vor 3000 Jahren wussten die Kelten mit Hilfe von Salinen Salz aus den hochgesättigten Solequellen des Latten-

Das Rathaus von Bad Reichenhall und der Wittelsbacher Brunnen vor dem Berg Hohenstaufen

gebirges bei Bad Reichenhall (18 500 Einw.) zu gewinnen. Das ›Weiße Gold‹ bescherte dem Ort im Tal der Saalach während des Mittelalters Wohlstand, aber auch zahlreiche Fehden zwischen den Herzögen von Bayern und den Bischöfen von Salzburg, die um die Vormacht in der wichtigsten Salzstadt des Alpenraums rangen. Erst 1504 konnten die Wittelsbacher den Kampf für sich entscheiden, 1587 wurde der Salzhandel bayerisches Monopol.

In der **Altstadt** sind aufgrund verheerender Brände (u. a. 1834) nur wenige historische Bauten erhalten, darunter typische Inn-Salzach-Häuser am *Rathausplatz*. Das **Alte Rathaus** entstand 1849, seine Fassade schmücken Fresken von 1924. Unter den Dargestellten sind Karl der Große, Friedrich Barbarossa und Ludwig I. von Bayern.

Nahebei liegt die **Alte Saline** (1836–51, Friedrich von Gärtner und Daniel Olmüller) mit ludovizianischen Industriebauten und einer neobyzantinischen Salinenkapelle. Heute ist hier das **Salzmuseum** (Tel. 086 51/700 21 46, www.salzzeitreise.de, Mai–Okt. tgl. 10–11.30 und 14–16, Nov.–April Di–Fr und 1. So im Monat 14–16 Uhr) ansässig. Im Rahmen von Führungen lernen Besucher Geschichte und Technik der Salzgewinnung kennen und können in das weit verzweigte Netz von Grotten und Stollen im Quellenbau hinabsteigen.

Im Osten liegt das *Augustiner-Chorherrenstift St. Zeno* mit dem romanischen **Münster** (1208). Nach einem Brand 1512 wurde es 1520 als gotische Pfeilerbasilika erneuert, doch blieben Turm, Kreuzgang und das wunderschöne löwengestützte *Stufenportal* in der Vorhalle erhalten. Im Inneren finden sich kunstvolle spätgotische Schnitzereien, etwa an Chorgestühl (um 1520) und Hochaltar. Einen Blick sollte man auch auf den Taufstein und die Kanzel aus rotem Marmor werfen.

Praktische Hinweise

Information

Tourist Information, Kurgastzentrum, Wittelsbacherstr. 15, Bad Reichenhall, Tel. 086 51/60 60, www.bad-reichenhall.de

Hotels

Bürgerbräu, Waaggasse 1–2, Bad Reichenhall, Tel. 086 51/60 89, www.brauerei gasthof-buergerbraeu.de. Angenehmes Hotel am Rathausplatz. Das Wirtshaus bietet deftige bayerische Spezialitäten.

Steigenberger Axelmannstein, Salzburger Str. 2–6, Bad Reichenhall, Tel. 086 51/77 70, www.bad-reichenhall.steigen berger.de. Traditionsreiches Haus mit Park, Beauty- und Fitnessangebot.

Restaurant

Hofwirt, Salzburger Str. 21, Bad Reichenhall, Tel. 086 51/983 80. Historischer Landgasthof mit Restaurant und Biergarten.

Route

Von Bad Reichenhall auf der B20 nach Berchtesgaden (22 km).

7 Berchtesgaden *Za 16*

Salzstadt mit königlichen Kostbarkeiten vor malerischer Bergkulisse.

Berchtesgaden (8000 Einw.) liegt malerisch vor der Kulisse des mächtigen **Watzmanns** am Sonnenhang eines Talkessels. Die Geschichte des hübschen Marktorts begann um 1108. Damals gründeten die Grafen von Sulzbach hier ein Augustiner-Chorherrenstift, das in der Folgezeit von Päpsten und Kaisern mit zahlreichen Privilegien ausgestattet wurde. Auch das Monopol auf den Handel mit *Salz* fiel den Berchtesgadenern – durch die Fälschung einer Urkunde Kaiser Friedrich I. Barbarossas 1156 – in die Hände. Salz- und Holzhandel bescherten Berchtesgaden Wohlstand. Noch heute säumen die reich mit Erkern und Stuckaturen geschmückten Holz- und Steinhäuser des 16.–18. Jh. die Gassen. Am **Marktplatz** mit seinen bunten Holzverlegerhäusern prangt das **Hirschenhaus** mit der ältesten bekannten Lüftlmalerei (um 1600), die parodierend Affen bei menschlichen Tätigkeiten zeigt.

Die Stadt fiel 1810 an Bayern und fortan hielten die Wittelsbacher im Propsteigebäude Hof, das zum **Königlichen Schloss** umgebaut wurde. Die Gemächer, heute als *Schlossmuseum* (Tel. 086 52/94 79 80, Führungen 15. Mai–15. Okt. So–Fr 10–12 und 14–16, Okt.–14. Mai So–Fr 11 und 14 Uhr) zugänglich, präsentieren Möbel, französische Gobelins und Gemälde der Münchner Schule. Glanzpunkt ist der frühgotische *Kapitelsaal* mit Schnitzereien aus der Veit Stoss-Nachfolge und Altarflügeln von Tilman Riemenschneider.

Weiter nördlich erhebt sich die Stiftskirche **St. Peter und Johannes** (15. Jh.), deren älteste Bauteile, z. B. das schöne lombardische *Innenportal*, noch von der

Perfekte Inszenierung – Berchtesgaden und der Watzmann mit heiterer Bewölkung

ersten Basilika (Mitte 12. Jh.) stammen. Eine Rarität ist der herrliche frühgotische Chor (um 1300), bemerkenswert sind ferner das Chorgestühl (1443), der Hochaltar mit Augsburger Silbertabernakel und die Grabmäler (15.–19. Jh.).

TOP TIPP Nordwestlich liegt das **Salzbergwerk Berchtesgaden** (Bergwerkstr. 83, Tel. 086 52/60 02 20, www.salzzeitreise.de, Mai–Okt. 9–17, Nov.–April 11.30–15 Uhr). Seit 1517 wird hier Salz gewonnen, noch heute beschäftigt das Bergwerk 100 Mitarbeiter. Die Besucher werden zunächst in typische Bergmannstracht gehüllt, bevor sie mit der Schmalspurbahn, dann auf Holzrutschen immer tiefer hinab ins Stollenlabyrinth gelangen und auf dem unterirdischen Salzsee eine Floßfahrt unternehmen. Ein Film sowie zahlreiche Exponate und Schaukästen im *Museum* vertiefen das Wissen um die Salzgewinnung.

Ein Ausflug führt zum **Kehlsteinhaus** (1834 m; Tel. 086 52/29 69, www.kehlsteinhaus.de, bewirtet, Mitte Mai–Okt.) mit herrlicher Panoramasicht auf die Alpen. Das Kehlsteinhaus war ein Geschenk der NSDAP zu Hitlers 50. Geburtstag und wurde von ihm als ›Diplomaten-Haus‹ genutzt. 800 m unterhalb, am **Obersalzberg**, ließ Hitler ab 1933 das sog. Führersperrgebiet als zweiten Regierungssitz mit Häusern, Kasernen und Bunkeranlagen rund um einen Berghof erbauen. Das Areal wurde 1945 durch Bomben zerstört. Heute setzt sich hier die **Dokumentation Obersalzberg** (Salzbergstr. 41, Tel. 086 52/94 79 60, www.obersalzberg.de, April–Okt. tgl. 9–17, Nov.–März Di–So 10–15 Uhr) eindrucksvoll mit der Geschichte auseinander. 2005 wurde am Obersalzberg das Luxushotel *InterContinental Resort Berchtesgaden* (Hintereck 1, Tel. 086 52/975 50, www.ichotelgroup.com) eröffnet.

Nahebei lockt der berühmte, an Liebreiz kaum zu überbietende **Königssee**. Herrlich spiegeln sich die Spitzen und Klippen des Watzmanns im klaren, fischreichen Wasser des bis zu 190 m tiefen Sees. Von **Schönau** am Nordufer kann man zu einer Schiffstour (Bayerische Seenschiffahrt Königssee, Seestr. 55, Schönau, Tel. 086 52/963 60, www.bayerische-seenschifffahrt.de) starten, die zur pittoresken Halbinsel **St. Bartholomä** mit ihrer viel fotografierten *Wallfahrtskirche* (ab 12. Jh., Kleeblattchor 1698) vor der Ostwand des Watzmanns führt.

Ruhpolding ist auch im Winter eine Schönheit, ein Blick von den Bergen auf die Stadt

Praktische Hinweise

Information

Touristinfo Kur- und Kongresshaus, Maximilianstr. 9, Berchtesgaden, Tel. 086 52/944 53 00, www.tourismus-berchtesgaden.de

Hotels

Hotel Bavaria, Sunklergässchen 11, Berchtesgaden, Tel. 086 52/966 10, www.hotelbavaria.net. Traditionshotel im Landhausstil mit Wellnessbereich und Restaurant.

Hotel Krone, Am Rad 5 1/3, Tel. 086 52/946 00, www.hotel-krone-berchtesgaden.de. Rustikaler Charme zeichnet das 3-Sterne-Hotel mit seinen 21 Zimmern in ruhiger Lage über Berchtesgaden aus.

Route

Die B305 führt in nordwestlicher Richtung nach Ruhpolding (45 km).

8 Ruhpolding *Za16*

Freizeitparadies mit einem wahren Prunkstück des Sakralbaus.

Ruhpolding (6500 Einw.), herrlich gelegen zu Füßen des **Rauschbergs** (1671 m) und am Zusammenfluss von Seetraun und Urschlauer Arche begeistert Naturfreunde und Freizeitsportler. Sie finden in der Umgebung des bereits um 1000 gegründeten Ortes Lifte und Loipen, Wander- und Radwege in großer Fülle.

TOP TIPP Auf einem Hügel über Ruhpolding thront die Pfarrkirche **St. Georg** (1738–57), eine der schönsten Rokokokirchen des Alpenraums. Der kurfürstliche Hofbaumeister *Johann Baptist Gunetzrhainer* schuf den hellen, von Wandpfeilern rhythmisierten Innenraum, den reich dekorierte Altäre (1748/49) und eine prächtige Kanzel (Mitte 18. Jh.) schmücken. Das berühmteste Werk der Kirche aber ist die Holzskulptur der ›**Ruhpoldinger Madonna**‹ (um 1230), eine hoheitsvolle Darstellung der Muttergottes mit dem Christusknaben, der segnend seine rechte Hand erhebt. Sie gilt als die früheste Madonnenskulptur Bayerns.

Im 1583 erbauten *Jagdschloss* der Wittelsbacher zeigt nun das **Bartholomäus-Schmucker-Heimatmuseum** (Schlossstr. 2, 086 63/412 30, Di– Fr 10–12 Uhr) interessante Zeugnisse alpenländischer Volkskunst, aber auch Waffen und eine Gesteinssammlung.

Die Besucher des **Holzknechtmuseums** (Ortsteil Laubau, Tel. 086 63/639, www.holzknechtmuseum.com, Mitte Jan. –Mitte März Mi 10–17, Mai–Okt. Di–So 10–17, Juli–Mitte Sept. tgl. 10–17 Uhr) wiederum erhalten Einblick in das harte Leben der Waldarbeiter. Auf dem Freigelände wurden originale Forsthütten und Holzerstuben der Region versammelt, auch ein Kohlemeiler ist zu sehen.

Praktische Hinweise

Information

Tourist Info, Hauptstr. 60, Ruhpolding, Tel. 086 63/880 60, www.ruhpolding.de

Hotel

Steinbach-Hotel, Maiergschwendter Str. 8–10a, Ruhpolding, Tel. 086 63/54 40, www.steinbach-hotel.de. Haus in ruhiger Lage mit Restaurant und Wellness.

Route

Zurück auf die B305 und zum südwestlich gelegenen Reit im Winkl (24 km).

9 Reit im Winkl *Za15*

Hübsche Urlaubsorte mit Blick auf Wilden Kaiser und Kamoenwand.

Reit im Winkl (3500 Einw.) ist das perfekte Beispiel eines hübschen Alpendorfs, das sich zu einem beliebten Ferienziel entwickelt hat. Erster hochrangiger Sommergast im Ort war 1858 Bayernkönig Maximilian II., und der schwärmerische Reisebericht seines Hofdichters Franz von Kobell lockte in der Folge wahre Scharen von Besuchern an.

Wanderfreunde finden rund um den Winkler Kessel gut ausgebaute Wege und schöne Aussichtspunkte, z. B. nach Süden hin auf den **Wilden Kaiser** mit dem Unterberghorn (1774 m). Längst ist die Heimat der erfolgreichen Skifahrerin Rosi Mittermaier aber auch bei Wintersportlern bekannt für das gute Netz an Loipen und Abfahrten.

Schön ist ein Abstecher in das nordwestlich gelegene **Aschau** an der Prien (B305 über Bernau). Hoch über dem Ort erhebt sich **Schloss Hohenaschau** (1167; Tel. 080 52/90 49 37, Führungen Mai–Sept. Di–Fr 9.30, 10.30, 11.30, April/Okt. Do 9.30, 10.30 und 11.30 Uhr), eine der mächtigsten Burganlagen am Alpenrand. Innerhalb einer weiten Ringburg stehen der romanische Bergfried sowie Renaissance- und Barockbauten. Die Schlossbesichtigung führt durch zwei *Fürstenzimmer*, den stuckverzierten *Ahnensaal* und die *Schlosskapelle* mit zwei fulminanten Rokokoaltären.

Naturfreunde sollten einen Ausflug auf den Hausberg Aschaus, die markant gezackte **Kampenwand** (1669 m), nicht versäumen. Mit der Kampenwandbahn (An der Bergbahn 8, Aschau, Tel. 080 52/44 11, www.kampenwand.de, Dez.–April tgl. 9–16.30, Mai, Juni, Mitte Sept.–Nov. 9–17, Juli–Mitte Sept. 9–18 Uhr) geht es zum Gipfel. Die Aussicht auf den Chiemsee, die Chiemgauer Berge und die österreichischen Alpen ist atemberaubend.

Praktische Hinweise

Information

Tourist Information, Dorfstr. 38, Reit im Winkl, Tel. 086 40/800 20, www.reitimwinkl.de

Hotel

Berggasthof Jederer, Jederer 1, Reit im Winkl, Tel. 086 40/85 67, www.gasthof-jederer.de. Modern ausgestattete Zimmer und Restaurant im Grünen (Mai–Okt.).

Restaurant

Landgasthof Glapfhof, Birnbacher Str. 27, Reit im Winkl, Tel. 086 40/50 13. Feine Speisen in großer Auswahl.

Route

Von Reit im Winkl führt die B305 nordwärts nach Bernau. Von dort über RO14 und RO23 (Aschau, Frasdorf) oder über die A8 nach Rosenheim (54 km).

Romantischer Blick zurück von der Kampenwand auf das Schloss Hohenaschau

TOUR 16

München und oberbayerische Seen – Idyllen rund um den Isarwinkel

2–3 Tage • 246 km

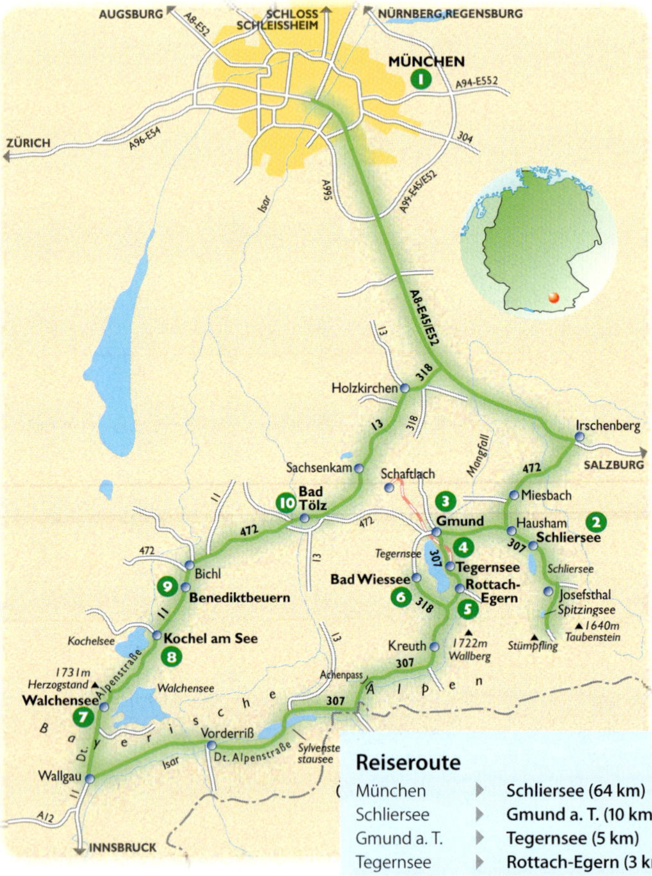

Reiseroute

München	Schliersee (64 km)
Schliersee	Gmund a. T. (10 km)
Gmund a. T.	Tegernsee (5 km)
Tegernsee	Rottach-Egern (3 km)
Rottach-Egern	Bad Wiessee (7 km)
Bad Wiessee	Walchensee (65 km)
Walchensee	Kochel am See (14 km)
Kochel am See	Benediktbeuern (7 km)
Benedikt-beuern	Bad Tölz (16 km)
Bad Tölz	München (55 km)

1 München *Z13*

Kunstgenuss und Biergartengemütlichkeit in der Isarmetropole.

Weltoffene Großstadt und Kulturmetropole, bayerische Kapitale und internationaler Wirtschaftsstandort – das alles ist München (1,33 Mio. Einw.) heute. 1158 gründete Heinrich der Löwe *Munichen*, wobei der Name auf Mönche verweist, die seit dem 8. Jh. auf dem Petersbergl (heute der Standort von St. Peter, s. u.) siedelten. An strategisch günstiger Stelle ließ Heinrich eine Brücke über die Isar bauen und erhob Wegzölle, insbesondere die passierenden Salztransporte zwischen Bad Reichenhall und Augsburg sollten den Welfen reich machen.

Von 1180 bis 1918 übernahmen die **Wittelsbacher** die Regierung der schnell angewachsenen Stadt. Ihre Liebe zu Kunst und Kultur sorgte dafür, dass die Bayernmetropole auch im 21. Jh. eine wahre Fülle an Kunstschätzen vorzuweisen hat. Im 19. und 20. Jh. fanden Kunstbewegungen wie die Sezession und Künstlergemeinschaften wie der *Blaue Reiter* in München eine Heimat, Thomas Mann, Rainer Maria Rilke und Stefan George krönten die rege Literaturszene.

Ein jähes Ende nahm das liberale Münchner Leben in den Wirren des Ersten Weltkrieges. Noch schlimmer kam es in den 1920er-und 1930er-Jahren mit der Gründung und Machtergreifung der NSDAP und den damit verbundenen Gräueltaten. Widerstand gegen das Naziregime, wie das Attentat auf Hitler durch Georg Elser 1939 im Bürgerbräukeller oder die studentische Bewegung *›Die Weiße Rose‹* 1943, blieb ohne Erfolg. 1944 wurde München durch Bomben fast völlig zerstört, mit dem Einmarsch der Amerikaner 1945 endete der Zweite Weltkrieg.

Es folgten Jahrzehnte des behutsamen Wiederaufbaus, des wirtschaftlichen Aufschwungs und der kulturellen Selbstfindung, die der bayerischen Landeshauptstadt das Gesicht verliehen, das Einheimische und Besucher aus der ganzen Welt heute so sehr zu schätzen wissen.

Das Herz Münchens schlägt auf dem **Marienplatz**. In seinem Zentrum steht die *Mariensäule* (1638), die eine goldene Madonna (um 1590, Hubert Gerhard) mit Christuskind emporhebt. Zur Linken der Münchener Schutzpatronin prunkt das *Neue Rathaus* (1867–1908, Georg von Hauberrisser) in neogotischer Pracht. Sein Turmerker zieht jeden Tag um 11 und 12 Uhr (März–Okt. auch 17 Uhr) die Blicke auf sich: 32 Figuren tanzen zu den Klängen des *Glockenspiel*s vorüber und erinnern an die Hochzeit Wilhelms V. und den Zunfttanz der Schäffler (Böttcher). Der gotische Saalbau des *Alten Rathauses* (1474, Jörg von Halsbach, gen. Ganghofer) schließt den Marienplatz nach Osten ab.

Der nahe Turm der ältesten Pfarrkirche Münchens, **St. Peter** (ab 11. Jh., heute v. a. spätgotisches und spätbarockes Erscheinungsbild), bietet eine grandiose Aussicht über die Stadt bis hin zu den Alpen. Im *Inneren* der Pfeilerbasilika bildet der gold glänzende barocke *Hochaltar* den feierlichen Rahmen für die Skulpturen des Thronenden Petrus (1490, Erasmus Grasser) und der Vier Kirchenväter (1732, Egid Quirin Asam).

Geleitet von ihren stadtbildbeherrschenden Zwillingstürmen mit kugeligen ›Welschen Hauben‹ (1525) gelangt man, westlich am Marienplatz vorbei, zur **Domkirche zu Unserer Lieben Frau** (1468–88, Jörg von Halsbach gen. Ganghofer), Frauenkirche genannt. Der strenge spätgotische Backsteinbau birgt u. a. das *Prunkgrabdenkmal Kaiser Ludwigs des Bayern*. Die spätgotische Deckplatte (1490) zeigt

Frauenkirche (links) und Neues Rathaus markieren weithin sichtbar das Zentrum Münchens

den thronenden Kaiser, während Bronzefiguren – Wilhelm V. und Albrecht V. (um 1600, Hans Krumper) und Fahnenträger (um 1600, Hubert Gerhard) – das Spätrenaissance-Gehäuse aus schwarzem Marmor beleben.

TOP TIPP Durch die Shoppingmeile Kaufingerstraße erreicht man **St. Michael** (1583–97, Friedrich Sustris), die größte Renaissancekirche nördlich der Alpen! Zentrum ihrer hochaufgegiebelten Fassade ist die bewegte Figurengruppe *Sieg Michaels über den Satan* (1588, Hubert Gerhard). Das virtuose Zusammenspiel von Licht und Raum in der tonnengewölbten Wandpfeilerkirche war Vorbild für den barocken Kirchenbau in Süddeutschland. In der Fürstengruft ist der ›Märchenkönig‹ Ludwig II. bestattet.

Nun geht es zurück zum Marienplatz und durch die Weinstraße in die Theatinerstraße. Vorbei an der **Kunsthalle der Hypo-Kulturstiftung** (Theatinerstr. 8, Tel. 089/22 44 12, www.hypo-kunsthalle.de, tgl. 10–20 Uhr) mit interessanten Wechselausstellungen und der exklusiven Einkaufs-Passage **Fünf Höfe** gelangt man zum Odeonsplatz. Links strahlt die barocke **Theatinerkirche St. Kajetan** (1663–75) von Enrico Zuccalli in leuchtendem Gelb. François Cuvilliés vollendete die Doppelturmfassade 1768 im Stil des Rokoko. Im Innenraum rankt üppiger Stuck, ein Meisterwerk ist die von Engeln getragene Kanzel (1690) von Andreas Faistenberg.

Nebenan öffnet sich die **Feldherrenhalle**, 1844 nach Vorbild der Florentiner Loggia dei Lanzi von Friedrich von Gärtner erbaut, nach Norden. Sie ist eine Gedenkhalle für die bayerische Armee sowie die siegreichen Generäle Tilly (1620) und Wrede (1814). Während des Dritten Reichs wurde sie zum ›Ehrenmal‹ für die hier beim gescheiterten Hitler-Putsch 1923 getöteten Männer umfunktioniert.

Im Osten der Feldherrenhalle führt die Residenzstraße zum klassizistisch erhabenen **Max-Joseph-Platz**, in dessen Mitte der erste bayerische König Max I. Joseph als *Denkmal* (1835, Christian Rauch und Martin von Wagner) verewigt thront. Im Osten dominiert das **Nationaltheater** (1818/1825, Tel. 089/21 85 10 25, www.staatstheater.bayern.de, Führungen mehrmals wöchentlich 14 Uhr) von Karl von Fischer und Leo von Klenze mit seinem Säulenportikus den Platz. Es ist Sitz der Bayerischen Staatsoper und alljährlich finden hier im Juli und August die renommierten Opern-Festspiele statt. Im Norden offenbart die **Residenz** (Tel. 089/29 06 71, www.residenz-muenchen.de, April–15. Okt. tgl. 9–18, 16. Okt.–März 10–17 Uhr), vielfach umgestalteter Regierungssitz der Wittelsbacher von 1385 bis 1918, ein ganzes Universum von Prunksälen, Schatzkammern, Höfen und Gärten. So etwa das *Antiquarium* (1571, Wilhelm Egkl), der herrlich ausgemalte, größte profane Renaissanceraum nördlich der Alpen.

Wenige Schritte südöstlich, am Platzl, lockt das **Hofbräuhaus** (www.hofbraeuhaus.de) Besucher aus aller Welt mit deftigen Mahlzeiten und vor allem Maßkrügen voll Bier. Weiteren weltlichen Genüssen kann man auf dem wenige Schritte entfernten **Viktualienmarkt** (seit 1807, Mo–Sa ca. 7–19 Uhr) frönen. 140 Marktstände und ein Biergarten bieten hier jede nur erdenkliche Gaumenfreude an.

Auf dem nahen **Sankt-Jakobs-Platz** wird Geschichte erfahrbar. Zum einen

19. Jh. und die Klassische Moderne des 20. Jh. sind in der Neuen Pinakothek zu sehen

Herbstlich leuchtet das Laub der Bäume im Englischen Garten um den Monopteros

befindet sich hier das **Münchner Stadtmuseum** (Tel. 089/23 32 23 70, www.stadtmuseum-online.de, Di–So 10–18 Uhr), dessen vielseitige Exponate und Spezialsammlungen (Musikinstrumente, Film) die Historie Münchens dokumentieren. Zum anderen ist der Platz seit 2006 das Zentrum jüdischen Lebens in der Stadt. In seiner Mitte erhebt sich die neue *Hauptsynagoge* als moderner Stein-Glas-Kubus, daneben finden sich das *Gemeindehaus* und das **Jüdische Museum München** (Tel. 089/23 39 60 96, www.juedisches-museum-muenchen.de, Di–So 10–18 Uhr). Letzteres widmet sich Vergangenheit und Gegenwart der jüdischen Gemeinde.

TOP TIPP Mit St. Johann Neopomuk, bekannt als **Asamkirche** (1733–51), verbirgt sich ganz in der Nähe, in der Sendlinger Straße, der ungewöhnlichste Sakralraum Münchens. Die Künstlerbrüder Egid Quirin und Cosmas Damian Asam schufen hier auf schmalem Grundriss ein spätbarockes Gesamtkunstwerk, das Architektur und Licht, Stuck und Fresken, Säulen und Statuen, Gold und Marmor in verschwenderischer Pracht vereint.

TOP TIPP Nordwestlich der Altstadt liegt die Maxvorstadt mit den **Pinakotheken** (www.pinakothek.de). Die **Alte Pinakothek** (Barer Str. 27, Tel. 089/23 80 52 16, Di 10–20, Mi–So 10–18 Uhr) präsentiert in einem Renaissance-affinen Ziegelbau (1826–36, Leo von Klenze) eine exzellente Sammlung europäischer Malerei vom 14. bis zum 18. Jh. Darunter finden sich Meisterwerke wie Albrecht Altdorfers *Alexanderschlacht* (1529) oder Leonardo da Vincis *Maria mit Kind* (1475).

Ganz im Zeichen des 19. Jh. steht die **Neue Pinakothek** (Barer Str. 29, Tel. 089/23 80 51 95, Do–Mo 10–18, Mi 10–20 Uhr) mit so gegensätzlichen Werken wie Carl Spitzwegs biedermeierlichem *Armer Poet* (1839) und der düster-erotischen Darstellung der *Sünde* (1893) Franz von Stucks.

Kunst, Architektur und Design des 20. und 21. Jh. vereint die **Pinakothek der Moderne** (Barer Str. 40, Tel. 089/23 80 53 60, Fr–So, Di, Mi 10–18, Do 10–20 Uhr) in dem viel gelobten Museumsbau des Architekten Stephan Braunfels.

Zu den imposantesten technisch-naturwissenschaftlichen Museen der Welt zählt das 1903 von Oskar von Miller gegründete **Deutsche Museum** (Museumsinsel 1, Tel. 089/217 91, www.deutsches-museum.de, tgl. 9–17 Uhr) auf einer Isarinsel im Süden des Stadtzentrums. Eine Fülle interaktiver Ausstellungsobjekte ermöglicht den Besuchern spannende Zeitreisen zwischen Felszeichnung und E-Mail, Wasserrad und Kernreaktor, Ochsenkarren und Space-Shuttle.

Der **Englische Garten** lädt zum Entspannen ein. Die grüne Lunge Münchens ist mit 3,7 km² der weitläufigste Stadtpark Europas, zudem gibt es mehrere Biergärten, in denen man bayerische Gemütlichkeit in Reinform kennenlernen kann.

Praktische Hinweise

Information

Tourismusamt München, Sendlinger Str. 1, München, Tel. 089/23 39 65 00, www.muenchen.de/tourismus

Tourist Information am Hauptbahnhof sowie im Neuen Rathaus am Marienplatz.

Hotels

Bayerischer Hof, Promenadeplatz 2–6, München, Tel. 089/212 00, www.bayeri scherhof.de. 1841 gegründetes Luxushotel mit Wellnessbereich.

Gästehaus Englischer Garten, Liebergesellstr. 8, München, Tel. 089/383 94 10, www.hotelenglischergarten.de. Ruhiges Hotel am Englischen Garten.

Restaurants

Seehaus, Kleinhesselohe 3, München, Tel. 089/381 61 30. Beliebter Biergarten am See im Englischen Garten.

Weißes Bräuhaus, Tal 7, München, Tel. 089/29 98 75. Das traditionsreiche Wirtshaus bietet zünftige Küche.

Route

Ab München-Ramersdorf auf der A8 südostwärts. Ausfahrt 99 Irschenberg, weiter südwestwärts auf der B472 bis Miesbach, dann auf der B307 Richtung Süden nach Schliersee (64 km).

2 Schliersee *Za14*

Tradition und Tourismus in schönstem Einklang.

Eingebettet in die sattgrüne Voralpenlandschaft und im Süden überragt von den Gipfeln des Brecherspitz (1683 m) und des Jägerkamps (1746 m) liegt der Schliersee. An seinem Nordostufer breitet sich die gleichnamige Gemeinde (6500 Einw.) aus. Jahrhundertelang lebten die Menschen in Schliersee vornehmlich von der Landwirtschaft, bis im 19. Jh. Künstler wie *Georg von Dillis* und *Joh. Jakob Dorner* den malerischen Ort entdeckten und die Ära des Tourismus einläuteten. Mit der Eröffnung der Bahnstrecke München–Schliersee 1869 kamen zusätzlich zahlreiche Wochenendausflügler aus der nahen Großstadt. Fast zeitgleich mit dem Fortschritt besannen sich die Schlierseer auf ihre Traditionen, 1888 wurde der **Trachtenverein**, 1893 das berühmte **Schlierseer-Bauerntheater** (Xaver-Terofal-Platz 1, www.schlierseer-bauerntheater.de, Kartenvorverkauf: Schreibwaren Huber, Lauterer Str. 10, Tel. 080 26/47 07) gegründet.

Alltage und Festtage der Schliersee-Bauern dokumentiert das **Heimatmuseum** (Lautererstr. 6, Tel. 080 26/76 17, Mitte Mai–Okt. Di–Fr 16–18, Sa 10–12 Uhr, Juni–Sept. auch So 10–12 Uhr) im sog. Schrödel-Haus (14./15. Jh.) im Ortskern. In dem Doppelhaus, das einst als Bauernhof, Richterhaus und Gefängnis diente, werden Einrichtungsgegenstände, Trachten, Werkzeug sowie Glaswaren gezeigt.

Sehenswert ist auch die Pfarrkirche **St. Sixtus** (1712–14), ein außen schlichter Wandpfeilerbau, der im Inneren von Joh. Baptist Zimmermann mit schönen Fresken und Stuck (1714) geschmückt wurde. Im Chor sind drei interessante spätgotische Skulpturen zu entdecken: die *Sitzfigur des hl. Sixtus* (1520, unbekannter Meister), ein *Gnadenstuhl* (um 1480) von Erasmus Grasser sowie eine *Schutzmantelmadonna* (1494) von Jan Polack.

Das **Neue Kurzentrum** (Eröffnung Sommer 2008, www.vitalwelt-schliersee.de) bietet Sauna- und Wellnessbereich sowie Familienbad. Naturfreunde und Sportbegeisterte finden südlich von Schliersee, rund um den **Spitzingsee** (1085 m) ideale Bedingungen für Wandertouren und Skiabfahrten vor.

Praktische Hinweise

Information

Gästeinformation, Bahnhofstr. 11 a, Schliersee, Tel. 080 26/606 50, www.schliersee.de

Hotel

Landhaus Hohenwaldeck, Carl-Schwarz-Str. 17, Schliersee, Tel. 080 26/925 80, www.hohenwaldeck.de. Zentral gelegenes Haus mit Seeblick.

Route

Von Schliersee nordwärts bis Hausham, dann Richtung Westen nach Gmund abbiegen (10 km).

3 Gmund am Tegernsee *Za14*

Erholungsort mit schmucker Pfarrkirche am Ursprung der Mangfall.

Im Norden des Tegernsees, am Ursprung der Mangfall, liegt die ländliche Gemein-

Ein besonderer Zauber liegt über dem Schliersee und dem gleichnamigen Ort an seinem Ufer

de Gmund (6200 Einw.). Rund um Gmund, das 1975 zum staatlich anerkannten Erholungsort erklärt wurde, gibt es zahlreiche schöne Wander- und Radwege sowie einen Uferlehrpfad, der über Fauna und Flora am Tegernsee informiert. Der See selbst lädt mit seinem herrlich klaren Wasser zum Schwimmen, Segeln oder Surfen ein.

Über dem hübschen Ortskern erhebt sich die Pfarrkirche **St. Ägidius** (um 1690). Die vornehme einschiffige Wandpfeilerkirche ist ein Werk des Graubündners Lorenzo Sciasca. In ihrem lichtdurchfluteten Inneren birgt sie einen besonders schönen *Hochaltar* mit dem zentralen Gemälde des hl. Ägidius (1693, Hans Georg Asam) sowie Altarfiguren der hll. Michael, Josef mit Jesus und Joachim mit der noch kindlichen Maria (1695) des Tegernseers Thomas Hürnle.

Praktische Hinweise

Information

Tourist Information, Kirchenweg 6, Gmund am Tegernsee, Tel. 080 22/75 05 27, www.gmund.de

Restaurant

Gut Kaltenbrunn, Kaltenbrunn 1, Gmund am Tegernsee, Tel. 080 22/79 69. Restaurant im einstigen Mustergut der Wittelsbacher mit Biergarten und herrlichem Blick auf See und Berge.

Route

Südwärts auf der Ostseite des Sees (B307) nach Tegernsee (5 km).

4 Tegernsee *Za 14*

Klosterschätze, Brauereikunst und satirische Zeichnungen im Kurort.

Die Geschichte des beliebten heilklimatischen Kurorts Tegernsee (4000 Einw.) beginnt im Jahr 746. Dies ist das Gründungsdatum eines **Benediktinerklosters**, das sich in den folgenden Jahrhunderten zu einem kulturellen Zentrum der Region entwickelte. So wurde der früheste Roman des Abendlandes *›Ruodlieb‹* (um 1050) hier verfasst, Musik, Glas- und Buchmalerei, Goldschmiedekunst und Erzguss blühten. Nach der Säkularisation 1803 kam das Kloster in den Besitz der bayerischen Könige, 1817 ließ Max I. Joseph es von Leo von Klenze zum **Schloss** ausbauen. Heute beherbergt die royale Sommerresidenz ein Gymnasium sowie die Herzogliche Brauerei, deren köstliches Bier direkt vor Ort im **›Herzoglichen Bräustüberl‹** (Tel. 080 22/41 41) probiert werden kann. Die ehem. Klosterkirche, jetzt Pfarrkirche **St. Quirinus**, wurde in den 1680er-Jahren zu einer barocken dreischiffigen Pfeilerbasilika umgebaut, ihr klassizistisches Portal (Anfang 19. Jh.) schuf Leo von Klenze. Im Inneren sollte

man den Blick nach oben, auf die Fresken (1689–94) von Hans Georg Asam, richten. Sie stellen die Quirinuslegende (Vorhalle), Leben, Passion und Glorie Christi (Lang- und Querhaus) sowie die hl. Dreifaltigkeit (Vierungskuppel) dar.

Wenige Schritte nördlich informiert das **Museum Tegernseer Tal** (Seestr. 17, Tel. 080 22/49 78, April–Mitte Okt. Di, Do–So 14–17, Mi 11–17 Uhr) im alten Pfarrhof ausführlich über Landschaft und Leben am Tegernsee – angefangen bei einem unterhaltsamen Zeichentrickfilm über die geologische Entstehung des Tals, über wertvolle Bücher aus der ehem. Klosterbibliothek bis hin zu einer originalen Bauernstube.

Einen Besuch lohnt auch das **Olaf-Gulbransson-Museum** (Tel. 080 22/33 38, www.olaf-gulbransson-museum.de, Di–So 10–17 Uhr) im Kurgarten. Es zeigt eine schöne Auswahl an Karikaturen und Gemälden des Norwegers, der 1929–58 den Schererhof oberhalb des Orts bewohnte und die satirische Münchner Wochenzeitschrift ›*Simplicissimus*‹ (1896–1944) mit seinen Zeichnungen illustrierte.

i Praktische Hinweise

Information

Tourist Information, Hauptstr. 2, Tegernsee, Tel. 080 22/18 01 40, www.tegernsee.de

Hotel

Hotel Bayern, Neureuthstr. 23, Tegernsee, Tel. 080 22/18 20, www.hotel-bayern.de (März–Nov. 2008 geschl.). Herzstück des Hotels ist ein Jugendstil-Schlösschen direkt am See.

In Wildbad Kreuth, einem ehemaligen Kurbad, trifft sich alljährlich die CSU zu ihrer Neujahrsklausur

Restaurant

Schlossrestaurant Tegernsee, Schlossplatz 1, Tegernsee, Tel. 080 22/45 60. Im Gewölbekeller oder auf der Seeterrasse genießt man gutbürgerliche Speisen.

Route

Ab Tegernsee auf der B307 südwärts nach Rottach-Egern (3 km).

5 Rottach-Egern *Za14*

Die ehem. Künstlergemeinde lädt zum Spaziergang durch die Au ein.

Zwischen den Mündungen der **Rottach** und der **Weißach** in den Tegernsee erstreckt sich Rottach-Egern (7000 Einw.). Das hübsche Fischer- und Bauerndorf mit seiner spitztürmigen Pfarrkirche **St. Laurentius** (15. Jh., im 17. Jh. barockisiert) erwachte im 19. Jh. aus seinem Dornröschenschlaf, als sich eine illustre Gesellschaft von Schriftstellern und Musikern hier niederließ. Der Autor Ludwig Thoma, bekannt für seine Lausbubengeschichten, gehörte ebenso dazu wie der Opernstar Leo Slezak und der Heimatromancier Ludwig Ganghofer. Im **Kurpark** erinnern Bronzestatuen an diese liebgewonnenen ›Zuagroasten‹ und auf dem **Friedhof** kann man ihre Gräber besuchen.

Ein schöner Spaziergang (1,5 Std.) führt von Rottach-Egern entlang der Weißach-Auen in den Kurort **Kreuth**. Nach weiteren 2 km erreicht man den in einem Hochtal gelegenen Ortsteil **Wildbad Kreuth**, den König Max I. Joseph dank seiner heilsamen Quellen zum Kurort erkor. Heute ist der Badebetrieb eingestellt, die eleganten Badegebäude im Stil des Biedermeier dienen der Hanns-Seidel-Stiftung als Tagungsstätte.

Praktische Hinweise

Information

Tourist Information, Nördliche Hauptstr. 9, Rottach-Egern, Tel. 080 22/ 67 13 41, www.rottach-egern.de

Hotel

Bachmair am See, Seestr. 47, Rottach-Egern, Tel. 080 22/27 20, www.bachmair.de. Exklusives Traditionshaus mit großem Sport- und Wellnessangebot.

Restaurant

Mesner-Gütl, Seestr. 53, Rottach-Egern, Tel. 080 22/61 39. Vorzügliche französische Küche in rustikalem Ambiente.

Route

Von Rottach-Egern auf der B305, ab Weißach auf der B318 um die Südspitze des Tegernsees (7 km).

6 Bad Wiessee *Za14*

Elegantes Heilbad mit modernem Kurzentrum und Spielbank.

Am Westufer des Tegernsees liegt die Gemeinde Bad Wiessee (4400 Einw.), deren Geschichte als Heilbad bereits im 15. Jh. begründet wurde: Um 1450 entdeckte ein Mönch auf dem Seewasser einen langen goldenen Streifen, der von einer Ölquelle in Wiessee ausging. Die Flüssigkeit – Erdöl – fand bei Pilgern als heilbringendes ›St.-Quirinus-Öl‹ reißenden Absatz. Bei Probebohrungen (1909) stieß man zwar nicht auf gewinnbringende Erdölvorkommen, dafür aber auf eine reichhaltige Jod-Schwefel-Quelle in 676 m Tiefe. Damit war die Zukunft des Orts als Kurbad für Kreislauf- und Gefäßkrankheiten vorbestimmt. Heute verfügt die Gemeinde über ein elegantes **Kurzentrum**, eine schicke **Spielbank** (Am Winner 1, Tel. 080 22/983 50, tgl. ab 11.30 Uhr) sowie einen 18-Loch **Golfplatz** (Rohbognerhof, Tel. 080 22/87 69, www.tegernseer-golf-club.de).

Praktische Hinweise

Information

Tourist Information, Adrian-Stoop-Str. 20, Bad Wiessee, Tel. 080 22/860 30, www.bad-wiessee.de

Hotel

Villa Toscana, Freihausstr. 27, Bad Wiessee, Tel. 080 22/983 60, www.hotel-villa toscana.de. Mediterranes Flair und bayerische Gemütlichkeit im Einklang.

Restaurant

Freihaus Brenner, Freihaus 4, Bad Wiessee, Tel. 080 22/820 04. Feinschmeckerküche mit regionalem Touch.

Am Tegernsee werden bayerische Traditionen wie das Schuhblattln hochgehalten

Auch wenn ein Bad im Walchensee lockt, zunächst gilt es die Aussicht auf die Alpen zu genießen

Route

Von Bad Wiessee zurück auf die B318, dann südwärts auf der B307 nach Vorderriß und Richtung Westen nach Wallgau. Von dort auf der B11 nordwärts zum Walchensee (65 km).

7 Walchensee *Za13*

See vor herrlicher Bergkulisse und eine technische Meisterleistung.

Auf der Fahrt (s. o.) vom Tegernsee zum Walchensee erwartet den Reisenden mit dem **Sylvensteinsee** ein landschaftliches Highlight. Beim Anblick des herrlich blauen, von bewaldeten Bergen gesäumten Sees vergisst man schnell, dass es sich hierbei um ein Werk von Menschenhand handelt. 1954–59 wurde ein 41 m (heute zu 44 m aufgestockt) hoher Damm errichtet, um die Gebirgsflüsse Isar, Dürrach und Walchen im Sylvensteintal aufzustauen. Ziel ist es, den Wasserstand der für das Walchenseekraftwerk (s. u.) entwässerten Isar wieder anzuheben. Zugleich schützt der Damm das Isartal vor Hochwasser nach der Schneeschmelze und ein Elektrizitätswerk erzeugt Strom.

Über die B11 erreicht man schließlich den **Walchensee**. Deutschlands größter Gebirgssee ist bis zu 194 m tief und auch im Sommer erfrischend kühl. Segler und Surfer profitieren von günstigen Winden, während die geheimnisvolle Schönheit der Landschaft Künstler und Schriftsteller anzieht. Der Maler *Lovis Corinth* etwa lebte 1919–25 nahe Urfeld am Nordufer und schuf während dieser Zeit etwa 60 Gemälde des Sees. Doch auch Ingenieure wurden von der einzigartigen Lage des Walchensees – 200 m oberhalb des Kochelsees – inspiriert. 1924 nahm das von *Oskar von Miller* entwickelte **Walchenseekraftwerk** (Infozentrum, Altjoch 21, Kochel, Tel. 088 51/77 211, tgl. 9–17 Uhr) seinen Betrieb auf: In sechs Druckrohrleitungen schießt das Wasser des Walchensees nach unten und treibt Turbinen an, bevor es in den Kochelsee abfließt. Um den Pegelstand des Walchensees wieder auszugleichen, wird ihm Wasser der Isar und des Rissbachs zugeleitet.

Rund um den Walchensee gibt es wunderschöne Rad- und Wanderwege. Besonders zu empfehlen ist ein Ausflug auf den **Herzogstand** (1761 m), den man in einem zweistündigen Fußmarsch von der Gemeinde Walchensee am Westufer aus erreicht. Im Ort startet auch die *Herzogstandbahn* (Am Tanneneck 6, Walchensee, Tel. 088 58/236, www.herzogstandbahn.de, im Sommer tgl. 9.30–16.45, im Winter tgl. 10–15.45 Uhr), die ihre Passagiere bis auf 1600 m transportiert. Der Gipfel bietet ein grandioses Panorama: Im Norden ist der Starnberger See zu erkennen, während im Süden Karwendel und Wetterstein, Stubaier und Zillertaler Alpen grüßen.

Praktische Hinweise

Information

Tourist Information, Ringstr. 1, Walchensee, Tel. 088 58/411, www.walchensee.de

Hotel

Zum Schwaigerhof, Seestr. 42, Walchensee, Tel. 088 58/920 20, www.schwaigerhof.de. Rustikales Haus am See mit Liegewiese, Bootssteg und Restaurant.

Route

Vom Walchensee nordwärts auf der B11 nach Kochel (14 km).

8 Kochel am See *Za13*

Farborgien eines Malergenies und bäuerliches Leben kompakt.

Vielgestaltiger kann die Umgebung einer Gemeinde kaum sein! Der hübsche Luftkurort Kochel am See (4100 Einw.) wird im Westen vom Kochelsee begrenzt, im Süden und Osten erheben sich die bewaldeten Berge des Alpenvorlands und nach Norden hin erstrecken sich Felder, Wiesen und Moore auf weiter Ebene.

Den Reiz dieser Landschaft wusste auch der Münchener Maler und Mitbegründer der Künstlervereinigung ›Blauer Reiter‹ *Franz Marc* (1880–1916) zu schätzen. Er lebte von 1910–14 in der Gegend und fand nach seinem frühen Tod im Ersten Weltkrieg auf dem Friedhof von Kochel die letzte Ruhestätte. Dem weltberühmten Künstler zu Ehren wurde in einer Villa am südlichen Ortsrand das **Franz Marc Museum** (Kalmbachstr. 9, Tel. 088 51/71 14, www.franz-marc-museum.de) eingerichtet. Nach der Wiedereröffnung im Juni 2008 werden Franz Marcs Werke im angegliederten Museumsneubau präsentiert. Ein Fest fürs Auge sind nicht nur farbgewaltige Gemälde wie ›Das Springende Pferd‹ (1912), sondern auch die beschwingten Grafiken und Skulpturen des Künstlers.

Viele Werke im Franz Marc Museum sind von der Alpenlandschaft inspiriert

Wenige Kilometer nordwestlich, bei Großweil, lohnt der Besuch des **Freilichtmuseums an der Glentleiten** (Tel. 088 51/18 50, www.glentleiten.de, April–Okt. Di–So 9–18, Juli–Mitte Sept. auch Mo). Über 60 historische Gebäude aus ganz Oberbayern wurden hier liebevoll wieder aufgebaut und mit originalen Einrichtungsgegenständen ausgestattet. In den Handwerkshäusern kann man Seiler, Hafner und Weber bei der Arbeit beobachten, bevor das weitläufige Gelände mit Wald, Weiden und historischen Gärten zum Spaziergang einlädt.

TOP TIPP

Praktische Hinweise

Information

Tourist Information, Kalmbachstr. 11, Kochel, Tel. 088 51/338, www.kochel.de

Hotel

Alpenhof Postillion, Kalmbachstr. 1, Kochel am See, Tel. 088 51/18 20, www.alpenhofpostillion.de. Geräumige Zimmer mit Balkon, gutes Restaurant.

Route

Ab Kochel auf der B11 nordwärts nach Benediktbeuern (7 km).

9 Benediktbeuern *Za13*

Ältestes Kloster Bayerns und ein ›Mathematisch-technisches Institut‹.

Im Jahr 739 veranlasste der hl. Bonifaz die Gründung des Klosters Benediktbeuern (Tel. 088 57/880, www.kloster-benediktbeuern.de, i. d. Regel tgl. 9–17.30 Uhr). Im Mittelalter war diese erste Klostergründung Bayerns ein Zentrum der Buchkunst, es gab eine kostbare Gemäldegalerie und eine reich ausgestattete Bibliothek. In letzterer wurden 1803 die von Carl Orff vertonten, berühmten Lieder der *Carmina Burana* entdeckt. Ein Faksimile der Handschrift ist im gotischen *Refektorium* zu sehen.

Im 17. und 18. Jh. erfuhren Teile der Anlage Neu- und Umgestaltungen im Stil von Barock und Rokoko. So wurde die Klosterkirche, heute Pfarrkirche **St. Benedikt** (1681–86), als frühbarocke Wandpfeileranlage neu errichtet. Wahrzeichencharakter haben ihre achteckigen *Türme* mit Zwiebelhauben vor dem Hintergrund der Benediktenwand (1801 m). Im *Inneren* schuf Hans Georg Asam die Deckengemälde (1684–87), die im Langhaus einen Christuszyklus von der Geburt bis zum Jüngsten Gericht zeigen.

Durch einen separaten Eingang gelangt man in die **Anastasiakapelle** (1750–58) – ein Juwel des Rokoko! Im elliptischen, lichtdurchfluteten Raum (Joh. Michael Fischer) zelebrieren Stuck (Joh. Michael Feichtmayr), Deckenmalerei (Joh. Jakob Zeiller) und Altäre (Hauptaltarbild von Jacopo Amigoni) die Himmelfahrt der hl. Märtyrerin Anastasia.

Mit der Säkularisation 1803 kam das vorübergehende Ende des geistlichen, nicht jedoch des wissenschaftlichen Lebens. 1804 erwarb der Unternehmer Josef von Utzschneider das Kloster und gründete ein ›Mathematisch-mechanisches Institut‹. 1809 berief er Joseph von Fraunhofer nach Benediktbeuern, der hier an der Herstellung von optischen Geräten arbeitete sowie die dunklen Linien im Lichtspektrum, die ›Fraunhoferschen Linien‹, entdeckte. Im Museum in der **Historischen Fraunhofer-Glashütte** (Fraunhoferstr. 2, tgl. 10–18 Uhr) sind Teleskope und Hafenschmelzöfen zu besichtigen, mit denen Fraunhofer arbeitete.

Seit 1930 leben Ordensbrüder der *Salesianer Don Boscos* im Kloster. Ihr Engagement für junge Menschen spiegelt sich vor Ort u. a. in zwei Hochschulen sowie vielfältigen Bildungsveranstaltungen.

Praktische Hinweise

Information

Gästeinformation, Prälatenstr. 3, Benediktbeuern, Tel. 088 57/248, www.benediktbeuern.de

Restaurant

Klosterbräustüberl, Zeilerweg 2, Benediktbeuern, Tel. 088 57/94 07. Gepflegte bayerische Gastlichkeit im ehem. Rinderstall und im Biergarten.

Route

Von Benediktbeuern weiter auf der B11 nach Bichl, dann auf der B472 über Bad Heilbrunn nach Bad Tölz (16 km).

10 Bad Tölz *Za13*

Kurstadt mit einem bezaubernden Zentrum und einer Heiligen Stiege.

Bad Tölz (17 400 Einw.) verdankt seinen Namen dem Adeligen *Hainricus de Tolnze*. Dieser errichtete im 12. Jh. wohl unterhalb der heutigen Pfarrkirche eine Burg (1453 durch Brand zerstört), von der aus er den Warenverkehr auf der Isar sowie auf der Salzstraße, die hier seit der Römerzeit den Fluss kreuzte, kontrollieren konnte. Im Schutz der Festung ließen sich Händler und Handwerker, Flößer und Fischer

Im traditionellen Sonntagsstaat zieht eine Prozession zur Klosterkirche von Benediktbeuern

Schmuckstück von Bad Tölz ist die Marktstraße mit ihren herrlichen Bürgerhäusern

nieder. Zentrum der Siedlung wurde ab dem 13. Jh. die prachtvolle **Marktstraße**, die, nach einem Brand 1453 wiedererrichtet, heute zu den charaktervollsten Straßenzügen Oberbayerns gehört: Wie pastellfarbene Perlenketten säumen Häuserzeilen eine breite, mit Kopfsteinen gepflasterte Straße. Die Gebäude (15.–18. Jh.) sind wunderschön mit Holzschnitzereien, Stuck und Lüftlmalerei geschmückt.

Hinter der vornehmen Fassade des Alten Rathauses (Ende 16. Jh., Nr. 48) verbirgt sich das **Stadtmuseum Bad Tölz** (Tel. 080 41/50 46 88, Di–So 10–16 Uhr), das Geschichte und Brauchtum von Marktstadt und Region anhand zahlreicher Exponate – vom Mammutknochen bis zur Festtagstracht – lebendig werden läßt.

1846 leitete die Entdeckung einer reichhaltigen *Jodquelle* Bad Tölz' Entwicklung zum Heilbad für Herz- und Kreislauf- sowie Gelenkerkrankungen. Westlich der Isar entstand der Kurpark mit einem schmucken, 1914 von Gabriel von Seidl errichteten **Kurhaus**. Nahebei verspricht das Freizeitbad **Alpamare** (Ludwigstr. 14, Tel. 080 41/50 99 99, www.alpamare.de, tgl. 9–22 Uhr) Erholung und Spaß in Solebecken und Wellenpark, Saunalandschaft und Surfanlage.

Auf einem Hügel über der Stadt thront die leuchtend weiße **Kalvarienbergkirche** (1726), die besonders am Karfreitag von Pilgern besucht wird. Vom Hauptraum aus gelangt man hinunter zu einer breiten *Heiligen Stiege* (Anf. 18. Jh.), die zu einer Skulptur des *Schmerzensmanns* führt. Gläubige bewegen sich auf der Treppe, die ihr Vorbild in der Scala Sancta im römischen Lateran hat, kniend und betend nach oben.

Nahe der Kalvarienbergkirche befindet sich die **Leonhardikapelle** (1718–22), das Ziel der berühmten *Tölzer Leonhardifahrt*. Jedes Jahr am 6. November umrundet ein Festzug mit herrlich geschmückten Pferdegespannen zweimal das Kirchlein, um den Segen des bayerischen Viehpatrons *hl. Leonhard* zu erbitten.

Praktische Hinweise

Information

Tourist-Information, Max-Höfler-Platz 1, Bad Tölz, Tel. 080 41/786 70, www.bad-toelz.de

Hotel

Hotel Kolbergarten, Fröhlichgasse 5, Bad Tölz, Tel. 080 41/789 20, www.hotel-kolbergarten.de. Liebevoll eingerichtetes Jugendstilhotel an der Isar mit feinem Restaurant.

Route

Von Bad Tölz auf der B13 nordostwärts über Holzkirchen auf die A8, auf ihr nordwärts zurück nach München (55 km).

TOUR 17

Von Starnberg nach Oberammergau – Schönheiten im ›Goldenen Landl‹

2–3 Tage • 307 km

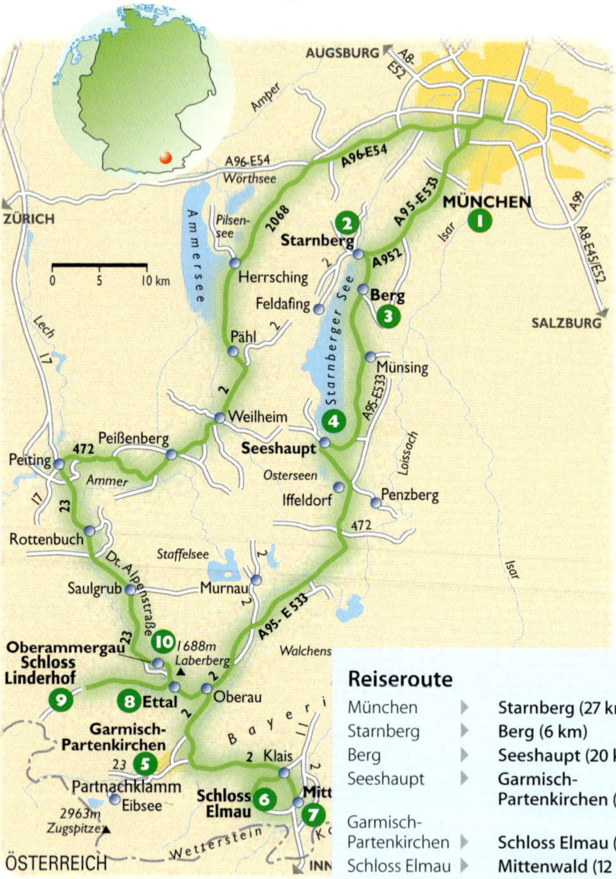

Reiseroute

München	Starnberg (27 km)
Starnberg	Berg (6 km)
Berg	Seeshaupt (20 km)
Seeshaupt	Garmisch-Partenkirchen (49 km)
Garmisch-Partenkirchen	Schloss Elmau (19 km)
Schloss Elmau	Mittenwald (12 km)
Mittenwald	Ettal (31 km)
Ettal	Schloss Linderhof (12 km)
Schloss Linderhof	Oberammergau (14 km)
Oberammergau	München (117 km)

1 München *Z13*

Die schöne Landeshauptstadt bietet viel Kultur und Unterhaltung.

Die Isarmetropole München (1,33 Mio. Einw.) verdankt ihre Gründung im 12. Jh. Herzog *Heinrich dem Löwen* (1129–1195), der vom Salzhandel zwischen Reichenhall und Augsburg profitieren wollte. Um Wegezölle erheben zu können, ließ er den Transportweg über Freising zerstören und eine Isarbrücke bei *Munichen* bauen, das im 8. Jh. von Mönchen besiedelt worden war. Heute ist die bayerische Landeshauptstadt München mit ihren vielen Museen und Theatern eine der großen Kulturmetropolen Deutschlands (München ausführlich, s. Tour 16, S. 162).

Praktische Hinweise

Information

Tourismusamt München, Sendlinger Str. 1, München, Tel. 089/23 39 65 00, www.muenchen.de/tourismus

Route

Von München auf der A95 südwärts, dann auf der A952, das letzte Stück auf der B2 nach Starnberg (27 km).

2 Starnberg *Z13*

Hier kann man am Starnberger See promenieren und in Cafés verweilen.

Starnberg (25 000 Einw.) ist ein beliebter Ferienort mit ausgezeichneten Verbindungen von und nach München. Außerdem locken zahlreiche Freizeitaktivitäten wie Segeln, Windsurfen, Boot fahren und Tauchen. Die Ufervillen mit ihren schönen Gärten tragen zur allgemeinen Urlaubsstimmung bei. Bereits im 16./17. Jh. entwickelten sich der Starnberger See zu einem ›Spielplatz der Reichen‹.

TOP TIPP Heutzutage kann jedermann gemütlich bei einer **Schifffahrt** (Tel. 08151/12023, www.seenschifffahrt.de, tgl. Ostern–Mitte Okt.) den See erkunden. Die Anlegestelle in Starnberg befindet sich hinter dem S-Bahnhof ›See‹.

Über den Bahnhofsplatz gelangt man zum Starnberger **Heimatmuseum** (Possenhofener Str. 5, Tel. 08151/772132, www.museum-starnberger-see.de. Di–So 10–17 Uhr). Es ist in einem Bauernhof von 1692 untergebracht und dokumentiert die Ortsgeschichte. Ungewöhnlich und interessant ist der Schwerpunkt der Sammlung, die *Höfische Schifffahrt*. Prunkstück ist das Modell der *Bucentaur*, eines prächtigen Schiffes, auf das 1663 Kurfürst Ferdinand Maria 500 Gäste lud und das von 100 Ruderern bewegt wurde. Im Ende Februar 2008 eröffneten Erweiterungsbau wird u.a. die ›*Delphin*‹ (1872), das einzige noch erhaltene Prunkschiff des bayerischen Königshauses, präsentiert. Das kostbarste Exponat des Museums aber ist eine grazile Figur der hl. Magdalena (1755) von Ignaz Günther (1725–1775).

Der bedeutende Holzbildhauer schuf auch den von weißen Marmorstatuen flankierten Hochaltar in der Pfarrkirche **St. Josef**, die 1764–66 im Rokokostil auf dem Schlossberg erbaut wurde.

Gegenüber erhebt sich das **Schloss**, das 1246–1803 den Wittelbachern gehörte und heute als Finanzamt dient. Dazwischen erstreckt sich der **Schlossgarten** (Sommer tgl. 8–21 Uhr, sonst bis Sonnenuntergang), der einen Abstecher wert ist. Von dort genießt man einen wunderschönen Blick über die Stadt, den See – und bei Föhn scheinen die Alpen zum Greifen nahe.

Praktische Hinweise

Information

Tourismusverband Starnberger Fünf-Seen-Land, Wittelsbacherstr. 2c, Starnberg, Tel. 08151/90600, www.starnberg.de

Bei der Fahrt mit einem Ausflugsschiff erlebt man den Starnberger See von seiner schönsten Seite

Restaurant

Undosa Seerestaurant, Seepromenade 1, Starnberg, Tel. 081 51/99 89 30. Auf der Sonnenterasse kann man Café und Kuchen direkt am Wasser genießen.

Route

Am Seeufer entlang zur Gemeinde Berg (6 km).

3 Berg *Z13*

Rund um Berg erscheint der See noch ländlich.

Berg (8000 Einw.) ist bekannt als Ort, vor dem *König Ludwig II.* 1886 ertrank. Um den Tod des Königs ranken sich vielerlei Legenden, gewiss ist nur, dass er nach seiner Entmündigung und dem Thronverzicht in Schloss Berg unter ärztliche Aufsicht gestellt worden war. Am Abend des 13. Juni 1886 unternahm er, möglicherweise begleitet von seinem Psychiater Bernhard von Gudden, einen Spaziergang, und um 23.30 Uhr fand Schlossverwalter Huber die beiden tot im See. Ein **Gedenkkreuz** bezeichnet die Stelle. Am Ufer oberhalb davon steht die 1896–1900 errichtete neoromanische **Votivkapelle**. Das **Schloss Berg** (1676, Umbau 1849–51, nach 1945 vereinfachter Wiederaufbau) befindet sich im Besitz der Wittelsbacher und ist nicht zugänglich.

Praktische Hinweise

Information

Gemeinde Berg, Ratsgasse 1, Berg, Tel. 081 51/50 80, www.gemeinde-berg.de

Partnachklamm

Vom Skistadion in Garmisch-Partenkirchen gelangt man zu Fuß in ca. 30 Min. oder etwas schneller in der Kutsche zur 702 m langen und 80 m tiefen Partnachklamm. Diese wurde im 18./19. Jh. für den Transport von Brennholz aus dem Reintal nach Partenkirchen genutzt. Heutzutage führt ein gut ausgebauter, zum Teil in den Fels gehauener Weg durch die enge Schlucht. Für deren Durchquerung sollte man nochmals ca. 30 Min. einkalkulieren. Zahlreiche Wasserfälle und der reißende Wildbach machen die Wanderung zu einem absolut faszinierenden Erlebnis. Die Klamm ist das ganze Jahr über zugänglich. Nur während der Schneeschmelze im Frühjahr muss sie gelegentlich gesperrt werden.

Hotel

Hotel Schloss Berg, Seestr. 17, Berg, Tel. 081 51/96 30, www.hotelschlossberg.de. 60 Zimmer in traumhafter Lage am Ostufer des Starnberger Sees.

Route

Weiter auf der ST2065 am See entlang bis Seeshaupt (20 km).

4 Seeshaupt *Za13*

Stege und Schilfgürtel, ein weitläufiger und reizvoller Ort.

In Seeshaupt (2900 Einw.), das malerisch am Südende des Starnberger Sees liegt, herrscht wohltuende Ruhe. Sehenswert ist die Pfarrkirche **St. Michael**, die im 15. Jh. auf Fundamenten aus romanischer Zeit errichtet wurde. Der anerkannte Erholungsort ist ein guter Ausgangspunkt zur Erkundung der nahen, am Ende der letzten Eiszeit entstandenen **Osterseen**. Besonders Naturfreunde schätzen die abgeschiedene und abwechslungsreiche Landschaft.

Praktische Hinweise

Information

Gäste-Information, Bahnhofstr. 40, Seeshaupt, Tel. 088 01/91 38 47, www.seeshaupt.de

Route

Nach 8 km Richtung Süden geht es in Penzberg/Iffeldorf wieder auf die A95 und mit einem Teilstück auf der B2 weiter nach Garmisch-Partenkirchen (49 km).

5 Garmisch-Partenkirchen *Zb12*

Deutschlands bekannteste Wintersportmetropole.

Garmisch-Partenkirchen (27 000 Einw.) entstand 1935 aus zwei Nachbarorten: Partenkirchen geht auf das römische *Partanum* zurück, Garmisch wurde als *Germareskaue* 802 erstmals erwähnt. Garmisch-Partenkirchen, das 1936 Gastgeber der Olympischen Winterspiele war, ist die bekannteste deutsche Wintersportgemeinde. Das Zentrum des **Werdenfelser Landes** eröffnet großartige Ausblicke auf

Weiß-blau der Himmel, köstlich der Kaffee: Im Café Krönner in Garmisch lässt es sich wohl sein

die umliegenden Berge, besonders auf die *Zugspitze* (2962 m, s. u.).

Im Garmischer Ortskern beeindrucken schindelgedeckte Häuser mit *Lüftlmalereien* und Heiligenstatuetten. Die **Alte Kirche** wurde im 13. Jh. errichtet und im 15. Jh. umgebaut. Sie birgt seltene gotische Wandmalereien. Als diese Kirche im 18. Jh. zu klein wurde, entstand 1730–34 mitten im Ort die neue Kirche **St. Martin** im Stil des Barock, ausgeschmückt mit Stuckaturen und Deckenfresken.

Im Ortsteil Partenkirchen, das früher häufig von Bränden heimgesucht wurde, lassen die Bürgerhäuser in der Ludwigstraße die einstige Pracht erahnen. Als bedeutendste historische Sehenswürdigkeit gilt die Wallfahrtskirche **St. Anton**, ein spätbarockes Juwel aus dem 18. Jh. mit dem wunderbaren *Antonius-Fresko* des Südtirolers *Joh. Evangelist Holzer* (1709–1740).

Östlich von Partenkirchen liegt das **Skistadion**, das zur Olympiade 1936 errichtet wurde und in dem alljährlich Tausende das *Neujahrsspringen* der Internationalen Vierschanzentournee verfolgen. Die Skispringer tragen diesen Wettbewerb seit 1952 zwischen Weihnachten und dem Dreikönigstag auf den Schanzen in Oberstdorf, Garmisch-Partenkirchen, Innsbruck und Bischofshofen aus. Die Sprungschanze in Garmisch-Partenkirchen wurde 2007 neu errichtet.

TOP TIPP Ein Ausflug auf den höchsten Berg Deutschlands, die **Zugspitze**, sollte keinesfalls versäumt werden. Die Zahnradbahn (Tel. 088 21/79 70, www.zugspitze.de, tgl. 8–16.45 Uhr) fährt vom Bahnhof Garmisch-Partenkirchen über Grainau und Eibsee bis zum Zugspitzplatt (Fahrzeit 75 Min.). Man nimmt dann die Gletscherbahn zum Gipfel (5 Min.) oder steigt am Eibsee in die Seilbahn um, die direkt zum Gipfel führt (10 Min.). Dort oben erwarten mehrere Lokale und eine prächtige Aussicht die Gäste. Wer nach Österreich hinüber möchte, nimmt die Seilbahn hinunter nach Ehrwald (10 Min., Tiroler Zugspitzbahn, Tel. 00 43/56 73/ 23 09, www.zugspitzbahn.at).

i Praktische Hinweise

Information

Tourist-Information, Richard-Strauss-Platz 1a, Garmisch-Partenkirchen, Tel. 088 21/18 07 00, www.garmisch-partenkirchen.de

Hotels

Hotel Schatten, Sonnenbergstr. 10–12, Garmisch-Partenkirchen, Tel. 088 21/ 943 08 90, www.hotel-schatten.de. Neues 3-Sterne-Haus im alpenländischen Stil in Partenkirchen.

Staudacherhof, Höllentalstr. 48, Garmisch-Partenkirchen, Tel. 088 21/92 90, www.staudacherhof.de. In Garmisch gelegenes, ruhiges 4-Sterne-Hotel mit 100 Jahren Tradition.

Schroff ragen die Gipfel des Karwendelgebirges bei Mittenwald empor

Restaurants

Bräustüberl, Fürstenstr. 23, Garmisch-Partenkirchen, Tel. 088 21/23 12. Im gemütlichen ehemaligen Stammgasthaus der Brauerei Garmisch werden herzhafte bayerische Gerichte aufgetischt (Mi geschl.).

Fraundorfer, Ludwigstr. 24, Garmisch-Partenkirchen, Tel. 088 21/92 70. Der Gasthof bietet regionale Schmankerln und Heimatabende (Di geschl.).

Route

Ab Garmisch-Partenkirchen 12 km ostwärts auf der B2 nach Klais, dann auf der Mautstraße Richtung Südwesten bis Schloss Elmau (19 km).

6 Schloss Elmau Zb13

Wer einen festlichen Rahmen sucht, wendet sich nach Elmau.

Schloss Elmau (Tel. 088 23/180, www.schloss-elmau.de) ist bis heute im Besitz der Familie Müller, die es 1913–16 erbauen ließ, doch längst verbindet es als Hotel die Eleganz vergangener Tage mit modernem Komfort und umfangreichem Freizeit- und Kulturangebot. Die Gäste können an Mal-, Tanz- und Kochkursen teilnehmen. Außerdem finden Lesungen, Konzerte und Musikwochen statt – oft unter Mitwirkung berühmter Künstler. Im *Müllerhaus* lockt ein feines Gourmetrestaurant zur Einkehr. Schloss Elmau wurde nach einem Brand 2005 renoviert und umgebaut, die Wiedereröffnung fand im Juli 2007 statt.

Route

Von Elmau zunächst 6 km zurück nach Klais und dann 6 km Richtung Süden nach Mittenwald (12 km).

7 Mittenwald Zb13

Ein malerischer Ort unter weiß-blauem Himmel voller Geigen.

Die Marktgemeinde Mittenwald (8000 Einw.) liegt in einem Tal zwischen den mächtigen Ketten von Karwendel- und Wettersteingebirge. Ihre Ursprünge gehen auf eine Rodungssiedlung mitten im Scharnitzwald zurück, die im 11 Jh. erstmals urkundlich erwähnt wurde. Im Mittelalter entwickelte sich der Ort zu einem wichtigen Umschlagplatz an der Handelsroute von Venedig nach Augsburg und Nürnberg. An die Blütezeit im 15. Jh.

erinnern im heutigen Ferienort noch einige Häuser am Obermarkt. Im 18. Jh. wurden zahlreiche Fassaden mit *Lüftlmalerei* verziert – die der Pfarrkirche **St. Peter und Paul** 1746 von *Matthäus Günther* (1705–1788).

Im Jahr 1684 begann *Matthias Klotz* (1653–1743) mit der Herstellung von Zupf- und Streichinstrumenten. Das Handwerk hat bis heute große Bedeutung. Beim Bau der Geigen, Bratschen, Cellos, Zithern und Gitarren wird oft heimisches Holz verwendet. Das **Geigenbau- und Heimatmuseum** (Ballenhausgasse 3, Tel. 088 23/25 11, www.geigenbaumuseum-mittenwald.de, Febr.–Mitte März, Mitte Mai–Mitte Okt., 16.12.–6.1. Di–So 10–17, sonst Di–So 11–16 Uhr) gewährt interessante Einblicke in die Ortsgeschichte, zeigt alte Instrumente und Werkzeuge. Gelegentlich trifft man im Museum einen der Nachfahren von Matthias Klotz, der hier die Kunst des Geigenbaus demonstriert. Das Familiengeschäft wird jedenfalls weiter betrieben.

Von Mittenwald aus gibt es eine Reihe von Ausflugsmöglichkeiten. Die **Westliche Karwendelspitze** (2385 m) z. B. ist mit der Seilbahn (Tel. 088 23/84 80, www.karwendelbahn.de) zu erreichen und bietet einen herrlichen Rundblick über die bayerischen und österreichischen Alpen.

i Praktische Hinweise

Information

Tourist-Info, Dammkarstr. 3, Mittenwald, Tel. 088 23/339 81, www.mittenwald.de

Hotel

Post Hotel, Obermarkt 9 (Zufahrt Karwendelstr. 14), Mittenwald, Tel. 088 23/938 23 33, www.posthotel-mittenwald.de. 4-Sterne-Komfort in einer ehemaligen Thurn- und Taxischen Poststation.

Route

Von Mittenwald zurück nach Klais, auf der B2 über Garmisch-Partenkirchen bis Oberau, dort links auf die B23 weiter nach Ettal (31 km).

8 Kloster Ettal *Za12*

TOP TIPP *Barocke Benediktinerabtei mit leuchtend grüner Kuppel.*

Kaiser *Ludwig der Bayer* gründete im Jahr 1330 die Benediktinerabtei Ettal (Tel. 088 22/740, www.kloster-ettal.de, tgl. 8–18 Uhr). Das 1370 geweihte Kloster entwickelte sich dank der Marmorskulptur der *Ettaler Madonna* (14. Jh.) zu einem Ort der Marienverehrung. In der zweiten Hälfte des 17. Jh. erfreute sich die Wallfahrt zunehmender Beliebtheit. 1710 begann die Erweiterung der Anlage unter *Enrico Zucalli* (1642–1724). Das heutige imposant-barocke Erscheinungsbild der Abtei mit der geschwungenen, aufwendig gestalteten Kirchenfassade geht im Wesentlichen auf seine Pläne zurück. Nach einem verheerenden Brand im Jahr 1744 war *Joseph Schmuzer* (1683–1752) für den Wiederaufbau verantwortlich. Der doppelstöckige Kirchenraum wurde über-

Malerisch liegt Kloster Ettal in einem einst abgeschiedenen Hochtal der bayerischen Alpen

Wenn Könige träumen: Aus einem einfachen Forsthaus machte König Ludwig II. ein prunkvolles Schloss

wölbt und farbig ausgemalt. Das opulente Fresko ›*Glorie des Benediktinerordens*‹ in der Kuppel, die einen Durchmesser von 25 m hat, stammt von *Johann Jakob Zeiller* (1708–1783). 1803 säkularisiert, wurde die Abtei 1900 wiederbegründet.

Heute leben in der Abtei nicht nur Mönche, sondern auch Internatsschüler, die das angeschlossene Gymnasium besuchen. Die Benediktiner betreiben auch einen Verlag, ein Hotel, eine Brauerei und stellen nach einem jahrhundertealten geheimen Rezept Klosterlikör her.

i Praktische Hinweise

Information

Tourist-Information, Ammergauer Str. 8, Ettal, Tel. 088 22/35 34, www.ettal.de

Hotel

Hotel ›Ludwig der Bayer‹, Kaiser-Ludwig-Platz 10–12, Ettal, Tel. 088 22/91 50, www.kloster-ettal.de/hotel. Das Hotel verspricht klösterliche Gastlichkeit und modernen Komfort.

Route

Von Ettal weiter auf der B23 und ST2060 Richtung Westen bis Schloss Linderhof (12 km).

9 Schloss Linderhof *Za12*

Schön wie sein Name, unterm Ettaler Mandl im Graswangtal.

Das reizende Rokokoschloss Linderhof (Tel. 088 22/920 30, www.linderhof.de, April–Sept. tgl. 9–18, sonst tgl. 10–16 Uhr), das König Ludwig II. 1874–78 errichten ließ, liegt idyllisch, umgeben von Wäldern, Bergen und Wasser. Bei der reichen Innenausstattung eiferte Ludwig II. dem französischen Sonnenkönig Ludwig XIV. nach. Der prunkvolle **Spiegelsaal** ist ein solches Produkt seiner Träume. An den Wänden hängen u. a. Porträts der französischen Herrscher Ludwig XIV. und Ludwig XV.

Im Süden schießt eine Fontäne aus einem Wasserbecken in die Höhe, drei Terrassengärten, gekrönt von einem Rundtempel und einer 300 Jahre alten Linde schließen die Anlage ab. Am Hang vor dem Nordtrakt ergießt sich eine Kaskade vom *Musikpavillon* in den *Neptunbrunnen*.

Der Übergang von den französischen Gärten in die freie Natur der Ammergauer Berge gestaltete Carl von Effner mit Hilfe eines englischen Landschaftsparks für den König. Besonders sehenswert und zugleich sehr kitschig sind hier die aus Gips geformte **Venusgrotte** mit Wagnerklängen, Lichteffekten, künstlichem Teich und Muschelkahn sowie der **Maurische Kiosk**, der als Beitrag Preußens zur Pariser Weltausstellung 1867 ent-

standen war und 1876 von Ludwig erworben wurde.

Route

Von Schloss Linderhof ostwärts zurück Richtung Ettal, dann links auf die B23 nach Oberammergau (14 km).

10 Oberammergau *Za12*

Weltberühmter Ort der Herrgottschnitzer und der Passionsspiele.

Oberammergau (5400 Einw.) ist weltweit bekannt für seine **Passionsspiele**, die auf die Pestepidemie von 1632 zurückgehen. Damals hatten die Dorfbewohner geschworen, ein ›Spiel vom Leiden, Sterben und Auferstehen unseres Herrn Jesus Christus‹ aufzuführen, wenn Gott der Seuche Einhalt gebieten würde. Ihre Gebete wurden erhört, die Pest war gebannt und die Überlebenden führten 1634 die ersten Passionsspiele auf. Seit 1680 finden sie alle zehn Jahre statt. 2010 ist es wieder soweit.

Das **Passionsspieltheater** (Tel. 088 22/945 88 33, Führungen Mai–Okt. 10–17, März/April tgl. 10–16, Dez.–Febr. Sa/So 11 und 14 Uhr) am Ortsrand ist allein wegen seiner einzigartigen Kulissen und Requisiten einen Besuch wert. Der monumentale Bau aus den 1930er-Jahren wurde 1997–99 restauriert und modernisiert, sodass der Zuschauerraum nun über 5000 Plätze verfügt. Die Passionsspiele werden übrigens dem alten Gelübde entsprechend nach wie vor auf offener Bühne aufgeführt. Bei der letzten Inszenierung im Jahr 2000 wirkten fast 2000 Laien aus dem Dorf als Darsteller, Musiker, Sänger und Bühnenarbeiter mit.

Bereits im 16. Jh. verlegte man sich in Oberammergau auf die **Herrgottschnitzerei**. Über den Handelweg *Fuggerstraße* fanden die Werke weite Verbreitung. Im Jahr 1878 wurde die *Staatliche Fachschule für Holzschnitzerei* gegründet. Kein Wunder, dass es im Ort zahlreiche Läden gibt, die die heimische Schnitzkunst zum Kauf anbieten.

Viele Häuser im Herzen Oberammergaus sind mit *Lüftlmalerei* und Schnitzereien lokaler Künstler und Handwerker verziert. Ein schönes Beispiel ist das aus dem 18. Jh. stammende **Pilatushaus**, in dem heute Schnitzer und Töpfer eine *Lebende Werkstatt* (Mai–Okt. Di–So 13–18 Uhr) unterhalten. Die Pfarrkirche **St. Peter und Paul** am zentralen Pfarrplatz wurde Mitte des 18. Jh. im Rokokostil von *Josef Schmuzer* neu erbaut, die Fresken stammen von *Matthäus Günther*.

Oberammergau bietet auch viele Sportmöglichkeiten, z. B. Tennis, Schwimmen, Gleitschirmfliegen, Kanufahren und lockt mit herrlichen Wanderwegen. Auf den **Kolbensattel** führt ein Sessellift, auf den **Laberberg** eine Seilbahn. Von beiden genießt man ein großartiges Panorama.

Praktische Hinweise

Information

Oberammergau Tourismus, Eugen-Pabst-Str. 9 a, Oberammergau, Tel. 088 22/923 10, www.oberammergau.de

Hotel

Alte Post, Dorfstr. 19, Oberammergau, Tel. 088 22/91 00, www.ogau.de. In der Dorfmitte gelegenes Haus aus dem 17. Jh. mit 32 Zimmern und bayerisch-uriger Gaststube.

Route

Auf der B23 nordwestlich bis Peiting und dann östlich auf die B472 nach Peißenberg abbiegen. Hinter Peißenberg an der Gabelung links bis Weilheim. Weiter nordwärts auf der B2, dann links nach Pähl und zum Ammersee. Am Ostufer entlang bis Herrsching, weiter auf der ST2068 am Pilsensee vorbei nordostwärts auf die A96 nach München (117 km).

TOUR 18

Zwischen Schwäbischer Alb und Lech – das bayerische Schwaben

2 Tage • 342 km

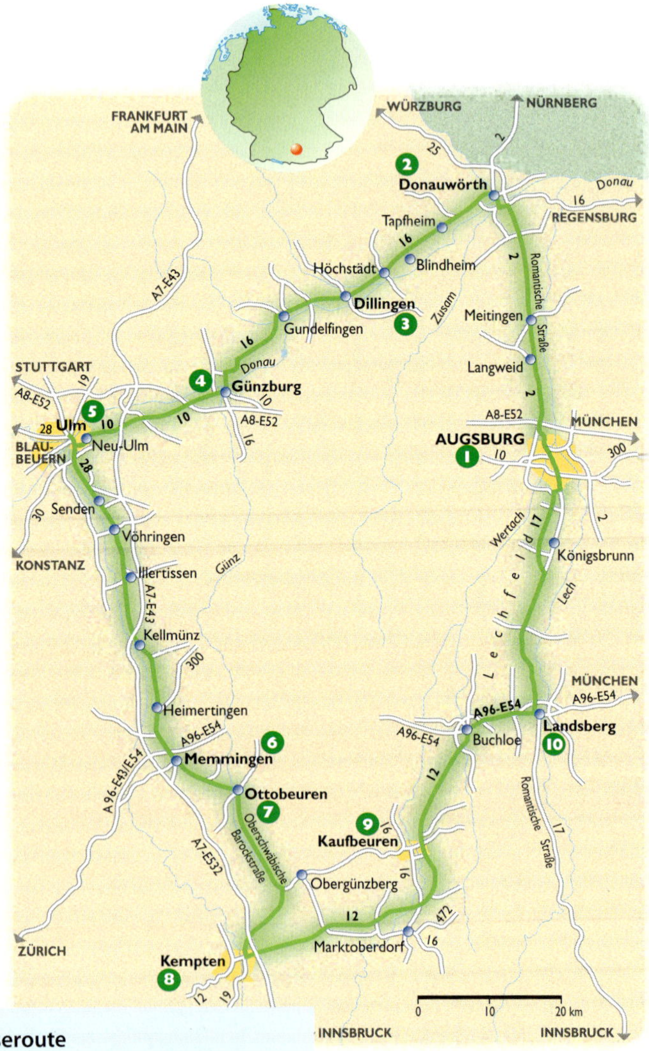

Reiseroute

Augsburg	Donauwörth (45 km)
Donauwörth	Dillingen (30 km)
Dillingen	Günzburg (26 km)
Günzburg	Ulm (25 km)
Ulm	Memmingen (53 km)
Memmingen	Ottobeuren (11 km)
Ottobeuren	Kempten (35 km)
Kempten	Kaufbeuren (41 km)
Kaufbeuren	Landsberg a. L. (36 km)
Landsberg a. L.	Augsburg (40 km)

1 Augsburg Y12

Schwabenmetropole sowie Brecht-, Fugger- und Welserstadt.

Kein Geringerer als der römische *Kaiser Augustus* gründete im Jahr 15 v. Chr. am Zusammenfluss von Lech und Wertach den Armeestützpunkt *Augusta Vindelicum*, aus dem Augsburg (265 000 Einw.)

erwuchs, heute lebhafte Universitätsstadt, Bischofssitz und Sitz der Regierung von Bayerisch-Schwaben.

Schon das Römerlager lag günstig am Schnittpunkt mehrerer wichtiger europäischer Handelsrouten und die ringsum entstehende Siedlung erfreute sich bald regen wirtschaftlichen Wachstums. Das bedeutende mittelalterliche Handelszentrum wurde im 13. Jh. auch *Freie Reichsstadt*. Die wirtschaftliche Blüte lag im 15. und 16. Jh., woran die beiden reichen einheimischen Handels- und Bankierfamilien der **Fugger** und **Welser** wesentlichen Anteil hatten. Augsburg stieg zu einer Weltstadt der damaligen Zeit auf, der Kaiser war häufig zu Gast, Reichstage und kirchenrechtliche Anhörungen wurden hier abgehalten – 1555 etwa der *Augsburger Religionsfriede* geschlossen –, berühmte Maler, Bildhauer und Musiker waren hier zu Hause.

Zwar überflügelte das nahe München im Laufe der Zeit das ältere Augsburg, doch zeugen nach wie vor zahlreiche historische Sehenswürdigkeiten von der einstigen Bedeutung der Schwabenmetropole. Zu den wichtigsten Bauwerken gehört der **Augsburger Dom** im Norden der Innenstadt. Bischof Simpert ließ hier um das 8. Jahrhundert einen ersten Dom erbauen, der jedoch im Jahr 994 einstürzte. Ein anschließender Neubau zog sich bis 1065 hin, die beiden im Kern bis heute erhaltenen Kirchtürme wurden 1075 fertiggestellt. Das Gotteshaus wurde oft aus- und umgebaut, etwa im 14. Jh. gotisch oder zuletzt im Jahr 1863 im Stil der Neogotik. Heute beeindrucken in der lang gezogenen fünfschiffigen Basilika u. a. das neue *Bronzeportal* (2001 geweiht), meisterhafte *Tafelbilder* des Augsburger Renaissancemalers Hans Holbein d. Ä. (um 1465–1524) und die vier *Prophetenfenster*, figürliche Glasmalereien aus der Mitte des 12. Jh.

Über die Karolinenstraße gelangt man in die tiefer gelegene *Altstadt*, wo im **Brechthaus** (Auf dem Rain 7, Tel. 08 21/ 324 27 79, Di–So 10–17 Uhr) einer der berühmtesten Söhne der Stadt zur Welt kam, der Dichter *Bertolt Brecht* (1898–1956). Nach entsprechendem Umbau geben hier nun Originaldokumente, Bilder und Texte Einblicke in Leben und Werk des Begründers des Epischen Theaters. Nur wenige Gehminuten entfernt liegt die **Fuggerei** (Portal Jakoberstr., Tel. 08 21/319 88 10, www.fuggerei.de, April–Sept. tgl. 8–20, Okt.–März tgl. 9–18 Uhr). Die heimelig wirkende Sozialsiedlung wurde 1521 als weltweit erste ihrer Art vom Bankier und Kaufmann Jakob Fugger gestiftet. In den 140 Wohnungen wohnen ältere bedürftige Augsburger – gegen einen Obolus von nicht einmal einem Euro jährlich und täglich drei Dankgebeten für den Stifter.

Städtebaulicher Mittelpunkt Augsburgs ist das imposante **Renaissance-Rathaus**,

Die Maximilianstraße mit dem Herkulesbrunnen ist Augsburgs schönste Flaniermeile

das 1615–20 unter der Ägide von Stadtbaumeister Elias Holl erbaut wurde. Der prächtige Bau brannte zwar nach einem verheerenden Bombenangriff im Jahr 1944 fast völlig aus, wurde jedoch nach dem Krieg sorgfältig rekonstruiert. So können Besucher heute wieder den prachtvollen *Goldenen Saal* bewundern, den einstigen Prunksaal des Augsburger Rates, der u. a. mit der von Blattgold überzogenen Kasettendecke seinem Namen alle Ehre macht. Neben dem mächtigen Rathaus könnte die kleine romanische *Perlachkirche* geradezu verschwinden, wenn nicht ihr 78 m hoher **Perlachturm** für Aufmerksamkeit sorgen würde. Von seiner Aussichtsetage unter dem Glockenstuhl genießt man einen fantastischen Blick über die Stadt. Jedes Jahr versammeln sich am Michaelitag, dem 29. September, Groß und Klein auf dem Rathausplatz, um mitzuerleben, wie zu jeder vollen Stunde in einem Fenster des Perlachturms die Schnitzfigur des *Turamichele* (Turm-Michel) erscheint und mit einer Lanze den drachengestaltigen Teufel zu seinen Füßen ersticht.

Am Rathausplatz beginnt auch die **Maximilianstraße**, die von Renaissance- und Barockpracht gesäumte schönste Flaniermeile Augsburgs. Sie führt vorbei am **Herkulesbrunnen** (1602, Brunnenfiguren von Adrian de Vries) und am **Schaezler-Palais** (Maximilianstr. 46, Tel. 08 21/324 41 02, Mi–So 10–17, Di 10–20 Uhr). Letzteres ist außen wie innen ein Kleinod des Rokoko, das auch den *Spiegelsaal* sowie die *Deutsche Barockgalerie* mit Malerei des 17. und 18. Jh. beherbergt. Am südlichen Ende der Straße erheben sich die beiden **Ulrichskirchen** (15. Jh.), eine evangelisch, die andere katholisch. Nun lohnt ein Besuch des **Römischen Museums** (Dominikanergasse 15, Tel. 08 21/324 41 31, Di 10–20, Mi–So 10–17 Uhr), das die reichen archäologischen Funde Augsburgs vorstellt, sowie im **Museum der Augsburger Puppenkiste** (Spitalgasse 15, Tel. 08 21/450 34 50, www.augsburger-puppenkiste.de, Di–So 10–19 Uhr). In diesem meistbesuchten Puppentheatermuseum Europas kann man Jim Knopf, Urmel aus dem Eis und anderen Helden der Puppenkiste so zu sagen auf Fadenlänge begegnen.

Schön restaurierte Häuser säumen die repräsentative Reichsstraße in Donauwörth

Praktische Hinweise

Information

Regio Augsburg Tourismus GmbH, Maximilianstr. 57, Augsburg, Tel. 08 21/50 20 70, www.regio-augsburg.de

Hotels

Hotel Ibis, Hermanstr. 25, Augsburg, Tel. 08 21/503 10, www.ibishotel.com. 104 Zimmer am Rande des zentrumsnahen Beethovenviertels.

InterCity Hotel, Halderstr. 29, Augsburg, Tel. 08 21/503 90, www.intercityhotel.com. Steigenberger Hotel (120 Zimmer) zwischen Hauptbahnhof und Zentrum.

Restaurant

Die Ecke, Elias-Holl-Platz 2, Augsburg, Tel. 08 21/51 06 00, www.restaurantdie ecke.de. Feinschmeckerrestaurant in der netten Altstadt hinter dem Rathaus.

Route

Von Augsburg nordwärts auf der B2, der Romantischen Straße, nach Donauwörth (45 km).

2 Donauwörth *X12*

Die ›Donauperle‹ an der Romantischen Straße.

Donauwörth (18 000 Einw.) liegt an der Mündung der *Wörnitz* in die *Donau*. Auch hier haben die Fugger aus Augsburg ihre Spuren hinterlassen und im 1539 erbauten **Fuggerhaus** stiegen viele berühmte Besucher ab, etwa der schwedische König Gustav Adolf und Kaiser Karl VI. Heute dient das eindrucksvolle Renaissancegebäude als Landratsamt. Es schließt die von der Wörnitz heraufführende repräsentative **Reichsstraße** ab, die in ihrem oberen Bereich vom **Liebfrauenmünster**, der *Stadtpfarrkirche* aus dem 15. Jh., beherrscht wird. Ihre klaren gotischen Formen kontrastieren stilistisch mit der unweit gelegenen, üppig barocken **Heiligkreuzkirche**, die um 1717 entstand. Sie ist reich mit Stuck und Fresken ausgestattet und auch der *Hochaltar* (18. Jh.) von Franz Schmuzer ist interessant.

Praktische Hinweise

Information

Tourist-Information, Rathausgasse 1, Donauwörth, Tel. 09 06/78 91 51, www.stadt-donauwoerth.de

Hotel

Posthotel Traube, Kapellstr. 14–16, Donauwörth, Tel. 09 06/70 64 40, www.posthotel-traube.de. 43 Zimmer am Zusammenfluss von Wörnitz und Donau.

Route

Auf der B16 von Donauwörth 30 km südwestlich nach Dillingen.

3 Dillingen *X11*

Die kreisrunde Donaustadt präsentiert sich als Rokokojuwel.

Dillingen (19 000 Einw.) war über 200 Jahre lang Universitätsstadt, nachdem Kardinalbischof Otto Truchsess von Waldburg 1549 hier eine ›Hohe Schule‹ gegründet hatte. Unter Leitung der Jesuiten entwickelte sie sich zu einem Zentrum der Gegenreformation, 1803 wurde sie aufgelöst. Die einstige Universitätsaula kennt man als **Goldenen Saal**. Er ist ein filigran mit Stuck geschmücktes Meisterwerk des Spätrokoko, in dem Raumanlage und Zierrat wundervoll zusammenspielen.

Am Hang über der Stadt thront das ab dem 15. Jh. ausgebaute **Schloss**, in dem einst die *Augsburger Fürstbischöfe* zu wohnen pflegten. Es dient nun als Gericht, Finanz- und Forstamt. Ihm gegenüber steht die barock ausgestattete **Basilika St. Peter**, Hauptkirche Dillingens und

Obere Apotheke, ehem. Universität und Studienkirche prägen die Altstadt von Dillingen

in ihrer heutigen Form ab 1619 entstanden. Die benachbarte **Kirche der Franziskanerinnen** (1736–38) gibt sich äußerlich schlicht, besitzt jedoch einen prächtigen Innenraum im Stil des frühen Rokoko.

Praktische Hinweise

Information

Tourist-Information,
Königstr. 37/38, Dillingen, Tel. 090 71/541 08, www.dillingen-donau.de

Route

Auf der B16 nach Günzburg (26 km).

4 Günzburg *X11*

Im Schwäbischen Barockwinkel gibt es herrliche Bauwerke zu entdecken.

Günzburg (20 000 Einw.) lohnt einen Abstecher, um die vorzüglich restaurierte **Frauenkirche** (1736–41) von Dominikus Zimmermann zu besuchen – mit ihrem doppelten Choraltar und der reichen Deckenbemalung ist sie ein schönes Beispiel des süddeutschen Rokoko.

Vor der Stadt haben im **Legoland Deutschland** (www.legoland. de, 15. März–9. Nov. tgl. 10–18, Sa/So/Fei und in den Ferien bis 19, 20 bzw. 21 Uhr, einzelne Wochentage geschl.) alle ihren Spaß auf Achterbahnen und Wasserrutschen, mit LegoCity und Land der Piraten.

Imposant überragt der 1890 vollendete Turm des Ulmer Münsters die Dächer der Stadt

i Praktische Hinweise

Information

Tourist-Information, Schlossplatz 1, Günzburg, Tel. 082 21/20 04 44, www.guenzburg.de

Route

Auf der B10 bis Ulm (25 km).

5 Ulm Y10

Weithin sichtbar ragt der höchste Kirchturm der Welt an der Donau.

Ulm (120 000 Einw.) wurde im Jahr 854 erstmals als *Königspfalz* urkundlich erwähnt. Nicht zuletzt dank der günstigen Lage an der Donau blühte hier der Handel und 1181 erhielt Ulm Stadtrechte, im 13. Jh. wurde es gar *Freie Reichsstadt*. Jahrhunderte später kam Ulm 1810 nach anhaltenden Kriegswirren zu Baden-Württemberg. Nach dem Zweiten Weltkrieg waren rund 80 % der Stadt zerstört, viele Gebäude wurden rekonstruiert und nur Teile der historischen Altstadt sind original erhalten.

Weltweit bekannt ist Ulm vor allem als Geburtsstadt von *Albert Einstein* (1879–1955) und für sein **Münster** (Münsterplatz 1, Tel. 07 31/37 99 45 13, www.muenster-ulm.de, Nov.–Febr. tgl. 9–16.45, März, Okt. 9–17.45, April–Juni, Sept. 9–18.45, Juli/Aug. 9–19.45 Uhr). Der Grundstein dafür wurde im Jahr 1377 gelegt, doch erst 1890 waren die Bauarbeiten mit dem Aufsetzen der Turmspitze abgeschlossen. Dafür besitzt das gotische Gotteshaus aber auch den höchsten Kirchturm (161,5 m) der Welt. Es lohnt, die 768 Stufen zur Aussichtsplattform zu erklimmen – an klaren Tagen kann man von dort bis zu den Alpen sehen. Die Kirche selbst wartet u. a. mit einem schön geschnitzten Chorgestühl aus dem 15. Jh. von Jörg Syrlin d. J. auf. Nicht weit vom Münster findet man das reich bemalte

TOP TIPP

Der Blautopf

17 km westlich von Ulm liegt das Städtchen Blaubeuren (www.blaubeuren.de), das für den Blautopf berühmt ist, die mit 31 000–32 000 l Speisung pro Sekunde zweitgrößte Karstquelle Deutschlands. Das Wasser entspringt in einer beachtlichen Tiefe von 21 m und obwohl es an sich kristallklar ist, wirkt es für Betrachter oft tiefblau. 1985 entdeckte der Pforzheimer Höhlenforscher Jochen Hasenmayer bei einem Tauchgang im Blautopf den sog. Mörike-Dom, eine gigantische Tropfsteinhöhle, die sich teilweise über der Wasseroberfläche im Berg öffnet. Genaueres erfahren Besucher im Blautopfhaus (Tel. 073 44/92 10 27, April–Okt. tgl. 9–18 Uhr), dem lauschig am Seeufer gelegenen Informationszentrum, das in einer historischen Fachwerk-Hammerschmiede von 1744 eingerichtet ist.

Rathaus. Mit seinem Bau war 1370 begonnen worden, aber auch hier legten über Jahrhunderte hinweg viele Künstler Hand an. Das Innere wurde nach Bombenschäden von 1944 größtenteils neu gestaltet, doch einige Wandbilder und Statuen datieren noch von 1540.

In der Altstadt erinnert das **Schwörhaus** (1612) an einen noch heute ausgeübten Brauch, bei dem die Ulmer Honoratioren jedes Jahr einen Eid auf die Stadtverfassung ablegen. Unweit davon sind Teile der ab 1482 errichteten **Stadtmauer** zu sehen, zu der auch der schiefe *Metzgerturm* gehört. Ebenfalls im 15. Jh. entstanden viele der städtischen Brunnen, etwa der **Delfinbrunnen** mit 53 Hähnen.

Kunstfreunde sollten im Stadtteil Wiblingen 5 km südlich von Ulm das im 11. Jh. gegründete **Benediktinerkloster Wiblingen** (Tel. 07 31/502 89 75) besuchen, das eine wunderschöne, heiter wirkende *Rokoko-Bibliothek* (1744) und mit der Klosterkirche *St. Martin* (1780) auch ein barockes Meisterwerk besitzt.

i Praktische Hinweise

Information

Ulm/Neu-Ulm Touristik, Münsterplatz 50, Ulm, Tel. 07 31/161 28 30, www.tourismus.ulm.de

Hotel

Maritim Hotel, Basteistr. 40, Ulm, Tel. 07 31/92 30, www.maritim.de. Großes Haus in Altstadtnähe am Donauufer mit Pool, Sauna und Fitnessraum.

Restaurant

Zur Forelle, Fischergasse 25, Ulm, Tel. 07 31/639 24, www.zurforelle.com. Feine Küche in einem historischen Altstadthaus.

Route

Von Ulm über Neu-Ulm auf der B28 und B19 entlang der bayerisch-baden-württembergischen Grenze nach Memmingen (53 km).

6 Memmingen *Z11*

Stadt der Türme und Giebel, Tor zum Hügelland des Unterallgäus.

Das im 12. Jh. erstmals urkundlich erwähnte Memmingen (42 000 Einw.) wuchs schnell zu einem reichen und mächtigen Handelzentrum heran, war ab 1268 Freie Reichsstadt und seit dem frühen 16. Jh. eine Hochburg der Protestanten in Süddeutschland. Aber im *Dreißigjährigen Krieg* besetzten – und ruinierten – erst katholische Truppen unter Wallenstein, dann die protestantische Armee des Schwedenkönigs Gustav Adolf die Stadt.

Zwar konnte Memmingen nach diesen Kriegswirren nicht mehr an seine alte Größe anknüpfen, doch blieb wenigstens die **Altstadt** samt historischen Stadttoren und Teilen der Stadtmauer größtenteils erhalten. So ist denn auch eine der Hauptattraktionen das erkerreiche **Rathaus** im Zentrum der Stadt, erbaut 1589, mit einer *Rokoko-Fassade* von 1765. Sehenswert ist auch das in unmittelbarer Nähe am

Den Memminger Marktplatz schmücken Steuerhaus, Rathaus und Großzunft (v. l. n. r.)

Marktplatz gelegene **Steuerhaus** aus dem 15. Jh. (im 18. Jh. umgebaut) mit seinem hübschen *Arkadengang* und der *Fassadenmalerei* aus dem Jahr 1906.

Wahrzeichen Memmingens ist der 66 m hohe Turm der gotischen **Martinskirche** (Martin-Luther-Platz, April tgl. 11–14, Mai–Sept. tgl. 10–17, Okt. tgl. 10–16 Uhr), in deren Chor sich Meisterwerke der heimischen *Schnitzkunst* finden. An den Wänden sind sogar noch *Fresken* aus dem 12. Jh. zu sehen und auch die von Bernhard Strigel um 1505 geschaffenen Wandmalereien in der *Zangmeisterkapelle* im hinteren Kirchenteil sind sehr sehenswert.

Das hohe, im Süden des Platzes geradezu trutzig aufragende **Antonierhaus** (Tel. 083 31/85 02 45, Di–Sa 10–12 und 14–16, So/Fei 10–16 Uhr) beherbergt das *Antonitermuseum* zur Geschichte des gleichnamigen Krankenpflegeordens sowie das *Strigel-Museum*, das der hiesigen Künstlerfamilie Strigel gewidmet ist. Eine bauliche Kuriosität ist das **Siebendächerhaus** (Gerberplatz/Lindentorstraße), ein einstiges Gerberhaus von 1601 mit Fachwerkfassade und einem steilen, mehrfach unterteilten Giebeldach.

Praktische Hinweise

Information

Stadtinformation, Marktplatz 3, Memmingen, Tel 083 31/ 85 01 72, www.memmingen.de

Route

Von Memmingen auf der ST2013 in südöstlicher Richtung nach Ottobeuren (11 km).

7 Ottobeuren *Z11*

Ein riesiger Klosterkomplex in einer kleinen Stadt.

Die barocke Basilika **St. Theodor und Alexander** (Fr–Mi 9 Uhr bis Sonnenuntergang, Do 13–15 Uhr) von Kloster Ottobeuren zählt zu den bekanntesten Kirchenbauten Deutschlands. Die Ursprünge der Klosteranlage gehen bis ins Jahr 764 zurück. Der Grundstein zu einem Neubau wurde 1711 gelegt, das mächtige Gotteshaus entstand ab 1737 nach Plänen von Johann Michael Fischer. Das Innere weist herrliche Stuckaturen sowie wunderbare Fresken und Deckenmalereien auf. Die prächtige *Alte Bibliothek* und der *Theatersaal* im angebauten Kloster sollten ebenfalls besichtigt werden.

Praktische Hinweise

Information

Touristikamt, Marktplatz 14, Ottobeuren, Tel. 083 32/92 19 50, www.ottobeuren.de

Route

Weiter auf der Oberschwäbischen Barockstraße (ST2011) südwärts nach Kempten (35 km).

Die Alte Bibliothek des Klosters Ottobeuren vereint barocke Schönheit und Wissen

Der außergewöhnliche Rathausbau dominiert den cafégesäumten Rathausplatz in Kempten

8 Kempten *Za11*

Die Hauptstadt des Allgäus schwelgt in fürstäbtlichem Barock.

Einst siedelten hier Kelten und Römer, heute spiegelt Kempten (62 000 Einw.) mit seiner *Altstadt* an der Iller und der höher gelegenen *Neu-* oder *Stiftsstadt* die bewegte Zeit der Bauernkriege und der Reformation wider, in der sich die Stadt gewissermaßen entlang der Konfessionsgrenzen teilte.

In der **Altstadt** beeindruckt der Rathausplatz mit seinem stilistisch außergewöhnlichem *Rathaus* (ab 14. Jh.), um das sich schöne Cafés scharen.

TOP TIPP Zentrum der **Neustadt** ist die barocke **Residenz** (1651–74, Residenzplatz 4–6, Tel. 08 31/25 62 51, April–Sept. Di–So 9–16, Okt. Di–So 10–16, Nov., Jan.–März Sa 10–16 Uhr, Besichtigung nur im Rahmen einer Führung). Der Vierflügelbau war einst Sitz der Kemptener Fürstäbte und lohnt wegen seiner teils opulent mit Stuckdecken, Kristallspiegeln, geschnitzten Türen, Wand- und Deckengemälden ausgestatteten Räume einen Besuch. Westlich der Residenz thront auf der benachbarten Anhöhe die **St.-Lorenz-Basilika** (1652–73) mit 65 m hohen Doppeltürmen und einer achteckigen Kuppel. Im Kircheninneren vereinen sich meisterhaft Elemente aus Frühbarock und Rokoko. Neben den Stuckmarmoraltären und den in der Vierung eingezogenen Musikemporen sind die farbigen *Scagliola-Tafeln* in den Rückenlehnen des reich geschnitzten Chorgestühls besonders interessant.

Nahebei führen **Alpinmuseum und Alpenländische Galerie** (Landwehrstr. 4, Tel. 08 31/252 57 40, www.bayerisches-nationalmuseum.de, März–Mitte Nov. Di–So 10–16 Uhr) in Geschichte und Volkskunst der Gegend ein. Mittelalterliche *Schnitzaltäre* und *Heiligenfiguren* sind ebenso zu sehen wie Ausstellungen zum Thema *Berge*, von früheren Gipfelstürmern bis zum alpinen Wildbachschutz.

Praktische Hinweise

Information

Tourist Information, Rathausplatz 24, Kempten, Tel. 08 31/252 52 37, www.kempten.de

Hotel

Parkhotel, Bahnhofstr. 1, Kempten, Tel. 08 31/252 75, www.parkhotelkempten.de. Glasverkleideter Neubau im Zentrum mit 40 komfortablen Zimmern.

Route

Ab Kempten auf der B12 ostwärts bis Kaufbeuren (41 km).

9 Kaufbeuren Z11

Alte Reichsstadt an der Wertach, Sitz für Handel und Gewerbe.

Handel war es, der Kaufbeuren (44 000 Einw.) im hier breiten Tal der Wertach wohlhabend machte – und *herrschaftliche Gunst*: 1286 bestätigte König Rudolf von Habsburg die Stadtrechte und rund 300 Jahre später kam Kaiser Maximilian I. (1459–1519) mehrmals zu Besuch. Im Laufe der Jahrhunderte ließen sich die reichen Kaufbeurer stattliche Patrizierhäuser, mehrere repräsentative Kirchen und ein stolzes Rathaus bauen.

Glücklicherweise blieb die mittelalterliche **Altstadt** gut erhalten. Von der einstigen Stadtmauer stehen jedoch nur noch Reste sowie fünf Türme, darunter der malerische **Fünfknopfturm** (Schießstattweg). Unweit davon birgt die spätgotische **St.-Blasius-Kapelle** von 1436 u. a. einen Schnitzaltar (1518) von Jörg Lederer. Auch die im Kern auf das 13. Jh. zurückgehende **Martinskirche** (Do–Di 8–18 Uhr) im Zentrum der Altstadt weist wertvolle *Schnitzarbeiten* auf. So ist zum Beispiel in der Zeit von Ostern bis Pfingsten auf dem sog. Volksaltar im Chor das spätgotische Schnitzrelief ›Die Anbetung der Heiligen Drei Könige‹ von 1520 zu sehen.

Kaufbeurens ›Prachtmeile‹ ist die **Kaiser-Max-Straße**, an deren östlichem Ende das 1879–81 erbaute dreistöckige **Rathaus** mit altrosa Neorenaissance-Fassade und Freitreppe aufragt. Unter den anderen repräsentativen Gebäuden, die die kopfsteingepflasterte Straße säumen, befinden sich das **Geburtshaus des Schriftstellers Ludwig Ganghofer** (1855–1920)

Kinder präsentieren während des Tänzelfests in Kaufbeuren die bewegte Stadtgeschichte

Tänzelfest

Jeden Juli findet in Kaufbeuren das Tänzelfest (www.taenzelfest.de) statt, an dem etwa 1600 Kinder und Jugendliche in historischen Kostümen teilnehmen und die Stadtgeschichte vorstellen. Nach einem Umzug endet das zehntägige Fest mit einem von Fackeln beleuchteten Zapfenstreich und einem Feuerwerk.

sowie die 1604 geweihte evangelisch-lutherische **Dreifaltigkeitskirche** (tgl. 8–18 Uhr) mit barock geschwungenem Schmuckgiebel. Sie war 1604 von einem eleganten Wohnhaus in ein Gotteshaus umgebaut worden, ihr 44 m hoher Kirchturm kam gar erst 1820/21 hinzu.

In der parallel verlaufenden Ludwigstraße ist im historischen Spielberger Hof das interessante **Puppentheater-Museum** (Ludwigstr. 41 a, Tel. 083 41/141 21, www.puppenspielverein.de, Do–Sa 10–12 und 14.30–17, So 10–12 Uhr) untergebracht, das moderne sowie historische Puppen und Bühnenbilder aus dem europäischen und asiatischen Raum zeigt.

In **Neugablonz**, einem Stadtteil nordöstlich von Kaufbeuren, siedelten nach 1945 zahlreiche Sudetendeutsche, die hier die *Glasindustrie* und *Schmuckherstellung* aus Böhmen wieder aufnahmen.

Praktische Hinweise

Information

Verkehrsverein, Kaiser-Max-Str. 1/Altes Rathaus, Kaufbeuren, Tel. 083 41/404 05, www.kaufbeuren.de

Route

Weiter auf der B12 Richtung Norden, hinter Bad Wörishofen dann auf der A96 nach Landsberg (36 km).

10 Landsberg am Lech Z12

TOP TIPP *Treppengiebel und Fassadenmalerei am Lech, überragt von der Feste.*

Im 12./13. Jh. war Landsberg (27 000 Einw.) durch den Salzhandel wohlhabend geworden, die Stadt zeigte ihren Reichtum durch den Bau repräsentativer Gebäude, die größtenteils noch heute zu bewundern sind. Durch das schmucke gotische **Bayertor** (15. Jh.) etwa gelangt man von Osten her in die weitgehend erhaltene **Altstadt**. Der 1425 entstandene vierecki-

Bayertor und Marienbrunnen sind Schmuckstücke auf dem Hauptplatz in Landsberg am Lech

ge Torturm war einst Teil der Stadtbefestigung, von seinem zinnenbekrönten Aufbau öffnet sich ein schöner Ausblick über die roten Ziegeldächer der Stadt.

Den zentralen dreieckigen **Hauptplatz** ziert ein **Marienbrunnen** (1783) mit Madonnenfigur auf der Mittelsäule und wasserspeienden Delfinskulpturen ringsum. Die Westseite des Platzes dominiert das um 1700 erbaute **Rathaus** mit dem auffällig geschwungenen Schmuckgiebel. Seine prächtige figurenreiche Fassade schuf der Baumeister und Stuckateur Dominikus Zimmermann, der lange Jahre in Landsberg lebte und 1759–64 sogar Bürgermeister der Stadt war. Auch der Rosenkranzaltar in der **Stadtpfarrkirche Mariä Himmelfahrt** (1458–88 erbaut, 1678–1708 barockisiert) trägt seine Handschrift, die Glasmalereien der Fenster stammen aus dem 15. und 16. Jh.

Auf eine besondere Art ist Landsberg mit dem englischen Maler *Sir Hubert von Herkomer* verbunden. Dieser wurde nämlich 1849 im Dorf Waal geboren, das damals zu Landsberg gehörte. Seine Eltern wanderten 1851 nach Amerika aus, zogen dann 1858 nach England um und lebten im Alter wieder in ihrer alten Heimatstadt. Ihr berühmter Sohn besuchte sie häufig und wurde sogar bayerischer Staatsbürger. 1884 ließ er sich am linken Lechufer den ›Mutterturm‹ als Atelierturm errichten. Das **Herkomer Museum** (Von-Kühlmann-Str. 42, Tel. 08191/942328, Di–So 14–17 Uhr) im ehem. Wohnhaus zeigt Gemälde, Skulpturen und Grafiken des Künstlers.

Praktische Hinweise

Information

Kultur- und Fremdenverkehrsamt (Tourist Info), Hauptplatz 152, Landsberg am Lech, Tel. 08191/128246, www.landsberg.de

Route

Auf der B17 nordwärts nach Augsburg (40 km).

Schlacht auf dem Lechfeld

Westlich der Straße von Landsberg nach Augsburg erstreckt sich das breite Tal des Lechs, Schauplatz der Schlacht auf dem Lechfeld am 10. August 955. Die Ungarn, die plündernd durch den süddeutschen Raum gezogen waren, trafen hier auf die Truppen Ottos des Großen. Mit dem Sieg des ostfränkischen Königs endeten die fast 60 Jahre andauernden Ungarnkriege. 962 wurde der siegreiche Feldherr als Otto I. zum Kaiser des Heiligen Römischen Reiches Deutscher Nation gekrönt.

TOUR 19

Allgäu – majestätische Berge, grüne Wiesen, üppiger Barock

2 Tage • 284 km

Reiseroute

Lindau	Oberstaufen (41 km)
Oberstaufen	Immenstadt (17 km)
Immenstadt	Sonthofen (11 km)
Sonthofen	Oberstdorf (15 km)
Oberstdorf	Kleinwalsertal / Riezlern (11 km)
Kleinwalsertal/ Riezlern	Füssen (77 km)
Füssen	Isny (69 km)
Isny	Wangen (22 km)
Wangen	Lindau (21 km)

1 Lindau *Za9*

Die bayerische Inselstadt wird auch das ›schwäbische Venedig‹ genannt.

Mit 24 000 Einwohnern ist Lindau die größte bayerische Stadt am Bodensee. Die Siedlung bildete sich um ein im 9. Jh. gegründetes Frauenkloster auf einer knapp 1 km^2 großen ufernahen **Insel**. Ringsum verläuft ein von historischen Wehranlagen gesäumter Uferweg, der schöne Aussichten auf den See bietet.

Im Süden der Insel liegt der **Hafen** mit dem **Alten Leuchtturm** (Mangturm) aus dem 13. Jh., unverwechselbar durch sein Spitzdach mit bunt glasierten Ziegeln. Das Hafenbecken begrenzen zwei zangenartig ausgreifende Molen, auf deren Enden sich die beiden Wahrzeichen der Stadt erheben: der 6 m große, seewärts blickende **Bayerische Löwe** und der 33 m hohe **Neue Leuchtturm** (beide Mitte 19. Jh.). Letzterer bietet nach Ersteigen von 133 Stufen einen Panoramablick auf See, Stadt und Berge.

Die **Altstadt** der ehem. Freien Reichsstadt dominieren historische Gebäude der Gotik, der Renaissance und des Barocks. Vor allem die **Maximilianstraße**, Lindaus viel besuchte Haupteinkaufsstraße, bietet schöne Häuserzeilen aus dem 16./17. Jh. und interessante architektonische Details wie *Laubengänge* oder bemalte *Giebel*. Bemerkenswert ist das **Alte Rathaus**, ein 1578 im Stil der Renaissance umgestalteter gotischer Bau mit farbenfroher Fassade. Im gotischen *Rathaussaal* fand der Reichstag von 1496/97 statt, und die ehem. *Reichsstädtische Bibliothek* bewahrt noch heute Stammbücher, Stadtchroniken und andere bibliophile Kostbarkeiten vergangener Jahrhunderte.

Unweit davon, am Schrannenplatz, befindet sich die **ehem. Peterkirche**, ein romanisches Gotteshaus aus dem 12. Jh., das seit 1928 als Kriegergedenkstätte genutzt wird. Ihr Inneres birgt einen wahren kunsthistorischen Schatz, nämlich die um das Jahr 1480, am Übergang von der Spätgotik zur Renaissance, entstandenen, einzig bekannten Fresken von Hans Holbein d. Ä. Auch der benachbarte **Schrannenplatz** ist ein schöner Anblick, nicht zuletzt wegen des hier aufragenden markanten **Diebsturms** vom Ende des 14. Jh. Der efeuüberrankte weiße Rundturm wird von einem Spitzdach mit vier kleinen weiteren Ecktürmchen bekrönt und wirkt außerordentlich pittoresk, wiewohl er – sein Name deutet bereits darauf hin – lange Zeit als Stadtgefängnis diente.

Am **Marktplatz** im Osten der Altstadt befindet sich das nach einer im 18. Jh. prominenten Kaufmannsfamilie benannte **Haus zum Cavazzen** (1728/29), das als einer der schönsten Profanbauten aus dieser Zeit am Bodensee gilt. Unter seinem großen Walmdach ist das *Städtische Museum* (Ostern–Okt. Di–Fr So 11–17, Sa 14–17 Uhr) untergebracht, u. a. mit Sammlungen von mechanischen *Musikinstrumenten*, erlesenen *Möbeln* und historischen *Gemälden*. Ebenfalls am Marktplatz stehen nebeneinander die barockisierte evangelische Stadtpfarrkirche **St. Stephan** aus dem 12. Jh. – deutlich an ihrem für eine Kirche ungewöhnlichen schmiedeeisernen Balkon zu erkennen – sowie das von Barock und Rokoko geprägte katholische Gegenstück **St. Maria**, das Giovanni Gaspare Bagnato 1728 erbaute.

Praktische Hinweise

Information

ProLindau Marketing GmbH & Co. KG, Ludwigstr. 68, Lindau, Tel. 083 82/ 26 00 30, www.lindau.de

Hotels

Hotel Helvetia, Seepromenade 3, Lindau, Tel. 083 82/91 30, www.hotel-helvetia.com. Wellnesshotel mit Restaurant und 43 Zimmern, einige mit Seeblick.

Hotel Lindauer Hof, Seepromenade, Lindau, Tel. 083 82/40 64, www.lindauer-hof.de. 4-Sterne-Hotel direkt am Hafen mit 32 Zimmern in Familienbetrieb.

Restaurant

Zum Sünfzen, Maximilianstr. 1, Lindau, Tel. 083 82/58 65, www.suenfzen.de. Traditionelle bayrische Gerichte, Spezialität des Hauses ist Süßwasserfisch.

Route

Von Lindau geht es ein kurzes Stück auf der B12 und der B31 bis zum Abzweig der B308 über Scheidegg ostwärts nach Oberstaufen (41 km).

Der bayerische Löwe (Mitte) wacht über die Hafeneinfahrt von Lindau am Bodensee

Gelb blüht der Löwenzahn auf den Wiesen um den schmucken Kurort Oberstaufen

2 Oberstaufen *Za10*

Beliebter Wintersportort und einziges Schrothheilbad Deutschlands.

Im 19. Jh. entwickelte der schlesische Fuhrmann *Johann Schroth* (1798–1856) eine Diät, die als Heilmittel gegen die Nachwirkungen von Völlerei und übermäßigem Alkoholgenuss gilt und auch Ganzkörperwickel und das geregelte Trinken von Kurwein erforderte. Nach dem Zweiten Weltkrieg etablierte Dr. Hermann Borsig die Kur in Oberstaufen (7100 Einw.).

Den Ort überragt der spitz behelmte, 65 m hohe Turm von **St. Peter und Paul**. Innen birgt die 1859–63 in neogotischem Stil erbaute Pfarrkirche eine gewaltige Kreuzigungsgruppe (15. Jh.).

Für Wanderer und Wintersportler gibt es reichlich Angebote in und um Oberstaufen, etwa im nahen Ortsteil **Steibis** (www.steibis.de), der 860–1880 m hoch liegt. Empfehlenswert sind auch eine Seilbahnfahrt (Tel. 083 86/82 22, www.hochgrat.de, tgl. 8.30– 16.30 Uhr) auf das **Hochgrat** und der anschließende Fußmarsch zum 1832 m hohen Gipfel.

i Praktische Hinweise

Information

Oberstaufen Tourismus Marketing GmbH, Hugo-von-Königsegg-Str. 8, Oberstaufen, Tel. 083 86/930 00, www.oberstaufen.de

Hotel

Chadolt, Hochsträß 2, Oberstaufen, Tel. 083 86/49 60, www.chadolt.de. 3-Sterne-Hotel mit anerkanntem Schrothkurbetrieb und Wellness-Bereich.

Route

Von Oberstaufen auf der B308 ostwärts nach Immenstadt (17 km).

3 Immenstadt *Za11*

Ein wahres Kleinod zwischen hoch ragenden Bergen und kühlen Alpseen.

Das schmucke, seit dem 13. Jh. namentlich bekannte Immenstadt (14 000 Einw.) liegt im engen Tal der Iller. Die schöne Bergwelt ringsum, etwa der 1451 m hohe Hausberg namens **Mittag** mit Doppelsesselbahn (Tel. 083 23/61 49) lockt Wanderer und Wintersportler gleichermaßen, 2 km westlich laden bei Bühl der **Kleine** und der **Große Alpsee** zum Wassersport.

Der Zwiebelturm, der das überschaubare Zentrum von Immenstadt überragt, gehört zu der an sich spätbarocken Pfarrkirche **St. Nikolaus**, die 1907/08 neoklassizistisch umgestaltet wurde. Ihr Innenraum ist reich mit Wand- und Deckenmalereien geschmückt und sie besitzt noch eine Kanzel aus dem Jahr 1707. Am schmucken kopfsteingepflasterten **Marienplatz** mit seiner hoch aufragenden Mariensäule inmitten eines achteckigen Brunnens liegt das **Rathaus** der Stadt. Es wurde bereits 1640 errichtet, aber im 19. Jh. neogotisch umgebaut. Türmchenbekrönt zeigt sich das gegenüberliegende **Stadschloss** der Freiherren zu Königsegg von 1620.

Wer mehr zur Geschichte der Stadt wissen möchte, sollte das **Museum Hofmühle** (Tel. 083 23/36 63, www.immenstadt.com/hofmuehle, Mi–So 14–17 Uhr) am westlichen Rand der Innenstadt besuchen. Es zeigt von Gemälden mit regionalen Motiven bis zu historischen Textilmaschinen allerlei Interessantes.

Etwa 1 km nördlich der Stadt ragt beim Ortsteil Stein die **Burgruine Laubenbergerstein** (12. Jh.) mit ihrem quadratischen Bergfried aus dem Wald empor.

Praktische Hinweise

Information

Gäste-Information, Marienplatz 12, Immenstadt, Tel. 083 23/91 41 76, www.immenstadt.de

Hotel

Lamm, Kirchplatz 2, Immenstadt, Tel. 083 23/61 92, www.immenstadt.com/lamm. Inmitten der Stadt mit geräumigen Zimmern

Restaurant

Drei König, Marienplatz 11, Immenstadt, Tel. 08323/8628. Bodenständiger Gasthof, Renken und Käseschnitzel finden sich auf der Speisekarte.

Route

Ab Immenstadt auf der B308 südostwärts bis Sonthofen (11 km).

4 Sonthofen *Zb11*

Die südlichste Stadt Deutschlands hat den Grünten als Hausberg.

Das bereits seit dem 9. Jh. bestehende Sonthofen im Tal der Iller wurde im Zweiten Weltkrieg schwer bombardiert, zum einen wegen seiner Industrie, zum anderen weil sich auf dem Kalvarienberg am östlichen Ortsrand eine NSDAP-Ordensburg befand. Viele der im Krieg zerstörten historischen Gebäude wurden mittlerweile jedoch sorgfältig rekonstruiert, etwa die neoromanische Stadtpfarrkirche **St. Michael**, deren Ursprünge bis ins 9. Jh. zurückgehen. Innen kontrastiert barock geformter Stuck mit modernen Deckenfresken (1988-91).

Der **Grünten** (1738 m), rund 5 km nördlich von Sonthofen, ist ein weit vorgeschobener Gipfel der Allgäuer Alpen. Er wird auch ›Wächter des Allgäus‹ genannt und bietet gute Fernsicht bis in die Schweiz und zur Donau.

Praktische Hinweise

Information

Gästeamt, Rathausplatz 1, Sonthofen, Tel. 083 21/61 52 91, www.sonthofen.de

Adrett restaurierte Fischerhäuschen am Ufer des Großen Alpsees beim Bühler Kurpark

Restaurant

Bauereigasthof Hirsch, Grüntenstr. 7, Sonthofen, Tel. 083 21/67 28 29. Auch österreichische Süßspeisen werden hier köstlich zubereitet.

Route

Von Sonthofen auf der B19 südwärts nach Oberstdorf (15 km).

5 Oberstdorf *Zb11*

Das südlichste Dorf Deutschlands ist das ganze Jahr über eine Reise wert.

Das einstige Bauerndorf Oberstdorf (10 000 Einw.) liegt malerisch in einem bergumstandenen Talkessel. Dominiert wird das Ortsbild von der spitztürmigen Pfarrkirche **St. Johannes Baptist**, die nach dem Brand im Jahr 1865 in neogotischem Stil errichtet wurde.

Im südlich gelegenen Tal der Stillach liegt der ›schiefe Turm von Oberstdorf‹, die weltbekannte, 72 m hohe **Heini-Klopfer-Skiflugschanze** (www.skiflugschanze.de), auf der alljährlich die Vierschanzen-Tournee beginnt. Eine Sesselbahn bringt Besucher zum Fuß der Schanze. Auch auf das 2224 m hohe, bei Bergwanderern wie bei Skifahrern gleichermaßen beliebte **Nebelhorn** führt eine *Seilbahn* (www.nebelhorn.de). Vor allem von der obersten der drei Bergstationen hat man, gute Wetterverhältnisse vorausgesetzt, einen atemberaubenden Ausblick auf rund 400 (!) Alpengipfel.

Rund 2 km südwestlich von Oberstdorf lädt die 1,6 km lange, an manchen Stellen nur wenige Meter breite **Breitachklamm** (Sommer tgl. 8–17, Winter tgl. 9–16 Uhr) zu einer schönen Wanderung entlang eines tosenden Wasserlaufs ein.

Praktische Hinweise

Information

Tourist-Information, Prinzregenten-Platz 1, Oberstdorf, Tel. 083 22/70 00, www.oberstdorf.de

Route

Ab Oberstdorf auf der B19 südwestwärts ins Kleinwalsertal. In Österreich heißt die Straße B20 (11 km bis Riezlern).

6 Kleinwalsertal *Zb10*

Ein hoch gelegenes Tal, in dem die Walser Höchstalemannisch sprechen.

Politisch gehört dieses landschaftlich äußerst reizvolle **Alpental** mit den vier Dörfern *Riezlern*, *Hirschegg*, *Mittelberg* und *Baad* zum österreichischen Bundesland Vorarlberg. Es führt aber nur von Deutschland her eine Straße in das 16 km lange und 4–5 km breite Tal, das ansonsten ringsum durch das Gebirge abgeriegelt ist und bereits seit 1891 Teil des deutschen Wirtschafts- und Zollgebiets ist.

Der Kirchturm von St. Johannes markiert den Ortskern von Oberstdorf

Das naturschöne Kleinwalsertal wird sowohl als Wintersportgebiet als auch als Wanderregion viel besucht. Als höchster der rund 30 umliegenden Berggipfel lockt der **Große Widderstein** (2536 m) am Talende, ebenso schön ist eine Fahrt vom Hauptort Riezlern aus mit der **Kanzelwandbahn** (www.kanzelwandbahn.de) in luftige Höhen.

Praktische Hinweise

Information

Kleinwalsertal Tourismus, Im Walserhaus, Hirschegg, Tel. 00 43/55 17/511 40, www.kleinwalsertal.com

Route

Ab Riezlern im Kleinwalsertal auf der B201/B19 zurück nach Sonthofen, dann auf der B308 ostwärts über Hindelang auf die Jochstraße. Vor der österreichischen Grenze bei Oberjoch links auf die B310 und den Grüntensee entlang, dann südostwärts nach Füssen (77 km).

Putten zieren die Kanzel der Wieskirche und blicken auf die Gemeinde herab

7 Füssen *Za11*

Historische Stadt, idyllischer See und zwei märchenhafte Königsschlösser.

Das mittelalterliche Stadtbild und die schöne Umgebung lohnen den Besuch des Wintersport- und Luftkurorts (14 000 Einw.) am **Forggensee**. Der mittlerweile so beliebte Stausee war freilich erst 1950–54 entstanden, als ein 320 m langer und 42 m hoher Damm bei Rosshaupten den Lech staute. Das Projekt war anfangs heftig kritisiert worden, doch mittlerweile genießen Einheimische wie Besucher die Sommerfrische am und das Wassersportangebot auf dem See.

Füssen selbst geht auf das im Jahr 260 auf dem heutigen Schlossberg im Südwesten entstandene römische Militärlager *Foetibus* zurück. Dort ragt heute das **Hohe Schloss** (Magnusplatz) über der Stadt auf, dessen Ursprünge bis ins Jahr 1291 zurückreichen. Die heutige spätgotische Anlage geht auf das 15. Jh. zurück. Im Nordflügel zeigen die *Staatsgalerie*, eine *Dependance der Bayerischen Staatsgemäldesammlung*, und die *Städtische Gemäldegalerie* (April–Okt. Di–So 11–17, Nov.–März Fr–So 13–16 Uhr) spätgotische Tafelbilder, Skulpturen des 15. und 16. Jh. sowie Werke süddeutscher Künstler des 19. Jh., darunter Carl Spitzwegs und Adolf Liers. Eine Sehenswürdigkeit für sich ist der *Rittersaal* mit geschnitzter spätgotischer Kassettendecke von Jörg Lederer; die Saalfenster zieren ausdrucksstarke Glasmalereien von Hans Holbein d. Ä. und Hans Burgkmair d. Ä.

Unterhalb des Schlosses liegt die ehem. **Benediktinerabtei St. Mang**. In dem Gebäudegeviert fanden das *Rathaus* und das *Museum der Stadt Füssen* (April–Okt. Di–So 10–17, Nov.–März 13–16 Uhr) Platz, zu dem auch der mit Stuck und Fresken prächtig geschmückte *Fürstensaal* gehört. Im Westen der alten Abtei ist die Pfarrkirche **St. Mang** angebaut, die 1701–17 durch den Baumeister und Maler Jakob Herkomer im Barockstil errichtet wurde. Sie sollte sein letztes Werk werden, denn während der Bauarbeiten stürzte Herkomer 1717 in der Basilika von einem Gerüst

Top Tipp

Wieskirche

Nur 24 km sind es von Füssen über Steingaden nach Wies. Hier steht die weltberühmte Wieskirche (Tel. 088 62/93 29 30, www.wieskirche.de, Sommer tgl. 8–19, Winter tgl. 8–17 Uhr), die von Dominikus Zimmermann in zierlichstem Rokoko entworfen und 1746–54 erbaut wurde. Heute zählt die überreich ausgeschmückte Wallfahrtskirche zum UNESCO-Welterbe.

und starb. Ältester Teil der Kirche ist die *Krypta* (Tel. 083 62/61 90, nur im Rahmen von Führungen zugänglich: Sa 10.30 Uhr, April–Okt. auch Di 16 Uhr) unter dem Chor. Sie birgt das älteste Fresko Bayerns, eine um 980 gemalte Szene aus dem Leben des hl. Magnus im strengen Stil der Reichenauer Schule.

In der Umgebung von Füssen liegen zwei weltberühmte Schlösser. Oberhalb von Schwangau erhebt sich **Schloss Hohenschwangau** (Tel. 083 62/93 08 30, www.hohenschwangau.de, Ticketverkauf April–Sept. tgl. 8–17.30, Okt.–März 9–15.30 Uhr), das der spätere Bayernkönig Maximilian II. noch als Kronprinz 1832–36 erbauen ließ. Die Wände der prächtigen Gemächer zieren u. a. Malereien altdeutscher Sagenmotive. Die Wittelsbacher nutzten das Schloss als Sommersitz, Richard Wagner war oft zu Gast und der bayerische König Ludwig II. verbrachte hier Jahre seiner Kindheit.

Sein eigenes ›Märchenschloss‹ ließ Ludwig denn auch 1869–86 nicht weit von hier errichten – in romantisierendem Stil inmitten grandioser Gebirgskulisse. Das zinnen- und türmchenbekrönte **Schloss Neuschwanstein** (Tel. 083 62/93 98 80, www.neuschwanstein.com, April–Sept. tgl. 9–18, Okt.–März 10–16 Uhr) blieb unvollendet. Nur einige Räume sind komplett ausgestattet, darunter der prunkvolle *Thronsaal* und der *Sängersaal*, in dem im Sommer klassische Konzerte (Tourist Information Schwangau, Tel. 083 62/819 80) erklingen.

i Praktische Hinweise

Information

Füssen Tourismus und Marketing, Kaiser-Maximilian-Platz 1, Füssen, Tel. 083 62/938 50, www.stadt-fuessen.de

Hotels

Hotel Hirsch, Kaiser-Maximilian-Platz 7, Füssen, Tel. 083 62/939 80, www.hotelhirsch.de. Traditionshaus mit Restaurant.

Altstadt Hotel zum Hechten, Ritterstr. 6, Füssen, Tel. 083 62/916 00, www.hotel-hechten.de. Altstadthotel und beliebte bayerische Spezialitätengaststätte.

Route

Von Füssen auf der B310 gen Nordwesten bis die B309 zur Kemptener Ringstraße wird, dann links und auf der B12 nach Isny (69 km).

8 Isny *Za10*

Historische Altstadt, umgeben von intaktem Befestigungsring.

Als Luftkurort wird Isny (15 000 Einw.) gern bei Atemwegs-, Herz- und Kreislauferkrankungen besucht. Die hervorragend erhaltene Altstadt der einstigen Freien Reichsstadt umschließt eine Stadtmauer mit Tortürmen.

Den zentralen Marktplatz beherrscht der frei stehende, schlanke **Blaserturm**. Am Platzeck fällt das **Rathaus** auf, das aus drei ehem. Patrizierhäusern (15. Jh.) besteht, die mit einem Arkadengang verbunden sind. Hier beginnt die Fußgängern vorbehaltene **Wassertorstraße**, an deren Ende sich der namengebende Torturm aus dem 15. Jh. erhebt. Unweit davon hat sich in der im Kern romanischen **Nikolaikirche** (1288/1631) der gotische Chor mit Sternrippengewölbe erhalten. Das Gotteshaus beherbergt im Kirchturm über der Sakristei die bedeutende, 1482 begründete sog. *Predigerbibliothek*. Die nahe Pfarrkirche **St. Georg und Jakobus** wurde im 17. Jh. im Barockstil erbaut, weist jedoch überwiegend Rokokodekor aus dem 18. Jh. auf.

i Praktische Hinweise

Information

Gästeinformation Isny Marketing, Unterer Grabenweg 18, Isny, Tel. 075 62/98 41 10, www.isny-tourismus.de

Schloss Hohenschwangau, das Hotel Alpenrose am Ufer des Alpsees und Schloss Neuschwanstein (re.)

Restaurant

Gasthof Krone, Bahnhofstr. 13, Isny, Tel. 07562/2442. Feine Regionalküche.

Route

Ab Isny auf B12 und B32 westwärts nach Wangen (22 km).

9 Wangen *Za10*

Luftkurort und touristisches Zentrum im baden-württembergischen Allgäu.

Wangen (27 000 Einw.) erlebte seine Blütezeit im Mittelalter unter der Schutzherrschaft Kaiser Friedrichs II. Ein Großteil der Bausubstanz entstand aber erst nach dem Stadtbrand von 1539. Das am Marktplatz gelegene **Rathaus** (Besichtigung im Rahmen der Stadtführung, Do 15.30 Uhr) aus dem 15. Jh. wurde im 18. Jh. barock umgebaut, wovon die prächtige Schaufassade zeugt. Schräg gegenüber ragt mächtig die Pfarrkirche **St. Martin** aus dem 13. Jh. auf. Die modernen Buntglasfenster bilden einen interessanten Kontrast zum barockisierten Innenraum. Ganz allerliebst präsentiert sich die von historischen Bauten wie der *Mohrenpost* oder dem *Ritterhaus* gesäumte **Herrenstraße**, an deren Ende das reich geschmückte **Liebfrauentor** (1608) steht.

Praktische Hinweise

Information

Tourist Information – Gästeamt, Marktplatz 1, Wangen, Tel. 075 22/742 11, www.wangen.de

Route

Zurück auf die B32, dann auf der B12 nach Lindau (21 km).

Der Eistobel

Etwa 7 km südlich von Isny zwängt sich die Obere Argen durch den Eistobel (www.eistobel.net), eine teils enge Felsenschlucht des Adelegg-Gebirgszugs. Mal springt das Wasser malerisch gischtsprühend über Kaskadenstufen, dann wieder bahnt es sich seinen Weg zwischen grünbewachsenen felsigen Ufern oder gurgelt an weit in den Fluss hineinragenden Kiesfeldern vorbei. Insgesamt überwindet die Argen auf der rund 3 km langen Strecke einen Höhenunterschied von etwa 70 m. Der Eistobel ist das ganze Jahr über ein beliebtes Ausflugsziel, jedoch ist eine Wanderung durch die Schlucht im Winter besonders beeindruckend, wenn die Wasser zu bizarr-schönen Eisformationen erstarren.

Ein auch für Familien gut geeigneter Rundweg (2–3 Stunden) führt von der Eistobelbrücke zwischen Maierhöfen und Grünenbach durch den Eistobel südöstlich zu der Ortschaft Schüttentobel und dann über Grünenbach zum Ausgangspunkt zurück.

Bodensee – Glanzpunkte rund um das Schwäbische Meer

1–2 Tage • 168 km

Reiseroute

Konstanz	▸	**Insel Reichenau (11 km)**
Insel Reichenau	▸	**Überlingen (39 km)**
Überlingen	▸	**Unteruhldingen (11 km)**
Unteruhldingen	▸	**Salem (10 km)**
Salem	▸	**Heiligenberg (9 km)**
Heiligenberg	▸	**Wilhelmsdorf (14 km)**
Wilhelmsdorf	▸	**Weingarten (27 km)**
Weingarten	▸	**Ravensburg (4 km)**
Ravensburg	▸	**Friedrichshafen (20 km)**
Friedrichshafen	▸	**Meersburg (19 km)**
Meersburg	▸	**Konstanz (5 km)**

1 Konstanz *Za9*

Größte Stadt am Bodensee mit malerischer Altstadt.

62 km ist der **Bodensee** lang, bis zu 14 km breit und mit 535 km² einer der größten Seen Europas. Im Westen ragt die waldreiche Halbinsel **Bodanrück** ins ›Schwäbische Meer‹ hinein und bildet die beiden Teilbecken *Überlinger See* und *Untersee*. Die Altstadt von Konstanz (81 000 Einw.) liegt auf der südlichen Rheinseite, viele neuere Stadtteile auf dem Bodanrück. Konstanz ist mit der Schweizer Stadt Kreuzlingen zusammengewachsen.

Um das Jahr 900 erhielt Konstanz die Marktrechte und war später jahrhundertelang *Freie Reichsstadt*. Als solche richtete sie 1414–18 das *16. Vatikanische Konzil* aus, in dessen Verlauf u. a. der böhmische Reformator Jan Hus verbrannt sowie Martin V. als neuer Papst gewählt wurde. Da Konstanz im Zweiten Weltkrieg weitgehend verschont wurde, blieb viel von der baulichen Pracht der Stadt erhalten.

TOP TIPP Besuchermagnet ist der **Hafen** im Südosten der **Altstadt**. An der Schiffseinfahrt erhebt sich das anfänglich umstrittene Wahrzeichen der Stadt: die 9 m hohe Statue der ›**Imperia**‹ (1993) von Peter Lenk. In Anspielung auf das Konzil verkörpert die selbstbewusst stehende Frauenfigur eine damals bekannte Hure namens *Imperia*, die Kaiser und Papst in Händen hält.

Der massige Bau mit den vielen kleinen Dachgauben unweit davon ist das **Konzilgebäude** (1388), in dem 1414–18 das Konstanzer Konzil tagte und 1417 die *Papstwahl* stattfand.

Das **Münster Unserer Lieben Frau** (11. Jh., An- und Umbauten im 15. und 17. Jh.), das alte Wahrzeichen der Stadt, ist teils noch ursprünglich romanisch, wiewohl innen klassizistische Dekoration von Michel d'Ixnard überwiegt. Vom *Münsterturm* (Mitte 19. Jh.) bietet sich eine schöne

Aussicht. Bemerkenswert ist auch das Ende des 16. Jh. erbaute **Neue Rathaus** mit üppigen *Fassadenfresken* von 1864 und einladendem *Innenhof* aus der Spätrenaissance. Nicht weit davon zeigt das **Rosgartenmuseum** (Rosgartenstr. 3–5, Tel. 075 31/90 02 46, www.rosgartenmuseum-konstanz.de, Di–Fr 10–18, Sa/So 10–17 Uhr) im ehem. *Zunfthaus der Metzger* seine bedeutende kultur- und kunstgeschichtliche Sammlung zum Bodenseeraum.

Weitere hübsche Gassen und Plätze, Häuser und Kirchen sowie Teile der Stadtbefestigung laden zum Schauen und Bummeln ein, etwa der lebhafte Straßenzug **Marktstätte** mit seinen Straßencafés und Brunnen. Ein kurzer Spaziergang führt von hier zum **Sea Life Centre** (Tel. 075 31/12 82 70, www.sealifeeurope.com, Juli– Mitte Sept. tgl. 10–19, Mai–Juni und Mitte Sept.–Okt. 10–18, Nov.–April Mo–Fr 10–17 Uhr), einem famosen Aquarium am Seeufer. In 30 Süß- und Salzwasserbecken, einem Unterwassertunnel und einem Wasser-Streichelzoo werden das nasse Element und seine vielfältigen Bewohner vorgestellt, seien es nun Wimperntierchen aus dem Rhein oder im Pazifik heimische Schwarzriffhaie. Ruhiger verspricht dagegen ein Besuch des ehem. **Dominikanerklosters** auf einer Insel im See am nördlichen Ende der Altstadt zu werden. Die 1235 gegründete Klosteranlage diente im Laufe der Zeit auch als Textilfabrik, als herrschaftlicher Wohnsitz, in dem übrigens *Ferdinand Graf Zeppelin* (1838–1917) geboren wurde, sowie heutigentags als Luxushotel (www.konstanz.steigenberger.de).

Wollmatinger Ried

Auf dem Weg zur Insel Reichenau, ein Stück nördlich von Konstanz, liegt das 767 ha große Naturschutzgebiet Wollmatinger Ried (Kindlebildstr. 87, Reichenau, Tel. 075 31/ 78 870, www.nabu-wollmatingerried.de, Mo–Fr 9–12 und 14–17, April–Sept. auch Sa/So/Fei 13–15.30 Uhr). In den Riedflächen, Feuchtwiesen und Auwäldern sind zahlreiche, teils seltene Pflanz- und Tierarten zu Hause. Die fachkundigen Führungen starten beim Vogelhäusle weiter südlich.

i Praktische Hinweise

Information

Tourist-Information, Bahnhofplatz 13, Konstanz, Tel. 075 31/13 30 30, www.konstanz.de/tourismus

Hotels

Bayrischer Hof, Rosgartenstr. 30, Konstanz, Tel. 075 31/130 40, www.bayrischer-hof-konstanz.de. Zentral gelegenes, familiär geführtes Hotel mit 23 Zimmern.

Hotel Hirschen, Bodanplatz 9, Tel. 07531/ 12 82 60, www.hirschen-konstanz.de. Traditionshaus mit behaglichem Komfort.

Der Konstanzer Hafen mit der ›Imperia‹ (links) und dem Konzilgebäude (rechts)

Blumenpracht auf der Reichenau mit Blick auf das Münster St. Maria und Markus in Mittelzell

Restaurant

Konzil-Gaststätte Restaurant Patronentasche, Hafenstr. 2, Konstanz, Tel. 075 31/212 21, www.konzil-konstanz.de. Feine Regionalküche im Konzilgebäude.

Route

Von Konstanz auf der B33 nach Nordwesten, hinter Wollmatingen links abbiegen auf die L221 und über den Damm auf die Insel Reichenau (10 km bis Oberzell).

2 Insel Reichenau *Za8*

TOP TIPP *UNESCO Welterbestätte, bekannt für die Pflege frühmittelalterlicher Kultur.*

Die Reichenau ist auch als ›*Garteninsel*‹ bekannt, denn dank des fruchtbaren Bodens und des milden Klimas wird hier überall Gemüse angebaut. Berühmt ist die Insel, die seit 2000 auf der UNESCO Welterbeliste steht, aber auch wegen des **Benediktinerklosters Reichenau** (8. Jh.), zu dem drei bedeutende mittelalterliche Kirchen gehören.

In *Oberzell*, dem ersten Dorf, das man nach Überquerung des Damms erreicht, steht die Stiftskirche **St. Georg**, die auf das Jahr 888 zurückgeht und damit eines der ältesten romanischen Gotteshäuser in Deutschland ist. Im Inneren finden sich einzigartige perspektivische Wandmalereien aus dem 10./11. Jh. In *Mittelzell* bildet das **Münster St. Maria und Markus** aus dem 8. Jh. das Zentrum des Reichenauer Klosterkomplexes. Das dreischiffige Sakralgebäude weist typisch romanische Stilformen auf, obwohl manche Gebäudeteile erst später erbaut wurden. Vor allem für die sehenswerte *Schatzkammer* (Mai–Okt. Mo–Sa 11–12 und 15–16 Uhr) sollte man sich Zeit nehmen. Sie birgt u. a. fünf kostbare gotische Reliquienschreine sowie das Original des vergoldeten Markusschreins.

Die dritte sehenswerte Kirche, die dreischiffige Säulenbasilika **St. Peter und Paul**, befindet sich in *Niederzell*. Das ursprünglich romanische Gebäude wurde im 15. Jh. weitgehend erneuert. Glanzlichter im Kircheninneren sind die romanischen Fresken, die bei Restaurierungsarbeiten freigelegt wurden.

Praktische Hinweise

Information

Tourist-Information, Pirminstr. 145, zwischen Oberzell und Mittelzell, Insel Reichenau, Tel. 075 34/920 70, www.reichenau.de

Route

Auf der B33 nordwestwärts, nahe Radolfzell rechts auf die B34, rund ums Nordende des Sees zur B31 bei Ludwigshafen. Auf der B31 in südöstlicher Richtung nach Überlingen (39 km).

3 Überlingen *Za8*

Kurgäste und Einheimische genießen das heitere Altstadtflair am Hafen.

Mit seinen mittelalterlichen Stadttoren, den properen Fachwerkbauten und den eleganten Parkanlagen präsentiert sich Überlingen (21 000 Einw.) als liebenswerter *Kur-* und *Ferienort*, der sich überdies der mit 3,6 km längsten Uferpromenade am Bodensee rühmen kann.

Der zentrale *Münsterplatz* wird vom **Münster St. Nikolaus** (1350–1562) beherrscht, einem fünfschiffigen gotischen Bau. Dem höheren der beiden Kirchtürme sitzt ein achteckiges Türmchen auf, im niedrigeren Schwesterturm hängt die mehrere Tonnen schwere, unvollendete *Osannaglocke* (1444). Blickfang im Inneren des Münsters ist der prächtige geschnitzte *Hochaltar* (1613–16) des Überlingers Jörg Zürn. Im Schatten der Kirche liegt das schöne spätgotische **Rathaus** (Tel. 075 51/99 10 11, Führungen 5. April–15. Okt. Mo–Fr 9–12 und 14.30–17 Uhr) mit dem *Pfennigturm*, der ehem. Münzstätte aus dem 14./15. Jh. Der *Rathaussaal* (1492–94) ist für seinen holzgeschnitztes Arkadenfries berühmt, der 41 Figurengruppen mit jeweils drei bis vier Vertretern der Stände des Heiligen Römischen Reiches Deutscher Nation zeigt.

Das schöne **Reichlin-von-Meldegg-Haus** (1462) nordwestlich des Rathauses war ursprünglich Sitz einer reichen Patrizierfamilie. Heute zeigt hier das *Städtische Museum* (Krummebergstr. 30, Tel. 075 51/99 10 79, Di–Sa 9–12.30 und 14–17, April–Okt. zusätzlich So/Fei 10–15 Uhr) neben römerzeitlichen Funden auch zahlreiche Krippen und Puppenstuben. Weiter nordwestlich lockt die **Franziskanerkirche** aus dem 14./15. Jh. mit sehenswerter barocker Innenausstattung.

i Praktische Hinweise

Information

Kur und Touristik Überlingen GmbH, Landungsplatz 14, Überlingen, Tel. 075 51/99 11 22, www.ueberlingen.de

Hotel

Bürgerbräu, Aufkircher Str. 20, Überlingen, Tel. 075 51/927 40. Angenehmes Hotel und kulinarische Köstlichkeiten in einem schönen Fachwerkhaus.

Route

Am Seeufer entlang 11 km in südöstlicher Richtung auf der B31/E54 nach Unteruhldingen. Auf halbem Weg liegt die barocke Wallfahrtskirche Birnau.

4 Unteruhldingen *Za9*

Zeitreise zu rekonstruierten Pfahlbausiedlungen aus der Jungsteinzeit und Bronzezeit am Bodensee.

Einzigartige Einblicke in Geschichte und Lebensart prähistorischer Seeanrainer gewährt das **Pfahlbaumuseum** (Strandpromenade 6, Tel. 075 56/85 43, www.pfahlbauten.de, Feb. So 10–16, 1. Märzhälfte, Nov. Sa/So/Fei 9–17, 2. Märzhälfte tgl. 9–18 Uhr, April–Sept. tgl. 9–19, Okt. tgl. 9–17) in Unteruhldingen. Es zeigt *Grabungsfunde* aus der Umgebung und zwei in den 1920er-Jahren nach archäologischen

Ein Meisterwerk des Manierismus – der Hochaltar von St. Nikolaus in Überlingen

Die Pfahlbauten in Unteruhldingen erinnern an die frühe Besiedlung des Bodensees

Erkenntnissen rekonstruierte *Pfahlbausiedlungen*: die eine aus der Jungsteinzeit um 3500 v. Chr. und die andere aus der Bronzezeit um 1050 v. Chr.

Praktische Hinweise

Information

Tourist-Information, Schulstr. 12, Unteruhldingen, Tel. 075 56/921 60, www.uhldingen-muehlhofen.de

Route

Die L201 zweigt vom Seeufer ab, nach rund 10 km erreicht man Salem.

5 Salem *Za9*

Ein Münster, ein Schloss und das ›deutsche Eton‹ im Linzgau.

Das Salemer **Münster Mariä Himmelfahrt** ist seit 1137 urkundlich belegt, wurde aber erst 1414 geweiht. Der strenge Bau gehörte damals zu einem **Zisterzienserkonvent**, das nach der völligen Zerstörung im Dreißigjährigen Krieg in den Jahren 1697–1706 von Franz Beer in üppigem Barock wiedererrichtet wurde. Hier hat sich eine wundervolle *Riepp-Orgel* aus dem Jahr 1766 erhalten. Glanzpunkt ist der von Franz Joseph Feuchtmayer pompös gestaltete *Kaisersaal* (1708) mit viel Stuck und den Figuren deutscher Kaiser an den Wänden. Nach der Säkularisation im Jahr 1802 fiel die Abtei an die Markgrafen von Baden. Diese bauten die großzügige Klosteranlage mit ihren Anbauten und den drei Innenhöfen zum markgräflichen **Schloss Salem** (Tel. 075 53/814 37, www.salem.de, 15. März–1. Nov. Mo–Sa 9.30–18, So 10.30–18 Uhr) aus. Prinz Max von Baden gründete hier 1920 die international renommierte **Internatsschule Salem** (www.salemcollege.de), die als ›deutsches Eton‹ gilt. Zu den bekanntesten einstigen Zöglingen von Salem zählen z. B. der Historiker und Schrifsteller Golo Mann (1909–1994) und die Politikerin Hildegard Hamm-Brücher.

Einen Ausflug lohnt der **Affenberg** (www.affenberg-salem.de, Mitte März–Okt. tgl. 9–18, Ende Okt.–Anf. Nov. 9–17 Uhr) bei Mendishausen südlich von Schloss Salem. In dem 20 ha großen Freigehege leben mehr als 200 Berberaffen.

Praktische Hinweise

Information

Bodensee-Linzgau Tourismus, Schloss-Salem, Salem, Tel. 075 53/91 77 15, www.bodensee-linzgau.de

Hotel

Salmannsweiler Hof, Salmannsweiler Weg 5, Salem, Tel. 075 53/921 20, www.salmannsweiler-hof.de. 3-Sterne-Hotel mit 10 Zimmern und Restaurant.

Route

9 km weiter auf der L201 nordwärts nach Heiligenberg.

6 Heiligenberg *Z9*

Beeindruckendes Schloss oberhalb des Bodensees in der Linzgau.

Über dem *Luftkurort* Heiligenberg (3000 Einw.) und dem Salemer Tal thront das **Schloss Heiligenberg** (Tel. 075 54/246, www.heiligenberg.de, Führungen Ostern–Okt. Di–So 11, 14, 15.30 Uhr) eindrucksvoll auf steilem Felsvorsprung. Im Jahr 1570 hatten die Fürsten von Fürstenberg den alten Landgrafensitz im Stil der Renaissance umbauen lassen. Der 36 m lange, 10 m breite und 8 m hohe *Rittersaal* im Südflügel beeindruckt vor allem mit einer prachtvoll geschnitzten Kassettendecke aus verschiedenen Edelhölzern. Die *Schlosskapelle* oberhalb der Fürstengruft besitzt ebenfalls hinreißende farbig gefasste Deckenschnitzereien des 16. Jh. und Glasmalereien aus dem 15./16. Jh.

i Praktische Hinweise

Information

Tourist-Information, Schulstr. 5, Heiligenberg, Tel. 075 54/99 83 12, www.heiligenberg.de

Route

Über L201 und L207A Richtung Norden nach Illmensee, dann auf L201B und L289 über Pfrungen bis Wilhelmsdorf (14 km).

7 Wilhelmsdorf *Z9*

Ein altes Dorf im Landkreis Ravensburg mit einem Bauernhof von 1880.

Mittelpunkt des ländlichen Wilhelmsdorf ist der quadratische **Saalplatz** mit der Dorfkirche. Im ältesten Gebäude des Ortes, einem Bauernhaus von 1880, zeigt das **Museum für bäuerliches Handwerk und Kultur** (Hoffmannstr. 27, Tel. 075 03/17 16, www.bauernmuseum-wilhelmsdorf.de, April–Okt. 1. und 3. So im Monat Führungen 14, 15, 16 Uhr und nach Vereinbarung) Interessantes und Kurioses zur bäuerlichen Lebensweise vergangener Tage, von Brauchtum und Tracht über einen typischen Kräutergarten bis zu den Habseligkeiten eines Knechts. Auch ländliche Kost wie Speckfladen, Schmalzbrot, Rauchfleisch, Most und Schnaps werden geboten.

i Praktische Hinweise

Information

Bürgermeisteramt, Saalplatz 7, Wilhelmsdorf, Tel. 075 03/92 10, www.gemeinde-wilhelmsdorf.de

Route

Von Wilhelmsdorf aus auf der L288 südöstlich nach Ravensburg, von dort die Ulmer Straße nordwärts nach Weingarten (27 km).

Kaiser in Gips schmücken die Wände des reich dekorierten Kaisersaals in Schloss Salem

8 Weingarten Z9

Weithin sichtbar ragt Deutschlands größte Barockbasilika auf.

Nicht umsonst wird Weingartens Barockbasilika **St. Martin** (Martinsberg, Tel. 07 51/ 56 12 70, tgl. 8–18 Uhr) auch *Schwäbischer Petersdom* genannt. Das mächtige, 102 m lange Gotteshaus wurde 1715–24 anstelle einer romanischen Kirche errichtet. Zwei Türme, jeder 58 m hoch, flankieren die nach vorne ausschwingende Fassade und werden noch von der 66,7 m hohen *Kuppel* überragt. Auch von innen ist sie beeindruckend: *Cosmas Damian Asam* malte die monumentale Kuppel 1718–20 mit grandiosen illusionistischen *Fresken* aus, *Franz Schmuzers* Stuckaturen setzen opulente Akzente. Ebenfalls einen schönen Anblick bietet die mächtige *Barockorgel*, die Joseph Gabler 1750 nach 14 Jahren Arbeit vollendete. Sie hat 79 Register, 6890 Orgelpfeifen und die Fülle des Klangs übertrifft sogar noch den optischen Eindruck.

Praktische Hinweise

Information

Amt für Kultur und Tourismus, Münsterplatz 1, Weingarten, Tel. 07 51/ 40 51 25, www.weingarten-online.de

Die größte Barockbasilika Deutschlands krönt den Martinsberg in Weingarten

Blutritt

Seit dem Jahr 1529 wird in Weingarten am Freitag nach Christi Himmelfahrt der sog. Blutritt begangen, eine Reiterprozession, an der mehr als 3000 Gläubige zu Pferd teilnehmen. Bei ihrem knapp dreistündigen Ritt führen sie die Heilig-Blut-Reliquie mit, der Überlieferung nach ein mit Erde vermischter Blutstropfen Jesu.

Route

Von Weingarten auf der Ulmer Straße südwärts nach Ravensburg (4 km).

9 Ravensburg Za9

Stadt der Türme und der Spiele, Stammsitz der Welfen.

Im 11. Jh. ließen die *Welfen* in strategischer Position über dem Flüsschen Schussen eine Burg bauen. Ihr zu Füßen entstand der Ort Ravensburg, der ab 1246 sogar *Freie Reichsstadt* war. Die historische Bausubstanz blieb größtenteils erhalten und heute wirkt das in weiten Teilen noch von Stadtmauern mit Tortürmen umgebene Ravensburg (48 000 Einw.) wie eine Stadt aus dem Märchenbuch.

Zahlreiche gut erhaltene *Patrizierhäuser* prägen die mittelalterliche **Oberstadt** mit dem länglichen *Marktplatz* und dem unmittelbar angrenzenden *Marienplatz*. An ihrer Nahtstelle ragt der **Blaserturm** empor. Er wurde im 16. Jh. an das **Waaghaus** (1498) angebaut, in dem die städtische Waage und die Münzpräge der Stadt untergebracht waren. Im Süden erhebt sich das **Rathaus**, mit dessen Bau in der zweiten Hälfte des 14. Jh. begonnen wurden. Erst im 16. Jh. konnte der Komplex fertig gestellt werden. Der *Sitzungssaal* aus dem 15. Jh. ist im Rahmen von Stadtführungen zu besichtigen. Das Gebäude im Westen mit den hübschen Renaissancemalereien an der Fassade ist das **Lederhaus** (1513–14), einst Zunfthaus der Lederhandwerker.

Das sogar im Stadtwappen abgebildete *Wahrzeichen* von Ravensburg ist der **Mehlsack** (Besteigung April–Okt. So 10–14 Uhr), ein schlanker weißer Rundturm im Südosten der Altstadt. Er wurde 1425–29 als Wachturm erbaut und gestattet mit seinen 51 m Höhe einen hervorragenden Blick, an klaren Tagen vom Bodensee bis zu den Alpen.

Der eigentliche Nukleus von Ravensburg, die Welfenburg auf einer Anhöhe über der Stadt, wurde 1647 durch Brand zerstört. 1750 baute Giovanni Gasparo Bagnato an ihrer Stelle im Auftrag der Stadt ein Barockschlösschen, die **Veitsburg**. In ihren Räumen sind heute ein Ausflugsrestaurant und eine Jugendherberge beheimatet.

Ravensburg ist auch die *Stadt der Spiele*. Das **Ravensburger Verlagsmuseum** (Marktstr. 26, Tel. 07 51/860, www.ravensburger-verlagsmuseum.de, wegen Umbau bis 2009 geschl.) zeigt Bücher und Spiele aus der über 120-jährigen Firmengeschichte.

Wenige Kilometer südlich von Ravensburg begeistert das **Ravensburger Spieleland** (Am Hangenwald 1, Meckenbeuren, Tel. 075 42/40 01 00, www.ravensburger.de/spieleland, April–Okt. tgl. 10–17/18 Uhr), ein 25 ha großer *Themenpark* mit über 40 Attraktionen, darunter Alpin-Rafting, Puzzle-Dschungel und die Bobbahn ›Fix & Foxi Raketenblitz‹.

Praktische Hinweise

Information

Tourist Information, Kirchstr. 16, Ravensburg, Tel. 07 51/828 00, www.ravensburg.de

Verträumt – die Ravensburger Altstadt mit dem weißen Rundturm namens Mehlsack

Hotel

Romantik Hotel Waldhorn, Marienplatz 15, Ravensburg, Tel. 07 51/361 20, www.waldhorn.de. 4-Sterne-Hotel mit Restaurant im Altstadtzentrum. 30 Zimmer, 9 Apartments, 3 Suiten.

Route

Von Ravensburg auf der B30 südwestwärts nach Friedrichshafen (20 km).

10 Friedrichshafen *Za9*

Stadt der Zeppeline und der neuen Technologien.

Friedrichshafen (58 000 Einw.) ist bekannt als *Stadt der Zeppeline*, auch ›fliegende Zigarren‹ genannt. Außerdem wurden in den 1920er- und 1930er-Jahren hier die *Dornier-Wasserflugzeuge* hergestellt, etwa der berühmte ›Wal‹. Die ruhige und glatte Wasseroberfläche des Bodensees erwies sich als ideales Erprobungsareal für die Rümpfe der Luftschiffe und Flugzeuge. Doch während des Zweiten Weltkriegs erlitt Friedrichshafen wegen seiner

Elysisch – die Blumeninsel Mainau mit Schloss und Schlosskirche St. Marien (18. Jh.)

Insel Mainau

Von Meersburg aus fahren Dampfer zur Mainau (Tel. 075 31/30 30, www.mainau.de, Parks und Gärten Winter tgl. 9–17 Uhr, Sommer ganztägig), der ›Blumeninsel‹, die den schwedischen Grafen Bernadotte gehört. Dank des milden Klimas gedeihen in den berühmten Gärten der Mainau exotische Bäume und tropische Pflanzen. Es gibt zum Beispiel Bananenstauden, Bougainvillea, Hibiskus und Trompetenbäume zu bewundern. Im Frühling ist die Mainau eine viel besuchte, von Blüten duftende Insel.

Industrie- und Rüstungsbetriebe schwere Bombenschäden, die trotz Wiederaufbau deutliche Spuren im Stadtbild hinterlassen haben.

TOP TIPP Teilweise wird die Geschichte im **Zeppelin Museum Friedrichshafen** (Seestr. 22, Tel. 075 41/380 10, www.zeppelin-museum.de, Mai/Okt. Di–So 9–17, Juli–Sept. tgl. 9–17, Nov.–April Di–So 10–17 Uhr) wieder lebendig, das im früheren *Hafenbahnhof* auf einer Fläche von 4000 m² die weltgrößte Sammlung zu Geschichte und Technik der Luftschifffahrt präsentiert. Ein Highlight ist der Nachbau eines Teils des berühmten Zeppelins ›Hindenburg‹, in dem die Besucher umhergehen können. Daneben werden Kunstwerke aus dem Bodenseeraum vom Mittelalter bis zur Gegenwart gezeigt.

Die Friedrichshafener Uferpromenade führt zu dem 1654 als Klosterpriorat errichteten **Barockschloss**, im 19. Jh. Sommersitz der Könige von Württemberg. Heute gehört das Schloss Friedrich Herzog von Württemberg und ist nicht öffentlich zugänglich. Aber die ebenfalls barocke, 1695–1701 erbaute **Schlosskirche** ist zu besichtigen, deren Silhouette mit den zwei 55 m hohen *Kuppeltürmen* als Wahrzeichen der Stadt gilt. Das Gotteshaus ist mit üppigem Stuck ausgestattet und birgt u. a. ein opulent geschnitztes *Chorgestühl*.

i Praktische Hinweise

Information

Tourist-Information, Bahnhofplatz 2, Friedrichshafen, Tel. 075 41/300 10, www.friedrichshafen.de

Route

Auf der B31 am Seeufer entlang 19 km westwärts bis Meersburg.

11 Meersburg *Za9*

Die älteste bewohnte Burg Deutschlands in einer traumhaften Altstadt.

Meersburg (5000 Einw.) liegt reizvoll zwischen *Obersee* und *Überlinger See*. Mittelalterliche Fachwerkhäuser, prächtige Barockbauten, schöne Plätze und Gässchen prägen das malerische Stadtbild.

Am steilen Südufer, in der heutigen **Oberstadt**, soll schon im 7. Jh. eine Burg gestanden haben, die *Merdesburch* des Merowingerkönigs Dagobert. Aus dieser ging das **Alte Schloss** (Schlossplatz 10, Tel. 075 32/800 00, März–Okt. tgl. 9–18.30, Nov.–Febr. 10–18 Uhr, www.meersburg. com) hervor, das auch *Burg Meersburg* genannt wird. Über 30 Wohnräume, der *Rittersaal*, die *Galerie der Minnesänger* und die Verliese können besichtigt werden. Der von vier Türmen, darunter dem mächtigen *Dagobertturm*, flankierte Bau ist die älteste und am längsten bewohnte Burganlage Deutschlands. Im 19. Jh. rettete Baron *Joseph von Laßberg* die Festung vor der Zerstörung. Häufig lud der kunstsinnige Hausherr Schriftsteller und Künstler zu sich ein, darunter auch seine Schwägerin, die Dichterin *Annette von Droste-Hülshoff* (1797–1848).

TOP TIPP

Gegenüber dem Alten Schloss liegt das barocke **Neue Schloss** (Schlossplatz 12, Tel. 075 32/414 49 00, April–Okt. tgl. 10–13 und 14–18 Uhr), das Balthasar Neumann und Franz Anton Bagnato gemeinsam 1712–60 als Residenz der Fürstbischöfe von Konstanz erbauten. Die große doppelläufige *Barocktreppe* zählt zu den Meisterwerken Neumanns. Zu den weiteren Sehenswürdigkeiten im Schloss gehören der *Spiegelsaal*, das *Dornier-Museum* und die *Städtische Galerie* im 1. Obergeschoss sowie das *Fürstbischöfliche Schlossmuseum* im 2. Stock.

Das **Weinbaumuseum** (Vorburggasse 11, Tel. 075 32/44 04 00, April–Okt. Di, Fr, So 14–18 Uhr) informiert über den Weinbau in Meersburg. Neben dem eindrucksvollen *Heilig-Geist-Torkel* von 1607 zieht das riesige ›*Türkenfass*‹ Blicke auf sich. Es besitzt ein Fassungsvermögen von 50 000 l.

Praktische Hinweise

Information

Meersburg Tourismus, Kirchstr. 4, Meersburg, Tel. 075 32/44 04 00, www.meersburg.de

Hotels

Gasthof zum Bären, Marktplatz 11, Meersburg, Tel. 075 32/432 20, www.baeren-meersburg.de. Ältester Gasthof von Meersburg. 26 gemütliche Zimmer in romantischer Altstadtlage.

Romantik Hotel Residenz am See, Uferpromenade 11, Meersburg, Tel. 075 32/800 40, www.hotel-residenz-meersburg.com. Das mehrfach ausgezeichnete Hotelrestaurant gehört zu den besten am Bodensee. Gleiches gilt für das 2007 im Haus mit Seeblick eröffnete Gourmetrestaurant Casala (18.30–21.30 Uhr).

Route

Von der Meersburger Fährstation mit der Autofähre über den Bodensee auf die südwestlich gelegene Halbinsel Bodan, dort von Wollmatingen auf der B33 zurück nach Konstanz (5 km).

Meersburger Kulisse mit Neuen Schloss (li.) und Marstall (re.) über den Weinbergen

Südschwarzwald – Kuckucksuhren und Wanderfreuden

2–3 Tage • 358 km

Reiseroute

Freiburg i. Br.	**Furtwangen (51 km)**
Furtwangen	**Triberg (15 km)**
Triberg	**Villingen-Schwenningen (28 km)**
Villingen-Schwenningen	**Donaueschingen (18 km)**
Donaueschingen	**Titisee (34 km)**
Titisee	**Todtnau (25 km)**
Todtnau	**St. Blasien (31 km)**
St. Blasien	**Waldshut-Tiengen (24 km)**
Waldshut-Tiengen	**Bad Säckingen (24 km)**
Bad Säckingen	**Wehr (11 km)**
Wehr	**Lörrach (23 km)**
Lörrach	**Kandern (19 km)**
Kandern	**Badenweiler (12 km)**
Badenweiler	**Sulzburg (14 km)**
Sulzburg	**Freiburg i. Br. (29 km)**

1 Freiburg im Breisgau

Z6

Als vielleicht idyllischste deutsche Großstadt präsentiert sich Freiburg.

Die liebens- und lebenswerte Universitätsstadt Freiburg (211 000 Einw.) breitet sich in reizvoller Lage zu Füßen des Südschwarzwalds an der Grenze zum Oberrheingraben aus. Jahrhundertelang herrschten hier die Habsburger, die die Breisgaumetropole 1368–1805 mit nur kurzen Unterbrechungen durch die Franzosen regierten. Schlimm traf es die Stadt im Zweiten Weltkrieg, als im November 1944 ein Großteil der historischen Altstadt nach einem Bombenangriff in Flammen aufging. Der Wiederaufbau ging zwar langsam vonstatten, gelang aber außerordentlich gut. Heute können die Freiburger und ihre zahlreichen Besucher wieder in attraktiver Umgebung die Sonne genießen, die hier überdurchschnittlich oft scheint.

Eines der architektonischen Schmuckstücke Freiburgs ist das **Münster Unserer Lieben Frau**, mit den himmelwärts strebenden Säulen, den filigranen Türmchen und den kühnen Außenverstrebungen ein Meisterwerk der Gotik. Kein Wunder, war der gewaltige, 125 m lange rote Sandsteinbau doch als einziger deutscher Dom bereits im Mittelalter (um 1320) vollendet. Auch die Ausstattung ist sehenswert, vor allem das *Hochaltargemälde* von Hans Baldung Grien und die starkfarbigen, oft noch originalen *Glasmalereien* der Fenster, die meist von den Freiburger Zünften gestiftet worden waren. Außerdem kann der 116 m hohe *Westturm* (Anmeldung Tel. 07 61/20 27 90, Mo–Sa 9.30–17, So/Fei 13–17 Uhr) bestiegen werden, der von einer Galerie über der Glockenstube eine weite Rundumsicht erlaubt.

Am **Münsterplatz** stehen einige originalgetreu rekonstruierte Gebäude, etwa im Süden das um 1520 erbaute **Historische Kaufhaus**, über dessen Arkadengang sich Fenster und lebensgroße Figuren von Habsburger Regenten die Fassade teilen. Daneben wurde im original erhaltenen **Wentzingerhaus** von 1761 das *Museum für Stadtgeschichte* (Di–So 10–17 Uhr) eingerichtet, in dem zahlreiche Dokumente und Ausstellungsstücke die Vergangenheit Freiburgs anschaulich darstellen. Auf der gegenüberliegenden nördlichen Seite des Münsterplatzes erhebt sich das treppengiebelgeschmückte **Kornhaus** (1498), nicht weit davon, bereits in der Franz-Joseph-Straße, zeigt der architektonisch gleichartige **Basler Hof** (1510–20) überdies Skulpturen der drei Basler Stadtheiligen Maria, Heinrich II. und Bischof Pantalon. Nicht weit entfernt findet man in der Franziskanerstraße das **Haus zum Walfisch** (1516), in dem der Humanist Erasmus von Rotterdam in den Jahren 1529–31 lebte. Mit seiner rostroten Fassade und dem kunstvoll geschmiedeten Torgitter ist es eines der eindrucksvollsten Bürgerhäuser der Stadt. Die gegenüber liegende **Martinskirche** (13./14. Jh., in den 1950er-Jahren in einfacher Form wiedererrichtet) ist besonders wegen des Martinsfreskos (um 1480) im südlichen Seitenschiff besuchenswert.

Am **Rathausplatz** zeigt das ziegelrot abgesetzte **Alte Rathaus** (16. Jh., 1952–54 rekonstruiert) mit dem markanten Querbau zwischen zwei schmalen Giebelhäusern an den Seiten sowohl Elemente der Gotik als auch der Renaissance. Westlich davon erstreckt sich der *Colombipark* mit dem **Colombischlössle** (1859–61) in seiner Mitte. Es beherbergt das *Museum für Ur- und Frühgeschichte* (Di–So 10–17 Uhr) mit archäologischen Funden aus der Region – vom steinzeitlichen Faustkeil bis zu alemannischem Goldschmuck.

Von hier aus ist es südwärts nicht weit zum Universitätsviertel mit der **Alten Universität** (1457 gegründet) und der **Universitätskirche** (17. Jh.). Am Gewerbekanal entlang erreicht man den ostwärts gelegenen Komplex des ehem. *Augustinerklosters*. In den barocken Räumen ist seit 1923 das **Augustinermuseum** (Gerberau 15, Tel. 07 61/201 25 31, Di–So 10–17 Uhr) untergebracht,

TOP TIPP

Blick auf die Uhr des Freiburger Schwabentors (vorn) und das Martinstor im Mittelgrund

das alemannisch-schwäbische Kunst vom Mittelalter bis zur Gegenwart ausstellt, darunter großartige Gemälde von Hans Baldung und Lucas Cranach d. Ä. Jüngere Kunstwerke sind gegenüber im **Museum für Neue Kunst** (Di–So 10–17 Uhr) zu sehen, Expressionisten ebenso wie Vertreter der Neuen Sachlichkeit, Gemälde von August Macke und von Otto Dix.

Den südwestlichen Abschluss der Altstadt bildet der quadratische Turm des **Schwabentors** (1250) am Ende der Herrenstraße, einer von einst vier Türmen der alten Stadtbefestigung. Er zeigt auf seiner stadtauswärts gerichteten Seite ein riesenhaftes Bild des Stadtpatrons St. Georg.

Praktische Hinweise

Information

Tourist Information, Rathausplatz 2–4, Freiburg im Breisgau, Tel. 07 61/388 18 80, www.freiburg.de

Hotel

Central Hotel, Wasserstr. 6, Freiburg im Breisgau, Tel. 07 61/319 70, www.central-freiburg.de. Ordentliches innenstadtnahes Haus mit 49 Zimmern.

Über sieben Kaskaden stürzt die Guttach bei Triberg 163 m in die Tiefe

Restaurant

Wolfshöhle, Konviktstr. 8, Freiburg im Breisgau, Tel. 07 61/303 03. Ausgezeichnetes italienisches Restaurant in der schmucken Altstadt.

Route

Die B31 25 km südöstlich, ab Hinterzarten nordwärts, 26 km westlich auf der B500 bis Furtwangen (51 km).

2 Furtwangen Y7

Eine der Donauquellen entspringt nahe der ›Stadt der Feinwerktechnik‹.

In Furtwangen (10 000 Einw.) wurde 1850 die erste deutsche Uhrmacherschule gegründet. Ihr damaliger Leiter, Robert Gerwig, legte eine einschlägige Sammlung an, die zum Grundstock des **Deutschen Uhrenmuseums** (Robert-Gerwig-Platz 1, Tel. 077 23/920 28 00, April–Okt. tgl. 9–18, Nov.–März 10–17 Uhr, www.deutsches-uhrenmuseum.de) wurde. Heute sind hier mehr als tausend Chronometer ausgestellt – von einfachen Schwarzwälder Uhren mit Steingewichten aus dem 17. Jh. bis zu einer ausgeklügelten astronomischen Weltzeituhr von 1787 und, natürlich, der Ortsspezialität – der Kuckucksuhr. Eine rekonstruierte Werkstatt zeigt, wie vor mehr als 150 Jahren Uhren hergestellt wurden.

Etwa 6 km südlich von Furtwangen entspringt die **Breg**, neben der Brigach ein Quellfluss der Donau. Die schlichte Kapelle (12. Jh.) oberhalb der Quelle ist dem **hl. Martin** geweiht.

Praktische Hinweise

Information

Tourist-Info, Lindenstr. 1, Furtwangen, Tel. 077 23/929 50, www.furtwangen.de

Route

Auf der B500 nordwärts nach Triberg (15 km).

3 Triberg Y7

Deutschlands höchste Wasserfälle befinden sich im Schwarzwald.

Die Hauptattraktion des kleinen heilklimatischen Kurorts Triberg (6000 Einw.)

liegt etwas außerhalb am südlichen Ortsrand – die **Triberger Fälle**, die höchsten Wasserfälle Deutschlands. Sie sind von der B500 aus leicht in einem halbstündigen Spaziergang zu erreichen. Über sieben Kaskaden stürzen sich hier die Wasser der Gutach 163 m talwärts.

An der Schönwaldstraße (B500 weiter südwärts) steht die **Wallfahrtskirche Maria in der Tanne**. Sie birgt eine wundertätige Marienstatue, die Gläubige um Hilfe bei Augenleiden bitten. Seit 1644 ist hier eine Wallfahrt belegt. Das heutige spätbarocke Gotteshaus entstand 1699–1705, den Hochaltar schuf der Villinger Steinmetz Anton Joseph Schupp.

i Praktische Hinweise

Information

Tourist-Information, Wallfahrtstr. 4, Triberg, Tel. 077 22/86 64 90, www.triberg.de

Route

Ab Triberg auf der B33 ostwärts nach Villingen (28 km).

4 Villingen-Schwenningen *Y7*

Kneippkuren und reges Stadtleben, Neckarquelle im Schwenniger Moos.

Villingen wurde 1972 mit Schwenningen zur Großen Kreisstadt Villingen-Schwenningen (80 000 Einw.) zusammengeschlossen und bildet ein urbanes Zentrum am Ostrand des Schwarzwaldes.

Um das Jahr 1100 gründete der Zähringer-Herzog Berthold III. den Ort **Villingen**, der 1218 Reichsstadt wurde und eine Stadtmauer mit Tortürmen erhielt. Diese ist in weiten Teilen noch erhalten, ebenso ein Großteil der historischen Gebäude. Im Norden von Villingens Altstadt erhebt sich das **Münster Unser Lieben Frau** aus dem 12. und 13. Jh. mit romanischen und hochgotischen Stilelementen. Die beiden je 50 m hohen Türme wurden erst im 15./16. Jh. vollendet. Im Osten des Münsters, gegenüber dem Chor, fällt das spätgotische **Alte Rathaus** (1306 errichtet, 1534 umgebaut) mit seinem bemalten Staffelgiebel auf. Das volkskundliche **Franziskanermuseum** (Rietgasse 2, Tel. 077 21/82 23 51, Di–Sa 13–17, So/Fei 11–17 Uhr) im ehem. *Franziskanerkloster* (1268 gegründet) zeigt u. a. Fundstücke aus dem Grab

Weltweiter Exportschlager – die Schwarzwalduhr gefällt mit und ohne Kuckuck

eines keltischen Edelmannes und einen kostbaren mittelalterlichen Bildteppich.

Das erst im 19. Jh zur Stadt avancierte, östlich gelegene **Schwenningen** trägt den Beinamen ›Uhrenstadt‹, auch wenn die namengebende Industrie längst an Bedeutung verloren hat. Über die Geschichte der Region und der Zeitmessung kann man sich im **Städtischen Heimat- und Uhrenmuseum** (Tel. 077 20/ 82 23 71, Di–Fr, So 10–12 und 14–18, Sa 14–18 Uhr) informieren. Es befindet sich am zentralen **Muslenplatz**, den weitere historische Bauten und schmucke Fachwerkhäuser umgeben.

Südlich von Villingen-Schwenningen erstreckt sich das renaturierte **Schwenninger Moos** (www.schwenningermoos.de), wo in einem fast verlandeten See der Neckar entspringt. Ein schöner, 3,5 km langer Rundweg führt durch das unter Naturschutz stehende Torfmoor.

i Praktische Hinweise

Information

Tourist-Info Villingen, Rietgasse 2, Villingen-Schwenningen, Tel. 077 21/82 23 40, www.tourismus-vs.de

Route

Auf der L173 und der B33 südwärts nach Donaueschingen (18 km).

5 Donaueschingen Z7

Auf der Baar, wo sich die beiden Quellflüsse der Donau treffen.

Brigach und Breg fließen hier in einer gefassten ›Quelle‹ – einem neoklassizistischen Brunnen von 1912 – zusammen und ›bringen‹ dem gereimten Merksatz zufolge ›die Donau zuweg‹.

Donaueschingen (22 000 Einw.) war einst Residenz der Fürsten von Fürstenberg. Sie hatten sich 1722 ein **Barockschloss** (Tel. 07 71/865 63, www.hausfuerstenberg.de, Führungen für angemeldete Gruppen) errichten lassen, das Ende des 19. Jh. beträchtlich umgestaltet wurde. In den luxuriös ausgestatteten Sälen sind exquisite Renaissance-, Barock- und Rokokomöbel zu besichtigen, die Wände zieren Gobelins und Gemälde.

Weitere Bilder der schwäbischen und fränkischen Schule aus dem 15. und 16. Jh. sind in den **Fürstenberg-Sammlungen** (Am Karlsplatz 7, Tel. 07 71/865 63, www.fuerstenberg-kultur.de, April–Nov. Di–Sa 10–13 und 14–17, So/Fei 10–17 Uhr) in der Stadtmitte zu sehen.

Praktische Hinweise

Information

Tourist-Information, Karlstr. 58, Donaueschingen, Tel. 07 71/85 72 21, www.donaueschingen.de

Schwarzwaldbahn

Die Schwarzwaldbahn (www.schwarzwaldbahn.net) bietet eine Ausflugsfahrt vom Titisee zum Schluchsee (www.schluchsee.de). Er ist das größte stehende Gewässer in der Region und ist ein beliebtes Ziel für Badefreunde und Wassersportler aller Art.

Hotels

Hotel Ochsen, Käferstr. 18, Donaueschingen, Tel. 07 71/809 90, www.hotel-ochsen-ds.de. Solides 3-Sterne-Tagungshotel mit gutem Restaurant. 45 Zimmer.

Route

34 km auf der B27 und der B31 Richtung Westen bis Titisee.

6 Titisee-Neustadt Z6

Eiszeitlicher Moränenstausee als Tummelplatz für ›Wasserratten‹.

Titisee (2000 Einw.) ist zusammen mit dem größeren, 5 km nordöstlich gelegenen Ortsteil Neustadt (9000 Einw.) ein quirliges Ferienziel im Südschwarzwald. Der malerische **Titisee** bietet vielfältige Wassersportmöglichkeiten von Angeln bis Schwimmen und die Stadt selbst mit ihren Gaststätten und Hotels, den Radverleihstationen und den Buchhandlungen ist ein guter Ausgangspunkt für Wanderungen und Radtouren in die waldüberzogenen Hügel des Umlandes.

Titisee – die Strandpromenade lädt ein zum Flanieren mitten im Grünen

Der gewaltige frühklassizistische Dom von St. Blasien wurde 1771–83 erbaut

Praktische Hinweise

Information

Tourist-Information Kurbüro, Strandbadstr. 4, Titisee-Neustadt, Tel. 076 51/980 40, www.titisee-neustadt.de

Route

Ab Titisee 25 km auf der B317 südwestlich nach Todtnau.

7 Todtnau Z6

Ski und Rodel gut – in Todtnau entstand 1891 der erste deutsche Skiverein.

Todtnau (5000 Einw.) liegt im oberen Wiesental am Fuß des **Feldbergs** (1493 m) und darf sich Luftkurort nennen. Ringsum erheben sich einige der höchsten Gipfel des Schwarzwalds, daher ist die Region auch bei *Wintersportlern* sehr beliebt. Das **Hasenhorn** (1058 m) etwa ist mit dem Sessellift erreichbar und bietet einen großartigen Blick über den Hochschwarzwald, dazu Skipisten und eine 2,9 km lange *Rodelbahn* (Tel. 076 71/969 80, www.hasenhorn-rodelbahn.de).

Zwischen Todtnau und dem nördlichen Nachbardorf Todtnauberg liegen die insgesamt 97 m hohen **Todtnauer Wasserfälle** des Stübenbachs.

Praktische Hinweise

Information

Tourismus GmbH Todtnauer Ferienland, Meinrad-Thoma-Str. 21, Todtnau, Tel. 076 71/96 96 95, www.todtnauer-ferienland.de

Route

Von Todtnau 3 km südwärts, dann links auf die L149 und die L151 nach Todtmoos, anschließend auf der L150 Richtung Osten bis St. Blasien (31 km).

8 St. Blasien Z6

Vor dunkelgrünen Höhen glänzt eine gewaltige hellgrüne Kuppel.

Ein Konvent ist hier im Tal der Alb bereits seit dem Jahr 858 belegt. Nachdem das

Glasbläserhof

In Todtnau-Aftersteg wird Glasbläserei noch in ihrer traditionellen Form betrieben. Besucher des dortigen Glasbläserhofes (Tal 6, Tel. 076 71/80 50, www.glasblaeserhof.de, tgl. 9.30–18 Uhr, Vorführungen tgl. 11 und 14 Uhr) können z. B. mit eigenen Augen sehen, wie mundgeblasene Trinkgläser entstehen.

Bad Säckingens reizvolles Schloss Schönau beherbergt das Trompetenmuseum

bestehende Benediktinerkloster 1768 bei einem Brand zerstört worden war, wurde es 1771–83 neu errichtet, zusammen mit einem gewaltigen frühklassizistischen **Dom**. Es überrascht, in einer Kleinstadt wie St. Blasien (4500 Einw.) ein Bauwerk dieser Größe zu finden – mit 61 m Höhe und 36 m Durchmesser ist die Kirchenkuppel immerhin die drittgrößte in Europa. Nicht nur die Architektur, auch die Orgel (1912/13) ist ein Genuss. Sie erklingt regelmäßig während der **Internationalen Domkonzerte** (Ende Juni–Anfang Sept.). Zum Kulturprogramm der Stadt gehören auch die unregelmäßig im Sommer stattfindenden **Domfestspiele**.

i Praktische Hinweise

Information

Touristinformation, Am Kurgarten 1–3, St. Blasien, Tel. 076 72/414 30, www.st-blasien.de

Route

Am östlichen Ortsende von St. Blasien weiter Richtung Häusern, dann auf der B500 südwärts nach Waldshut (24 km).

9 Waldshut-Tiengen *Za6*

Hochburg der Alemannen und Ausgangspunkt für Rheinfall-Touren.

Die badische Kreisstadt Waldshut-Tiengen (23 000 Einw.) liegt am Hochrhein direkt an der Schweizer Grenze und firmiert seit 1975 als Doppelstadt. **Tiengen** ist rund 500 Jahre älter als das Mitte des 13. Jh. entstandene **Waldshut**, das zu den vier habsburgischen Waldstädten am Hochrhein gehörte. Die zentrale **Kaiserstraße** in der malerischen Altstadt von Waldshut schmücken einige historische Häuser aus dem 16. bis 18 Jh.

TOP TIPP 20 km östlich von Waldshut-Tiengen liegt im Schweizer Kanton Schaffhausen der 150 m breite **Rheinfall** (www.rheinfall.ch). Er ist Europas mächtigster Wasserfall, stolze 23 m hoch, und pro Sekunde donnern bis zu 700 m³ Wasser den Jurafels hinab.

i Praktische Hinweise

Information

Tourist-Info, Wallstr. 26, Waldshut-Tiengen, Tel. 077 51/83 32 00, www.waldshut-tiengen.de

Route

Von Waldshut 24 km westlich auf der B34 bis Bad Säckingen.

10 Bad Säckingen *Za6*

Eine hölzerne Rheinbrücke verbindet die ›Trompeterstadt‹ mit dem Aargau.

Das im Kern mittelalterliche Bad Säckingen (17 000 Einw.) ist ein viel besuchtes **Heilbad** zur Behandlung von Rheuma. Wahrzeichen der Stadt ist die längste gedeckte **Holzbrücke** Europas. Sie stammt aus dem 16. Jh., misst ca. 200 m und dient noch heute Fußgängern als Übergang über den Hochrhein in die Schweiz. Sehenswert ist ferner das alte Stadtbild mit dem im 17./18. Jh. barockisierten **Fridolinsmünster** (13./14. Jh.), dessen Doppeltürme weithin sichtbar aufragen. Den Innenraum schmückte im 18. Jh. der Wessobrunner Meister Johann Michael Feuchtmayr mit feinen Stuckaturen, die Wand- und Deckenfresken stammen von Franz Joseph Spiegler.

Im Jahr 1854 veröffentlichte der Schriftsteller *Viktor von Scheffel* seine epische

Ballade ›Der Trompeter von Säckingen‹, die er nach historischem Vorbild aus dem 17. Jh. über die Liebesgeschichte eines jungen Musikers und einer Adligen geschrieben hatte. Im **Schloss Schönau** (16.–18. Jh.), dem sog. *Trompeterschlösschen*, zeigt das *Trompetenmuseum* (Schönaugasse 5, Tel. 077 61/22 17, Di, Do, So 14–17 Uhr, www.trompetenmuseum.de) eine beachtliche Sammlung von mehr als 100 Trompeten aus drei Jahrhunderten.

i Praktische Hinweise

Information

Tourismuszentrum Bad Säckingen, Waldshuter Str. 20, Bad Säckingen, Tel. 077 61/568 30, www.bad-saeckingen.de

Hotel

Goldener Knopf, Rathausplatz 9, Bad Säckingen, Tel. 077 61/56 50, www.goldenerknopf.de. Traditionsreiches 4-Sterne-Hotel mit Restaurant.

Route

Weiter auf der B34, dann auf der B518 nach Wehr (11 km).

11 Wehr *Za6*

Heimatort der Weltklassegeigerin Anne-Sophie Mutter.

In Wehr (14 000 Einw.) am Hochrhein verbrachte die Violinenvirtuosin Anne-Sophie Mutter (* 1963) ihre Kindheit, hier erhielt sie ihren ersten Musikunterricht. Vielleicht erkundete auch sie die beiden Burgruinen, die Wehr zu bieten hat. Die erste, das sog. **Schlössle** oberhalb von Wehr, war Ende des 11. Jh. als die Burg des Adalgoz von Werrach bekannt. Wo sich damals auf aussichtsreicher Felsenhöhe ein Wachturm erhob, erlaubt heute ein kleiner Aussichtspavillon Besuchern den ungehinderten Blick über das südliche Wehrtal. Die Burgruine **Steinegg**, auch **Bärenfels** genannt, am Anstieg zum Hotzenwald geht auf das 12./13. Jh. zurück.

In der Wehrer Innenstadt dient das **Storchehus** (16. Jh.) mit seinen auffälligen Treppengiebeln mitunter als Kleinkunstbühne und Galerie. Sehenswert ist auch das spätgotische **Alte Schloss** (um 1570) der früheren Herren von Schönau am *Rathausplatz* mit dem angebauten barocken **Neuen Schloss** (1748). Die *Stadthalle* mit dem kleinen *Stadtmuseum* sowie *Kultur- und Verkehrsamt* gehört ebenfalls zu diesem Gebäudeensemble.

Zu einem Ausflug ins Erdinnere lädt die **Hasler Tropfsteinhöhle** oder **Erdmannshöhle** (Mai–Sept. tgl. 10–18, April, Okt. tgl. 13–18 Uhr) im Dinkelberg 4 km nördlich von Wehr ein, die auf rund 560 m für die Öffentlichkeit erschlossen ist.

i Praktische Hinweise

Information

Stadtverwaltung, Hauptstr. 16, Wehr, Tel. 077 62/80 80, www.wehr.de

Blick über die längste gedeckte Holzbrücke Europas nach Bad Säckingen

Route

Auf der B518 nordwestlich bis zur B317, dann westwärts bis Lörrach (23 km).

12 Lörrach *Za5*

Hochrheinisches Schmuckkästchen am westlichen Ende des Wiesentals.

Archäologische Funde belegen, dass die Lage am Ende des Wiesentals bereits in prähistorischer Zeit für Siedler attraktiv war. Heute ist die Große Kreisstadt Lörrach (45 000 Einw.) das wirtschaftliche Zentrum der Region. Unweit des Alten Marktplatzes befindet sich die klassizistische **Stadtkirche** (19. Jh.), deren Turm aus dem 16. Jh. stammt. Das **Museum am Burghof** (Basler Str. 143, Tel. 076 21/91 93 70, Mi–Sa 14–17, So 11–17 Uhr) gibt Auskunft über die Stadtgeschichte und erinnert an den Dichter Johann Peter Hebel, der 1783–91 in Lörrach lebte.

Etwa 4 km nördlich von Lörrach steht die mächtige **Burgruine Rötteln** (April–Okt. tgl. 10–18 Uhr) aus dem 11. Jh. Der einstige Sitz der Edlen von Rötteln wurde mehrfach ausgebaut, im 17. Jh. aber von den Franzosen zerstört. Von der beeindruckenden Anlage sind der Hauptturm und der romanische Bergfried erhalten.

Praktische Hinweise

Information

Touristinformation, Herrenstr. 5, Lörrach, Tel. 076 21/940 89 13, www.loerrach.de

Route

Von Lörrach 5 km auf der B317 ostwärts, dann in Steinen scharf links und auf der L135 noch 14 km weiter Richtung Norden nach Kandern (insgesamt 19 km).

13 Kandern *Z5*

Hauptort im Markgräflerland, bekannt für seine Töpferwaren.

Kandern (7800 Einw.) ist ein hübsches Städtchen, das durch seine historische, vielfach klassizistische Bausubstanz besticht. In einem spätgotischen Staffelgiebelhaus aus der 2. Hälfte des 16. Jh. zeigt das **Heimat- und Keramikmuseum** (Ziegelstr. 30, Tel. 076 26/723 56, April–Okt. So 10–12.30, Mi 15–17.30 Uhr) ortstypische Töpferware lokaler Hafner aus mehreren Jahrhunderten. Arbeiten von Max Laeuger, dem Pionier moderner Keramik in Deutschland, sind ebenso zu sehen wie eine Kopie der ›Goldenen Sau von Kandern‹, ein Trinkgefäß, das der badische Markgraf Georg Friedrich 1605 bei einem Augsburger Goldschmied fertigen ließ.

Einige Kilometer nördlich von Kandern liegt das 1762 erbaute barocke **Schloss Bürgeln** (Tel. 076 26/237, www.schloss buergeln.de, Führungen März–Nov. Mi–Mo 11, 12, 14, 15, 16 Uhr). Von der Restaurantterrasse bietet sich ein wunderbarer Blick auf die abwechslungsreiche Landschaft.

Praktische Hinweise

Information

Tourist-Information, Hauptstr. 18, Kandern, Tel. 076 26/97 23 56, www.kandern.de

Route

Nordwärts auf der L132, dann rechts ab nach Badenweiler (12 km).

14 Badenweiler *Z5*

Kur- und Heilbad im Markgräfler Land an den Ausläufern des Südschwarzwaldes.

Die Römer waren bekanntlich große Anhänger des Badens, daher nimmt es nicht Wunder, dass sie hier in Badenweiler im 1. Jh. n. Chr. einen Thermenkomplex erbauten, dessen Überreste als **Römische Badruine** (April–Okt. tgl. 10–19, Nov.–März tgl. 10–17 Uhr) zu besichtigen sind. Auch heute noch kann man sich im Thermalkurort Badenweiler (3500 Einw.) entspannen, z. B. in der **Cassiopeia-Therme** (Ernst-Eisenlohr-Str. 1, Tel. 076 32/79 92 00). Architektonische Highlights des Städtchens sind das in klassizistischem Stil errichtete **Belvedere** (1811), das heute für Kunstausstellungen genutzt wird, das **Großherzogliche Palais** (16. Jh.), das Ende des 19. Jh. im Stil der Renaissance umgebaut wurde, sowie auf einer Anhöhe die Ruine einer **Zähringerburg** (11. Jh.) mit einem schönen Blick auf den Ort.

Praktische Hinweise

Information

Touristinformation, Ernst-Eisenlohr-Str. 4, Badenweiler, Tel. 076 32/79 93 00, www.badenweiler.de

Effektvoll illuminiert– ein Außenpool der Cassiopeia-Therme in Badenweiler

Hotels

Hotel Ritter, Friedrichstr. 2, Badenweiler, Tel. 076 32/83 10, www.hotelritter.de. 4-Sterne-Wellnesstempel.

Hotel Schwarzmatt, Schwarzmatt-str. 6 a, Badenweiler, Tel. 076 32/820 10, www.schwarzmatt.de. Wohlfühloase mit großzügigen Apartments, Sauna- und Wellness Bereich.

Route

Zuerst Richtung Westen nach Müllheim, dann weiter ins nordöstlich gelegene Sulzburg (14 km).

15 Sulzburg Z5

Der Belchen nahe Sulzburg ist der dritthöchste Berg des Schwarzwalds.

Das ehem. Bergbaustädtchen Sulzburg (2800 Einw.) besitzt einen hübschen Altstadtkern mit dem Marktplatz im Zentrum. Dort wurde in der ehem. evangelischen Stadtkirche das **Landesbergbaumuseum Baden-Württemberg** (Hauptstr. 56, Tel. 076 34/56 00 35, Di–So 14–17 Uhr) eingerichtet. Es stellt mit Grubenlok, Förderwagen und anderen Großgeräten, mit verschiedensten Werkzeuge, Lampen und Vermessungsgeräten den im Schwarzwald üblichen Gangerzbau vor. Unweit davon steht die einstige Klosterkirche **St. Cyriak** (10./11. Jh.), die mit ihren Rundbögen im romanischen Stil, der Holzdecke aus dem frühen 16. Jh. und den zurückhaltenden Ornamentfresken eine bescheidene Würde ausstrahlt. Ebenfalls im historischen Stadtkern befindet sich die 1822 erbaute **Synagoge**, die heute als Gedenkstätte an die einst in Sulzburg ansässigen jüdischen Familien und ihre Schicksale im Dritten Reich erinnert.

Praktische Hinweise

Information

Verkehrsamt Tourist-Information, Am Marktplatz, Sulzburg, Tel. 076 34/56 00 40, www.sulzburg.de

Route

Auf der K4941 nordwestlich und bei Heitersheim rechts, um wieder auf die B3 bzw. auf ihre nördliche Fortsetzung, die Badische Weinstraße, zu kommen. Folgen Sie dieser bis Freiburg (29 km). Wahlweise führt parallel zur B3 die L122 (Sölden, Wittnau, Au, Merzhausen) durch das Hexental.

Nordschwarzwald – mondäne Heilbäder, große Kunst, schnelle Autos

3–4 Tage • 445 km

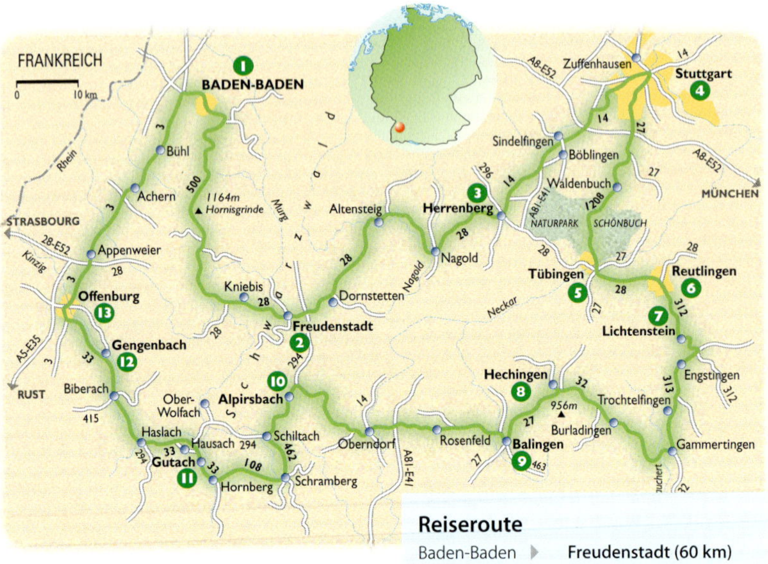

Reiseroute

Baden-Baden ▸	**Freudenstadt (60 km)**
Freudenstadt ▸	**Herrenberg (52 km)**
Herrenberg ▸	**Stuttgart (35 km)**
Stuttgart ▸	**Tübingen (40 km)**
Tübingen ▸	**Reutlingen (15 km)**
Reutlingen ▸	**Lichtenstein (14 km)**
Lichtenstein ▸	**Hechingen (52 km)**
Hechingen ▸	**Balingen (13 km)**
Balingen ▸	**Alpirsbach (47 km)**
Alpirsbach ▸	**Gutach (37 km)**
Gutach ▸	**Gengenbach (29 km)**
Gengenbach ▸	**Offenburg (11 km)**
Offenburg ▸	**Baden-Baden (44 km)**

1 Baden-Baden *W7*

Wasserkuren und Glücksspiele am Schwarzwaldrand.

Baden-Baden (52 000 Einw.) ist eines der bekanntesten und beliebtesten **Heilbäder** Europas. Sein Doppelname nimmt Bezug auf das ehem. Großherzogtum Baden und den heutigen Landesteil Baden. Ihre Entstehung verdankt die Stadt jedoch den Römern, die hier im Tal der Oos um 80 n. Chr. das Thermalbad *Aquae Aurelia* gründeten. Bis ins 15. Jh. gewann der nun Baden genannte Ort beständig an Bedeutung und erhielt sogar ein Schloss, aber 1689 brannten französische Truppen die Stadt völlig nieder. Sie wurde zwar anschließend wieder aufgebaut, doch ihr heute so markantes klassizistisches Erscheinungsbild geht erst auf die rege Bautätigkeit zu Beginn des 19. Jh. unter der Ägide des Baumeisters *Friedrich Weinbrenner* (1766–1826) zurück.

Damals war Baden-Baden Treffpunkt der Hautevolee, wozu sicher das 1863 hier arrangierte *Drei-Kaiser-Treffen* von Franz-Joseph von Österreich, Zar Alexander von Russland und dem französischen Herrscher Napoleon III. erheblich beigetragen hatte. Reiche Adlige und berühmte Schriftsteller wie Fjodor Dostojewski oder Honoré Balzac stiegen in exklusiven Hotels ab, flanierten durch die gepflegten Kuranlagen oder setzten ihr Geld im **Kasino** (Fr/Sa 14–3, So–Do 14–2 Uhr, Führungen April–Sept. tgl. 9.30–12, Okt.–März 10–12 Uhr). Letzteres besteht seit 1853/54 und ist damit die älteste Spielbank Deutschlands. Ihre tatsächlich in Samt und Seide ausgestatteten Spielsäle befinden sich im eigens dafür ausgebauten rechten Flügel des **Kurhauses**, das bereits 1821–24 in klassizistischem Stil errichtet worden war. Ein weiterer sehenswerter Bau aus dieser ›goldenen Zeit‹ Baden-Badens ist die nahe **Trinkhalle** (1839–42) mit ihrem mächtigen Wandelgang.

Das prächtige **Friedrichsbad** im Stadtzentrum am Marktplatz entstand ebenfalls bereits 1869–77. Dagegen wurde der moderne Luxuskomplex der 1985 eröffneten **Caracalla-Therme** nach römischem Vorbild gestaltet. Zwischen diesen beiden Badetempeln befindet sich die **Römische Badruine** (www.badruinen.de, Mitte März–Mitte Nov. tgl. 11–13 und 14–17 Uhr) mit den Überresten des ersten römischen Bades. Hoch über der Stadt thront das **Neue Schloss**, das nach dem Brand 1689 auf den Grundmauern des früheren *Alten Schlosses* (1479) erbaut wurde.

Auch die Kultur findet in Baden-Baden würdige Plätze, sei es im 1998 eingeweihten **Festspielhaus** (Beim Alten Bahnhof 2, Tel. 072 21/30 13-0, www.festspielhaus.de), mit 2500 Plätzen das zweitgrößte Opernhaus Europas, oder im Süden der Stadt an der Lichtentaler Allee in der **Staatlichen Kunsthalle** (www.kunsthalle-baden-baden.de, Di–So 11–18, Mi 11–20 Uhr). Das Haupthaus in einer klassizistischen Villa (1907–09) zeigt ausschließlich Wechselausstellungen, doch im benachbarten Neubau ist seit dem Jahr 2004 die hochkarätige *Sammlung Frieder Burda* (www.sammlung-frieder-burda.de) mit Werken der klassischen Moderne und Gegenwartskunst zu sehen.

Um Baden-Baden zu genießen braucht man Zeit und Geld. Dasselbe gilt für die **Galopprennen** (www.baden-galopp.de) in Iffezheim, nicht nur zum *Frühjahrs-Meeting* (Mai/Juni) und während der *Großen Woche* (Aug./Sept.) ein beliebtes Ausflugsziel 10 km nordwestlich von Baden-Baden.

Schwarzwaldhochstraße

Die Schwarzwaldhochstraße (www.schwarzwald.com/hochstrasse) führt durch den naturschönen Nordschwarzwald über 65 km von Baden-Baden nach Freudenstadt. Sie gilt als schönste Touristenstraße im Schwarzwald und existiert bereits seit über 75 Jahren.

Praktische Hinweise

Information

Tourist-Information, Schwarzwaldstr. 52 und Trinkhalle-Kaiserallee, Baden-Baden, Tel. 072 21/27 52 00, www.baden-baden.de

Hotels

Hotel Merkur, Merkurstr. 8, Baden-Baden, Tel. 072 21/30 30, www.hotel-merkur. de. Unweit von Kurhaus und Kasino.

Baden-Baden verdankt sein nobles Erscheinungsbild den klassizistischen Bauwerken des 19. Jh.

Steigenberger Europäischer Hof, Kaiserallee 2, Baden-Baden, Tel. 072 21/93 30, www.europaeischer-hof.steigenberger.de. Elegantes Hotel gegenüber dem Kurhaus. 125 Suiten und Zimmer.

Restaurant

Zum Alde Gott, Weinstr. 10, Baden-Baden/Neuweier, Tel. 072 23/55 13, www.alde-gott.de. Landhaus-Restaurant in den Weinbergen mit feiner badischer Küche.

Route

Von Baden-Baden führen die B500 und die B28 (Schwarzwaldhochstraße) 60 km südwärts bis Freudenstadt.

2 Freudenstadt *X7*

Planmäßig angelegte Stadt mit eindrucksvollem Marktplatz.

Nach den Zerstörungen von 1945 wurde Freudenstadt (23 000 Einw.) originalgetreu wieder aufgebaut, ganz so, wie es Herzog Friedrich von Württemberg 1599 in Auftrag gegeben hatte. Zentrum der schachbrettartig angelegten Stadt ist der weiträumige **Marktplatz**, mit 219 x 216 m der größte Deutschlands. In seiner Mitte erhebt sich das *Stadthaus* (1952), mit dem **Heimatmuseum** (Di–Do 9–11 und 15–18, Mo/Fr 15–18, So 10–12 Uhr). Daneben ist der Neptunbrunnen aus der Zeit des Rokoko ein Blickfang. Gesäumt wird der Platz von hübschen Häusern mit Laubengängen (15./16. Jh.).

Im Süden erhebt sich die 1601–08 im Stil der Renaissance errichtete evangelische **Stadtkirche**, deren zwei Schiffe – eines für Männer, eines für Frauen – in rechtem Winkel aneinanderstoßen. Zur Ausstattung gehört ein romanisches Lesepult (um 1150) aus Lindenholz.

Praktische Hinweise

Information

Tourist Information, Marktplatz 64, Freudenstadt, Tel. 074 41/86 40, www.freudenstadt.de

Hotel

Hotel Bären, Lange Str. 33, Freudenstadt, Tel. 074 41/27 29, www.hotel-baeren-freudenstadt.de. Zentral gelegenes Haus mit Restaurant, seit 1878 in Familienbesitz.

Restaurants

Jägerstüble, Marktplatz 12, Freudenstadt, Tel. 074 41/23 87, www.jaegerstueble-fds.de. Schwäbische Küche mit Wildgerichten als Spezialität.

Warteck, Stuttgarter Str. 14, Freudenstadt, Tel. 074 41/919 20, www.warteck-freudenstadt.de. Lokale Spezialitäten.

Route

Die B28 Richtung Nordosten nach Herrenberg (52 km).

Auf dem Marktplatz in Freudenstadt erhebt sich der blumengeschmückte Neptunbrunnen

3 Herrenberg X8

Ringsum überziehen weite Buchenwälder die sanften Keuperhänge.

Die Große Kreisstadt Herrenberg (31000 Einw.) liegt im Westen des *Naturparks Schönbuch* am Fuß des Schlossbergs. Auf seiner Höhe wurde 1957 der **Schlossbergturm** errichtet, von dem aus man eine hübsche Aussicht über das Heckengäu und die in Waldesgrün gebettete Stadt hat.

Nicht weit davon thront, ebenfalls hoch über Herrenberg, die evangelische Stiftskirche **St. Marien** (13./15. Jh.). Innen sind eine *Kanzel* aus dem frühen 16. Jh. und ein schönes *Chorgestühl* von 1517 zu sehen. Das Gotteshaus besitzt eine spätgotische Fassade, aber der Zwiebelturm ist barock und wurde erst 1749 angebaut. In seiner Glockenstube ist ein **Glockenmuseum** (April–Okt. Mi 14.30–17, Sa 14.30–18.30, So 11.30–17, Nov.–März Mi 14.30–16, Sa 17–18.30, So 14.30–16 Uhr, Führungen über das Städt. Kulturamt, Tel. 07032/924224) eingerichtet, das Stücke aus acht Jahrhunderten zeigt.

Praktische Hinweise

Information

Fremdenverkehrsamt, Marktplatz 5, Herrenberg, Tel. 07032/924320, www.herrenberg.de

Der Stuttgarter Schlossplatz mit dem Neuen Schloss lädt zum Verweilen ein

Route

Auf der B14 in nordöstlicher Richtung bis Stuttgart (35 km).

4 Stuttgart W9

Am Neckar gelegene Landeshauptstadt von Baden-Württemberg, umgeben von Weinbergen.

Umgeben von waldgrünen Hügeln und Rebhängen erstreckt sich Stuttgart (590000 Einw.) am Westufer des Neckars. Herzog Liutolf hatte hier um das Jahr 950 ein Gestüt (›Stutengarten‹) gegründet, das der ringsum entstehenden Siedlung den Namen gab. Noch heute ziert das Stadtwappen ein schwarzes ›Rössle‹.

Am zentralen **Schlossplatz** erhebt sich das **Neue Schloss** (1746–1806), einst die Residenz der württembergischen Könige und eines der letzten Stadtschlösser, die in Deutschland gebaut wurden. Die Zerstörungen des Zweiten Weltkriegs beseitigte man in den Jahren 1959–62, wobei die Säle für Behörden und offizielle Empfänge umgestaltet wurden.

Das benachbarte **Alte Schloss** ist ein mächtiges Renaissancegebäude aus der

Moderne Architektur für hochkarätige Kunst: Stuttgarts Neue Staatsgalerie von J. Stirling

zweiten Hälfte des 16. Jh. Heute beherbergt es das **Landesmuseum Württemberg** (Schillerplatz 6, Tel. 07 11/279 34 98, www.landesmuseum-stuttgart.de, Di–So 10–17 Uhr) mit Sammlungen mittelalterlicher Kunst, den württembergischen Kronjuwelen sowie historischen Gewändern und archäologischen Funden. In Schlossnähe rund um den **Schillerplatz** finden sich besonders viele historische Gebäude, etwa das älteste Stuttgarter Gotteshaus, die **Stiftskirche** aus dem 12. Jh., die im 15. Jh. spätgotisch umgebaut wurde. Sehenswert sind auch der **Fruchtkasten** (1390), wie der einstige Kornspeicher der Stadt genannt wird, sowie der **Prinzenbau**, der im 17. Jh. als Wohnsitz für Erbprinz Friedrich Ludwig erbaut worden war. Er ist durch den ›Kanzleibogen‹ mit der **Alten Kanzlei** verbunden, der ehem. herzogliche Registratur mit der Merkursäule. Auf dem Schillerplatz steht das vom dänischen Bildhauer *Bertel Thorwaldsen* geschaffene **Schillerdenkmal** (1839), das eine in Bronze gegossene Standfigur des Dichterfürsten zeigt.

TOP TIPP Stolz ist Stuttgart auch auf seine **Staatsgalerie** (Konrad-Adenauer-Str. 30–32, Tel. 07 11/47 04 00, www.staatsgalerie.de, Di–So 10–18, Do 10–21 Uhr, 1 Sa pro Vierteljahr Kunstnacht 18–24 Uhr), eines der meistbesuchten Kunstmuseen Europas. Hier finden sich Meisterwerke vom 14. Jh. bis zur Gegenwart. Die klassizistische *Alte Staatsgalerie* spannt den Bogen von Hans Holbein d. Ä. über Peter Paul Rubens bis Paul Cezanne. Der westlichen Kunst des 20. Jh. ist die von James Stirling entworfene *Neue Staatsgalerie* (1984) vorbehalten, die etwa Werke von Pablo Picasso, Henry Moore oder Joseph Beuys zeigt.

Automuseen

Ein Besuch des **Mercedes-Benz-Museums** (Mercedesstr. 100, Tel. 07 11/173 00 00, www.museum-mercedes-benz.com, Di–So 9–18 Uhr) in Stuttgart-Untertürkheim ist Pflicht für Autobegeisterte. Carl Friedrich Benz hatte schon 1878 einen Zweitaktmotor entwickelt, während Gottlieb Daimler seit 1885 Automobile konstruierte. Durch die Verschmelzung der beiden Firmen entstand 1926 die Daimler-Benz AG, deren herausragenden Entwicklungen im modernen Museumsbau bestaunt werden können.

Die **Porsche AG** baut in Stuttgart-Zuffenhausen ebenfalls einen innovativen Ausstellungskomplex zu Ehren der faszinierenden Sportwagen und ihres Erfinders, dem österreichischen Konstrukteur Ferdinand Porsche. Dieser hatte übrigens auch ab 1934 den deutschen Volkswagen (u. a. VW Käfer) entwickelt. Bis zur Eröffnung des Neubaus Ende 2008 sind die Exponate im **Alten Porsche-Museum** (Porscheplatz 1, Tel. 07 11/911 256 85, www.porsche.de, Mo–Fr 9–16, Sa–So 9–17 Uhr) zu sehen.

Praktische Hinweise

Information

Touristik-Information i-Punkt, Königstr. 1 a, Stuttgart, Tel. 07 11/222 80, www.stuttgart-tourist.de

Hotels

Ibis am Löwentor, Presselstr. 15, Stuttgart, Tel. 07 11/25 55 10, www.ibishotel.com. Ruhiges Hotel mit 135 Zimmern nahe dem Hauptbahnhof.

Mercure Hotel Stuttgart City Center, Heilbronner Str. 88, Stuttgart, Tel. 07 11/25 55 80, www.mercure.com. Modernes Hotel, zwischen Zentrum und dem Messegelände Killesberg gelegen.

Restaurant

Alte Kanzlei, Schillerplatz 5 a, Stuttgart, Tel. 07 11/29 44 57. Schwäbische und internationale Küche am Schillerplatz.

Route

Von Stuttgart auf der B27, ab Echterdingen auf der L1208 südwärts über Waldenbuch nach Tübingen (40 km).

5 Tübingen X8

Eine Hochburg studentischen Lebens im Süden von Württemberg.

Schön ist der Blick von der **Platanenallee** am rechten Neckarufer auf die Altstadt der traditionsreichen Universitätsstadt Tübingen (83 000 Einw.). Der historische Ortskern am steilen Hang wird von **Schloss Höhentübingen** (www.uni-tuebingen.de/museum-schloss, Mai–Sept. Mi–So 10–18, Okt.–April Mi–So 10–17 Uhr) überragt, in dem archäologische Funde aus dem Umland zu sehen sind. Das 1078 erstmals erwähnte Schloss verdankt sein heutiges Aussehen, so auch das schöne Renaissanceportal, vor allem den Bautätigkeiten im 16. Jh.

Am *Holzmarkt* steht die im 12. Jh. erbaute und 1470–83 spätgotisch umgewandelte Stiftskirche **St. Georg**, die die aufwendig gestalteten Gräber des Hauses Württemberg birgt. Als Goethe die Kirche besichtigte, nannte er die um 1480 geschaffenen Glasmalereien der Fenster ›Zeugnisse von höchster Würde‹. Auch der **Marktplatz** lohnt einen Besuch, ist er doch von herrlichen mittelalterlichen Häusern gesäumt. Darunter fällt das prächtige, dreistöckige **Rathaus** (15. Jh.) auf, das eine reich verzierte *Hauptfassade* (1877) mit einer kunstvollen *astronomischen Uhr* (1511) besitzt.

i Praktische Hinweise

Information

Verkehrsverein Tübingen, An der Neckarbrücke 1, Tübingen, Tel. 070 71/913 60, www.tuebingen.de

Hotel

Hotel Krone, Uhlandstr. 1, Tübingen, Tel. 070 71/133 10, www.krone-tuebingen.de. Komfortables Traditionshaus, im Restaurant wird gehobene Küche serviert.

Route

Auf der B28 ostwärts bis nach Reutlingen (15 km).

6 Reutlingen X9

Denkmalgeschützte Altstadt unter dem Hausberg, der Achalm.

Das im 13. Jh. zur Stadt erhobene Reutlingen (112 000 Einw.) wird oft als ›Tor zur Schwäbischen Alb‹ bezeichnet. Als bedeutendste Sehenswürdigkeit gilt die schöne frühgotische **Marienkirche** (13./14. Jh.). Das **Tübinger Tor** (13. Jh.) ist das einzig verbliebene Haupttor der früheren Stadtbefestigung. Sein oberes Fachwerkgeschoss wurde im 16. Jh. als Ausguck hinzugefügt und überstand sogar den verheerenden Stadtbrand von 1726.

Ein bezaubernder Anblick sind die Altstadthäuser von Tübingen entlang des Neckarufers

Die Hauptachse der Innenstadt ist die **Wilhelmstraße**. Sie ist Fußgängern vorbehalten, die bei einem Bummel allerlei Reizvolles entdecken können. Etwa den hübschen **Gerber- und Färberbrunnen** (1921), der an die beiden für die Stadt einst so wichtigen Zünfte erinnert. In der benachbarten **Nikolaikirche** (1358) sind die bunten *Chorfenster* (1962) des Stuttgarter Kunstmalers Christian Oehler ein schöner Anblick. Das wuchtige **Spendhaus** von 1518 schließlich beherbergt hinter seiner Fachwerkfassade u. a. das *Städtische Kunstmuseum* (Tel. 07121/3032322, Di–Sa 11–17, Do bis 19, So/Fei bis 18 Uhr), das sich vor allem dem künstlerischen Holzschnitt des 20. und 21. Jh. widmet.

Praktische Hinweise

Information

Tourist-Information, Listplatz 1, Reutlingen, Tel. 07121/3032622, www.reutlingen.de

Restaurant

Alte Mühle, Frankonenweg 8, Reutlingen, Tel. 07121/300274. Feine Speisen in historischem Ambiente.

Route

Von Reutlingen auf der B312, die letzten beiden Kilometer auf der L387 südwärts nach Lichtenstein (14 km).

7 Lichtenstein X9

Wilhelm Hauffs Roman ›Lichtenstein‹ erwies sich als wahrlich ›erbaulich‹.

Im Herzen der Schwäbischen Alb bilden die drei Dörfer Unterhausen, Honau und Holzelfingen die Gemeinde Lichtenstein. 1826 berichtete Wilhelm Hauff in seinem Roman *›Lichtenstein‹* über das 1802 zerstörte Schloss auf einem Fels über dem Echaz-Tal. Die Lektüre bewog Graf Wilhelm von Württemberg zum Wiederaufbau (1840/41) von **Schloss Lichtenstein** (Tel. 07129/4102, www.schloss-lichtenstein.de, April–Okt. tgl. 9–17.30, Febr., März, Nov. Sa/So 10–16 Uhr). Nach mehreren Um- und Anbauten präsentiert sich das Anwesen heute mit Ringmauer, türmchengeschmücktem Palas, Treppengiebel und weißem Rundturm als eine wahre Märchenburg.

Einen Besuch lohnt auch die 12 km entfernt beim Ortsteil Unterhausen gelegene **Nebelhöhle** (Tel. 07129/6960, März–Nov. tgl. 8.30–17.30 Uhr). Beim Anblick der beleuchteten Tropfsteine fühlt man sich geradezu in eine Märchenwelt versetzt. Die Haupthöhle wurde 1920 entdeckt und ist durch einen 380 m langen Zugangsweg erschlossen.

Praktische Hinweise

Information

Gemeinde Lichtenstein, Rathausplatz 17, Lichtenstein, Tel. 07129/6960, www.gemeinde-lichtenstein.de

Hotel

Hotel Adler, Heerstr. 26, Lichtenstein-Honau, Tel. 07129/4041, www.adler-lichtenstein.de. Direkt unterhalb von Schloss Lichtenstein. 60 Zimmer.

Route

Ab Lichtenstein 25 km auf der L387 und der B313 südwärts bis Gammertingen, dann auf der B32 27 km nordwestlich nach Hechingen (52 km).

8 Hechingen Y8

Alte Residenzstadt im Schatten der hohenzollerischen Stammburg.

Die ehem. Residenzstadt Hechingen liegt im Schatten der imposanten **Burg Hohenzollern** (Tel. 07471/2428, www.preussen.de, Nov.–15. März tgl. 10–16.30, 16. März–Okt. tgl. 9–17.30 Uhr). Weithin sichtbar thront die Anlage auf einem 855 m hohen Bergkegel der *Zollernalb*. Hier hatte das Geschlecht der Hohenzollern, die späteren Fürsten und Könige Preußens, seinen Stammsitz. Die Ursprünge der Burg gehen bis ins 11. Jh. zurück. Nach Zerstörung (1423), Wiederaufbau (15. Jh.) und Verfall (17. Jh.) wurde sie 1850–67 im romantisierenden Stil neu erbaut. Einzig original erhalten blieb die *Michaelskapelle* aus dem 15. Jh. In der sehenswerten *Schatzkammer* werden u. a. die preußische Königskrone, Tabakdosen Friedrichs des Großen und andere Gegenstände des hohenzollerischen Herrscherhauses sowie zahlreiche Kunstwerke aufbewahrt.

Am Schlossplatz von Hechingen befindet sich im Alten Schloss, einst Sitz der Herzöge von Hechingen, das **Hohenzollerische Landesmuseum** (Schlossplatz 5, Tel. 07471/621847, Di–Sa 14–17, So 10–17 Uhr, www.hzl-museum.de). Hier sind landeskundliche Exponate von der Altsteinzeit bis zur Neuzeit zu sehen, etwa Beigaben aus einem bronzezeitlichen Doppelgrab (um 1000 v. Chr.), oder Portraits der hohenzollerischen Grafen.

Im **Römischen Freilichtmuseum** (Tel. 074 71/64 00 oder -3614, www.villa-rustica.de) in Hechingen-Stein sind die 1976 ausgegrabenen Reste einer römischen Villa (1.–3. Jh. n. Chr.) zu besichtigen, die teilweise sogar rekonstruiert wurde.

Praktische Hinweise

Information

Städtisches Bürger- und Tourismusbüro, Kirchplatz 12, Hechingen, Tel. 074 71/94 02 11, www.hechingen.de

Route

Von Hechingen aus führt die B27 nach Balingen (13 km).

9 Balingen Y8

Hauptstadt des Zollernalbkreises in tektonisch unruhiger Region.

Balingens **Stadtkirche** mit dem 61 m hohen Turm am Marktplatz wurde 1443–1541 erbaut und zeigt innen ein besonders schönes Netzgewölbe. Die **Friedhofskapelle** aus dem 11. Jh. ist ebenfalls interessant, ihre Wände schmücken spätgotische Malereien.

Eine weitere Sehenswürdigkeit ist das am Mühlkanal gelegene alte **Gerberviertel**, wegen der zahlreichen Kanäle und Wasserläufe ›Klein-Venedig‹ genannt.

Auf einer Anhöhe über dem Ort liegt das malerische *Zollernschloss*. Das Fachwerkgebäude wurde Mitte des 20. Jh. nach historischem Vorbild (15. Jh.) errichtet und beherbergt das **Museum für Waage und Gewicht** (Schlossstr. 6, Tel. 074 33/17 02 61, Mo, Mi, Fr und 1. Sa im Monat 14–16 Uhr). Es erinnert an den Ortsgeistlichen *Philipp Mathäus Hahn*, der 1770 eine Vorläuferin der Haushaltswaage erfand. Noch heute ist die Firma Bizerba-Waagen der größte Arbeitgeber in Balingen.

Praktische Hinweise

Information

Tourismusinformation, Färberstr. 2, Balingen, Tel. 074 33/17 00, www.balingen.de

Wie im Märchen: Seinen Wiederaufbau verdankt Schloss Lichtenstein einem Roman

Route

Von Balingen westlich auf der L415 über Rosenfeld und Oberndorf am Neckar nach Alpirsbach (47 km).

10 Alpirsbach X7

Luftkurort im Zeichen eines romanischen Benediktinerklosters.

Die Abteikirche **St. Nikolaus** des früheren *Benediktinerklosters Alpirsbach* (gegr. 1095) geht auf das 12. Jh. zurück. Die dreischiffige Basilika wurde mehrfach erweitert, blieb aber im Wesentlichen romanisch. Zur Ausstattung gehören ein Marienaltar (1520–25) und eine romanische Kirchenbank aus gedrehten Rundhölzern. Im spätgotischen Kreuzgang südlich der Kirche finden im Sommer die **Kreuzgangkonzerte** (Tel. 074 44/194 33) statt.

Nahebei lockt die **Alpirsbacher Klosterbrauerei** mit einem kleinen *Brauereimuseum* (Tel. 074 44/670, Führungen tgl. 14.30 Uhr) und kühlen Getränken.

Praktische Hinweise

Information

Tourist Information, Hauptstr. 20, Alpirsbach, Tel. 074 44/951 62 81, www.alpirsbach.de

Hotel

Hotel Rössle, Aischbachstr. 5, Alpirsbach, Tel. 074 44/22 81, www.roessle-alpirsbach.de. Zentrumsnahes Hotel mit gutem Restaurant. Fast alle der 26 Zimmer haben Balkon.

Route

Die B462 südwärts über Schiltach bis Schramberg, dann rechts auf der L108 nach Hornberg. Nochmals rechts auf die B33 nach Gutach (37 km).

11 Gutach Y7

Schwarzwaldhäuser in der Heimat des Bollenhutes.

Nördlich von Gutach (2300 Einw.) bietet an der Straße nach Hausach das TOP TIPP **Schwarzwälder Freilichtmuseum Vogtsbauernhof** (Tel. 078 31/935 60, www.vogtsbauernhof.org, März–Anf. Nov. tgl. 9–18, Juli/Aug. bis 19 Uhr) einen faszinierenden Überblick über das Leben der Schwarzwaldbauern früherer Tage. Typische Häuser aus dem 16. und 17. Jh. wurden hier wiederaufgebaut und es gibt sogar eine wassergetriebene Sägemühle.

Nahe der Gutacher **Dorfkirche** (1275) steht das **Kriegerdenkmal** von 1923, das an die Opfer des Ersten Weltkriegs erinnert. Das Besondere an diesem Ehrenmal ist die sensible Darstellung einer Frau in Tracht, die um die Gefallenen trauert.

Praktische Hinweise

Information

Verkehrsamt Gutach, Hauptstr. 38, Gutach, Tel. 078 33/938 80, www.gutach-schwarzwald.de

Route

Auf der B33 nordwärts, dann über Hausach nach Gengenbach (29 km).

12 Gengenbach X6

TOP TIPP *Wie eine Filmkulisse wirkt die historische Stadt im Tal der Kinzig.*

Gengenbach (11 000 Einw.) ist eine romantische Kleinstadt, deren Ortsbild von vielen gut erhaltenen *Fachwerkhäusern* aus dem 17./18. Jh. bestimmt wird. Außerdem tragen mehrere Tore und Türme zum Zauber des Städtchens bei. Zwei von ihnen wurden sogar zu Wahrzeichen von Gengenbach: das in einen wuchtigen viereckigen Torturm eingebaute und von vier Ecktürmchen gezierte **Kinzigtor** (14./17. Jh.) und der ungewöhnliche achteckige **Niggelturm** (14. Jh.). In Letzterem ist ein kleines *Narrenmuseum* (April–Okt. Mi/Sa 14–17, So 10–12 und 14–17 Uhr) eingerichtet, das mit den allemannischen Fasnachtsbräuchen der Region bekannt macht. Sehr schön ist auch der dreieckige kopfsteingepflasterte *Marktplatz*, den das klassizistische **Rathaus** von 1784 beherrscht.

Diesen schönen Bauernhof findet man im Schwarzwälder Freilichtmuseum Vogtsbauernhof

Fachwerkhäuser, Tore und Türme machen den Zauber der Kleinstadt Gengenbach aus

Praktische Hinweise

Information

Kultur- und Tourismus GmbH, Im Winzerhof, Gengenbach, Tel. 078 03/93 01 43, www.stadt-gengenbach.de

Route

Von Gengenbach 11 km weiter nordwestlich auf der L99 nach Offenburg.

13 Offenburg *X6*

Das milde Klima prägt die Weinstadt am Schwarzwaldrand.

Umgeben von Weinbergen und Streuobstwiesen liegt Offenburg (57 000 Einw.) vor den Ausläufern des Schwarzwalds in der Ortenau. Die im 11. Jh. gegründete einstige Freie Reichsstadt wurde 1689 von den Franzosen fast völlig zerstört. Darum prägen barocke Gebäude (17./18. Jh.) die überschaubare Innenstadt. So etwa das dreigeschossige **Rathaus** (1741) mit halbkreisförmigem Mittelgiebel am *Marktplatz*. Weitere Sehenswürdigkeiten sind der **Löwenbrunnen** (1599) sowie der schräg gegenüberliegende malerische **Fischmarkt**. Dort zieht die **Hirschapotheke** (1698) mit ihrem Treppengiebel und der reichen figürlichen Fassadenbemalung die Blicke auf sich. Nordwestlich davon ragt die **Heilig-Kreuz-Kirche** auf, eine barocke dreischiffige Hallenkirche, die Franz Beer Anfang des 18. Jh. erbaute. Innen lohnt das filigrane *Rokokogitter* an der Musikempore genauere Betrachtung.

Praktische Hinweise

Information

Stadtinformation im Bürgerbüro, Fischmarkt 2, Offenburg, Tel. 07 81/ 82 20 00, www.offenburg.de

Restaurant

Guglhupf, Metzgerstr. 7, Offenburg, Tel. 07 81/781 55. Badisch-elsässische Küche in einer heimeligen Gaststube.

Route

Auf der B3 geht es zurück nach Baden-Baden (44 km).

Europa-Park Rust

Der Park (Europa-Park-Str. 2, Rust, Tel. 018 05/ 77 66 88, www.europapark.de, April–Okt. tgl. 9–18, Aug. bis 20 Uhr, auch zu bestimmten Zeiten im Winter) zählt zu den größten Vergnügungsparks Europas. Er liegt rund 25 km südwestlich von Offenburg (von dort auf der A5 Richtung Lahr, Ausfahrt 576 Rust). Vor Ort locken Schmalspurbahn, Wildwasserfahrten, Bob-Bahn, Acapulco-Todesspringer, Hochseilakte sowie Delfin- und Seelöwenschauen. Kinder haben meist besondere Freude im Chocoland, einem ›Schokoladenlabor‹, in dem sie selbst tätig werden können.

TOUR 23

Saar – Barock und Wein in Saarland und Rheinland-Pfalz

3–4 Tage • 438 km

Reiseroute		
Saarbrücken	▸	**Merzig (42 km)**
Merzig	▸	**Mettlach (7 km)**
Mettlach	▸	**Saarburg (19 km)**
Saarburg	▸	**Nonnweiler (46 km)**
Nonnweiler	▸	**Idar-Oberstein (45 km)**
Idar-Oberstein	▸	**Kaiserslautern (59 km)**
Kaiserslautern	▸	**Worms (58 km)**
Worms	▸	**Bad Dürkheim (33 km)**
Bad Dürkheim	▸	**Neustadt (16 km)**
Neustadt	▸	**Pirmasens (64 km)**
Pirmasens	▸	**Saarbrücken (65 km)**

1 Saarbrücken *U4*

Landeshauptstadt des Saarlandes mit barocken Einsprengseln.

Saarbrücken (181 000 Einw.) entstand 1909 aus Alt-Saarbrücken, St. Johann und Malstatt/Burbach, die im 12./13. Jh. Stadtrechte erhalten hatten. Die Erschließung der Eisenerz- und Kohlevorkommen bescherte der Region Mitte des 18. Jh. einen wirtschaftlichen Aufschwung. Davon zeugen in Saarbrücken prächtige Barockbauten, die nach dem Regierungsantritt des Grafen Wilhelm Heinrich von Nassau-Saarbrücken im Jahr 1741 und der Berufung *Friedrich Joachim Stengels* (1694–1787) zum Hofarchitekten entstanden. Das Saarland wurde 1945 unter Französische Militärverwaltung gestellt, 1947 zu einem unabhängigen Staat mit Saarbrücken als Hauptstadt und kam 1955, weil die Bevölkerung das *Saarstatut* ablehnte, zur Bundesrepublik Deutschland. Heute ist das nahe an der französischen Grenze gelegene Saarbrücken ein bedeutender Wirtschafts- und Kulturstandort.

In Alt-Saarbrücken wurde auf den mittelalterlichen Resten einer Burg am linken Saarufer das **Residenzschloss** (Führungen Mi–So 15 Uhr) errichtet, heute eine Mischung aus Barock und Klassizismus mit gewagten modernen Glas- und Stahlelementen (mit Verwaltungs- und Veranstaltungsräumen). Am *Schlossplatz* befindet sich außer dem **Alten Rathaus** von 1750 auch das Kreisständehaus mit der **Alten Sammlung des Saarlandmuseums** (Porträts des 18./19. Jh.) und dem **Museum für Vor- und Frühgeschichte** (u. a. kostbar ausgestattetes Grab einer Keltenfürstin, ca. 4. Jh. v. Chr.; Tel. 06 81/ 996 40, www.saarlandmuseum.de, beide bis Herbst 2008 geschl.). Das **Museum in der Schlosskirche** präsentiert Sakralkunst im Lichte der wunderbaren Glasfenster aus den 1950er-Jahren von *Georg Meistermann* (1911–1990). Das **Historische Museum** (Tel. 06 81/506 45 01, www.histori sches-museum.org, Di, Mi, Fr, So 10–18, Do

10–20, Sa 12–18 Uhr) dokumentiert die Stadt- und Regionalgeschichte.

Nicht weit davon öffnet sich der herrliche Ludwigsplatz, den Friedrich Joachim Stengel gewissermaßen als barockes *Gesamtkunstwerk* entwarf – mit allen seinen Palais' und der **Ludwigskirche** (www.ludwigskirche.de, Di–So 10–17 Uhr), dem Wahrzeichen der Stadt. Die evangelische Kirche, die 1762–75 mitten auf dem Platz errichtet wurde, gehört zu den bedeutendsten Barockkirchen in Deutschland. Ihr Grundriss entspricht einem griechischen Kreuz. Die Arme sind fast 40 m bzw. 33 m lang und jeweils 20 m breit. Das westliche Portal wird von einem Turm überragt. Das Äußere schmücken Statuen der vier Evangelisten und Figuren der Apostel, der Propheten u.a. biblischer Gestalten. Der mit Stuck reich dekorierte Innenraum wirkt außerordentlich hell freundlich. Die vier eingezogenen Emporen werden von *Karyatiden*, das Gemäuer stützenden Frauengestalten getragen. Die Figur links neben der Kanzel trägt einen Kelch als Symbol der Sakramente ›Taufe‹ und ›Abendmahl‹.

Über die Alte Brücke, deren Fundamente aus der Mitte des 16. Jh. stammen, gelangt man auf die andere Seite der Saar zum **St. Johanner Markt**. Dieser wird von einem Brunnen (1760), schönen Barockbauten und der wegen ihrer Wechselausstellungen zeitgenössischer Kunst bemerkenswerten **Stadtgalerie** (Tel. 06 81/93 68 30, www.stadtgalerie.de, Di, Do–So 11–19, Mi 12–20 Uhr) geprägt. Am nahen Rathausplatz fällt das neogotische **Neue Rathaus** (1897–1900) mit seinem 54 m hohen Turm und einem Glockenspiel auf. Dessen Architekt *Georg J. Hauberrisser* (1841–1922) hatte bereits die Neuen Rathäuser in München und Wiesbaden entworfen.

Am Flussufer befindet sich das **Saarlandmuseum** (Bismarckstr. 11–15, Tel. 06 81/996 40, www.saarlandmuseum.de, Di, Do– So 10–18, Mi 10–22 Uhr). In den lichten Räumen präsentiert die *Moderne Galerie* Kunst des 19.–21. Jh. Hervorragende Gemälde der *Berliner Secession* von Max Liebermann, Max Slevogt und Lovis Corinth sowie zahlreiche Werke der Bildhauer Alexander Archipenko und Rudolf Belling, zwei Wegbereitern der modernen Plastik, machen aus dem Besuch ein besonders intensives Kulturerlebnis.

i Praktische Hinweise

Information

Kongress- und Touristik Service, Reichsstr. 1, Saarbrücken, Tel. 06 81/93 80 90, www.die-region-saarbruecken.de

Hotel

Domicil Leidinger, Mainzer Str. 10, Saarbrücken, Tel. 06 81/932 70, www.domicil-leidinger.de. Zentral gelegen, mit 91 Zimmern und Restaurant.

Auch Protestanten können prachtvolle Kirchen bauen: die Ludwigskirche in Saarbrücken

Im Sonnenschein spiegeln sich die Häuser Saarburgs im vorbeiströmenden Fluss ▷

Restaurant

Zum Stiefel, Am Stiefel 2, Saarbrücken, Tel. 06 81/93 64 50. Uriges Gasthaus in der Altstadt mit Hausbrauerei.

Route

Von Saarbrücken nach Nordwesten auf die B51 Richtung Merzig (42 km).

2 Merzig T4

Bauten aus acht Jahrhunderten inmitten einer reizvollen Landschaft.

Etwa 10 km flussaufwärts der Saarschleife liegt Merzig (31 000 Einw.). Das Stadtbild wird von der Stiftskirche **St. Peter** geprägt, die um 1200 errichtet wurde. Die spätromanische Basilika war wiederholt von Kriegen und Brandkatastrophen betroffen, sodass sie im Laufe der Zeit vielfältige Veränderungen erfuhr. Das Kreuzgewölbe stammt aus dem 16. Jh. Besonders sehenswert sind im aufwendig ausgestatteten Inneren ein gotisches Pestkreuz (1300) über dem Altar sowie Malereien im Stil der Nazarener (19. Jh.).

Das **Stadthaus**, ein schöner Bau der Spätrenaissance, wurde 1647–50 als Jagdhaus für den Kurfürsten und Erzbischof von Trier, Philipp Christoph von Sötern, am einstigen Ortsrand errichtet. Heute ist das Gebäude, das an französische Landschlösser aus dem 16. Jh. erinnert, Mittelpunkt des Stadtzentrums und wird u. a. als Standesamt genutzt. Daneben sollte man den prächtigen Bürgerhäusern aus dem 18. und 19. Jh. sowie der Lothringer Bauernhausarchitektur in den ländlicheren Stadtteilen Beachtung schenken.

i Praktische Hinweise

Information

Touristinfo, Poststr. 12, Merzig, Tel. 068 61/721 20, www.merzig.de

Unvermittelt macht die Saar bei Mettlach eine Kehrtwende und bildet dabei die Saarschleife

Route

Von Merzig auf der B51 nordwärts nach Mettlach (7 km).

3 Mettlach T4

Keramikhauptstadt im Herzen des Dreiländerecks.

Mettlach (13 000 Einw.), die Perle des Saarlandes, liegt östlich der Saar. Der *hl. Liutwin*, fränkischer Herzog und späterer Bischof von Reims und Trier, gründete in Mettlach bereits um 690 eine **Benediktinerabtei**. Die heutigen barocken Abteigebäude stammen aus dem 18. Jh. und gelangten 1801 in den Besitz von **Villeroy & Boch**, einer der größten Keramik-und Porzellanmanufakturen der Welt. Heute zeigt dort das Keramikmuseum **Keravision** (Tel. 068 64/81 12 94, www.keramikmuseum-mettlach.de, Mo–Fr 9–18, Sa/So 9.30–16 Uhr) fein gestaltete Teller (18. Jh.), die von römischen Mosaiken inspirierten Mettlacher Platten (19. Jh.) oder im Jugendstil gestaltete Fliesen.

Eine der Hauptattraktionen der Gegend ist die *Saarschleife*, die am besten von den Ruinen der **Burg Montclair** (www.burg-montclair.de, April –Okt. Di–So 11–18, Nov–März Di–So 11–16 Uhr) etwa 2 km westlich von Mettlach zu sehen ist. Diese wurde ursprünglich im 9. Jh. errichtet, die heutigen Überreste stammen aber aus dem 15. Jh.

TOP TIPP

Praktische Hinweise

Information

Saarschleife Touristik GmbH, Freiherr-v.-Stein-Str. 64, Mettlach, Tel. 068 64/83 34, www.tourist-info.mettlach.de

Hotel

Saarschleife, Cloefstr. 44, Orscholz, Tel. 068 65/17 90, www.hotel-saarschleife.de. 4-Sterne-Landhotel mit Restaurant.

Route

Von Mettlach weiter über die B51 an der Saar entlang nach Saarburg (19 km).

4 Saarburg T4

Zentrum der Weinbauregion und bekannte Glockengießerstadt.

Saarburg (6500 Einw.) ist das Zentrum des *Weinanbaus* in der Region. Die Stadt liegt zu beiden Seiten der Saar und an der Leuk, deren Wasser mitten im Ort über Felskaskaden mehr als 20 m tief fällt.

Seit dem 17. Jh. war Saarburg vor allem für die Produktion von Kirchenglocken berühmt. Die örtliche Gießerei, in der noch bis 2002 Glocken gegossen wurden, beherbergt heute das **Glockengießereimuseum Mabilon** (Staden, Tel. 065 81/23 36, Mo–Fr 10–12 und 14–16 Uhr).

Ebenfalls einen Besuch wert sind die Wallfahrtskirche **St. Marien** (1529) mit einem seit 1304 verehrten Marienbild im Stadtteil Beurig und die Ruinen der **Saarburg** von 964 oberhalb der Stadt.

Praktische Hinweise

Information

Saar-Obermosel-Touristik, Graf-Siegfried-Str. 32, Saarburg, Tel. 065 81/99 59 80, www.saar-obermosel.de

Route

Von Saarburg nach Osten auf die B407 und kurz hinter Reinsfeld rechts auf die B52 nach Nonnweiler (46 km).

5 Nonnweiler T5

Erholung und Erlebnis pur im Naturpark Saar-Hunsrück.

Nonnweiler (9400 Einw.) liegt inmitten schöner Wälder und ist für sein gesundes Klima bekannt. Die Umgebung eignet sich für entspannende Spaziergänge, vor allem um den 120 ha großen **Primstalstausee** herum, den man auf einem 12 km langen Wanderweg umrunden kann.

Eng, fast schutzsuchend, drängt sich die Felsenkirche von Idar-Oberstein ans Gestein

An den Hängen des Dollbergs in Otzenhausen befindet sich der bis zu 10 m hohe **Ringwall**, eine auch Hunnenring genannte keltische Befestigungsanlage. Sie entstand wahrscheinlich zwischen dem 5. Jh. und 1. Jh. v. Chr.

Praktische Hinweise

Information

Kur- und Verkehrsamt, Trierer Str. 5, Nonnweiler, Tel. 068 73/66 00, www.nonnweiler.de

Restaurant

Landgasthof Paulus, Prälat-Faber-Str. 2–4, Nonnweiler, Tel. 068 73/910 11, www.landgasthof-paulus.de. Gute Küche und ein angeschlossener Laden.

Route

Auf der L147 nach Osten Richtung Nohfelden, bei Türkismühle auf die B41 nach Nordosten bis Idar-Oberstein (45 km).

6 Idar-Oberstein T5

Edelsteinstadt mit beeindruckender Felsenkirche.

Idar-Oberstein (35 000 Einw.), dessen Besiedlung ins 13./14. Jh. zurückgeht, ist bekannt für seine Edelstein- und Diamantenindustrie. 1454 wurden die Achatvorkommen in Oberstein erstmals erwähnt, bereits Mitte des 16. Jh. gab es einen Achatschleifer und eine -schleifmühle in Oberstein, Ende des 17. Jh. die ersten Goldschmiede und 1886 wurde dann die Diamantschleiferei eingeführt. Seit 1974 ist hier die *Deutsche Diamant-und Edelsteinbörse* beheimatet, die weltweit erste Börse, an der sowohl Diamanten als auch Farbedelsteine gehandelt wurden. Idar-Oberstein bezieht seine Rohsteine vornehmlich aus Südamerika, aber auch aus Afrika, Asien und Australien.

Wahrzeichen und größte Sehenswürdigkeit der Stadt ist die gotische **Felsenkirche** (15. März–Okt. tgl. 10–18 Uhr). Sie wurde 1482–84 in eine Felsgrotte über der Stadt gebaut. Im Inneren befindet sich ein kostbarer bemalter Flügelaltar von 1400, den der ›*Meister der Mainzer Verspottung*‹ schuf. Im Zentrum steht die Kreuzigung Christi. Auf den Flügeln werden einerseits seine Gefangennahme und Verurteilung, andererseits die Kreuzabnahme und Grablegung dargestellt.

Deutsche Edelsteinstraße

Die 70 km lange Deutsche Edelsteinstraße führt von Idar-Oberstein in einer größeren und einer kleineren Schleife durch mehrere Orte, die von der Edelsteingewinnung und -bearbeitung geprägt sind. Ein Straßenschild, auf dem ein Diamant abgebildet ist, weist den Weg und führt zu Museen, Stollen und Betrieben, die besichtigt werden können. Viele der etwa 60 Schleifereien und Ateliers bieten Edelsteinschleif-, Goldschmiede- und Gravurkurse an. Information: Tel. 067 85/79 103, www.deutsche-edelsteinstrasse.de

Am Fuß der Felsenkirche zeigt das **Museum Idar-Oberstein** (Hauptstr. 436, Tel. 067 81/246 19, www.museum-idar-oberstein.de, März–Okt. tgl. 9–17.30 Uhr, sonst tgl. 11–16.30 Uhr) eine der bedeutendsten Mineraliensammlungen in Deutschland.

Im **Deutschen Edelsteinmuseum** (Hauptstr. 118, Tel. 067 81/90 09 80, www.edelsteinmuseum.de, Mai–Okt. tgl. 9.30–17.30 Uhr, Nov.–April tgl. 10–17 Uhr, Nov.–Jan. Mo geschl.) sind Exemplare der kostbaren Preziosen aus aller Welt in rohem und geschliffenem Zustand zu bewundern. Die davon ausgehende Faszination wird durch eine umfassende Dokumentation zur Geschichte und Entwicklung der Industrie ergänzt.

In der **Historischen Weiherschleife** (Tiefensteiner Str. 87, Tel. 067 81/315 13, www.edelsteinminen-idar-oberstein.de, 15. März–15. Nov. 10–18 Uhr) werden an wasserradbetriebenen Schleifrädern die Arbeitsweisen früherer Jahrhunderte demonstriert.

Außerdem bieten die alten **Edelsteinminen Steinkaulenberg** (Tel. 067 81/474 00, www.edelsteinminen-idar-oberstein.de, 15. März–15. Nov. tgl. 9–17 Uhr) interessante Einblicke in die Entstehung und den Abbau der Edelsteine. Das **Historische Kupferbergwerk Fischbach** (Tel. 067 84/23 04, www.besucherbergwerk-fischbach.de, Mitte Febr.–Mitte Nov. tgl. 10–17 Uhr, sonst Führungen tgl. 11.30, 13.30 Uhr) vermittelt ein Bild des mittelalterlichen Bergbaus.

Praktische Hinweise

Information

Tourist-Information, Hauptstr. 419, Idar-Oberstein, Tel. 067 81/563 90, www.idar-oberstein.de

Hotel

Berghotel Kristall, Wiesenstr. 50, Idar-Oberstein, Tel. 067 81/969 60, www.berghotel-kristall.de. Übernachten im Zeichen der Kristalle oberhalb des Stadtteils Idar. Das 3-Sterne-Haus ist ein guter Ausgangspunkt für Touren auf der Deutschen Edelsteinstraße.

Route

Von Idar-Oberstein auf der B41 nach Nordosten und dann scharf rechts auf die B270 nach Kaiserslautern (59 km).

7 Kaiserslautern *U6*

Barbarossastadt mitten im Naturpark Pfälzerwald.

Kaiserslauterns (98 000 Einw.) Geschichte ist eng mit *Kaiser Friedrich I. Barbarossa* (ca. 1122–1190) verbunden, der hier um 1152–58 eine Pfalz, *Barbarossaburg* genannt, errichten ließ. 1276 erhielt der Ort Stadtrechte, 1375 fiel er an die Kurpfalz. Nach 1850 entwickelte sich Kaiserlautern zur wichtigsten Industriestadt der Pfalz.

Mitten in Kaiserslautern ragt ein 84 m hoher Wolkenkratzer, das neue **Rathaus,** auf. Restaurant und Aussichtsterrasse im 21. Stock bieten einen weiten Blick über die Stadt und den Pfälzerwald.

Auf dem Platz im Süden des Rathauses befand sich einst die Barbarossaburg, von der sich nur noch die Grundmauern der **Kapelle** erhalten haben. In unmittelbarer Nähe steht heute der **Casimirsaal** (zugänglich im Rahmen von Stadtführungen der Tourist Information), die Rekonstruktion (1935) eines Raumes der von Pfalzgraf Johann Casimir um 1570–80 erbauten Schlossanlage. Französische Truppen hatten sie bei verschiedenen Feldzügen im 17. und 18. Jh. zerstört. Über diesen Casimirsaal erreicht man auch die erhaltenen Fluchtgänge aus der Stauferzeit.

Die nahe **Fruchthalle** wurde 1843–46 nach dem Vorbild des Palazzo Medici in Florenz als Markthalle gebaut und dient heute als Konzertsaal. Genauso imposant wirkt die weiter nördlich am Museumsplatz und 1875–80 ebenfalls im Stil der Neorenaissance errichtete **Pfalzgalerie** (Tel. 06 31/364 72 01, www.pfalzgalerie.de, Di 11–20, Mi–So 10–17 Uhr). Hier werden Kunst und Kunsthandwerk des 19.–21. Jh. präsentiert, u. a. Meisterwerke deutscher *Impressionisten* wie Max Slevogt.

Der Dom St. Peter erhebt sich gemäß seiner Bedeutung im Zentrum von Worms

Schon von weitem sieht man die **Stiftskirche** (13./14. Jh.) im Süden der Fruchthalle. In der bedeutendsten spätgotischen Hallenkirche der Pfalz erinnert ein Monument (1883) an die *Pfälzische Union*, den Zusammenschluss von Lutheranern und Reformierten im Jahr 1818.

i Praktische Hinweise

Information

Tourist Information, Fruchthallstr. 14, Kaiserslautern, Tel. 06 31/365-23 16 oder -23 17, www.kaiserslautern.de

Route

Von Kaiserslautern nach Nordosten und auf der B40 Richtung Marnheim, dann rechts auf die B47 nach Worms (58 km).

8 Worms *T7*

Nibelungenstadt mit dem größten Reformationsdenkmal der Welt.

Worms (82 000 Einw.), das etwa 1000 v. Chr. von den Kelten als *Borbetomagus* gegründet und um 9 v. Chr. von den Römern erobert wurde, ist eine der ältesten Städte in Deutschland. Dass die Religion in der bewegten Stadtgeschichte immer eine wichtige Rolle spielte, bezeugen die vielen Kirchen. Bereits 614 war Worms nachweislich Bischofssitz und der Dombezirk ist noch heute Zentrum der Stadt am Rhein.

TOP TIPP Einer von drei Kaiserdomen ist der **Dom St. Peter** (Domplatz, Tel. 062 41/61 15, www.wormser-dom.de, April–Okt. tgl. 9–18, sonst bis 17 Uhr) aus dem 12. Jh. Er gilt als eines der schönsten Bauwerke der späten Romanik im Rheinland. Die doppelchörige Basilika zeichnet sich durch reichen ornamentalen Schmuck aus. Kunstgeschichtlich besonders wertvoll ist das um 1300 als *Bilderbibel* gestaltete Südportal. Im ›Nibelungenlied‹ ist das nördliche Kaiserportal Schauplatz des Streits zwischen Kriemhild und Brünhild. Nachdem der Dom während des Pfälzischen Erbfolgekriegs 1689 ausgebrannt war, entstand die barocke Innenausstattung, darunter der Hochaltar von *Balthasar Neumann* (1687–1753) aus vergoldetem Holz und verschiedenfarbigem Marmor.

In der Innenstadt am Lutherplatz befindet sich das **Lutherdenkmal** (1868), das größte Reformationsdenkmal der Welt. Im Mittelpunkt der burgähnlichen Anlage steht *Martin Luther* (1483–1546), der 1521 vor dem Wormser Reichstag seine Lehre widerrufen sollte. Das Postament zeigt Szenen aus seinem Leben. Zu seinen Füßen sitzen die Vorreformatoren Savonarola, Hus, Waldus, Wyclif. Auf den Ecken der Außenmauer stehen bedeutende Zeitgenossen des Reformators: Friedrich der Weise, Philipp der Großmütige, Reuchlin und Melanchthon. Dazwischen sind ›Augsburg mit der Friedenspalme‹, die ›trauernde Magdeburg‹ und die ›protestierende Speyer‹ zu erkennen.

Am Torturmplatz östlich vom Dom werden die Nibelungen im **Nibelungenmuseum** (Fischerpförtchen 10, Tel. 062 41/20 21 20, www.nibelungenmuseum.de, Di–Fr 10–17, Sa/So 10–18 Uhr) auf unterhaltsame und moderne Weise multimedial präsentiert. Die meisten Szenen des um 1200 entstandenen ›Nibelungenliedes‹ spielen in und um Worms.

Praktische Hinweise

Information

Tourist Information, Neumarkt 14, Worms, Tel. 062 41/250 45, www.worms.de

Hotel

Parkhotel Prinz Carl, Prinz-Carl-Anlage 10–14, Worms, Tel. 062 41/30 80, www.parkhotel-prinzcarl.de. Zentral auf ehem. Kasernengelände gelegenes Hotel mit modernem 4-Sterne-Komfort.

Restaurant

Hagenbräu, Am Rhein 3, Worms, Tel. 062 41/92 11 00. Das Gasthaus liegt direkt an der Rheinpromenade. Im Sommer werden das selbstgebraute Bier und die Gerichte aus der hauseigenen Metzgerei auch im Freien auf der Terrasse serviert.

Route

Westlich von Worms auf der A61 nach Süden Richtung Ludwigshafen. Bei Ausfahrt 4 Maxdorf abbiegen und auf der B37 nach Bad Dürkheim (33 km).

9 Bad Dürkheim *U7*

Ein attraktiver Urlaubs- und Kurort am Rande des Pfälzer Waldes.

Bad Dürkheim (19 000 Einw.) hat sieben Quellen, deren heilende Wirkung schon die Römer schätzten. Der Kurort bietet allerhand Abwechslung und sogar ein Casino. Außerdem liegt er im Zentrum der nach Rheinhessen zweitgrößten deutschen *Weinbauregion*, der Pfalz. Der *Dürkheimer Wurstmarkt* (www.duerkheimer-wurstmarkt.de), der am zweiten und dritten Septemberwochenende stattfindet, ist eines der größten Weinfeste der Welt. Seine Ursprünge reichen bis zum Michaelis-

Den Hochaltar des Wormser Doms schuf Balthasar Neumann Mitte des 18. Jh.

Die Stiftskirche begrenzt den Marktplatz von Neustadt an der Weinstraße

markt im 15. Jh. zurück. Der 1832 erstmals amtlich erwähnte Name ›Wurstmarkt‹ hatte sich auf Grund des hohen Wurstkonsums während des Festes eingebürgert.

Am Südufer der Isenach wurde um 1025 das **Kloster Limburg** errichtet, das 1504 ausbrannte und nicht wieder aufgebaut wurde. 1847 kaufte die Gemeinde Dürkheim die Ruinen und ließ einen ausgedehnten Park anlegen. Hier finden im Sommer Konzerte und andere Open-Air-Veranstaltungen statt. Wer gerne in alten Ruinen umherwandert, sollte auch die der **Hardenburg**, 4 km westlich von Bad Dürkheim, besuchen. Sie wurde im Jahr 1093 erstmals erwähnt. 1692 gab es eine Explosion und 1794 brannte sie nieder.

Praktische Hinweise

Information

Tourist Information, Kurbrunnenstr. 14, Bad Dürkheim, Tel. 063 22/956 62 50, www.bad-duerkheim.de

Hotel

Gartenhotel Heusser, Seebacher Str. 50–52, Bad Dürkheim, Tel. 063 22/93 00, www.hotel-heusser.de. Familiäres Haus mit 84 Zimmern und Restaurant.

Route

Richtung Süden weiter auf der B271 nach Neustadt (16 km).

10 Neustadt an der Weinstraße

U7

Wiege der deutschen Demokratie und Weinhauptstadt Deutschlands.

Gegründet wurde die ›Neue Stadt‹ im 13. Jh. durch Pfalzgraf Ludwig I. und seinen Sohn Otto II. unterhalb ihrer **Burg Wolfsburg**, die allerdings 1633 geschleift wurde. Der Zusatz ›an der Weinstraße‹ verweist bereits auf die Besonderheit der Gegend. Neustadt (54 000 Einw.) liegt im

Deutsche Weinstraße

Die Deutsche Weinstraße, die sich durch die Pfalz, die zweitgrößte deutsche Weinbauregion, schlängelt, wird am letzten Sonntag im August auf 80 km für den motorisierten Verkehr gesperrt. Am Erlebnistag Deutsche Weinstraße betreiben die Winzer entlang der Strecke zwischen dem Weintor in Schweigen und dem Weinhaus in Bockenheim Straußwirtschaften. Neben Weinproben locken kulinarische Köstlichkeiten. Informationen: Tel. 06 31/91 23 33, www.deutsche-weinstrasse.de

Pfälzer Weinanbaugebiet und ist ein Zentrum der deutschen Weinindustrie. In der Ortsmitte gibt es viele historische Bauten mit schönen Innenhöfen und die **Stiftskirche** aus dem 14. Jh., die sowohl über einen katholischen als auch einen protestantischen Kirchenraum verfügt.

TOP TIPP Bekannteste Sehenswürdigkeit aber ist das **Hambacher Schloss** (Tel. 063 21/308 81, www.hambacher-schloss.de, tgl. 10–18 Uhr, bis Anf. Nov. 2008 geschl.). Am 27. Mai 1832 demonstrierten beim *Hambacher Fest* rund 25 000 Menschen für die Einheit des zersplitterten Deutschland. Dabei wurde die schwarz-rot-goldene Flagge als Symbol eines vereinten Deutschlands erstmals gehisst. Seitdem wird das Schloss auch *Wiege der deutschen Demokratie* genannt.

Praktische Hinweise

Information

Tourist Information, Hetzelplatz 1, Neustadt, Tel. 063 21/92 68 92, www.neustadt.pfalz.com

Route

Von Neustadt nach Süden auf der L516 nach Landau, dann Richtung Westen auf die B10 nach Pirmasens (64 km).

11 Pirmasens U6

Lange Zeit das Zentrum der deutschen Schuhindustrie.

Pirmasens (43 000 Einw.) geht auf eine Siedlung zurück, die dem Kloster Hornbach unterstand, das im 8. Jh. vom *hl. Pirminius* gegründet worden war. 1763 verlieh Landgraf Ludwig IX. von Hessen-Darmstadt dem Ort, den er zu seiner Residenz ausbauen ließ, die Stadtrechte.

Im Stadtzentrum liegt der große Exerzierplatz, über den einst die Grenadiere des Landgrafen marschierten. Heute befindet sich hier das Rathaus. Über die Fußgängerzone gelangt man zum **Alten Rathaus** (1770), das wie die meisten historischen Gebäude in Pirmasens während des Zweiten Weltkrieges zerstört, aber 1959–63 wieder aufgebaut wurde. Einen Besuch lohnt das hier untergebrachte *Schuhmuseum* (Hauptstr. 26, Tel. 063 31/84 22 99, Do 15–18, So 10–13 Uhr), das Fußbekleidung aus aller Welt und unterschiedlichen Epochen zeigt. Die Schuhproduktion war vom 19. Jh. bis in die 1970er-Jahre der Hauptindustriezweig der Stadt, dann wanderten die Fabriken ins Ausland ab.

Vom Alten Rathaus führt die attraktive **Schlosstreppe**, die den Schlossbrunnen großzügig einrahmt, über die Schlossstraße zur *Pirminiuskirche* (1897–1901) hinauf. Diese imposante Treppenanlage ist nicht die einzige in Pirmasens, das auf und um zwei Felsen herum erbaut wurde. Enorme Höhenunterschiede ließen sich nur mit Hilfe von Treppen überwinden, von denen noch 63 mit insgesamt 2400 Stufen existieren. Für die Stadtbesichtigung empfiehlt sich also stabiles und bequemes Schuhwerk.

Praktische Hinweise

Information

Stadtverwaltung Pirmasens, Exerzierplatz 3, Pirmasens, Tel. 063 31/84 23 55, www.pirmasens.de

Route

Zuerst auf die B10, dann auf die B423 nach Homburg. Links abbiegen und auf der B40 nach Saarbrücken (65 km).

Die Schlosstreppe in Pirmasens führt zur Pirminiuskirche hinauf

TOUR
24

Mosel – zwischen Mittelalterromantik und grünen Weinbergen

3–4 Tage • 402 km

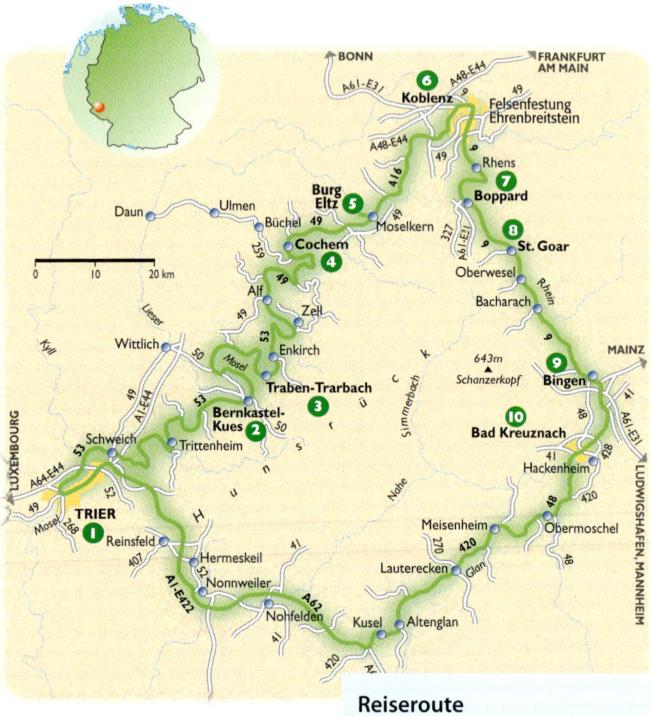

Reiseroute

Trier	▶	**Bernkastel-Kues (60 km)**
Bernkastel-Kues	▶	**Traben-Trarbach (25 km)**
Traben-Trarbach	▶	**Cochem (50 km)**
Cochem	▶	**Burg Eltz (22 km)**
Burg Eltz	▶	**Koblenz (35 km)**
Koblenz	▶	**Boppard (21 km)**
Boppard	▶	**St. Goar (14 km)**
St. Goar	▶	**Bingen (29 km)**
Bingen	▶	**Bad Kreuznach (16 km)**
Bad Kreuznach	▶	**Trier (149 km)**

1 Trier

S4

Einst die größte römische Stadt nördlich der Alpen.

Trier (102 000 Einw.) wurde um 16 v. Chr. als *Augusta Treverorum* von den Römern an der Mosel gegründet und war zeitweilig die größte römische Stadt nördlich der Alpen. Im 5. Jh. n. Chr. fiel Trier an die Franken und erblühte erst wieder, als die Erzbischöfe im Jahr 902 die Herrschaft übernahmen. Sie gehörten 1198–1803 zu den drei geistlichen *Kurfürsten* des Heiligen Römischen Reiches, die zusammen mit vier, später sechs weltlichen Kurfürsten den deutschen König wählten. Während des Dreißigjährigen Krieges wurde die Residenz *Kurtriers* 1629 ins Schloss Philippsburg nach Ehrenbreitstein bei Koblenz verlegt. Infolgedessen sank die politische und wirtschaftliche Bedeutung Triers. Der Wiederaufbau der im Zweitem Weltkrieg beschädigten Altstadt konnte in den 1970er-Jahren abgeschlossen werden. Heute präsentiert sich Trier als eine lebendige Universitätsstadt, die sich rund um den malerischen **Hauptmarkt** erstreckt.

Zahlreiche eindrucksvolle Baudenkmäler belegen Triers 400 Jahre währende römische Geschichte, darunter die TOP TIPP **Porta Nigra** (April–Sept. tgl. 9–18, Okt., März tgl. 9–17, Nov.–Febr. tgl.

9–16 Uhr), die um 180 n. Chr. aus riesigen Sandsteinblöcken als Nordtor der römischen Stadtbefestigung erbaut wurde. Die beiden dreigeschossigen Tortrakte mit jeweils zwei Öffnungen sind seitlich durch Turmbauten verbunden. Triers Wahrzeichen ist eines der besterhaltenen antiken Bauwerke in Deutschland. Nach dem Tod des *hl. Simeon*, der im Ostturm gelebt hatte, wurde die Porta Nigra 1035 zur romanischen Doppelkirche St. Simeon umgebaut. Von dieser ist heute noch eine Apsis zu sehen.

In Trier gehören neben römischen Profanbauten wie der Porta Nigra auch die Liebfrauenkirche und der **Dom St. Peter** (Tel. 06 51/979 07 90, www.dominformation.de, April–Okt. tgl. 6.30–18, sonst tgl. bis 17.30 Uhr) zum UNESCO Weltkulturerbe. Die erste deutsche Bischofskirche wurde unter Kaiser Konstantin 326–348 errichtet. In der Folgezeit entstand eine mächtige Kirchenanlage, doch nur die nördliche Basilika überstand die Wirren der Völkerwanderungszeit (5. Jh.) und den Einfall der Normannen (9. Jh.). Ab dem 11. Jh. wurde sie durch West- und Ostchor im romanischen Stil erweitert. Im 13. Jh. wurde der Dom gotisch eingewölbt und durch einen Kreuzgang ergänzt. Aus der Barockzeit stammen die Orgel (18. Jh.) und die Heiltumskammer (17. Jh.), in der die wichtigste Reliquie des Doms, der *Heilige Rock*, aufbewahrt wird. Bemerkenswert sind außerdem die mittelalterlichen und barocken Grabdenkmäler der Trierer Erzbischöfe. Kostbarkeiten von der Spätantike bis zur Gegenwart zeigt die *Schatzkammer* (April–Okt. Mo–Sa 10–17, So 12.30–17, Nov.–März Mo–Sa 11–16, So 14–16 Uhr), z. B. eine Reliquie des *Heiligen Nagels*, Handschriften und liturgische Gewänder. Vertiefende Einblicke gewährt das **Bischöfliche Dom- und Diözesanmuseum** (Windstr. 6–8, Tel. 06 51/710 52 55, www.bistum-trier.de/museum, April–Okt. Mo–Sa 9–17, So 13–17, Nov.–März Di–Sa 9–17, So 13–17 Uhr) nördlich des Doms mit Funden aus den spätantiken Vorgängerbauten.

Die im 13. Jh. unmittelbar neben dem Dom erbaute **Liebfrauenkirche** (April–Okt. tgl. 7.30–18, sonst bis 17.30 Uhr) ist das älteste gotische Gotteshaus in Deutschland. Einzigartig ist der Grundriss. Kapellen füllen die Ecken zwischen den Armen des kreuzförmigen Zentralbaus. Über ihm ragt der mächtige Vierungsturm auf. Das Innere beeindruckt mit architektonischer Strenge und schlichter Eleganz, das ursprüngliche Inventar wurde im Zweiten Weltkrieg fast völlig zerstört. Original sind jedoch die Malereien (16. Jh.) auf den schlanken Säulen, die die 12 Apostel zeigen.

Am nahen Konstantinplatz befindet sich die **Römische Palastaula** (April–Okt. Mo–Sa 10–18, So 12–18, Nov.–März Di–Sa 11–12 und 15–16, So 12–13 Uhr). Die ›*Aula Palatina*‹ wurde Anfang des 4. Jh. als Thronsaal für Kaiser Konstantin errichtet, der 306–316 in Trier residierte. Von der prunkvollen Ausstattung ließen die Franken im 5. Jh. nichts übrig. Das in seinen Ausmaßen (71,5 m lang, 32,6 m breit) im-

Zeuge der römischen Vergangenheit: Die Porta Nigra in Trier wurde um 180 n. Chr. erbaut

Der Hauptmarkt von Trier ist einer der malerischsten Altstadtplätze in der Moselregion

mer noch imposante Gebäude dient nun als evangelische Kirche.

Durch den Palastgarten gelangt man zum **Rheinischen Landesmuseum** (Weimarer Allee 1, Tel. 06 51/977 40, www.landes museum-trier.de, Di–So 9.30–17.30 Uhr), das erlesene archäologische Funde aus Trier und den Römersiedlungen entlang der Mosel präsentiert, u. a. das *Neumagener Weinschiff*, das Grabmal eines römischen Weinhändlers.

Weiter südlich stehen die Reste der **Kaiserthermen** (April–Sept. tgl. 9–18, Okt., März tgl. 9–17, Nov.–Febr. tgl. 9–16 Uhr) aus dem 4. Jh., die zu den größten Badeanlagen des Römischen Imperiums zählten. Erhalten blieben das *Caldarium* mit seinem 33 m hohen Tonnengewölbe sowie vier Kesselräume, in denen das Wasser erhitzt wurde, und die unterirdischen Versorgungsgänge. Öffentliche Bäder waren genauso wie spektakuläre Tierhatzen und Gladiatorenkämpfe fester Bestandteil des römischen Lebens. Also sollte man unbedingt einen Abstecher zum **Amphitheater** (April–Sept. tgl. 9–18, Okt., März tgl. 9–17, Nov.–Febr. tgl. 9–16 Uhr) machen, das um 100 am Petrisberg im Südosten der Stadt für ca. 20 000 Zuschauer errichtet wurde.

Die im Südwesten der Stadt und nahe der Mosel gelegenen **Barbarathermen** (derzeit geschl.) waren zu ihrer Entstehungszeit im 2. Jh. die drittgrößten im Römischen Reich. Davon zeugen heute nur noch die unterirdischen Gänge zum Heizen und zur Wasserführung der Bäder, die Thermen selbst wurden während des Mittelalters als Steinbruch genutzt.

Das **Museum Karl-Marx-Haus** (Brückenstr. 10, www.museum-karl-marx-haus.de, April–Okt. Mo 13–18, Di–So 10–18, Nov.–März Mo 14–17, Di–So 10–13 und 14–17 Uhr) informiert mit einer modern gestalteten Dokumentation über Leben und Werk des hier geborenen Philosophen und Ökonomen Karl Marx (1818–1883).

i Praktische Hinweise

Information

Tourist-Information, An der Porta Nigra, Trier, Tel. 06 51/97 80 80, www.trier.de

Hotels

Deutscher Hof, Südallee 25, Trier, Tel. 06 51/977 80, www.hotel-deutscher-hof.de. 102 Zimmer und ein Restaurant südlich des Stadtzentrums.

Mercure Trier Porta Nigra, Porta-Nigra-Platz 1, Trier, Tel. 06 51/270 10, www.mercure.com. Das moderne Hotel liegt direkt gegenüber der Porta Nigra.

Restaurant

Palais Kesselstatt, Liebfrauenstr. 9, Trier, Tel. 06 51/402 04. Gehobene französische Küche im barocken Ambiente am Dom.

Route

Von Trier auf der B53 nach Nordosten Richtung Bernkastel-Kues (60 km).

2 Bernkastel-Kues S5

Gemütlichkeit, Mittelalterromantik und guter Wein.

Bernkastel, dem Rudolf von Habsburg im 13. Jh. Stadtrechte verliehen hatte, und das benachbarte Winzerdorf Kues wurden 1905 zu Bernkastel-Kues (6800 Einw.) zusammengeschlossen. Das rechts der Mosel gelegene Bernkastel wartet mit verwinkelten Gassen und malerischen Fachwerkhäusern auf. Besonders schön ist der zentrale **Marktplatz** mit dem im Stil der Spätrenaissance erbauten **Rathaus** (1608), an dessen Fassade noch immer die Eisenketten eines Prangers baumeln. Davor steht der filigrane *St.-Michaels-Brunnen* (1606). In der nahen Pfarrkirche **St. Michael** (14. Jh.) zeigt eine Szene auf dem *Pestaltar* (17. Jh.) den Marktplatz um 1630.

In Kues jenseits der Mosel steht das **St.-Nikolaus-Hospital** (Tel. 065 31/22 60, www.cusanus.de, So–Fr 9–18, Sa 9–15 Uhr), das der 1401 in Kues geborene Universalgelehrte, Philosoph und Kardinal *Nikolaus von Kues*, genannt *Cusanus*, 1447 stiftete. Nach seinem Tod 1464 wurde er zwar in Rom begraben, aber sein Herz ruht unter einer Messingplatte im Altarraum der hiesigen Hauskapelle. Außerdem vermachte Cusanus dem Hospital seine wertvolle Bibliothek mit Handschriften des 9.–15. Jh. Der stattliche Komplex dient heute als Altenheim. In den einstigen Stallungen aber befindet sich das **Weinmuseum** (Tel. 065 31/41 41, 16. April–Okt. 10–17, Nov.–15. April 14–17 Uhr) mit einer modern und multimedial aufbereiteten Ausstellung über Winzer und Weinbau. In den einstigen Wirtschaftsgebäuden und spätgotischen Kellergewölben lädt eine *Vinothek* zur Weinprobe ein. Immerhin gedeihen auf den steilen Schieferhängen rund um Bernkastel-Kues Trauben, die zu edlen Tropfen gekeltert werden. Die Rieslingweine sind weit über die Ortsgrenzen hinaus bekannt.

Praktische Hinweise

Information

Tourist-Information, Gestade 6, Bernkastel-Kues, Tel. 065 31/40 23 und 40 24, www.bernkastel.de

Hotel

Zur Post, Gestade 17, Bernkastel-Kues, Tel. 065 31/967 00, www.posthotels.de. Stilvolles Hotel in einem Fachwerkhaus.

Route

Weiter auf der B53 nach Traben-Trarbach (25 km).

3 Traben-Trarbach S5

Luftkurort zwischen Ruinen und Weinbergen im Moseltal.

Der traditionsreiche Wein- und Luftkurort Traben-Trarbach (6000 Einw.) verwöhnt seine Gäste mit mildem Klima und einer Thermalquelle, der *Moseltherme* (Wildsteiner Weg, www.moseltherme.de). Im 18./19. Jh. zerstörten Brände die mittelalterlichen Gebäude, den Zweiten Weltkrieg jedoch überstanden die 1904 vereinten Gemeinden Traben und Trarbach fast unbeschadet. Noch heute prägen daher *Historismus* und *Jugendstil* das Stadtbild. Der florierende Weinhandel hatte für Wohlstand und rege Bautätigkeit um 1900 gesorgt. Herausragend sind die Jugendstilbauten des Berliner Architekten *Bruno Möhring* (1863–1929). Die von ihm geplante Moselbrücke (1903) wurde 1945 zwar bis auf das **Brückentor** in Trarbach gesprengt, aber die sachlich-eleganten Formen der **Kellerei Kayser** (heute Mosel-Castell, Wolfer Weg) von 1905–07 in Trarbach sowie die klaren Linien der **Villa Huesgen** (Am Bahnhof 52) von 1904 in Traben sind herrliche Beispiele seines Schaffens.

Ein Abstecher zur Ruine der **Grevenburg** oberhalb von Traben-Trarbach wird mit einer fantastischen Aussicht über die Stadt und das Moseltal belohnt. Die um 1350 errichtete Festung wurde 1520–1734 sechsmal eingenommen und schließlich fast komplett zerstört, nur ein Wandbruchstück blieb übrig. Die zweite Feste über der Stadt, die Zwingfeste **Mont Royal**, die 1687–92 auf Befehl des französischen Königs Ludwig XIV. erbaut worden war, wurde bereits 1698 geschleift.

Praktische Hinweise

Information

Tourist-Information, Am Bahnhof 5, Traben-Trarbach, Tel. 065 41/839 80, www.traben-trarbach.de

Blick auf das romantische Städtchen Cochem sowie die mächtige Reichsburg

Route

Weiter auf der B53, hinter Alf auf die B49 nach Cochem (50 km).

4 Cochem R5

Ein altes romantisches Städtchen zwischen Eifel und Hunsrück.

Beliebtes Touristenzentrum im Moseltal ist die Stadt Cochem (5200 Einw.), die mitten in einem bedeutenden Weinbaugebiet liegt. Cochem wurde erstmals 866 urkundlich erwähnt. Etwa um das Jahr 1000 ließ Pfalzgraf Ezzo die Burg Cochem errichten, die unter den Staufern im 12. Jh. **Reichsburg** (Tel. 02671/255, www.reichsburg-cochem.de, Führungen Mitte März–Nov. tgl. 9–17 Uhr) wurde. Im 17. Jh. zerstörten französische Truppen König Ludwigs XIV. Stadt und Burg, doch die Festung wurde 1874 nach Plänen von 1576 wieder aufgebaut. Von der mächtigen Feste aus hat man eine wunderschöne Aussicht auf das Moseltal und seine Weinberge. In der Stadt beeindrucken schöne schiefergedeckte Fachwerkhäuser und die Pfarrkirche **St. Martin** durch ihren gotischen Chor mit Sterngewölbe.

Praktische Hinweise

Information

Tourist-Information, Endertplatz 1, Cochem, Tel. 02671/60040, www.cochem.de

Hotels

Burg-Hotel, Moselpromenade 23, Cochem, Tel. 02671/7117, www.burghotel-cochem-mosel.de. Gediegenes Hotel mit 43 Zimmern.

Lohspeicher, Obergasse 1, Cochem, Tel. 02671/3976, www.lohspeicher.de. Stilvolles kleines Hotel mit 9 Zimmern.

Restaurant

Weißmühle, im Enderttal, Cochem, Tel. 02671/8955. Hotel-Restaurant mit regionaler Küche, u. a. Forellenspezialitäten.

Route

Von Cochem weiter auf der B49, ab Karden auf der B416 bis Moselkern, dort nach links zur Burg Eltz (22 km).

5 Burg Eltz R5

TOP TIPP *Romantische Burganlage – ganz wie aus einem Märchenbuch.*

Hoch über dem Weinstädtchen **Moselkern** thront die Burg Eltz (Tel. 02672/950500, www.burg-eltz.de, Führungen April–Okt. tgl. 9.30–17.30 Uhr), eine der faszinierendsten Sehenswürdigkeiten in der Region. Die hervorragende Lage auf einem 70 m hohen Felskopf machte die Burg über Jahrhunderte hinweg uneinnehmbar. Selbst heute noch ist der Burgberg nur mit Mühen zu bezwingen, denn die Straße endet an der *Antoniuskapelle* und die letzten hundert Meter müssen zu Fuß oder mit dem Shuttlebus überwunden werden. Die Burg wurde im 12. Jh. als befestigte Wohnanlage der Ritter von Eltz konzipiert und im 15. Jh. um das *Rübenacher Haus* erweitert. Dessen Fachwerk, Erker und Türmchen tragen wesentlich zur romantisch-märchenhaften Erscheinung des architektonisch vielfältigen Komplexes bei. Im 16./17. Jh. entstanden weitere Häuser und Wohntürme. Die Ritter von Eltz machten im 16.–18. Jh. als Kurfürsten von Trier und Mainz Karriere und in der Burg lebten bis zu 100 Familienmitglieder sowie zahlreiche Bedienstete. Bei einer Besichtigung kann man sich von der Wohnlichkeit und reichen Ausstattung der Anlage überzeugen. Die Wände des Rübenacher Untersaals z. B. sind mit Gobelins und Tafelbildern wie ›Das Mädchen mit der Traube‹ von *Lucas Cranach d. Ä.* (1472–1553) geschmückt.

Route

Von der Burg Eltz zurück nach Moselkern, dann links auf die B416 nach Koblenz (35 km).

6 Koblenz R6

Eine der ältesten Städte Deutschlands am bekannten Deutschen Eck.

Die Ursprünge und der Name von Koblenz (107 000 Einw.) gehen zurück auf ein *Castrum ad confluentes*, ein Lager am Zusammenfluss von Mosel und Rhein. Vermutlich errichteten die Römer diesen Außenposten schon vor der Herrschaft Kaiser Tiberius' (reg. 14–37 n. Chr.). Im Zweiten Weltkrieg wurde die Koblenzer Altstadt zwar weitgehend zerstört, doch der Wiederaufbau konnte in den 1970er-Jahren abgeschlossen werden.

Parallel zum Rheinufer erstreckt sich das 1777–93 im Stil des französischen Frühklassizismus errichtete **Kurfürstliche Schloss**. An seiner Westseite zur Stadt hin umrahmen zwei halbkreisförmige Flügel den großen Vorplatz. Die einstige Resi-

Zahllose Türmchen und Erker verleihen der Burg Eltz ihr romantisches Erscheinungsbild

denz der Erzbischöfe und Kurfürsten von Trier diente 1850–57 als Sitz des preußischen Militärgouverneurs Prinz Wilhelm, des späteren deutschen Kaisers Wilhelm I. Das 1944 ausgebrannte Hauptgebäude wurde 1950/51 für das Sicherheitsamt der Alliierten wieder aufgebaut. Heute beherbergt es verschiedene Bundesbehörden und ist nicht öffentlich zugänglich.

Zwischen Schloss und Rhein ließ Augusta, die Ehefrau Kaiser Wilhelms I., 1865 die später nach ihr benannten **Kaiserin-Augusta-Anlagen** vom preußischen Gartenbaumeister *Peter Joseph Lenné* (1789–1866) gestalten. Die herrliche Flusspromenade führt in nördlicher Richtung zur Basilika **St. Kastor** von 836. 842/43 wurde hier über die Dreiteilung des Frankenreiches entschieden. Die jetzige gotische Gestalt geht auf das 12./13. Jh. zurück. 1944 wurde die Kirche schwer beschädigt, 1948–55 aber wieder hergestellt. Baukörper und Gewölbe, so auch die beiden sehenswerten Sterngewölbe (15. Jh.) im Hauptschiff und in der Vierung über dem Altar, waren erhalten geblieben.

Ein Teil des St.-Kastor-Geländes am Rhein wurde 1216 dem *Deutschen Orden* überlassen. Heute steht hier noch das **Deutschherrenhaus** (Di–Sa 10.30–17, So/Fei 11–18 Uhr), das einstige Verwaltungsgebäude, inmitten eines verwunschen wirkenden Blumenhofs. Im Inneren präsentiert das *Ludwig Museum* zeitgenössische, vorwiegend französische Kunst.

Einige Meter weiter erreicht man das nach der Ansiedlung des Deutschen Ordens benannte **Deutsche Eck**, die Stelle, an der die Mosel in den Rhein mündet. Das 1897 hier errichtete *Reiterstandbild Kaiser Wilhelms I.* wurde 1945 zerstört und der verbliebene Sockel 1953 zum ›Mahnmal der Deutschen Einheit‹ umfunktioniert. An die Wiedervereinigung 1990 erinnern drei Bruchstücke von der Berliner Mauer, 1993 wurde dann eine Nachbildung des Reiterstandbildes aufgestellt.

Das gegenüberliegende Rheinufer beherrscht die **Felsenfestung Ehrenbreitstein** (Tel. 02 61/66 75 40 00, www.festung ehrenbreitstein.de, ganzjährig geöffnet, Führungen März–Nov. tgl. 10–17 Uhr zur vollen Stunde). Die im 16. Jh. errichtete Anlage geht auf eine Burg aus dem Jahr 1000 zurück. Den Franzosen war sie schon immer ein Dorn im Auge und Napoleon ließ sie 1801 zerstören. Die Preußen rekonstruierten die wehrhafte Bastion 1817–32, laut Versailler Vertrag von 1919 durfte sie aber nie mehr militärischen Zwecken dienen. Immer noch beeindrucken die massiven Befestigungsanlagen ebenso wie der spektakuläre Blick auf Koblenz und zu den fernen Bergzügen der Eifel und des Hunsrücks.

i Praktische Hinweise

Information

Tourist-Information, Jesuitenplatz 2, Koblenz, Tel. 02 61/13 09 20, und Bahnhofplatz 17, Tel. 02 61/313 04, www.koblenz.de

Hotel

Brenner, Rizzastr. 20–22, Koblenz, Tel. 02 61/91 57 80, www.hotel-brenner.de. Das Hotel in der Innenstadt bietet 24 elegant eingerichtete Zimmer.

Am Deutschen Eck mit dem Reiterstandbild Kaiser Wilhelms I. mündet die Mosel in den Rhein

Eindrucksvoll windet sich der Fluss zu einer Rheinschleife, an der das Städtchen Boppard liegt

Restaurant

Weinhaus Hubertus, Florinsmarkt 6, Koblenz, Tel. 02 61/311 77. Gutbürgerliche regionale Gerichte vom Griebenschmalzbrot bis zum Winzersteak.

Route

Von Koblenz auf der B9 Richtung Süden nach Boppard (21 km).

7 Boppard *R6*

Reizvoll am Mittelrhein gelegene Stadt mit keltischem Ursprung.

Boppard (17 000 Einw.), die von den Kelten *Bandobriga* genannte Siedlung, liegt an einer eindrucksvollen **Rheinschleife**. Um 400 n. Chr. errichteten die Römer hier zahlreiche Befestigungen, von deren 8 m hohen Mauern noch Reste zu sehen sind.

Zu den Sehenswürdigkeiten der Stadt zählt die spätromanische Kirche **St. Severus** (12. Jh.) am zentralen Marktplatz mit zwei wertvollen Ausstattungsstücken: dem *Triumphkreuz* über dem Hauptaltar sowie der Skulptur der ›Lächelnden Madonna mit Kind‹. Interessant ist auch die rheinaufwärts gelegene gotische **Karmeliterkirche** (14. Jh.). Das turmlose, schlichte Äußere entspricht so gar nicht dem aufwendig gestalteten Inneren mit reichgeschnitztem Chorgestühl (15. Jh.).

In der **Kurfürstlichen Burg** (14. Jh.), die als Zollstation unmittelbar am Rhein errichtet wurde, befindet sich heute das *Stadtmuseum* (Tel. 067 42/103 69, April–Okt. Di–So 10–12.30 und 13.30–17 Uhr) mit einer informativen Sammlung zur Stadtgeschichte und einer einzigartigen Auswahl an Bugholz-Möbeln von *Michael Thonet* (1796–1871) und seinen Söhnen, darunter der *Bopparder Schichtholzstuhl* (1836). Der Tischler, Möbelfabrikant und Designpionier kam in Boppard auf die Welt, lebte und arbeitete hier bis zu seiner Übersiedlung nach Wien 1842.

i Praktische Hinweise

Information

Tourist-Information, Altes Rathaus, Marktplatz, Boppard, Tel. 067 42/38 88, www.boppard.de

Route

Von Boppard weiter auf der B9 nach St. Goar (14 km).

8 St. Goar *R6*

Mittelalterliche Burg und ein kunstvolles Feuerwerk.

Im Mittelalter errichteten viele Ritter ihre Burgen an Flussengen und lebten davon, Wegezoll von vorbeifahrenden Schiffen zu fordern – oder diese einfach auszurauben. Eine dieser ›Zollstationen‹ war **Burg Rheinfels** (Tel. 067 41/77 53, April–Okt. tgl. 9–18, Nov.–März Sa/So 10–17 Uhr), die die Grafen von Katzenelnbogen 1245 kurz vor

St. Goar (4000 Einw.) erbauen ließen. Teile der Festung sind heute nur noch Ruinen, deren viele unterirdische Gänge man erkunden kann. Im Frauenbau aber dokumentiert das *Heimatmuseum* (April–Okt. tgl. 10–12.30 und 13–17 Uhr) die Geschichte St. Goars. Ein anderer Teil der Anlage wurde zum *Hotel Schloss Rheinfels* (Schlossberg 47, Tel. 067 41/80 20, www.schlossrheinfels.de) ausgebaut.

Die kleine Stadt St. Goar selbst schmiegt sich an den Rhein. Hoch ragen die Türme der sehenswerten **Stiftskirche** auf, deren Krypta bereits in romanische Zeit datiert. Jedes Jahr am 3. Samstag im September ist der Ort Schauplatz des beliebten Feuerwerks ›Rhein in Flammen‹ (www.rhein-in-flammen.de).

Praktische Hinweise

Information

Tourist-Information, Heerstr. 86, St. Goar, Tel. 06 741/383, www.st-goar.de

Route

Von St. Goar auf der B9 Richtung Süden nach Bingen (29 km).

9 Bingen *S7*

Tor zum Mittelrheintal und Wirkungsstätte der Hildegard von Bingen.

Bereits im 4. Jh. beschrieb der römische Dichter Ausonius einen römischen Militärweg zwischen Trier und Bingen (26 000 Einw.). In der beschaulichen Stadt am Zusammenfluss von Nahe und Rhein inmitten der herrlichen Landschaft des *Rheingaus* spielen heute Weinanbau und Tourismus eine große Rolle.

Im Stadtzentrum erhebt sich auf dem *Kloppberg* die **Burg Klopp** (13. Jh., Tel. 067 21/18 40, April–Okt. tgl. auf Anfrage). Sie diente den Mainzer Erzbischöfen als Zollburg und nach 1438 auch als Zwingburg gegen die Bürger von Bingen. 1689 im Pfälzischen Erbfolgekrieg zerstörten französische Truppen die Festung, 1711 brannte sie völlig ab, wurde jedoch 1875–79 erneuert. Vom Turm hat man den besten Überblick über den Ort.

In südöstlicher Richtung gelangt man zum *Rochusberg*. 1666 wurde hier oben die **Rochuskapelle** errichtet, nachdem der Heilige Bingen von der Pest befreit hatte. Der Wallfahrtsort, im 18. Jh. zerstört und abgebrannt, wurde 1895 im neogotischen Stil wieder errichtet. Bemerkenswert ist der große Außenaltar mit einer Kanzel für Gottesdienste im Freien. Im Inneren der Kapelle befindet sich ein von Goethe gestiftetes Gemälde des *hl. Rochus* mit dem Konterfei des Dichters, der 1814 zusammen mit Clemens von Brentano das Rochusfest (16. Aug.) besuchte. Auch der *Hildegardaltar* mit Reliquien der berühmten Benediktinerin *Hildegard von Bingen* (1098–1179, s. u.) lohnt der Betrachtung.

Der Rochusberg zählt zu den von Kennern geschätzten Weinanbaugebieten. *Weinlehrpfade* machen mit den verschiedenen Rebsorten bekannt. Zum Abschluss eines solchen Spaziergangs kann man auf eine Kostprobe z. B. ins *Weingut Grünewald* (Burgstr. 87, Bingen-Büdesheim, Tel. 067 21/411 88) einkehren.

Hildegard von Bingen errichtete links der Nahe 1147–52 das **Kloster Rupertsberg**. Heute ist nur noch die gotische Krypta mit ihrem Rippengewölbe erhalten. Sie kann im Rahmen von Stadtführungen (Tel. 067 21/18 42 05) besichtigt werden. Hildegard lebte fast 30 Jahre in Bingen und verfasste hier Schriften zu Religion, Medizin, Biologie und Musik. Eine umfassende Ausstellung über Person, Leben und Wirken Hildegard von Bingens zeigt das **Museum am Strom – Hildegard von Bingen** (Museumsstr. 3, Tel. 067 21/99 06 54, Di–So 10–17 Uhr). Die Sammlung ist im neogotischen Bau eines früheren Elektrizitätswerks am Rheinufer untergebracht.

Auf einer kleinen Insel im Rhein steht das Wahrzeichen der Stadt, der **Mäuseturm**. Die Steinkonstruktion von 1208 ersetzte einen Holzturm, der schon 8 v. Chr. unter dem römischen Heerführer Drusus errichtet worden war. Eine Legende besagt, dass der wegen seiner Grausamkeit gefürchtete Bischof Hatto II. 970 zur Strafe in den Turm gesperrt und dort bei lebendigem Leibe von Mäusen aufgefressen wurde.

Praktische Hinweise

Information

Tourist-Information, Rheinkai 21, Bingen, Tel. 067 21/18 42 00, www.bingen.de

Hotel

Rheinhotel Starkenburger Hof, Rheinkai 1–2, Bingen, Tel. 067 21/143 41, www.rheinhotel-starkenburger.de. Familienbetrieb mit 30 Zimmern in Rheinnähe.

Stimmungsvoll inszeniert: Der Rhein bei St. Goar steht jedes Jahr im September in ›Flammen‹

Route

Von Bingen Richtung Süden auf der B48 nach Bad Kreuznach (16 km).

10 Bad Kreuznach *S6*

International renommierter Kurort und Weinzentrum mit mildem Klima.

Bad Kreuznach (44 000 Einw.) ist ein bekannter **Kurort** an der Nahe. Seine salzhaltigen Thermalquellen werden seit 1817 zur Behandlung von Rheuma, Gicht und ähnlichen Beschwerden genutzt. Ein stillgelegter Quecksilberstollen war 1912 der erste weltweit, der zur *Radontherapie* eingesetzt wurde. Im Schnittpunkt von drei großen deutschen Weinanbaugebieten (Rheinhessen, Mittelrhein und Naheland) gelegen, lockt die Stadt zudem mit zahlreichen Weingütern und *Straußwirtschaften*. Vor allem die Rieslingtraube, aber auch Silvaner, Grau- und Weißburgunder werden angebaut. Bei den Rotweinen dominiert der Dornfelder.

Bereits die Römer brachten den Weinbau an die Nahe. Bad Kreuznach geht zurück auf die Siedlung *Cruciniacum*, die von etwa 50 v. Chr. bis zum 4. Jh. n. Chr. zum Römischen Reich gehörte. Das **Römerhalle Museum** (Hüffelsheimer Str. 11, Tel. 06 71/920 77 87, Di–So 10–17 Uhr) am Westrand der Stadt dokumentiert den Alltag der Antike. Im Mittelpunkt stehen das *Gladiatoren-* und das *Oceanus-Mosaik* (3. Jh.). Sie schmückten einst die Palastvilla (2. Jh.), deren Reste nebenan besichtigt werden können.

Einzigartig sind Bad Kreuznachs gut erhaltene **Brückenhäuser**, die zwischen 1480 und 1612 auf den steinernen Pfeilern der Nahebrücke (um 1300) errichtet wurden. Handwerker und Kaufleute wollten den Verkehr über die Brücke, einer wichtigen Verbindung zu verschiedenen Handelswegen, für ihre Geschäfte nutzen.

Praktische Hinweise

Information

Tourist-Information, Kurhausstr. 22–24, Bad Kreuznach, Tel. 06 71/836 00 50, www.bad-kreuznach-tourist.de

Hotel

Der Quellenhof, Nachtigallenweg 2, Bad Kreuznach, Tel. 06 71/83 83 30, www.der-quellenhof.de. Komfortables Hotel mit Restaurant direkt am Naheufer.

Route

Von Bad Kreuznach erst auf die B48, dann auf die B420 Richtung Süden nach Kusel. Von dort auf die A62 Richtung Nonnweiler und weiter auf der A1/E422 nach Norden bis zum Autobahndreieck Moseltal. Dann auf der A602/B49 Richtung Südwesten nach Trier (149 km).

TOUR 25

Odenwald und Taubertal – auf den Spuren von Rittern und Romantik

3–4 Tage • 416 km

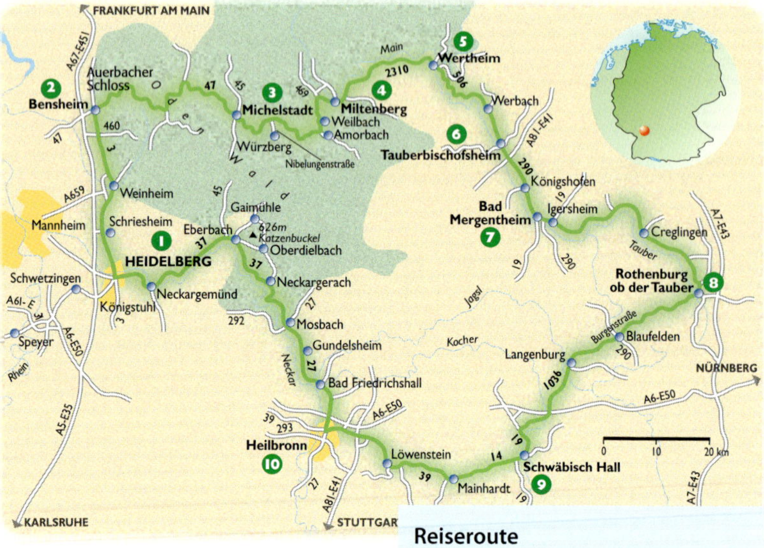

Reiseroute

Heidelberg ▸	**Bensheim (34 km)**
Bensheim ▸	**Michelstadt (44 km)**
Michelstadt ▸	**Miltenberg (30 km)**
Miltenberg ▸	**Wertheim (29 km)**
Wertheim ▸	**Tauberbischofsheim (27 km)**
Tauberbischofsheim ▸	**Bad Mergentheim (18 km)**
Bad Mergentheim ▸	**Rothenburg ob der Tauber (46 km)**
Rothenburg ob der Tauber ▸	**Schwäbisch Hall (57 km)**
Schwäbisch Hall ▸	**Heilbronn (49 km)**
Heilbronn ▸	**Heidelberg (82 km)**

1 Heidelberg U8

Wiege der deutschen Romantik mit weltbekannter Schlossruine.

Heidelberg (143 000 Einw.) liegt an den Ufern des Neckars und besitzt eine bezaubernde Altstadt, die sich zwischen dem Fluss und den unmittelbar angrenzenden Bergen erstreckt. Wie früh das Gebiet besiedelt war, bezeugt der etwa 600 000 Jahre alte Unterkieferknochen des *Homo heidelbergenis*. Dieser Fund aus der Mindeleiszeit ist im **Museum für Geologie und Paläontologie** (Im Neuenheimer Feld 234, Tel. 06221/546046, Mo–Fr 8.30–17 Uhr) zu sehen. Wahrzeichen der Universitätsstadt ist das **Schloss** (TOP TIPP) (Schlosshof 1, Tel. 06221/538431, www.schloss-heidelberg.de, Schlosshof und Großes Fass tgl. 8–18 Uhr) über der Altstadt. Hier residierten fünf Jahrhunderte lang die Kurfürsten von der Pfalz. Das genaue Alter des aus rotem Neckarsandstein erbauten Schlosses, ein Paradestück deutscher Renaissancearchitektur, ist nicht bekannt. Die vermutlich im 13./14. Jh. errichtete Residenz wurde im 17. Jh. durch die Truppen Ludwigs XIV. schwer beschädigt. Erhalten sind der Innenhof, die Große Terrasse, der Ottheinrichsbau (1557–66) mit dem **Deutschen Apothekenmuseum** (Tel. 06221/25880, www.deutsches-apotheken-museum.de, April–Okt. 10.15–18, Nov.–März 10–17.30 Uhr), der Friedrichsbau (1601–07) sowie ein 200 000-Liter-Weinfass (1751).

In der vom Barock geprägten **Altstadt** befindet sich das barocke *Palais Weimar* (18. Jh.). In der Stadtresidenz des Prinzen Wilhelm von Sachsen-Weimar ist heute das **Völkerkundemuseum** (Hauptstr. 235, Tel. 06221/22067, www.voelkerkundemuseum-vpst.de, Mi–Sa 14–18, So 11–18 Uhr, Aug. geschl.) untergebracht, das Kunst und Kultur aus Afrika, Asien und Ozeanien präsentiert. Östlich davon schließt das klassizistische **Karlstor** (18. Jh.), einem römischen Triumphbogen gleich, zu Ehren des Kurfürsten Karl Theodor erbaut, das historische Zentrum nach Osten hin ab.

Weiter westlich öffnet sich der Marktplatz mit dem im frühen 18. Jh. errichteten **Rathaus**. Die Fassade ist mit dem kurfürstlichen Wappen und mit Masken des ungarischen Bildhauers Heinrich Charrasky geschmückt. Dominiert wird der Platz von der **Heiliggeistkirche** (14.–16. Jh.), einstige Grablege der pfälzischen Kurfürsten und ehem. Aufbewahrungsort der berühmten Handschriftensammlung *Bibliotheca Palatina*. Am Südende des Marktes steht das **Haus zum Ritter**. Der herrliche Renaissancebau (1592) ist eines der wenigen Gebäude, die den Pfälzischen Erbfolgekrieg unbeschadet überstanden.

Die **Alte Universität** am Universitätsplatz wurde ab 1712 als barocker Neubau für die 1386 gegründete Universität errichtet. Sie ist damit die älteste Hochschule Deutschlands. Sehenswert sind der Löwenbrunnen auf dem Vorplatz und die Deckenmalereien in der Alten Aula (1885), die die vier Fakultäten Theologie, Recht, Medizin und Philosophie darstellen. Auch der 1778–1914 genutzte Karzer ist einen Blick wert. Vorbei an der *Neuen Universität* gelangt man zur ältesten erhaltenen Kirche der Stadt, der **Peterskirche** (12. Jh.). Ihr gegenüber steht das rote Sandsteingebäude der **Universitätsbibliothek** (1903–05), die die mittelalterliche Liedersammlung *Codex Manesse* zu ihren Schätzen zählt.

In der Nähe ist in einem der prächtigsten Barockbauten Heidelbergs, dem *Palais Morass* (1716), das **Kurpfälzische Museum** (Hauptstr. 97, Tel. 06221/5834020, Di–So 10–18 Uhr) untergebracht. Besonderes Augenmerk gilt der Römerzeit. Unter Einbeziehung der historischen Räume aus dem 18. Jh. wird aber auch die Geschichte der Kurpfalz dokumentiert.

Über die imposante *Karl-Theodor-Brücke* (1786–88) geht es ans andere Ufer des Neckars, zu einem Spaziergang auf dem **Philosophenweg** mit herrlichem Blick auf Altstadt und Schloss. Studenten hatten den Weg schon früh als Ort für romantische Treffen entdeckt. Weil Philosophie im Mittelalter als Basis aller Studien galt, wurden die Begriffe Philosoph und Student synonym verwendet.

Blick vom Philosophenweg über Heidelbergs Altstadt mit der Karl-Theodor-Brücke und der Heiliggeistkirche (rechts). Überragt wird sie vom Heidelberger Schloss (links)

Praktische Hinweise

Information

Tourist Information am Hauptbahnhof, Willy-Brandt-Platz 1, Heidelberg, Tel. 062 21/194 33, www.cvb-heidelberg.de

Hotel

Marriott, Vangerowstr. 16, Heidelberg, Tel. 062 21/90 80, www.marriott.de. Hotel in malerischer Lage am Neckar.

Restaurant

Weißer Bock, Große Mantelgasse 24, Heidelberg, Tel. 062 21/900 00. Die Küche bietet deftiges Pfälzer Bauernfrühstück sowie raffinierte regionale Gerichte, z. B. Kalbsbacken mit Blutwurststrudel.

Route

Von Heidelberg über die B3 nordwärts nach Bensheim (34 km).

2 Bensheim *T8*

Mittelalterliches Städtchen an der hessischen Bergstraße.

Das Stadtbild des erstmals im Jahr 765 erwähnten Bensheim (40 000 Einw.) prägen liebevoll restaurierte Fachwerkhäuser des 16.–19. Jh., die sich um die Kirchen St. Crescens (1554) und St. Georg (1830) gruppieren. Die bedeutendsten Sehenswürdigkeiten liegen im Stadtteil Auerbach. Im 13. Jh. wurde auf dem Auerberg das **Schloss Auerbach** (Tel. 062 51/729 23, www.schloss-auerbach.de) errichtet, als Zugbrückenanlage mit einer Ringmauer und drei Wachttürmen. Heute wird das Schloss für Veranstaltungen genutzt. Es bietet einen großartigen Blick über den Odenwald und den Melibokus (517 m), die höchste Erhebung an der Bergstraße.

Die Schönheit der Natur bewog die Landgrafen von Hessen-Darmstadt, sich in Auerbach eine Sommerresidenz, das sog. **Fürstenlager** (1790–95), errichten zu lassen. Das Herrenhaus dient heute als Hotel. Im herrlichen Park wachsen Bäume aus allen Erdteilen, darunter der 53 m hohe und mit ca. 150 Jahren wohl älteste Mammutbaum Europas.

Praktische Hinweise

Information

Verkehrsbüro, Hauptstr. 39, Bensheim, Tel. 062 51/582 63 14, www.bensheim.de

Hotel

Parkhotel Herrenhaus, Staatspark Fürstenlager, Bensheim, Tel. 062 51/709 00, www.parkhotel-herrenhaus.de. Im Biedermeierstil eingerichtete Hotelzimmer. Restaurant mit eigener Konditorei.

Route

Ab Bensheim auf der B47 weiter nach Michelstadt (44 km).

3 Michelstadt *T9*

Berühmtes Fachwerkrathaus und karolingische Einhardsbasilika.

Mitten im Odenwald liegt das zauberhafte Michelstadt (17 000 Einw.). Das schönste seiner zahlreichen Fachwerkhäuser ist das spätgotische **Rathaus** (1484) am zentralen Marktplatz. Es steht auf stabilen Stelzen, sodass das Erdgeschoss als offen zugängliche Markthalle genutzt werden konnte. Hinter dem Rathaus ragt der spitze Turm der gotischen **Stadtkirche** aus dem 15./16. Jh. auf. Im Inneren sind ein hübsches Sterngewölbe sowie im Stil der Renaissance gestaltete Wandgräber aus Alabaster zu bewundern.

Im nördlich gelegenen Ortsteil Steinbach befindet sich die **Einhardsbasilika** (Schlossstr. 17, Tel. 060 61/739 67, April–Sept. Di–So 10–12 und 13–18, sonst bis 17 Uhr), die um 821–827 von Einhard, Chronist und Berater Karls des Großen, erbaut wurde. Die Basilika, eines der wenigen Zeugnisse karolingischer Baukunst, diente als Kirche des 1535 aufgelösten Klosters Steinbach, später als Pesthospital sowie im 17.–19. Jh. als Steinbruch und Scheune. Trotzdem sind aus dem 9. Jh. die Krypta, das Mittelschiff und der Chor erhalten geblieben. Eindrucksvoll ist das karolingische Mauerwerk mit seinem mehrfachen Materialwechsel. Im Inneren sind noch Reste alter Fresken zu erkennen.

Praktische Hinweise

Information

Tourist-Information, Hulster Str. 2, Bahnhof, Michelstadt, Tel. 060 61/97 99 88, www.michelstadt.de

Route

B47 Richtung Osten, nahe Amorbach auf die B469 nach Norden. Hinter Weilbach scharf rechts nach Miltenberg (30 km).

Miltenberg mit seiner schmucken Pfarrkirche St. Jakobus und der Mildenburg

4 Miltenberg *T9*

Zwischen Odenwald und Spessart am unterfränkischen Main.

Auf dem Weg nach Miltenberg lohnt sich ein Zwischenstopp in Amorbach (8 km südlich). Die dortige **Abteikirche** (1742–44) birgt eine berühmte Barockorgel, die 1782 von den Brüdern Stumm aus dem Hunsrück konstruiert wurde mit 5000 Pfeifen, 52 Registern und Glockenspiel.

In Miltenberg (10 000 Einw.) verbreiten die Stadttore und zahlreiche Fachwerkhäuser mittelalterliche Atmosphäre. An der Hauptstraße im Zentrum steht das **Haus zum Riesen** aus dem frühen 15. Jh., eines der ältesten deutschen Gasthäuser. Die schöne Fachwerkfassade ist mit Schnitzereien und einem grazilen Erker geschmückt. Weiter westlich am Marktplatz fällt das Gebäude der *Alten Amtskellerei* (1541) mit dem vorkragenden Giebel und den reich verzierten Renaissanceerkern ins Auge. Heute präsentiert hier das **Stadtmuseum** (Hauptstr. 169–175, Tel. 093 71/40 41 53, www.museum-miltenberg.de, Mai–Okt. Di–So 10–17.30, Nov.–April

Blick über die Tauber auf Wertheims Burgruine und die Stiftskirche (links)

Mi–So 11–16 Uhr) interessante Exponate zur Geschichte. Klassizistische Züge tragen die um 1830 errichteten Türme der Pfarrkirche **St. Jakobus** (Pfarrgasse 2) aus dem 14. Jh. In ihrem Inneren sind die Dreikönigsgruppe (um 1400) und das Sandsteinkruzifix (1527) sehenswert. Bergan führt der Weg zur **Mildenburg** (Mai–Okt. Di–Fr 14–17.30, Sa/So 13–17.30 Uhr). Der älteste noch erhaltene Teil der Anlage auf dem Greinberg ist der 27 m hohe *Bergfried* (um 1200) mit herrlicher Aussicht.

Abschließend bietet sich eine stimmungsvolle **Mainrundfahrt** (Mainanlagen, Tel. 093 71/33 30, www.reederei-henneberger.de, März–Sept.) an.

i Praktische Hinweise

Information

Tourist-Info, Engelplatz 69, Miltenberg, Tel. 093 71/40 41 19, www.miltenberg.info

Hotel

Weinhaus Am Alten Markt, Marktplatz 185, Miltenberg, Tel. 093 71/55 00, www.hotel-ami.de. Schönes, 500 Jahre altes Haus.

Route

Von Miltenberg nordwärts auf der ST2310 und L2310 den Main entlang bis Wertheim (29 km).

5 Wertheim *T10*

Romantische Stadt an der Mündung der Tauber in den Main.

Wertheim (25 000 Einw.) hat sich den Charme einer alten fränkischen Stadt bewahrt. Winzige von Fachwerkhäusern gesäumte mittelalterliche Gassen prägen die Stadt am Zusammenfluss von Main und Tauber.

Das Zentrum der **Altstadt** bildet der Marktplatz. Ecke Kapellengasse steht das mit 3 m schmalste Gebäude der Stadt, das **Zobelhaus** (16. Jh.). Über die Rathausgasse gelangt man zum *Alten Rathaus*. Hier zeigt das **Grafschaftsmuseum** (Tel. 093 42/30 15 11, www.grafschaftsmuseum.de, Di–Fr 10–12 und 14.30–16.30, Sa 14.30–16.30, So 14–17 Uhr) seine Sammlung zur Kulturgeschichte der Stadt und der Grafschaft Wertheim, darunter Gewänder und Mobiliar sowie Gemälde von *Otto Modersohn* (1865-1943), seiner Frau Louise und ihren Künstlerfreunden, die sich in Wertheim zum Malen trafen. Weiter südlich erhebt sich die spätgotische **Stiftskirche** (14.–16. Jh.). Am Turm sind zwei Uhren angebracht. Das Ziffernblatt zum Markt hin ist mit Stunden- und Minutenzeiger versehen (für die Bürger), das zur Burgseite besaß nur einen Stundenzeiger (für den Adel).

Gegenüber der Kirche befindet sich der Treppenaufgang zur **Burg Wertheim** (Ostern–Mitte Okt. 9–22, sonst 10.30–16 Uhr) auf dem Schlossberg im Süden der Stadt, die die Grafen von Wertheim im 12. Jh. errichteten. Später wurde die Burg durch den Bau von Wohnpalästen und Befestigungsmauern erweitert. Nach der Zerstörung 1634 durch kaiserliche Truppen im Dreißigjährigen Krieg wurde sie nicht wieder aufgebaut. Die Ruine mit Vor- und Oberburg vermittelt jedoch einen überzeugenden Eindruck von der Wehrhaftigkeit und Pracht der gesamten Anlage, von der man die gesamte Stadt bestens überblicken kann.

i Praktische Hinweise

Information

Tourist-Information, Am Spitzen Turm, Wertheim, Tel. 093 42/10 66, www.tourist-wertheim.de

Route

Auf der L506 in südöstliche Richtung entlang der Tauber nach Tauberbischofsheim (27 km).

6 Tauberbischofsheim *U10*

Im lieblichen Taubertal an der Romantischen Straße.

Tauberbischofsheim (14 000 Einw.) wurde als *Biscofesheim* 836 erstmals erwähnt. Seit 1237 gehörte der Ort, der bald darauf zur Stadt erhoben wurde, zum Herrschaftsgebiet der Mainzer Erzbischöfe.

Das **Kurmainzische Schloss**, um 1250 im Südwesten der Altstadt errichtet, diente bis 1803 als Sitz des Mainzer Oberamtmanns. Der mächtige *Türmersturm* (1280) ist ein fantastischer Aussichtspunkt und das Wahrzeichen der Stadt. In den 17 Räumen des Schlosses ist das **Tauberfränkische Landschaftsmuseum** (Ostern–Okt. Di–Sa 14.30–16.30, So 10–12 und 14.30–16.30 Uhr) untergebracht. Hier wird die Entwicklung der Stadt anhand von Trachten, Handwerksgeräten, Möbeln und Gemälden dokumentiert.

Die Hauptstraße führt mitten durch die beschauliche **Altstadt** zum Marktplatz. Das neogotische **Rathaus** (1865) mit seinen Arkaden dominiert diesen an der Stirnseite, ansonsten prägen malerische Fachwerkhäuser den Platz. Erwähnenswert sind die als Gasthaus erbaute **Post** (1602) an der Ecke zur Frauenstraße und die **Stern-Apotheke** (1670) zur Hauptstraße hin. Ihr gegenüber stehen das für den Weinhändler Bögner erbaute Barockpalais, das **Mackert-Haus** (1744) sowie das im Stil der Renaissance errichtete **Lieblerhaus** (1628).

i Praktische Hinweise

Information

Stadtverwaltung, Marktplatz 8, Tauberbischofsheim, Tel. 093 41/803 -13 und -33, www.tauberbischofsheim.de

Route

Weiter auf der B290 nach Bad Mergentheim (18 km).

7 Bad Mergentheim *U10*

Das Heilbad steht noch ganz im Zeichen des alten Ordensritterkreuzes.

Bad Mergentheims (23 000 Einw.) Geschichte als **Kurort** begann im Jahr 1826, als ein Schäfer die Bittersalzquellen entdeckte, die heute für Trinkkuren bei Stoffwechselkrankheiten genutzt werden. Bekannt ist Bad Mergentheim aber vor allem als einstiger Sitz des *Deutschen Ordens*. Nachdem Albrecht von Brandenburg-Preußen im Zuge der Reformation 1525 Preußen in ein Herzogtum verwandelt hatte, verlegten die Ordensritter den Sitz des Ordens von Königsberg nach Mergentheim. Der Hochmeister residierte 1526–1809 im **Deutschordensschloss** am Schlosspark. Dafür ließen die Ordensritter 1525–70 ein Wasserschloss umbauen. Die ringförmige Anordnung der Gebäude wurde beibehalten, aber die einzelnen Bauten zu einem geschlossenen Gebäudekranz zusammengefasst. Das **Deutschordensmuseum** (Tel. 079 31/522 12, www.deutschordensmuseum.de, April–Okt. Di–So 10.30–17, Nov.–März Di–Sa 14–17, So 10.30–17 Uhr) dokumentiert heute anhand von Urkunden, Kunstwerken,

Modellen etc. die Geschichte des Ordens seit seinen Anfängen im Heiligen Land 1190. Einen Eindruck der einstigen Deutschordensherrlichkeit erhält man bei einem Rundgang durch die prunkvollen Säle, die entsprechend dem Zeitgeschmack im Stil der Renaissance, des Rokoko und Klassizismus fürstlich ausgestattet sind. Ein Juwel des Barock ist die *Schlosskirche* (18. Jh.), zu deren Bau bedeutende Künstler wie *Balthasar Neumann* (1687–1753) und *François de Cuvilliés* (1695–1768) beitrugen. In der Gruft befinden sich die Gräber der Hochmeister.

Westlich vom Schloss liegt die **Altstadt** mit dem Marktplatz und dem im Renaissancestil erbauten **Rathaus** (1564). Die Fassade mit schönem Treppengiebel ziert ein Deutschordenskreuz auf silbernem Wappenschild, das Stadtwappen. Gegenüber stehen die imposanten **Zwillingshäuser** (18. Jh.). Hinter den frühklassizistischen Bürgerhäusern erhebt sich die Kirche der Bürgerschaft, das Münster **St. Johannes Baptist** (1270–90). Chor und Seitenschiffe sind noch im Originalzustand erhalten. Das Mittelschiff wurde im 16. Jh. eingewölbt. Besonders sehenswert ist der *Münsterschatz* (So 15–17 Uhr) über der Sakristei mit liturgischen Gefäßen und Geräten, vor allem filigrane Arbeiten der Gold- und Silberschmiedekunst. Zu den herausragenden Stücken zählt eine gotische *Monstranz* (15. Jh.), auf der die Enthauptung Johannes des Täufers eingraviert ist. Bemerkenswert sind auch die *Ostensorien* der Rokokozeit, in denen die Reliquien zur Schau gestellt wurden.

Lohnend ist ein Abstecher nach Stuppach im Süden Bad Mergentheims. In der Seitenkapelle der dortigen Pfarrkirche **Mariä Krönung** (Mai–Okt. tgl. 9.30–17.30, März/April tgl. 10–17, Nov. tgl. 11–16 Uhr) befindet sich die berühmte ›**Stuppacher Madonna**‹ (1516–19) von Matthias Grünewald (um 1475/80–1528). Das Marienbild gelangte 1812 aus der Schlosskapelle von Mergentheim hierher und gilt als eines der bedeutendsten Werke mittelalterlicher Tafelmalerei. Die bewegte Dreieckskomposition zeigt die Muttergottes, die mit dem Kind auf ihrem Schoß und einem Granatapfel spielt.

Prunkvoll – der Maximilian-Franz-Saal im Mergentheimer Deutschordensschloss

Praktische Hinweise

Information

Tourist-Information, Marktplatz 3, Bad Mergentheim, Tel. 079 31/57 48 15, www.bad-mergentheim.de

Hotel

Alte Münze, Münzgasse 12 u. 14, Bad Mergentheim, Tel. 079 31/56 60. 30, www.hotelaltemuenze.de. Familiäres Hotel im Stadtzentrum beim Schloss.

Restaurant

Schurk, Hauptstr. 57, Bad Mergentheim-Markelsheim , Tel. 079 31/21 32. Weinlaubenrestaurant und Cocktailbar (So ab 11.30, sonst ab 17 Uhr, Mi geschl.).

Route

Von Bad Mergentheim ostwärts, zunächst nach Igersheim, dann entlang der Tauber auf der Romantischen Straße bis Rothenburg (46 km).

8 Rothenburg ob der Tauber U11

TOP TIPP *Der Inbegriff einer mittelalterlichen Stadt liegt oberhalb des Taubertals.*

Nur wenige Städte in Deutschland konnten ihr historisches Aussehen so gut bewahren wie Rothenburg ob der Tauber (12 000 Einw.). Die Stadt war nur einmal ernsthaft bedroht, und zwar 1631 während des Dreißigjährigen Krieges durch die kaiserlichen Truppen unter General Tilly. Dieser verschonte die Stadt nur, weil der tapfere Altbürgermeister Nusch die Wette annahm, einen Humpen mit über 3 l Wein in einem Zug auszutrinken. – Er gewann. An seinen *Meistertrunk* erinnert die Kunstuhr (1910) an der Fassade der **Ratsherrentrinkstube** (1446) am zentralen Marktplatz. Zu jeder vollen Stunde

Der Markusturm (um 1200) an der Rödergasse in Rothenburg war bis 1844 Gefängnisturm

(tgl. 11–15 Uhr) öffnen sich links und rechts vom Ziffernblatt die Fenster, im einen schwingt Tilly sein Zepter, im anderen stemmt Nusch seinen Humpen. Das benachbarte **Rathaus** besteht aus einem gotischen (1250–1400) und einem im Stil der Renaissance (16. Jh.) errichteten Teil. Der 60 m hohe Rathausturm bietet einen wunderbaren Blick von der Stadtmitte ins liebliche Taubertal.

Nördlich vom Marktplatz erhebt sich die 1311–1471 errichtete gotische Kirche **St. Jakob** (Klostergasse 15, Tel. 098 61/70 06 20, April–Okt. tgl. 9–17.15, Dez. 10–17, sonst 10–12 und 14–16 Uhr). Sie birgt den wundervollen *Heilig-Blut-Altar* (um 1500) von Tilman Riemenschneider (um 1460–1531) und präsentiert kostbare Glasmalereien des 14. Jh.

Über den Kirchplatz und die Georgenstraße gelangt man zum **Weißen Turm** (12. Jh.) und weiter über den Milchmarkt zum **Markusturm** (um 1200). Beide gehörten zur ersten Stadtbefestigung aus dem 12./13. Jh. und markieren die damalige östliche Grenze Rothenburgs, das im Westen durch die Tauber und einen Wall gesichert war. Im 14. Jh. bedurfte die Stadt einer neuen Befestigung. Diese hat sich bis heute in einmaliger Geschlossenheit erhalten. Der überdachte hölzerne **Wehrgang** auf der massiven Steinmauer bietet nun die Möglichkeit für einen interessanten Spaziergang vom **Klingentor** (1587) im Norden zum **Rödertor** (14. Jh.) im Osten und zum **Plönlein** mit dem **Siebersturm** (1385) im Süden der Altstadt.

Auf dem Weg zurück zum Marktplatz sollte man dem **Mittelalterlichen Kriminalmuseum** (Burggasse 3, Tel. 098 61/53 59, April–Okt. tgl. 9.30–18, März, Dez. tgl. 10–16, sonst tgl. 14–16 Uhr) einen Besuch abstatten. Die skurrile Sammlung über die Gerichtsbarkeit und die Foltergeräte des Mittelalters zeigt, dass man nicht gerade zimperlich war, wenn es darum ging, Ordnung in der Stadt zu schaffen.

Praktische Hinweise

Information

Rothenburg Tourismus Service, Marktplatz, Rothenburg, Tel. 098 61/40 48 00, www.rothenburg.de

Route

Auf der Burgenstraße Richtung Süden über Langenburg nach Schwäbisch Hall (57 km).

9 Schwäbisch Hall *V10*

Das ›Weiße Gold‹ machte die Stadt an den Ufern des Kocher reich.

Im Stadtgebiet von Schwäbisch Hall (37 000 Einw.) gab es nachweislich schon im 5. Jh.–1. Jh. v. Chr. eine keltische Saline. Salz war kostbar und diente im Mittelalter sogar als Zahlungsmittel. Bis heute lässt die prächtige alte Häusersubstanz den unglaublichen Reichtum erkennen, den das ›Weiße Gold‹ den Bürgern bescherte. 1924 wurde die Saline geschlossen. Seither wird die salzhaltige Quelle, die bereits im 19. Jh. Kurgäste nach Schwäbisch Hall lockte, nur noch als Solebad genutzt.

Der **Marktplatz** inmitten der früheren *Freien Reichsstadt* wird von hübschen Bürgerhäusern aus dem 13.–19. Jh. gesäumt. Das Ensemble zählt sicher zu den schönsten in Deutschland. Dazu gehören die majestätische **Michaelskirche** (1156/1427–1527) mit der großen Freitreppe und einer an Altären und Grabdenkmälern reichen Innenausstattung, das von Eberhard Friedrich Heimb entworfene **Rathaus** (1732) im Stil eines Barockpalastes sowie der **Marktbrunnen** (um 1509) mit Skulpturen von Hans Beuscher.

Auf dem Kamberg im östlich gelegenen Ortsteil Steinbach erhebt sich die **Comburg** (Tel. 07 91/93 81 85, www.comburg.de), die 1078 als Benediktinerkloster gegründet worden war und seit dem 15. Jh. als Chorherrenstift diente. Das Zentrum der Anlage bildet die lang gestreckte *Stiftskirche St. Nikolaus* (Führungen April–Okt. Di–Fr 10–12 und 14–17, Sa/So 14–17 Uhr). Die heutige barocke Hallenkirche (1706–1715) errichtete *Joseph Greissing* (1664–1721) anstelle einer romanischen Basilika aus dem 11. Jh. unter Beibehaltung ihrer drei Türme. Die prächtige barocke Innenausstattung umfasst die Kanzel, auf der die sieben Todsünden dargestellt sind und den *Hochaltar* (1713–17) von Balthasar Esterbauer. Aus dem romanischen Vorgängerbau stammen das Altarantependium (um 1130) aus vergoldetem Kupferblech, das Christus als Weltenrichter zeigt, sowie der Radleuchter (um 1130) mit fast 16 m Umfang aus vergoldetem und versilbertem Kupferblech und 48 Kerzen.

Farbenfrohe Fachwerkhäuser sind charakteristische Kulissen von Schwäbisch Hall

Praktische Hinweise

Information

Touristik- und Marketinggesellschaft mbH Schwäbisch Hall, Am Markt 9, Schwäbisch Hall, Tel. 07 91/75 12 46, www.schwaebischhall.de

Route

Auf der B14, nach Mainhardt B39 westwärts nach Heilbronn (49 km).

10 Heilbronn *V9*

Wo einst Käthchen wohnte, herrscht heute geschäftiges Treiben.

Heilbronn (122 000 Einw.) ist eine bedeutende Industriestadt und ein wichtiger Binnenhafen im mittleren Neckartal. Das Umland ist seit alters her Weinbaugebiet. Die Altstadt wurde 1944 zerstört und bis auf wenige Ausnahmen modern wieder aufgebaut. Zu den rekonstruierten historischen Gebäuden zählt das ursprünglich gotische **Rathaus** (1417) am Marktplatz. Beim Umbau Ende des 16. Jh. im Stil der Renaissance verzierte man die Hauptfassade mit einer astronomischen Uhr (1579/80), die die Uhrzeit, Mondphasen und Tierkreiszeichen anzeigt. Vis-à-vis steht das nach Heinrich von Kleists Drama ›Käthchen von Heilbronn‹ (1808) benannte **Käthchenhaus** (14. Jh.). Der Heilbronner Reformator Johann Lachmann (1491–1539) ließ den berühmten Renais-

sance-Erker (1534) mit Brustbildern der Propheten Jesaja, Jeremias, Hosea und Habakuk anbringen.

Weiter südlich gelangt man zum **Deutschhof**, der um 1240 als Landkomturei des Deutschen Ritterordens errichtet und später mehrfach umgebaut wurde. Nach der Zerstörung im Zweiten Weltkrieg baute man ihn 1958 in seiner barocken Gestalt aus dem 18. Jh. wieder auf. Heute präsentieren hier die **Städtischen Museen Heilbronn** (Tel. 071 31/56 22 95, www.museen-heilbronn.de, Di–Fr 10–13 und 14–17, Sa/So 11–17 Uhr) Archäologie, Naturhistorisches, Malerei und Skulptur. Den zweigeschossigen Gebäudekomplex des Konvents dominiert das **Deutschordensmünster**. Der romanische Unterbau des Kirchturms stammt von der ehemaligen Marienkapelle des Deutschordens (um 1250) und ist wohl das älteste erhaltene Bauwerk der Stadt.

Den nahen Kiliansplatz beherrscht die gotische **Kilianskirche** (15. Jh.). Der achteckige Turm (1513–29) gilt als erster im Stil der Renaissance errichtete nördlich der Alpen. Das Gotteshaus birgt im Chor ein Meisterwerk spätgotischer Schnitzkunst: Der *Hauptaltar* (1498) von Hans Seyffer zeigt im Zentrum Maria flankiert von Heiligen und auf den Flügeln detailfreudige Reliefs zum Leben Christi. Die Bekrönung bildet eine fragil wirkende Kreuzigungsgruppe. Von einer Quelle unterhalb der Kirche wird der **Siebenröhrenbrunnen** auf dem Platz gespeist. Ihr hat die Stadt Heilbronn vermutlich ihren Namen *Helibrunna* zu verdanken.

Das Heilbonner Umland lädt zu Spaziergängen mit Blick auf Weinberge ein

Praktische Hinweise

Information

Tourist-Information, Kaiserstr. 17, Heilbronn, Tel. 071 31/56 22 70, www.heilbronn-marketing.de

Hotel

insel-Hotel, Willy-Mayer-Brücke, Heilbronn, Tel. 071 31/63 00, www.insel-hotel.de. Zentral gelegenes Hotel nahe dem Neckar.

Restaurant

Ratskeller, Marktplatz 7, Heilbronn, Tel. 071 31/846 28. Gutbürgerliches schwäbisches Essen, Wildspezialitäten.

Route

Auf der B27 und B37 zurück nach Heidelberg (82 km).

Margarethenschlucht

Auf der Fahrt von Heilbronn nach Heidelberg lohnt ein Stopp in Neckargerach, dort gibt es einen reizvollen Wanderweg durch die Margarethenschlucht (www.neckargerach.de) mit ihren bizarren Buntsandsteinfelsen, die im Odenwald einmalig sind. Dem Wanderer bietet sich ein wunderbares Naturerlebnis. Nach der Durchquerung der tief eingeschnittenen, steilwandigen Schlucht geht es zurück nach Neckargerach.

Main und Taunus – Metropolen und Idyllen an der Märchenstraße

3–4 Tage • 395 km

1 Frankfurt

S8

›Mainhattan‹ ist Bankenhauptstadt und ›La belle et la bête‹ zugleich.

Frankfurt (660 000 Einw.), das zwischen Spessart und Taunus liegt, gibt sich auf den ersten Blick spröde. Oft steht es synonym für moderne Hochhausarchitektur, Bank- und Messebetrieb. Einige der Wolkenkratzer zählen zu den höchsten sowie architektonisch interessantesten in Europa. Unbestritten hat Frankfurt aber auch seine gemütlichen Ecken, beeindruckende Baudenkmäler und renommierte Museen. Frankfurt, im Jahr 794 erstmals urkundlich erwähnt, wurde 1220 zur *Freien Reichsstadt* und war vom Mittelalter bis 1806 Wahl- und Krönungsort deutscher Könige und Kaiser.

Im Kaisersaal des **Römers**, dem Rathaus mit seiner charakteristischen Treppengiebelfassade, fanden zahlreiche Krönungsfeierlichkeiten statt. 52 Herrscherporträts schmücken die Wände des Saals. Als der Stadtrat 1405 ein neues Domizil brauchte, kaufte er drei benachbarte Patrizierhäuser und ließ sie umbauen. Nicht weit entfernt steht der gotische **Dom**, ein roter Sandsteinbau, in dem ab 1562 die Kaiserkrönungen stattfanden. Anschließend ging es über den *Königsweg* zum Festbankett in den Römer. In der Nähe befindet sich auch die klassizistische **Paulskirche**, in der 1848/49 die Deutsche Nationalversammlung tagte und heute

Reiseroute

Frankfurt	▶	**Hanau (21 km)**
Hanau	▶	**Bad Homburg (35 km)**
Bad Homburg	▶	**Kronberg (14 km)**
Kronberg	▶	**Limburg (43 km)**
Limburg	▶	**Königswinter (83 km)**
Königswinter	▶	**Bad Honnef (5 km)**
Bad Honnef	▶	**Lahnstein (57 km)**
Lahnstein	▶	**St.Goarshausen (30 km)**
St. Goarshausen	▶	**Assmannshausen (25 km)**
Assmannshausen	▶	**Rüdesheim (6 km)**
Rüdesheim	▶	**Mainz (42 km)**
Mainz	▶	**Wiesbaden (13 km)**
Wiesbaden	▶	**Frankfurt (42 km)**

der *Goethepreis* sowie der *Friedenspreis des Deutschen Buchhandels* verliehen werden.

Im Geburtshaus *Johann Wolfgang Goethes* (1749–1832) ein paar Straßen weiter ist das **Goethe Museum** (Großer Hirschgraben 23–25, Tel. 069/13 88 00, www.goethehaus-frankfurt.de, Mo–Sa 10–18, So/Fei 10–17.30 Uhr) untergebracht. Goethe lebte hier, bis er 1765 sein Studium in Leipzig aufnahm. Das Museum präsentiert Handschriften und dokumentiert die Briefwechsel des Dichters mit Clemens von Brentano und Bettina von Arnim. Außerdem stellt es Gemälde jener Zeit aus, z. B. die der Romantiker Johann Heinrich Wilhelm Tischbein und Jakob Philipp Hackert, die Goethe in Italien kennengelernt hatte.

Top Tipp

Die **Schirn Kunsthalle Frankfurt** (Römerberg, Tel. 069/299 88 20, www.schirn-kunsthalle.de, Di, Fr–So 10–19, Mi/Do 10–22 Uhr) veranstaltet international viel beachtete Wechselausstellungen. Das **Museum für Moderne Kunst** (Domstr. 10, Tel. 069/21 23 04 47, www.mmk-frankfurt.de, Di 10–17, Mi 10–20, Do–So 10–17 Uhr) zeigt Kunst der Klassischen Moderne und der Gegenwart, z. B. von Andy Warhol, Roy Lichtenstein, Claes Oldenburg, Walter De Maria, Joseph Beuys und Blinky Palermo.

Wichtige Adressen für Kulturfreunde sind auch die Museen am gegenüberliegenden südlichen Mainufer. Das **Museumsufer** bietet die Liebieghaus Skulpturensammlung, das Museum für Kommunikation, das Deutsche Architekturmuseum, das Deutsche Filmmuseum sowie das Museum der Weltkulturen und für Angewandte Kunst. Hervorzuheben ist das **Städel Museum** (Schaumainkai 63, Tel. 069/605 09 80, www.staedelmuseum.de, Di, Fr 10–18, Mi/Do 10–21, Sa/So 10–20 Uhr) mit Meisterwerken des 14.–21. Jh., darunter Arbeiten von Lucas Cranach d. Ä., Hieronymus Bosch, Claude Monet, Otto Dix, Pablo Picasso und Gerhard Richter.

Weiter östlich gelangt man zum Stadtteil **Sachsenhausen**, der für seine *Äppelwoi-Kneipen* bekannt ist. Der aus vergorenen Äpfeln gewonnene Wein schmeckt erfrischend sauer, sodass man den Alkoholgehalt von 5,5 bis 7 Prozent ganz vergisst.

Außerhalb des Zentrums liegen zwei weitere Attraktionen von Weltruhm: der **Frankfurter Zoo** (Alfred-Brehm-Platz 16, Tel. 069/21 23 37 35, www.zoo-frankfurt.de, Sommer tgl. 9–19, Winter tgl. 9–17 Uhr), seit seiner Eröffnung 1858 einer der bedeutendsten Tierparks in Europa, und das **Senckenbergmuseum** (Senckenberganlage 25, Tel. 069/754 20, www.senckenberg.de, Mo/Di, Do/Fr 9–17, Mi 9–20, Sa/So 9–18 Uhr), das größte Naturkundemuseum Deutschlands. Zu seinen beeindruckendsten Exponaten gehören Fossilien aus aller Welt, ein riesiges Mammut- und einige Dinoaurierskelette.

Top Tipp

›Mainhattan‹ – Blick vom Dom über den Römer (Mitte rechts) auf die Frankfurter Skyline

Der Frankfurter Römer mit seinen schönen Treppengiebeln und dem Justitia-Brunnen

i Praktische Hinweise

Information

TouristInfo Römer, Römerberg 27 und Hauptbahnhof-Passage, Frankfurt, Tel. 069/21 23 88 00, www.frankfurt.de

Hotels

Astoria, Rheinstr. 25, Frankfurt, Tel. 069/97 56 00, www.block.de/astoria. 60 schöne Zimmer in der Innenstadt.

Imperial, Sophienstr. 40, Frankfurt, Tel. 069/793 00 30, www.imperial.bestwestern.de. Modernes Hotel mit 68 Zimmer und Restaurant am Palmengarten.

Steigenberger Frankfurter Hof, Am Kaiserplatz, Frankfurt, Tel. 069/215 02, www.frankfurter-hof.steigenberger.de. Elegantes Hotel mit allem Komfort.

Restaurants

Main Tower, Neue Mainzer Str. 52, Frankfurt, Tel. 069/36 50 47 77. Cocktail oder Dinner im 53. Stock mit weitem Ausblick (So/Mo geschl.).

Tiger-Restaurant, Heiligkreuzgasse 16, Frankfurt, Tel. 069/92 00 22 25. Gutes Restaurant mit international anerkanntem Varieté (So/Mo geschl.).

Route

Von Frankfurt auf der A66 Richtung Osten nach Hanau (21 km).

2 Hanau S9

In der Brüder-Grimm-Stadt werden Märchen wahr.

In Hanau (88 000 Einw.), dem Geburtsort von *Jakob* (1785–1863) und *Wilhelm Grimm* (1786–1859), beginnt die **Deutsche Märchenstraße** (www.deutsche-maerchenstrasse.com). Die Ferienstraße führt vom *Brüder-Grimm-Denkmal* (1896, Syrius Eberle) auf dem Hanauer Marktplatz bis nach Bremen. Die Bronzegruppe zeigt den stehenden Jakob, der sich dem sitzenden Wilhelm und einem aufgeschlagenen Buch zuwendet.

Hanau ist außerdem für seinen Goldhandel und seine Goldschmiedemeister bekannt. Vom Marktplatz gelangt man gen Norden ins Zentrum der Altstadt. Im *Alten Rathaus* (1537/38) ist heute das **Goldschmiedehaus** (Altstädter Markt 6, Tel. 061 81/25 65 56, Di–So 11–17 Uhr) ansässig. Schon der Fachwerkbau an sich mit seinen Treppengiebeln und den Gaupen im schiefergedeckten hohen Satteldach ist ein Schmuckstück. Innen glänzen edle Armbänder, Ketten und Broschen vor allem aus dem 20./21. Jh., darunter Arbeiten von *Ebbe Weiss-Weingart* (1947-1998). Zudem hat hier die älteste deutsche Goldschmiedeschule ihren Sitz.

Im Westen der Stadt unmittelbar am Main liegt **Schloss Philippsruhe**, in dem heute das *Historische Museum* (Philippsruher Allee 45, Tel. 06181/295564, Di–So 11–18 Uhr) untergebracht ist. Graf von Hanau-Lichtenberg ließ sich das prächtige Barockschloss 1701/02 nach französischen Vorbildern errichten. Der zweigeschossige Mittelbau und die eingeschossigen Seitenflügel bilden einen Hof. Später wurde die Anlage um Pavillons, Remise und Marstall erweitert. Das prunkvolle vergoldete Tor stammt aus dem 19. Jh. Die im Stil des Rokoko und Klassizismus ausgestatteten Säle präsentieren die Sammlung zur Hanauer Geschichte. Eine der Abteilungen ist den Brüdern Grimm gewidmet, auch Zeichnungen des dritten Bruders Ludwig Emil sind unter den Exponaten. Weitere Themenbereiche sind das Kunsthandwerk des 19. Jh., das Hanauer Silber des Biedermeier und der Gründerzeit sowie die Anfänge der Industrialisierung.

Praktische Hinweise

Information

Tourist-Information, Am Markt 14–18, Hanau, Tel. 06181/295950, www.hanau.de

Route

Auf der A66 zurück Richtung Frankfurt und dann rechts auf die A661 nordwärts nach Bad Homburg (35 km).

Das Hanauer Schloss Philippsruhe zeigt Ernst und Eleganz des französischen Barock

3 Bad Homburg *R8*

Zwischen Römerkastell und mittelalterlicher Burg findet man Erholung.

Bad Homburg (52000 Einw.) ist ein moderner 137–250 m hoch gelegener Kurort im Taunus mit römischer Geschichte.

TOP TIPP Das rekonstruierte **Römerkastell Saalburg** (Tel. 06175/93740, www.saalburgmuseum.de, März–Okt. tgl. 9–18, sonst Di–So 9–16 Uhr) liegt etwa 5 km nördlich von Bad Homburg. Es wurde ursprünglich im Jahr 120 n. Chr. als Teil des *Limes* an der Nordgrenze des Römischen Reiches erbaut und konnte 500 Soldaten beherbergen. Heute gewährt hier ein interessantes *Museum* Einblick in Leben und Alltag der Römerzeit. Das Innere wirkt, als hätten es die Römer gerade verlassen: Katapulte, Waffenarsenale, Geschäfte, Häuser, Tempel und Thermen. Der Außenbereich wird bis Ende 2008 zu einem *Archäologischen Park* ausgebaut.

Homburg war nachweislich schon 1180 im Bereich des heutigen Schlosses besiedelt und erlangte um 1330 Stadtrecht. Das **Schloss Bad Homburg** (Tel. 06172/9262150, www.schloesser-hessen.de, Mo–Fr 9–17, Sa/So 10–18 Uhr) wurde 1680–85 anstelle einer mittelalterlichen Festung errichtet. Der noch erhaltene freistehende Bergfried, der *Weiße Turm* (14. Jh.), überragt die um zwei Höfe gruppierte Barockanlage. Die Säle sind im Stil des 17.–19. Jh. möbliert. Das Anwesen gehörte zunächst den Landgrafen von Hessen-Homburg, fiel 1866 an Preußen und dien-

Das Römerkastell Saalburg bei Bad Homburg entführt den Besucher in die Römerzeit

te 1888–1918 dem deutschen Kaiser Wilhelm II. als Sommerresidenz. Vermutlich schätzte er den Schlosspark mit den exotischen Pflanzen genauso wie die Annehmlichkeiten des Kurorts.

Mitte des 19. Jh. wandelte sich die Stadt zu einem international berühmten **Kurbad**. Entlang der **Brunnenallee** finden sich nicht weniger als sieben Heilquellen. Wesentlichen Anteil am Erfolg Bad Homburgs hatte die **Spielbank**, in der auch Dostojewski sein Glück versuchte. Das Kurleben wurde vor allem von englischen und russischen Gästen geprägt, für sie ließ man 1868 bzw. 1896 sogar eigens Kirchen erbauen. Der britische König Eduard II. kam wiederholt zum Fasten und machte nebenbei den *Homburger Hut* populär. Im **Kurpark** erinnert eine wahre Rarität, der *Siamesische Tempel*, an den siamesischen König, der sich damit 1910 für seine Genesung bedankte.

i Praktische Hinweise

Information

Tourist Info + Service, Kurhaus, Louisenstr. 58, Bad Homburg, Tel. 06172/178110, www.bad-homburg.de

Route

Nach Süden Richtung Oberursel und dann auf der B455 westwärts nach Kronberg (14 km).

4 Kronberg R8

Staatlich anerkannter Luftkurort und beliebtes Naherholungsziel.

Auf einem Felsen hoch über der Stadt thront die **Burg Kronberg** (Schlossstr. 10/12, Tel. 06173/7788, www.burgkronberg.de, April–Okt. Sa, Mi 13–17, So/Fei 11–17 Uhr) aus dem Jahr 1220. Die Stadt war wegen ihrer pittoresken, kurvenreichen Straßen und schönen Fachwerkhäuser im 19. Jh. vor allem bei Malern sehr beliebt. Bald wurde die *Kunstschule Kronberg* gegründet. Heute ist der staatlich anerkannte **Luftkurort** im Taunus ein beliebtes Naherholungsziel.

i Praktische Hinweise

Information

Verkehrs- und Kulturamt, Katharinenstr. 7, Kronberg, Tel. 06173/7031400, www.kronberg.de

Route

Von Kronberg auf der B455 nach Königstein, dann rechts auf die B8 nach Limburg (43 km).

5 Limburg an der Lahn R7

Malerische mittelalterliche Stadt mit prächtigem Dom im Lahntal.

Auf dem Weg nach Limburg eignet sich **Königstein** hervorragend für einen Zwischenstopp. Außer der hübschen Altstadt sind die Burgruinen in Königstein und im Ortsteil **Falkenstein** sehenswert.

Limburg (34 000 Einw.) ist eine mittelalterliche Stadt im romantischen Lahntal. Der weithin sichtbare und alles überragende **Dom St. Georg** (1211–50) mit seinen sieben Türmen ist ein Meisterwerk der rheinischen Spätromanik. Strebepfeiler, Chorumgang und Fresken verweisen aber bereits auf die Frühgotik. Die farbige Fassung der Außenwände in rot, weiß, ocker und grün wurde nach Originalbefunden rekonstruiert. Der lichte Innenraum wird durch das schmale hohe Mittelschiff geprägt. Das Taufbecken datiert von 1235, als die Kirche geweiht wurde. Die zarten detailfreudigen Wand- und Deckenmalereien zeigen Heiligenlegenden, Apostel und Evangelisten, die Ahnenreihe Jesu, die Schlüsselübergabe an Petrus, Samson und Johannes den Täufer.

Der **Domschatz** (Diözesanmuseum, Domstr. 12, Tel. 064 31/584 72 00, www.staurothek.de, 15. März–15. Nov. Di–Sa 10–13 und 14–17, So 11–17 Uhr) befindet sich in der nahen Bischofsresidenz. Hier werden sakrale Kunstwerke, bischöfliche Insignien, Altargefäße und Reliquiare aufbewahrt. Im Mittelpunkt der Sammlung steht die *Staurothek* (um 945–959 n. Chr.), ein Kreuzreliquiar aus Byzanz.

Der ursprünglich mit einer Mauer umgebene **Stadtkern** zwischen Dom, Grabenstraße und alter Lahnbrücke steht heute unter Denkmalschutz. Hier laden schöne Geschäfte und Cafés zum Flanieren und Verweilen ein. Besonders im historischen Zentrum um den **Fischmarkt** stehen zahlreiche hübsche Fachwerkhäuser, darunter das *Rathaus* (1899) und der *Römer* (1296). Dieses vermutlich älteste freistehende Haus Deutschlands ist heute noch bewohnt.

Praktische Hinweise

Information

Tourist-Information, Hospitalstr. 2, Limburg, Tel. 064 31/61 66, www.limburg.de

Hotels

DOM Hotel Limburg, Grabenstr. 57, Limburg, Tel. 064 31/90 10, www.domhotel.net. 45 Zimmer im historischen Zentrum und Restaurant ›Le Prusse‹.

Zimmermann, Blumenröder Str. 1, Limburg, Tel. 064 31/46 11, www.romantik-hotel-zimmermann.de. Hotel mit 19 Zimmern in der Nähe der Altstadt.

Limburg an der Lahn – Blick auf die einzigartige Turmkulisse des Doms St. Georg (13. Jh.)

Route

Richtung Nordwesten 72 km auf der A3 bis Ausfahrt 33, dann auf der L331 Richtung Westen nach Königswinter (83 km).

6 Königswinter P5

Im Zeichen der Romantik – die Ruine der Burg Drachenfels.

Königswinter (41 000 Einw.) liegt am östlichen Rheinufer. Das Wahrzeichen der Stadt grüßt vom Drachenfels, die Ruine der im 12. Jh. erbauten und 1634 zerstörten **Burg Drachenfels**. Es gibt mehrere Möglichkeiten hinauf zu gelangen, um die schöne Aussicht über das Rheintal zu genießen: zu Fuß über den *Eselsweg* oder mit Deutschlands erster Zahnradbahn (1883). Der Aufstieg dauert etwa eine halbe Stunde, die *Drachenfelsbahn* braucht acht Minuten. Unterwegs passiert man das **Schloss Drachenburg** (Drachenfelsstr. 118, Tel. 02223/901970, www.schloss-drachenburg.de, Mitte März–Okt. Di–So 11–18 Uhr) von 1882–84. Das hier beheimatete *Museum* nutzt die erhaltenen Räumlichkeiten, um Besucher in die Gründerzeit zu entführen.

Von Königswinter lohnt sich aber auch ein Abstecher über Dollenburg zum **Zisterzienserkloster Heisterbach**. Nach der Säkularisation 1803 dienten die mittelalterlichen Gebäude als Steinbruch. Nur der Chor der Abteikirche konnte gerettet werden und ragt nun inmitten eines verwunschenen Parks malerisch in den Himmel.

Praktische Hinweise

Information

Tourismus Siebengebirge GmbH, Drachenfelsstr. 11, Königswinter, Tel. 02223/917711, www.siebengebirge.com

Route

Auf der B42 Richtung Süden nach Bad Honnef (5 km).

7 Bad Honnef Q5

Der Ort im Siebengebirge war Adenauers Zuhause.

Bad Honnef (25 000 Einw.) bietet ein vielfältiges Programm rund um Gesundheit und Entspannung: Mineralquellen, ein modernes Freizeitbad, ein Therapiezentrum sowie weitläufige Grünanlagen.

Im Stadtteil **Rhöndorf** lebte früher *Konrad Adenauer* (1876–1967), der erste Kanzler der Bundesrepublik Deutschland. Nach seinem Tod wurde das Wohnhaus als Gedenkstätte **Bundeskanzler-Adenauer-Haus** (Konrad-Adenauer-Str. 8 c, Tel. 02224/921234, www.adenauerhaus.de, Di –So 10–16.30 Uhr) der Öffentlichkeit zugänglich gemacht. Leben und Wirken des Politikers werden in Ton-, Bild- und Filmdokumenten so präsentiert, dass man die Anfänge der Bundesrepublik gut nachvollziehen kann.

Praktische Hinweise

Information

Stadtinformation, Rathausplatz 2-4, Bad Honnef, Tel. 02224/9882746, www.badhonnef.de

Hotel

Seminaris, Alexander-von-Humboldt-Str. 20, Bad Honnef, Tel. 02224/7710, www.seminaris.de. Modernes Hotel mit 213 Zimmern und Restaurant.

Route

Weiter auf der B42 nach Lahnstein (57 km).

8 Lahnstein R6

Eine sympathische Stadt mit einem berühmten Wirtshaus.

Lahnstein liegt am Zusammenfluss von Rhein und Lahn. Der Stadtteil am linken Lahnufer heißt Oberlahnstein, der gegenüberliegende Niederlahnstein. Auf einem Hügel über **Oberlahnstein** thront die **Burg Lahneck** (Tel. 02621/2244, www.burglahneck.de, Führungen Ostern–Okt. tgl. 10–17 Uhr) aus dem 13. Jh. Im Dreißigjährigen Krieg wurde sie zerstört und erst 1852 teilweise wieder aufgebaut. Der romantische Burghof wird gerahmt von Küche, Rittersaal, Ullrichskapelle und Bergfried. Von oben hat man einen fabelhaften Ausblick auf die Umgebung.

In **Niederlahnstein** stehen noch ein paar Gutshöfe aus dem 14. Jh., vor allem aber das *Wirtshaus an der Lahn* (Lahnstr. 8, Tel. 02621/7849). Die Einkehrmöglichkeit für Schiffer und Fuhrleute entstand 1697 an einer Anlegestelle für die Fluss-

Der Rhein und die Loreley – der sagenumwobene Felsen überragt eine gefährliche Flussenge

schifffahrt und einem Zollturm (1348). Das Wirtshaus wurde im 18. Jh. durch ein Volkslied in ganz Deutschland bekannt. Noch heute beherbergt das Fachwerkgebäude ein Restaurant.

Praktische Hinweise

Information

Tourist-Information, Kirchstr. 1, Lahnstein, Tel. 026 21/91 41 71, www.lahnstein.de

Route

Von Lahnstein weiter auf der B42 Richtung Süden nach St. Goarshausen (30 km).

9 St. Goarshausen *R6*

Städtchen am Fuße der sagenumwobenen Loreley.

St. Goarshausen, auch Loreleystadt genannt, liegt nördlich vom berühmten Loreley-Felsen. Der Rhein hat hier mit 25 m seine tiefste und mit 113 m schmalste Stelle. Die einstige Fischer- und Schifferstadt lebt inzwischen vornehmlich vom Loreley-Tourismus. Die B42 führt am Rhein entlang zur **Loreley** (Besucherzentrum, Tel. 067 71/59 90 93 März–Okt. tgl. 10–18 Uhr, sonst Sa/So 11–16 Uhr). Am Fuß des 132 m hohen Schieferfelsens muss man das Auto stehen lassen und über eine Treppe das Plateau erklimmen. Oben soll die schöne Loreley gesessen und gesungen haben. Betört von ihrer Stimme achteten die Schiffer nicht mehr auf die gefährliche Strömung und ihre Boote zerschellten an den Felsen. *Clemens von Brentano* (1778–1842) erzählt in seiner Ballade (1801) von der legendären Rheinjungfrau. Loreley, die mit ihrer Schönheit die Männer verhexte und von der Kirche bestraft werden sollte, habe sogar den Bischof bezaubert. Der verurteilte sie nicht zum Tode, sondern schickte sie in ein Kloster. Auf dem Weg dorthin stürzte sie sich dann mit einem letzten Blick auf den Rhein vom Felsen.

Praktische Hinweise

Information

Touristikgemeinschaft Loreley-Burgenstraße, Bahnhofstr. 8, St. Goarshausen, Tel. 067 71/91 00, www.loreley-touristik.de

Route

Auf der B42 Richtung Süden nach Assmannshausen (25 km).

Die Drosselgasse in Rüdesheim lockt mit Weinseligkeit und Altstadtromantik

10 Assmannshausen S6

Die Rotweinenklave gehört zum UNESCO Welterbe ›Oberes Mittelrheintal‹.

Assmannshausen (1000 Einw.), das als Ortsteil zu Rüdesheim gehört, ist bekannt für seine blauen Burgundertrauben, aus denen exzellenter Rotwein gekeltert wird. Ansonsten wird im Rheingau hauptsächlich Riesling angebaut. Die Winzer bieten ihre feinen Tropfen im Gutsausschank und Direktverkauf an. Schon die herrliche Lage vieler Anwesen, die oft in Familientradition bewirtschaftet werden, ist ein Genuss. *Spätburgunder* aus den berühmten Lagen Höllenberg, Frankenthal und Hinterkirch gibt es z.B. bei der Domäne Assmannshausen (Höllenbergstr. 10, Tel. 067 22/22 73, www.weingut-kloster-eberbach.de, Fr/Sa 12–18 Uhr, sonst auf Anfrage) sowie den Weingütern August Kesseler (Lorcher Str. 16, Tel. 067 22/25 13, www.weingut-kesseler.de), Eulberg (Kleine Rheingasse 2, Tel. 067 22/491 25, www.eulberg-wein.de) und Karl Schön (Rheinuferstr. 2, Tel. 067 22/22 25, www.karl-schoen.de).

Route

Richtung Süden auf der B42 nach Rüdesheim (6 km).

11 Rüdesheim S6

›Lebensart in Rheinkultur‹ und das Niederwald-Denkmal locken.

Rüdesheim (10 000 Einw.) liegt malerisch zwischen Rhein und Weinbergen. Schon im 19. Jh. löste der Tourismus die Flussschifffahrt als Haupteinnahmequelle ab.

Am Ortseingang im Westen der Altstadt steht die **Brömserburg** (Rheinstr. 2, Tel. 067 22/23 48, März–Okt. 9–18 Uhr), die im 12. Jh. als Zollstation errichtet wurde. Die mächtige quaderförmige Anlage mit vier dreigeschossigen, flachgedeckten Flügeln beherbergt heute das sehenswerte *Rheingauer Weinmuseum*. In den tonnen-und kreuzgratgewölbten Räumlichkeiten wird die Entwicklung des Weinbaus seit der Römerzeit sowie die Geschichte des Weinfasses, der Flasche und des Glases dargestellt. Rebsorten und Anbaumethoden werden anhand von Arbeitsgeräten der Winzer, Küfer und Kellermeister ebenso spannend wie anschaulich erläutert.

Von der Burg kann man am Rheinufer entlang bis zur kopfsteingepflasterten **Drosselgasse** bummeln, die Gäste aus aller Welt anzieht. Bereits im 18. Jh. hatten sich hier zahlreiche Straußwirtschaften etabliert, bald folgten Gasthäuser und Hotels. An der schmalen Straße reihen sich urige Weinstuben und Gartenschänken aneinander, in denen man trinken, essen und sich köstlich amüsieren kann.

Nahe der Drosselgasse an der Oberstraße startet eine kleine *Seilbahn* (Ende März–Okt. tgl. 9.30–17, Juli/Aug. tgl. 9.30–19 Uhr), deren Kabinen gemächlich über die Weinberge hinweg schweben, zum **Niederwald-Denkmal** (1883). Das 40 m hohe Monument mit einer Statue der *Germania*, die sich auf ein Schwert stützt und den Siegerkranz schwenkt, erinnert an die deutsche Reichsgründung nach dem Deutsch-Französischen Krieg 1870/71. Eine mächtige Treppenanlage führt auf die

Terrasse am Sockel. Dieser ist mit Reliefs verziert, die Kaiser Wilhelm I. im Kreise von Fürsten und Soldaten zeigen bzw. den Liedtext ›Wacht am Rhein‹ illustrieren. Von der Terrasse genießt man das schöne Flusspanorama. Zahlreiche idyllische Wanderwege führen an Rebstöcken vorbei zurück ins Tal.

Praktische Hinweise

Information

Rüdesheim Tourist Center, Geisenheimerstr. 22, Rüdesheim, Tel. 067 22/194 33, www.ruedesheim.de

Hotels

Jagdschloss Niederwald, Rüdesheim, Tel. 067 22/710 60, www.niederwald.de. Malerisch über dem Rhein gelegenes Hotel mit Restaurant ›Café Rheinblick‹.

Traube-Aumüller, Rheinstr. 6 u. 9, Rüdesheim, Tel. 067 22/91 40, www.traube-aumueller.com. 119 Zimmer und Restaurant in der Altstadt (Jan./Febr. geschl.).

Route

Auf der B42 Richtung Wiesbaden, am Schiersteiner Kreuz rechts auf die A643 und der Beschilderung nach Mainz folgen (42 km).

12 Mainz *S7*

Barocke Prachtbauten, Adelspaläste und ein Kaiserdom.

Die Geschichte von Mainz (195 000 Einw.) geht auf ein römisches Lager mit dem Namen *Mogontiacum* zurück, das etwa 13/12 v. Chr. in der Nähe einer älteren Keltensiedlung errichtet wurde. Große Bedeutung erlangte Mainz als *Erzbistum* seit 782. Die mächtigen Bischöfe gestalteten als Kurfürsten die Politik des Heiligen Römischen Reichs Deutscher Nation mit Während des Mittelalters fanden mehrere Königskrönungen im Mainzer Dom statt. Heute ist die Landeshauptstadt von Rheinland-Pfalz Sitz einer Universität und des Zweiten Deutschen Fernsehens.

Nicht weit vom Rhein entfernt erhebt sich der **Dom St. Martin** (975–1239), ein herausragendes Beispiel romanischer Architektur in Deutschland. Die dreischiffige Basilika gehört zu den *Kaiserdomen* mit der dafür charakteristischen Doppelchoranlage. Der *Ostchor* bekam seine heutige Form 1100–37 unter Kaiser Heinrich IV. Unter der Apsis mit Blendarkaden liegt die Hallenkrypta. Das Langhaus wurde um 1200 mit dem Kreuzrippengewölbe vollendet. Der festliche *Westchor* entstand im 13. Jh. Das Chorquadrat ist an den drei offenen Seiten mit Giebeln bekrönt, die mit prächtigen Speichenrosen geschmückt sind. Die Apsiden selbst werden von einer säulengeschmückten Zwerggalerie umlaufen. Der Westbau erhielt entsprechend der östlichen Anlage einen Vierungsturm und zwei den Chor flankierende schlanke Türme. Die gotischen Seitenkapellen mit den großen Maßwerkfenstern wurden 1279–1309 angebaut. Nach einem Brand kam 1769 der mehrstöckige barocke Turmhelm von *Franz Ignaz Michael Neumann* (1733–1785) auf die westliche Vierung. Im eher schlichten *Inneren* fallen die großartigen Grabmäler der Mainzer Erzbischöfe aus dem 13.–18. Jh. ins Auge. Hervorzuheben sind die des Bildhauers *Hans Backoffen* (1470–1519) für von Henneberg (1504), von Liebenstein (1514) und von Gemmingen (1514). Die Ausmalung der Blendarkaden im Mittelschiff mit der Lebensgeschichte

Fröhliche Figuren – Blick vom Mainzer Marktbrunnen auf den Dom St. Martin

Grandezza und Gesundbrunnen – das neoklassizistische Kurhaus von Wiesbaden

Christi im Stil der Nazarener stammt von *Philipp Veit* (1793–1877).

Der zweigeschossige gotische Kreuzgang führt ins **Dom- und Diözesanmuseum** (Domstr. 3, Tel. 061 31/25 33 44, www.dommuseum-mainz.de, Di–So 10–17 Uhr). Hier wird ein Teil des uralten Dominventars aufbewahrt. Zu den Exponaten gehören die *Fuststraßen-Madonna* (13. Jh.), die bischöflichen Insignien Siegfrieds III. von Eppstein (13. Jh.) und die *Augsburger Strahlenmonstranz* aus dem 18. Jh. Das Museum besitzt aber auch eine beeindruckende Sammlung hübscher Bildteppiche aus dem 15./16. Jh.

TOP TIPP Direkt gegenüber ist im **Gutenberg-Museum** (Liebfrauenplatz 5, Tel. 061 31/12 26 40, www.gutenberg-museum.de, Di–Sa 9–17, So 11–15 Uhr) zwei von 48 noch erhaltenen Exemplaren der berühmten *Bibel* ausgestellt, die Gutenberg 1452–55 druckte. Doch das Museum widmet sich nicht nur dem berühmten Erfinder des Buchdrucks *Johannes Gutenberg* (ca. 1397–1468), sondern der Buch-, Druck- und Schriftgeschichte aller Kulturen bis ins 21. Jh.

Weiter nördlich steht das 1678 im Stil der Renaissance errichtete *Kurfürstliche Schloss*. Es beherbergt das **Römisch-Germanische Zentralmuseum** (Ernst-Ludwig-Platz 2, Tel. 061 31/912 40, www.rgzm.de, Di–So 10–18 Uhr), das mit seinen Sammlungen zur Vorgeschichte, Römerzeit und zum Frühen Mittelalter Archäologie zum Erlebnis macht. Glanzpunkte sind ein römischer Himmelsglobus aus dem 2. Jh. und eleganter byzantinischer Goldschmuck des 5./6. Jh.

Im Westen der Altstadt erinnert das **Fastnachtsmuseum** (Neue Universitätsstr. 2, Tel. 061 31/144 40 71, www.mainzer-fastnachtsmuseum.de, Di–So 11–17 Uhr) in einem früheren Proviantmagazin daran, dass Mainz eine der deutschen Karnevalshochburgen ist. Dem närrischen Treiben ist auch der **Fastnachtsbrunnen** (1967) am Schillerplatz gewidmet.

i Praktische Hinweise

Information

Touristik Centrale Mainz, Brückenturm am Rathaus, Mainz, Tel. 061 31/28 62 10, www.info-mainz.de/tourist

Route

Von Mainz auf die Umgehungsstraße und dann Richtung Norden über den Rhein nach Wiesbaden (13 km).

13 Wiesbaden S7

Ehemalige Kaiserstadt mit Charme und Landeshauptstadt Hessens.

Am rechten Rheinufer, zwischen Fluss und Taunus, liegt die hessische Hauptstadt Wiesbaden (287 000 Einw.). Die Römer errichteten 41–50 n. Chr. ein Kastell an den Heilquellen, die sie hier gefunden hatten. Im 19. Jh. entdeckten die Reichen und Berühmten Europas die heißen Quellen wieder. Wiesbaden florierte und um 1900 erreichte die Beliebtheit ihren Höhepunkt. Daran, dass die Stadt auch Sommerresidenz Kaiser Wilhelms II. war, erinnert die **Wilhelmstraße**, die elegante Hauptstraße. Östlich davon wurde 1852 der wunderschöne **Kurpark** als englischer Garten angelegt. Das neoklassizistische **Kurhaus** (1905–07) beherbergt die *Spielbank* (tgl. 14.45–3 Uhr), deren schillernde Atmosphäre einst Fjodor Dostojewski, Richard Wagner und sogar Elvis Presley in ihren Bann zog.

Westlich der Wilhelmstraße liegt die **Altstadt** und in ihrer Mitte der Schlossplatz. Das klassizistische **Stadtschloss** (Tel. 06 11/35 02 94, nur im Rahmen von Führungen auf Anfrage), das sich die Herzöge von Nassau 1840 als Residenz errichten ließen, ist heute Sitz des *Hessischen Landtags*. Die Ecke zwischen den beiden Gebäudeflügeln wurde rund ausgebaut und mit sechs Säulen, die einen Balkon tragen, als Portal wirkungsvoll gestaltet. Das eher schlichte Äußere steht im Kontrast zur prächtigen Innenausstattung z. B. im *Roten Salon* und im *Buffetzimmer*, hier schwelgt man im Anblick von Deckengemälden, Marmorstuck, Möbeln aus Zitronenbaumholz und hauchfeinem chinesischen Porzellan.

Praktische Hinweise

Information

Tourist Information, Marktstr. 6, Wiesbaden, Tel. 06 11/172 99 30, www.wiesbaden.de

Hotel

Nassauer Hof, Kaiser-Friedrich-Platz 3–4, Wiesbaden, Tel. 06 11/13 30, www.nassauer-hof.de. Das zentral gelegene Grandhotel im wilhelminischen Stil verfügt über 169 prächtige Zimmer.

Restaurants

Bansners Weinkeller, Marktstr. 16, Wiesbaden, Tel. 06 11/30 54 34. Im Alten Rathaus kann man die edlen Tropfen des städtischen Weingutes gemütlich verkosten.

Ente, Kaiser-Friedrich-Platz 3–4, Wiesbaden, Tel. 06 11/13 36 66. Klassische, mit einem Michelin-Stern ausgezeichnete Küche.

Route

Von Wiesbaden auf der A66 zurück nach Frankfurt am Main (42 km).

Pompöses Ambiente und weltberühmte Klientel – die Spielbank von Wiesbaden

TOUR 27

Rhein – alte Burgen, prächtige Schlösser und moderne Städte

2–3 Tage • 338 km

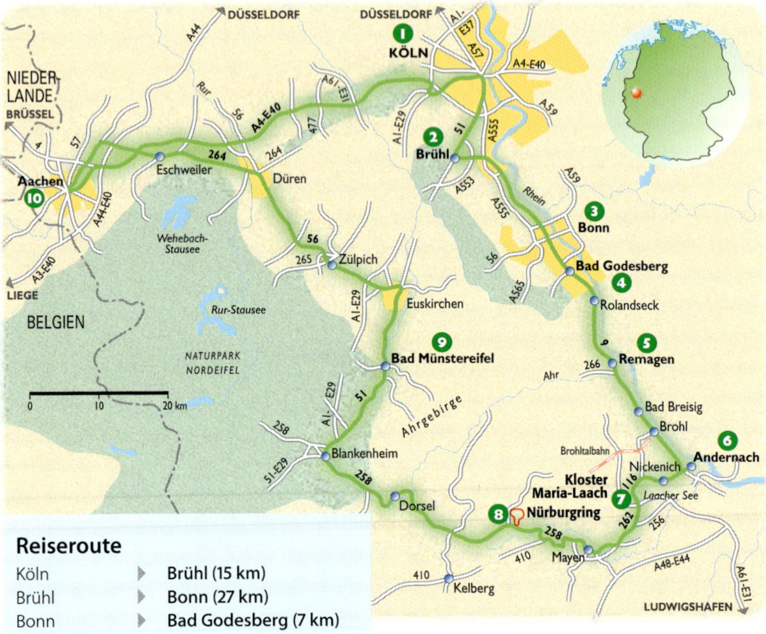

Reiseroute

Köln	**Brühl (15 km)**
Brühl	**Bonn (27 km)**
Bonn	**Bad Godesberg (7 km)**
Bad Godesberg	**Remagen (15 km)**
Remagen	**Andernach (21 km)**
Andernach	**Maria-Laach (15 km)**
Maria-Laach	**Nürburgring (37 km)**
Nürburgring	**Bad Münstereifel (51 km)**
Bad Münstereifel	**Aachen (80 km)**
Aachen	**Köln (70 km)**

1 Köln *P5*

Kunstmetropole und Karnevalshochburg am Rhein.

Köln (986 000 Einw.) entwickelte sich seit etwa 38 v. Chr. aus einer germanischen Siedlung zum Standort einer römischen Legion, wurde 50 n. Chr. zur *Colonia Claudia Ara Agrippinensium* erhoben und bereits um 70 n. Chr. mit einer Stadtmauer befestigt. Im 5. Jh. eroberten die Franken die römische Stadt. Unter den Karolingern gewann Köln als *Erzbistum* ab 794 zunehmend an Einfluss. Dank der günstigen Lage am Rhein blühte der Handel. Kölner Kaufleute spielten eine führende Rolle in der Hanse. Um 1500 war Köln mit 50 000 Einwohnern die größte deutsche Stadt. Heute steht die Rhein-Metropole für Kunstgenuss, Karneval und ein ganz besonderes Lebensgefühl.

TOP TIPP Imposantes Wahrzeichen Kölns ist der **Dom St. Peter und Maria** (www.koelner-dom.de, tgl. 6–19.30 Uhr), der zum UNESCO Weltkulturerbe gehört. Baubeginn war 1248, vollendet aber wurde der Bau erst mit dem *Südturm* 1880. Den Anstoss zur Errichtung des monumentalen Gotteshauses gab der Pilgerstrom, der sich seit der Überführung der Reliquien der Heiligen Drei Könige durch Erzbischof Rainald von Dassel 1164 von Mailand nach Köln in die Stadt ergoss. So errichtete man die fünfschiffige gotische Basilika mit dreischiffigem Querhaus, Umgangschor und Kapellenkranz.

Verwahrt werden die kostbaren Reliquien im *Dreikönigsschrein* (1190–1230), einer der vollkommensten, reich mit Edelsteinen besetzten Goldschmiedearbeiten des Mittelalters. Weitere herausragende Ausstattungsstücke sind im Chor das ›Gerokreuz‹ (um 970), das von *Stefan Lochner* gemalte Triptychon für den ›Altar der Stadtpatrone‹ (um 1440) und die farbig gefasste Holzfigur der ›Mailänder Madonna‹ (um 1290) sowie das Chorgestühl (14.Jh.). Gesonderte Plätze waren für Kaiser und Papst reserviert. Einen besonderen Blick über Köln hat man vom Südturm, dessen Aussichtsplattform in 157 m Höhe man über 500 Stufen in seinem Inneren erreicht.

An der Nordseite der Kirche, in den gotischen Kellergewölben, präsentiert die **Domschatzkammer** (tgl. 10–18 Uhr) Sakralobjekte, prächtige liturgische Gewänder und Gefäße sowie bedeutende Reliquien wie Petrusstab und Petrusketten. Bis zum Eintreffen der Gebeine der Heiligen Drei Könige waren sie die Hauptreliquien des Doms.

TOP TIPP Ein Stück weiter südlich gelangt man zum **Römisch-Germanischen Museum** (Roncalliplatz 4, Tel. 02 21/ 22 12 44 38, www.museenkoeln.de, Di–So 10–17 Uhr). Für die hochkarätige Sammlung zum reichen archäologischen Erbe der Region, darunter ein römisches Mosaik mit Szenen aus der Welt des Dionysos (um 220/230 n. Chr.), sollte man sich viel Zeit nehmen. Gleiches gilt für das benachbarte **Museum Ludwig** (Bischofsgartenstr. 1, Tel. 02 21/22 12 61 65, www.museenkoeln.de, Di–So 10–18, 1. Fr. im Monat bis 22 Uhr). Die berühmte Sammlung zur Kunst des 20./21.Jh. vereint Spitzenwerke Pablo Picassos, Roy Lichtensteins, Andy Warhols und der russischen Konstruktivisten.

Zu den Highlights der Kölner Museenlandschaft zählt auch das **Wallraf-Richartz-Museum** (Obenmarspforten, Tel. 02 21/22 12 11 19, www.museenkoeln.de, Di, Mi, Fr 10–18, Do 10–22, Sa/So 11–18 Uhr) am Rathaus. Es besitzt eine einzigartige Sammlung mittelalterlicher Tafelbilder, darunter Werke von Stefan Lochner. Hinzu kommen Gemälde von Rubens und Rembrandt und Arbeiten der Impressionisten.

Nahe der Oper lädt das neogotische **4711-Haus** zum Besuch ein, hier kann man auch echtes *Kölnisch Wasser* erwerben. Kulturliebhaber werden zudem einige der zwölf romanischen Kirchen Kölns besichtigen, z. B. **St. Ursula** (12. Jh.) unweit des 1894 fertiggestellten Bahnhofs. An die romanische Emporenbasilika wurde 1287 ein lang gestreckter gotischer Chor angebaut. Im 17. Jh. richtete man die schaurige *Goldene Kammer* ein, die mit Menschenknochen ›geschmückt‹ ist – angeblich jenen der 11 000 jungfräulichen Begleiterinnen der hl. Ursula auf ihrer Pilgerfahrt nach Rom.

Anschließend kann man über die Rheinpromenade schlendern und in den Gassen der **Altstadt** mit ihren zahlreichen Kölschkneipen und schönen Geschäften kölsche Lebensart genießen.

Die UNESCO-geschützte Skyline von Köln mit Dom (rechts) und Kirche Groß St. Martin (Mitte)

Grandiose Architektur zur Ehre Gottes – Blick ins Innere des Kölner Doms

Praktische Hinweise

Information

KölnTourismus, Unter Fetterhennen 19, Köln, Tel. 02 21/22 13 04 00, www.koeln.de

Hotels

Euro Garden, Domstr. 10, Köln, Tel. 02 21/164 90, www.eurogarden-hotel-koeln.de. 85 helle Zimmer in einer ruhigen Seitengasse im Zentrum.

Hotel Am Augustinerplatz, Hohe Str. 30, Köln, Tel. 02 21/272 80 20, www.hotel-am-augustinerplatz.de. Modernes Hotel in unmittelbarer Nähe zur Altstadt.

Restaurant

Brauhaus Früh am Dom, Am Hof 12–18, Köln, Tel. 02 21/261 30. Frisches Kölsch und regionale Küche.

Route

Von Köln auf der B51 Richtung Süden nach Brühl (15 km).

2 Brühl P5

Die Brühler Schlösser gehören heute zum UNESCO Weltkulturerbe.

Brühl (47 000 Einw.) wurde erstmals 1180 urkundlich erwähnt. Im Mittelalter avancierte es zum bevorzugten Aufenthaltsort der Kölner Erzbischöfe und Kurfürsten. 1285 erhielt Brühl Stadtrechte, wurde zu einer mächtigen Festung ausgebaut und 1469 zur Landeshauptstadt von *Kurköln* erhoben. 1876 begann in der Umgebung die Braunkohleförderung. Die einstigen Tagebaugebiete sind inzwischen rekultiviert und bilden als **Naturpark Rheinland** mit Badeseen, Rad- und Wanderwegen ein beliebtes Ausflugsziel.

Die wichtigsten Sehenswürdigkeiten aber sind die im Osten der Stadt gelegenen **Brühler Schlösser** (Tel. 022 32/440 00, www.schlossbruehl.de, Febr.–Nov. Di–Fr 9–12 und 13.30–16, Sa/So 10–17 Uhr). Als herausragende Schöpfungen des Barock und Rokoko wurden sie 1984 von der UNESCO zum Weltkulturerbe erklärt. Das schöne Schloss **Augustusburg** (1725–68) wurde als Sommerresidenz des für seine Verschwendungslust und Kunstliebe bekannten Kölner Kurfürsten und Erzbischofs Clemens August von Wittelsbach (1700–1761) errichtet. Es ist das Werk dreier berühmter Architekten: *Johann Conrad Schlaun* entwarf die Dreiflügelanlage mit Walmdach um einen Ehrenhof. *François Cuvilliés* gestaltete die Fassaden und die Paradezimmer, die mit üppigen Stuckarbeiten ausgestattet sind. Von *Balthasar Neumann* stammt u. a. die zentrale Prunktreppe, welche in einem hinreißenden Deckengemälde von Carlo Carlone gipfelt. Die Gemächer des Kurfürsten sind etwas zurückhaltender gestaltet, holländische Fliesen dienen als Schmuck, die Fenster öffnen sich auf die französischen Parkanlagen des Gartenkünstlers Dominique Girard.

Eine Allee führt durch den weitläufigen Schlosspark zum **Jagdschloss Falkenlust** (1729–37), das Cuvilliés als Refugium des Kurfürsten errichtete. Auf dem Dach des Hauptgebäudes befindet sich eine Aussichtsplattform, von der man die Falkenjagd beobachten konnte. Auch die Deckengmälde des Treppenhauses bleiben dem Thema treu, sie zeigen Szenen der Falkenjagd. Die zwei Geschosse verfügen jeweils über einen Vorraum, der zu einem Salon führt. Dahinter befinden sich Schlafzimmer und Kabinett.

In unmittelbarer Nähe bietet das **Max Ernst Museum** (Comesstr. 42, www.max-ernst-museum.de, Di–So 11–18, 1. Do im Monat bis 21 Uhr) einen Überblick über das komplexe Schaffen des aus Brühl stammenden Künstlers Max Ernst (1891–1976). Zu den Exponaten gehören frühe dadaistische Grafiken und Collagen sowie spätere surrealistische *Frottagen* und über 60 Skulpturen, darunter ›Capricorn‹ (1948), sowie die *D-Paintings*, kleine Bilder für seine Frau Dorothea Tanning.

Praktische Hinweise

Information

Brühl-Info, Uhlstr. 1, Brühl,
Tel. 022 32/793 45, www.bruehl.de

Route

Von Brühl auf der L 184 Richtung Osten, bei Godorf auf die B9 Richtung Süden nach Bonn (27 km).

3 Bonn *P5*

Geburtsort Ludwig van Beethovens und ehemalige deutsche Hauptstadt.

Die Geschichte von Bonn (313 000 Einw.) reicht über 2000 Jahre bis in die Römerzeit zurück. Vom 13. Jh. bis zum Ende des 18. Jh. residierten in Bonn die Kölner Kurfürsten. Berühmtheit erlangte das Städtchen am Rhein zunächst als Geburtsort *Ludwig van Beethovens* (1770–1827). Dann stand die Universitätsstadt von 1949 bis zur Wiedervereinigung 1990 als *Hauptstadt* und bis 1999 als Regierungssitz der Bundesrepublik Deutschland im Blick der Öffentlichkeit. Auch wenn sich heute die Politik in Berlin abspielt, Bonn hat zahlreiche Attraktionen zu bieten.

Das **Beethoven-Haus** (Bonngasse 18–26, Tel. 02 28/98175 25, www.beethoven-haus-bonn.de, April–Okt. Mo–Sa 10–18, So 11–18, Nov.–März Mo–Sa 10–17, So 11–17 Uhr), in dem der große Komponist 1770 zur Welt kam, zeigt Erinnerungsstücke aus seiner Zeit in Bonn und Wien, sein Porträt, sein letztes Klavier, verschiedene Saiteninstrumente und Partituren.

Am Marktplatz steht das **Alte Rathaus**. Es wurde 1737 vom französischen Architekten Michel Leveilly im Stil des Rokoko erbaut und weist alle Merkmale eines französischen Schlosses auf, einschließlich der reich verzierten Fassaden und der riesigen Fenster. Als Sitz der Bürgermeisterin ist es heute Ort vieler offizieller Empfänge. Vorbei am *Kurfürstlichen Schloss*, dem heutigen Hauptgebäude der Bonner Universität, gelangt man zum

Phantasialand

Der Freizeitpark Phantasialand (Berggeiststr. 31–41, Brühl, Tel. 022 32/362 00, www.phantasialand.de, Mitte März–Okt. 9–18 Uhr; Extraprogramm im Winter) bietet Spaß und Unterhaltung für die ganze Familie, darunter atemberaubende Fahrten durch Hollywood-Filmsets und den Grand Canyon. Auch 3-D-Shows, Laservorführungen und der Western Saloon gehören zu den Attraktionen.

Fürstliche Pracht für den Vertreter des Bürgertums: das Bonner Rathaus am Marktplatz

Münsterplatz. Das prächtige **Münster** (Tel. 02 28/98 58 80, www.bonner-muenster.de, tgl. 7–19 Uhr) ist ein schönes Beispiel für den rheinisch-romanischen Stil des 11./12. Jh., obwohl das Mittelschiff schon den Einfluss der Gotik zeigt. Die heutige Basilika entstand vermutlich über den Märtyrergräbern der Stadtpatrone Cassius und Florentius. Jedenfalls wurden bei Ausgrabungen unter der Kirche Spuren frühchristlicher Gräber und einer römischen Kultstätte entdeckt. Der Ostchor sowie das Westwerk stammen noch aus dem 11. Jh., während Kreuzrippengewölbe, Apsiden, die den Chor flankierenden Türme sowie der Vierungsturm und der Kreuzgang an der Südseite im 12./13. Jh. erbaut wurden. Den spitzen Helm bekam der Vierungsturm erst im 16. Jh. aufgesetzt. Das Innere wurde im Stil des Barock umgestaltet, u. a. mit gewaltigen Marmoraltären (17./18.Jh.) und einer Klais-Orgel auf der Westempore.

Jenseits vom Bahnhof befindet sich das **Rheinische Landesmuseum** (Colmantstr. 14–16, Tel. 02 28/207 00, www.rlmb.lvr.de, Di–So 10–18, Mi 10–21 Uhr), das Fundstücke aus der Römerzeit und dem Mittelalter zeigt, aber auch den schätzungsweise 60 000 Jahre alten Schädel des berühmten *Neandertalers*, der 10 km östlich von Düsseldorf im Tal der Düssel entdeckt wurde.

Das Poppelsdorfer Schloss

Das Poppelsdorfer Schloss (Poppelsdorfer Allee) in Bonn wurde 1715–40 von Robert de Cotte als Sommerresidenz des Kölner Kurfürsten Joseph Clemens errichtet. Vorgängerbau war eine Wasserburg von 1583. Seit 1818 gehört die Anlage der Universität Bonn, die den Schlosspark in einen Botanischen Garten (www.botgart.uni-bonn.de, So–Fr 9–18, im Winter Mo–Fr 9–16 Uhr) umwandelte. Das Schloss beherbergt heute u. a. das Mineralogische Museum (Tel. 02 28/73 27 64, Mi, Fr 15–17, So 10–17 Uhr).

i Praktische Hinweise

Information

Bonn-Information, Windeckstr. 1, Bonn, Tel. 02 28/77 50 00, www.bonn.de

Restaurants

Café Bistro Pendel, Vivatsgasse 2 a, Bonn, Tel. 02 28/976 60 64. Snacks und internationale Küche.

Roses Restaurant, Martinsplatz a, Bonn, Tel. 02 28/433 06 53. Noble Speisen in elegantem Ambiente.

Route

Weiter Richtung Süden nach Bad Godesberg (7 km).

4 Bad Godesberg P5

Weltoffenheit, Geschichte und Tradition auf typisch rheinische Art.

Seine idyllische Lage am Rhein hat den ehemaligen Kurort, der heute zu Bonn gehört, zu einer beliebten Wohngegend gemacht. Ein Spaziergang auf der *Rheinpromenade* ist vor allem abends schön, wenn die Sonne hinter der 1583 weitgehend zerstörten **Godesburg** (Auf dem Godesberg 5, Tel. 02 28/31 60 71, April–Okt. Mi–So 10–18 Uhr) untergeht. Vom erhaltenen *Bergfried* der Festung genießt man eine fantastische Sicht auf Bonn. Heute ist auf dem Burgelände ein stilvolles Restaurant mit großzügiger Terrasse beheimatet.

Route

Von Bad Godesberg auf der B9 Richtung Süden nach Remagen (15 km).

5 Remagen Q5

Ehemalige Keltensiedlung mit berühmter Brücke.

Remagen (17 000 Einw.) war ursprünglich eine keltische Siedlung, an deren Stelle im 3. Jh. n. Chr. ein römisches Kastell errichtet wurde. Fundstücke aus dem alten *Rigomagus* präsentiert das **Römische Museum** (Kirchstr. 9, Tel. 026 42/201 59, März–Okt., Mi–So 15–17 Uhr) in einer Kapelle aus dem 15 Jh. unweit vom Rathaus.

Ein Teil der spätrömischen Festungsmauer ist in der Kirchhofsmauer von **St. Peter und Paul** (Kirchstr. 32, Tel. 026 42/222 72) erhalten geblieben. Das Gotteshaus wurde im 12./13. Jh. in spätromanischem Stil erbaut.

Die Brücke von Remagen erlangte im Zweiten Weltkrieg traurige Berühmtheit. Amerikanische Truppen hatten sie am 7. März 1945 erobert. 10 Tage später stürzte die schwer beschädigte Brücke unter der Last von Militärfahrzeugen ein, dabei kamen 28 Soldaten ums Leben. Das **Friedensmuseum ›Brücke von Remagen‹** (Tel. 026 42/218 63, www.bruecke-remagen.de, Mai–Okt. 10–18, März, April, Nov. bis 17 Uhr) am Rheinufer erinnert an die damaligen Ereignisse.

Die Brohltalbahn

Brohl-Lützing nördlich von Andernach ist die Endhaltestelle der schmalspurigen Brohltalbahn (Vulkan-Express, Tel. 026 36/803 03, www.vulkan-express.de). Die Strecke führt durch eine reizvolle Landschaft und wurde gebaut, um Phonolith, ein seltenes vulkanisches Mineral, das zur Glasherstellung verwendet wird, zu transportieren.

Praktische Hinweise

Information

Tourist-Information, Bachstr. 5, Remagen, Tel. 026 42/201 87, www.remagen.de

Route

Von Remagen weiter auf der B9 nach Andernach (21 km).

6 Andernach Q6

Wo der Rhein auf die Eifel trifft, lag einst ein römisches Kastell.

Andernach (31 000 Einw.) geht auf eine der ältesten römischen Siedlungen in Deutschland zurück. Sie war bereits unter Augustus (reg. 31 v. Chr.–14 n. Chr.) und Tiberius (reg. 14–37 n. Chr.) mit einem mächtigen Kastell befestigt, fiel aber im 5. Jh. an die *Franken*. Seit dem 9. Jh. war Andernach Schauplatz vieler Schlachten, z. B. zwischen den Erzbistümern Köln und Trier. Noch heute verfügt die Stadt über einen mittelalterlichen **Mauerring** mit intakten Stadttoren. Der 56 m hohe **Runde Turm** (1440–53) diente einst als Wachturm und hielt sogar einem Sprengversuch der Franzosen im Jahr 1689 stand.

Ein bedeutendes Zeugnis der rheinischen Spätromanik ist die **Liebfrauenkirche** (13. Jh.). Die mächtige Basilika mit vier Türmen, auffällig reich gestalteter Westfassade und Chor erhebt sich am westlichen Stadtrand, wo früher das Römerkastell gewesen sein soll.

Sehenswert ist ferner der stromabwärts stehende alte **Rheinkran** (1559), der noch bis in das Jahr 1911 genutzt wurde.

Praktische Hinweise

Information

Andernach.net, Läufstr. 4, Andernach, Tel. 026 32/29 84 22, www.andernach.net

Hotel

Villa am Rhein, Konrad-Adenauer-Allee 3, Andernach, Tel. 026 32/927 40, www.villa-am-rhein.de. Das familiär geführte Hotel mit 25 Zimmern und Restaurant liegt direkt am Runden Turm.

Route

Von Andernach auf der L116 Richtung Westen über Nickenich zum Kloster Maria-Laach (15 km).

7 Kloster Maria Laach Q5

Eine Benediktinerabtei in der Vulkaneifel.

Das Benediktinerkloster Maria Laach (Tel. 026 52/590, www.maria-laach.de, tgl. 9–17.15 Uhr) am südwestlichen Ufer des *Laacher Sees* wurde 1093 durch Pfalzgraf Heinrich II. gegründet. Die *Abteikirche* (1216) ist eine doppelchörige, gewölbte Pfeilerbasilika mit einem prachtvollen Eingang, dem sog. Paradies im Westwerk. Die beiden Vierungstürme werden jeweils von zwei kleineren Türmen flankiert. Der Bau gilt als eines der vollkommensten Werke der Romanik in Deutschland, denn er ist weitgehend original erhalten. Der klaren Gliederung des Äußeren entspricht das schlichte Innere. Da im Ostchor die Messen gefeiert werden, steht hier das hölzerne Chorgestühl des Benediktinerkonvents. Im Westchor befindet sich das Hochgrab des Klosterstifters. Die Mönche betreiben heute neben Landwirtschaft einen Kunstverlag, ferner Glockengießerei, Kunstschmiede, Schreinerei, Hotel und Restaurant.

Route

Ab Maria-Laach auf der L82 Richtung Süden nach Mayen, dann rechts auf die B258 Richtung Westen zum Nürburgring (37 km).

8 Nürburgring R5

Die längste Rennstrecke der Welt lockt mit vielen Angeboten.

Abwechslung bietet der Nürburgring, einer der weltweit bekanntesten Austragungsorte für Auto- und Motorradrennen in der hügeligen Eifellandschaft. Die Piste wurde 1920 als Teststrecke angelegt. Zunächst fuhren die Rennautos auf der 22,8 km langen Nord- und einer nicht mehr erhaltenen 7,8 km langen Südschleife. Die 1984 eröffnete Formel-1-Strecke (4,5 km) wurde 2002 um die Mercedes-Arena auf 5,1 km erweitert. Der *Große Preis von Deutschland* wird seit 2007 abwechselnd auf dem Nürburgring (ungerade Jahre) und in Hockenheim (gerade Jahre) bei Heidelberg ausgetragen. An veranstaltungsfreien Tagen können Besucher gegen eine Gebühr im eigenen Auto die Strecke erkunden. Nicht zuletzt die **Erlebnis-Welt Nürburgring** (Tel. 026 91/30 26 02, www.erlebnis-welt-nuerburgring.de, bis 2009 geschl.) lässt die Herzen von Motorsportfans höher schlagen.

Malerisch im Tal der Erft liegt Bad Münstereifel mit der romanischen Stiftskirche

Praktische Hinweise

Information

Touristinfo Zentrale am Nürburgring, Tel. 026 91/30 26 30, www.nuerburgring.de

Route

Vom Nürburgring auf der B258 Richtung Nordwesten nach Blankenheim, dann rechts auf die B51 Richtung Nordosten nach Bad Münstereifel (51 km).

9 Bad Münstereifel Q5

Romantisches Flair im Schutz mittelalterlicher Stadtmauern.

Bad Münstereifel (19 000 Einw.) entstand um das 830 gegründete Kloster *Novum Monasterium*, das Markt-, Münz- und Zollrechte genoss. Um 1400 ließ der Graf von Jülich die mächtige Mauer errichten, die noch heute die **Altstadt** umgibt. Sie ist 1,5 km lang und mit ihren vier Toren sowie 18 Wehrtürmen eine der besterhaltenen mittelalterlichen Befestigungsanlagen in Deutschland.

Den historischen Kern der Stadt stellt die einstige **Stiftskirche** (12./13. Jh.) am Kirchplatz dar. Die dreischiffige, querschifflose Pfeilerbasilika macht mit ihrem dreitürmigen Westwerk einen recht stattlichen Eindruck. In der Krypta befindet sich der Schrein mit den Gebeinen der Schutzpatrone, der Märtyrerheiligen Chrysantus und Daria.

Bei einem Spaziergang durch die nahe Orchheimer Straße kann man eine Reihe reich verzierter Fachwerkhäuser aus dem 17. Jh. bewundern. Das **Windeckhaus** mit seinem farbig gefassten Schnitzwerk und zwei Hängestubenerkern gilt als das schönste.

Auf dem Effelsberg im gleichnamigen Stadtteil steht das **Radio-Observatorium Effelsberg** (Tel. 022 53/50 51 82, Führungen Di–Sa 10, 11, 13, 14, 15, 16 Uhr, im Voraus buchen) des Max-Planck-Instituts. Mit 100 m Durchmesser verfügt es über eines der größten vollbeweglichen Radioteleskope der Welt und dient der Beobachtung astronomischer Objekte.

Praktische Hinweise

Information

Städtische Kurverwaltung, Kölner Str. 13, Bad Münstereifel, Tel. 022 53/ 54 22 44, www.bad-muenstereifel.de

Adler- und Wolfspark Kasselburg

Den Adler- und Wolfspark Kasselburg (Tel. 065 91/42 13, www.adler-wolfspark.de, Flugvorführungen 11 und 15 Uhr, Wolfsfütterung 15.45 Uhr) erreicht man vom Nürburgring aus über die B257 Richtung Süden nach Kelberg, und dann auf der B410 Richtung Westen nach Pelm/Gerolstein. Der Bergfried der Kasselburg im Park ist schon aus der Ferne zu erkennen. Hauptattraktionen sind die Wolfsfütterung und eine Vogelflugschau mit Adlern, Falken und anderen Vögeln. Zwischen den Vorführungen können die Besucher auf dem Gelände spazieren gehen und andere Tiere, wie z. B. Füchse und Wildschweine, in ihren Gehegen beobachten.

In der Pfalzkapelle von Aachen wurden bis ins 16. Jh. die Könige des Deutschen Reiches gekrönt

Route

Von Bad Münstereifel weiter auf der B51 nach Norden Richtung Euskirchen, dann links auf die B56 nach Düren, und wieder links auf die B264 Richtung Westen nach Aachen (80 km).

10 Aachen P3

Traditionsreiche Kaiserstadt im Herzen Europas.

Aachen (260 000 Einw.) wurde bereits im 1. Jh. von den Römern wegen seiner Thermalquellen geschätzt. Politische Bedeutung erlangte der Ort unter *Karl den Großen* (um 748–814), der den hiesigen fränkischen Königshof zur Kaiserpfalz und zum Machtzentrum ausbauen ließ. Der Frankenkönig regierte ab 768 große Bereiche des heutigen Deutschlands und Frankreichs. Als Karl 814 in Aachen starb, wurde er in der Pfalzkapelle bestattet. In nachkarolingischer Zeit verlor die Pfalzstadt an Bedeutung, und 1531 wurde dort mit Ferdinand I. (1503–1564) zum letzten Mal ein deutscher König gekrönt.

TOP TIPP Herausragendes Baudenkmal der Karolingerzeit und wichtigste Sehenswürdigkeit in Aachen ist die **Pfalzkapelle** (790–800), der Kern des heutigen **Doms** (Münsterplatz, Tel. 02 41/ 47 70 91 27, www.aachendom.de, April–Okt. Mo–Fr 11–19, Sa/So 12.30–19, Nov.–März bis 18 Uhr). 1978 wurde die Kathedrale als erstes deutsches Monument zum UNESCO Weltkulturerbe erklärt. Die Pfalzkapelle ließ Karl der Große als Zentralbau mit achteckigem Mittelraum errichten, dessen 16-seitigen Umgang von Lichtgaden und Kuppel überragt wird. Auf der Empore steht ein weißer *Marmorthron*. Im Osten schließt sich ein ebenfalls zweigeschossiger Chor an. Im Westen entstand der dreitürmige Eingangsbau. Die *Wolfstür* ist die erste Bronzetür nördlich der Alpen. Ihre beiden Flügel sind mit Medaillons geschmückt, die Löwenköpfe umrahmt von Ornamenten zeigen. 1355–1414 wurde die jetzige hoch aufragende Chorhalle mit den großen Maßwerkfenstern angebaut, ein Meisterwerk der Gotik. In ihrem Zentrum steht der kostbare *Karlsschrein* (1215), in dem die Gebeine

Leuchtendes Jerusalem

Der riesige Kronleuchter in der Aachener Kathedrale wurde auf Befehl von Kaiser Friedrich Barbarossa hier installiert. Beim Aufhängen wurde jedoch das Mosaik an der Decke beschädigt, was nicht verwunderlich ist: Der Kronleuchter hat einen Durchmesser von 4 m und die Eisenkette, an der er hängt, ist 27 m lang. Der Kronleuchter hat 16 Zacken, die das Heilige Jerusalem symbolisieren.

Karls des Großen aufbewahrt werden. Die wunderschön verzierte Goldschmiedearbeit stiftete Friedrich I. Barbarossa 1165 anlässlich der Heiligsprechung Karls, genauso wie den großen *Radleuchter* im Oktogon. Weitere Reliquien befinden sich im *Marienschrein* hinter dem Altar. Die opulente Innenausstattung spiegelt den besonderen Rang der Kirche. Immerhin wurden hier 32 deutsche Herrscher gekrönt, die den Dom mit großzügigen Stiftungen bedachten.

Die **Domschatzkammer** (Klostergasse, Mo 10–13, Do 10–21, Di/Mi, Fr–So 10–18 Uhr) weiter westlich verwahrt einen der bedeutendsten Kirchenschätze Europas. Neben dem *Lotharkreuz* (um 1000) und der silbernen, partiell vergoldeten und mit Edelsteinen verzierten *Karlsbüste* (um 1349) wird auch der *Marmorsarkophag* ausgestellt, in dem Karl der Große vermutlich 814 bestattet wurde.

Karls eigentliche Residenz befand sich nördlich der Pfalzkapelle. An dieser Stelle wurde im 14. Jh. das **Rathaus** (Markt, tgl. 10–13 und 14–17 Uhr) errichtet, welches später im Stil des Barocks (17./18. Jh.) umgebaut wurde. An die alte Kaiserpfalz erinnert nur noch der *Granusturm* genannte Ostturm des Rathauses. Die Fresken im Krönungssaal des Schlosses, die das Leben Karls des Großen darstellen, schuf Alfred Rethel (1816–1859). Seit 1950 wird hier alljährlich der *Karlspreis* an Persönlichkeiten oder Institutionen verliehen, die sich um Europa und die europäische Einigung verdient gemacht haben.

Hinter dem Rathaus erstreckt sich der Markt mit dem **Karlsbrunnen** (1620), der Karl den Großen mit Reichsapfel und Zepter zeigt. Richtung Pontstraße sieht man das prächtige **Haus Löwenstein** (um 1344), eines der ältesten Häuser der Stadt. Am südöstlichen Altstadtrand steht der **Elisenbrunnen** (1822), eine offene Wandelhalle mit Säulenvorbau und flankierenden Pavillons. Aus zwei Trinkbrunnen fließt das warme, stark schwefelhaltige Wasser der *Kaiserquelle* (52 °C). Der angrenzende *Elisenpark* verspricht zusätzlich Entspannung.

Weitere Glanzpunkte locken östlich des Zentrums. Das **Suermondt-Ludwig-Museum** (Wilhelmstr. 18, Tel. 02 41/ 47 98 00, www.suermondt-ludwig-museum.de, Di–Fr 12–18, Mi 12–20, Sa/So 11–18 Uhr) ist seit 1901 im Stadtpalais *Villa Cassalette* beheimatet. Die Sammlung verfügt über Malerei und Skulpturen des 12.–21. Jh. sowie ein umfangreiches Kupferstichkabinett mit Meisterwerken von Albrecht Dürer, Rembrandt, Francisco de Goya etc. Das **Ludwig Forum für Internationale Kunst** (Jülicher Str. 97–109, Tel. 02 41/180 71 04, www.ludwigforum.de, Di, Mi, Fr 12–18, Do 12–20, Sa/So 11–18 Uhr) befindet sich in der 1928 im Bauhaus-Stil errichteten ehemaligen Schirmfabrik Emil Bauer. Die Basis des Museums bildet die Sammlung moderner Kunst des Ehepaars Ludwig mit Werken von Andy Warhol, Roy Lichtenstein, Gerhard Richter, A. R. Penck u.v.m. Außerdem gibt es interessante Wechselausstellungen und einen eindrucksvollen Skulpturenpark.

Praktische Hinweise

Information

aachen tourist information, Friedrich-Wilhelm-Platz, Aachen, Tel. 02 41/ 180 29 60 oder -61, www.aachen.de

Hotel

Aquis Grana Cityhotel, Büchel 32, Aachen, Tel. 02 41/44 30, www.hotel-aquisgrana.com. 97 Zimmer und Restaurant nicht weit von Dom und Rathaus.

Restaurant

Nobis Printen, Münsterplatz 3, Aachen, Tel. 02 41/ 96 80 00. Kaffee, Sandwiches und süße Köstlichkeiten.

Route

Von Aachen auf der A544, der A4/E40 und der A1/E31 zurück nach Köln (70 km).

Auf den Trümmern der karolingischen Pfalz errichteten die Aachener ihr Rathaus

ADAC Reiseführer – die besten, die wir je gemacht haben.

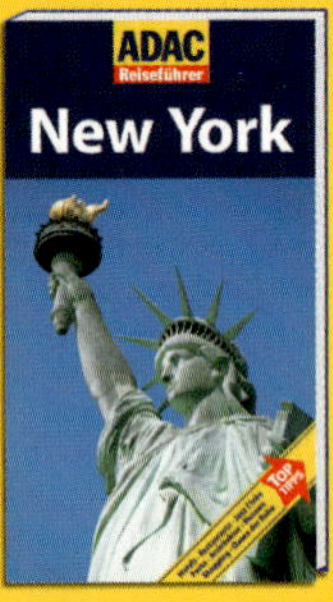

144 bzw. 192 Seiten, je Band 6,50 € (D), 6,70 € (A), 12,– sFr.

Ägypten
Algarve
Allgäu
Amsterdam
Andalusien
Australien
Bali & Lombok
Baltikum
Barcelona
Berlin
Bodensee
Brandenburg
Brasilien
Bretagne
Budapest
Bulg. Schwarzmeerküste
Burgund
City Guide Deutschland
City Guide Germany
Costa Brava & Costa Daurada
Côte d'Azur
Dänemark
Dominikanische Republik
Dresden
Dubai, Vereinigte Arabische Emirate, Oman
Elsass
Emilia Romagna
Florenz
Florida
Franz. Atlantikküste
Fuerteventura
Gardasee
Golf von Neapel
Gran Canaria
Hamburg
Harz
Hongkong & Macau
Ibiza & Formentera
Irland
Israel
Istrien & Kvarner Golf
Italienische Adria
Italienische Riviera
Jamaika
Kalifornien
Kanada – Der Osten
Kanada – Der Westen
Karibik
Kenia
Korfu & Ionische Inseln
Kreta
Kuba
Kroatische Küste – Dalmatien
Kykladen
Lanzarote
Leipzig
London
Madeira
Mallorca
Malta
Marokko
Mauritius & Rodrigues
Mecklenburg-Vorpommern
Mexiko
München
Neuengland
Neuseeland
New York
Niederlande
Norwegen
Oberbayern
Österreich
Paris
Peloponnes
Piemont, Lombardei, Valle d'Aosta
Polen
Portugal
Prag
Provence
Rhodos
Rom
Rügen, Hiddensee, Stralsund
Salzburg
Sardinien
Schleswig-Holstein
Schottland
Schwarzwald
Schweden
Schweiz
Sizilien
Spanien
St. Petersburg
Südafrika
Südengland
Südtirol
Sylt
Teneriffa
Tessin
Thailand
Toskana
Türkei – Südküste
Türkei – Westküste
Tunesien
Umbrien
Ungarn
USA – Südstaaten
USA – Südwest
Usedom
Venedig
Venetien & Friaul
Wien
Zypern

Weitere Titel in Vorbereitung.

ADAC Reiseführer Jubiläumsbände – Maxi-Umfang! Mini-Preis!

368 bzw. 450 Seiten, je Band 9,95 € (D), 10,25 € (A), 17,50 sFr.

Deutschland
Freizeitparadies Alpen
Italien

Weitere Titel in Vorbereitung.

ADAC Reiseführer plus – Top-Reiseführer mit perfekten Urlaubskarten.

144 bzw. 192 Seiten, je Band 8,95 € (D), 9,20 € (A), 16,80 sFr.

Ägypten
Allgäu
Amsterdam
Andalusien
Baltikum
Barcelona
Berlin
Berlin (engl.)
Bodensee
Brandenburg
Budapest
Côte d'Azur
Dänemark
Deutschland – Die schönsten Autotouren
Dresden
Französische Atlantikküste
Fuerteventura
Gardasee
Gran Canaria
Golf von Neapel 5/2008
Hamburg
Harz
Irland
Istrien & Kvarner Golf
Italienische Adria
Italienische Riviera
Kanada – Der Westen 5/2008
Kanada – Der Osten 5/2008
Kenia 5/2008
Korfu/Ionische Inseln
Kreta
Kuba
Kroatische Küste – Dalmatien
Leipzig
London
Madeira
Mallorca
Malta
Mecklenburg-Vorpommern
München
New York
Norwegen
Oberbayern
Österreich
Paris
Polen
Portugal
Prag
Rhodos
Rom
Rügen, Hiddensee, Stralsund
Salzburg
Sardinien
Schleswig-Holstein
Schwarzwald
Schweden
Schweiz
Sizilien
St. Petersburg
Südtirol
Südengland
Sylt
Teneriffa
Toskana
Tunesien
Türkei – Südküste
Türkei – Westküste
Usedom
Venedig
Wien
Zypern

Weitere Titel in Vorbereitung.

ADAC Reiseführer Audio – umfassende Information und einzigartiges Hörerlebnis.

144 bzw. 192 Seiten, mit TourSet auf CD, 9,95 € (D), 10,25 € (A), 17,50 sFr.

Berlin
Dresden
Hamburg
München
Rom
Wien

Weitere Titel in Vorbereitung.

Register

Impressum

Übersetzung: Carlo Lauer & Partner, Aschheim
Redaktionsleitung: Dr. Dagmar Walden
Redaktion: Cornelia Hübler, Renate Nöldeke, Christian Noß, Thomas Paulsen, Elisabeth Schnurrer
Bildredaktion: Astrid Rohmfeld
Aktualisierung: Cornelia Schubert
Karten: Computerkartographie Carrle, München
Herstellung: Martina Baur
Druck, Bindung: Stürtz GmbH, Würzburg
Printed in Germany

Ansprechpartner für den Anzeigenverkauf:
Kommunalverlag GmbH & Co KG, MediaCenterMünchen,
Tel. 089/92 80 96-44

ISBN 978-3-89905-530-6

Neu bearbeitete Auflage 2008